论现代战争之
游击战

王世录 著

ON GUERRILLA WARFARE IN
MODERN WAR

武汉大学出版社

图书在版编目(CIP)数据

论现代战争之游击战 / 王世录著 . -- 武汉 : 武汉大学出版社,
2025.7. -- ISBN 978-7-307-25017-8

Ⅰ. E831

中国国家版本馆 CIP 数据核字第 2025TN0448 号

责任编辑:聂勇军　　　责任校对:鄢春梅　　　版式设计:马　佳

出版发行:**武汉大学出版社**　　(430072　武昌　珞珈山)

(电子邮箱:cbs22@whu.edu.cn　网址:www.wdp.com.cn)

印刷:武汉中科兴业印务有限公司

开本:720×1000　1/16　印张:28.25　字数:456 千字　插页:2

版次:2025 年 7 月第 1 版　　2025 年 7 月第 1 次印刷

ISBN 978-7-307-25017-8　　定价:98.00 元

前　言

本作主要受毛泽东同志《抗日游击战争的战略问题》《论持久战》等鸿篇巨制和习近平总书记在纪念中国人民抗日战争暨世界反法西斯战争胜利75周年座谈会上的讲话启发而作，也可以说是学习政治理论、军事理论的一点体会。在此以自己的一首拙词来开启本书撰写历程：

望海潮·人类战争

利用2018—2019年两年时间，粗读了《毛泽东军事文集(六卷)》《建国以来毛泽东军事文稿(上中下)》《兵法藏书》《战争艺术概论》《总体战》《谋略》等军事理论书籍，顺便梳理"冷兵器""热兵器"时代的古现代战争，对"智兵器"(我自己姑且这样称呼)时代的未来战争作揣测预判，2019年7月以诗词形式予以记之。

> 汹风狂怒，垂云漫卷，江河万古飞麾。
> 魔脚破天，雕弓射月，千山乱石惊雷。
> 威弹戮穹霏。电波透星汉，驱雾除霾。
> 肆利疯图，悍才骁杰冠筹帷。
>
> 瀛寰渺漠空夷！可仙宫竞秀，鬼狱争奇。
> 宏道智能，神形诡异，迷驰百亿雄师。
> 何处觅戎机？唯逐光追影，毫秒微时。
> 锐器精兵妙法，灵慧最璇玑。

研究战争是为了阻止战争而非挑起战争。游击战在人类历史上书写过辉煌，还必将书写辉煌。愿游击战能够拯救更多苍生于战火之中！

引　言

研究战争是为了阻止战争而非挑起战争。

纵观世界人类社会的发展历程，不难发现，人类社会的主要矛盾始终聚焦于人类生存所需的优质环境资源空间的有限性与无限增长的需求之间的矛盾。（伴随着科技创新的迅猛发展，人类社会发展的这一矛盾或许会从对地球资源空间的争夺拓展至宇宙资源空间的争斗之中）。这一矛盾贯穿于古今中外个体、家庭、种族、区域、国家之间，无论是贸易战、科技战、石油战等，皆为其外在表现形式。世界始终处于竞争与合作、对抗与缓和、战争与和平相互交织的复杂状态，不管是显性的线索还是隐性的脉络，不管是短期的冲突还是长期的博弈，一个国家的战略和策略应当始终谨遵并把握这一规律性的矛盾，辩证地将近期远景有机融合、统筹规划，把此斗争与合作和彼斗争与合作相互糅合、融会贯通，既求同存异又分而治之，持续把握工作的主动性。

总结人类社会各类战争的基本规律和矛盾，我们能够认定，军事战争等各类战争皆是为实现这一利益的最大化（虚幻的利益、实际的利益；公共的利益、私人的利益；巨大的利益、微小的利益等）而应运而生的，这便是战争的规律。决定战争胜负的核心要素为兵民、武器和战法（自人类狩猎时代起便一直如此）。武器乃是兵民的媒介，是兵民能力的延展。战争本身不会自行发动，武器自身也无法决定战争，作战方法因人员、事件、时间和形势的不同而发生变化，根本仍在于兵民。从一定的角度审视军事战争，可将其划分为传统军事战争、现代军事战争、未来军事战争三种阶段或形态。譬如，传统军事战争主要是以"冷兵器"为主的兵民紧密接触对抗型战争，现代军事战争主要是以"热兵器"为主的兵民非紧密接触对抗型战争，未来军事战争主要是以"智兵器"为主的兵民非接触对抗型战争。我们正处于现代军事战争阶段，此阶段的持续时间较为漫长。不管是细菌战争、化学战争、信息战争、生物战争等，依然具备这一阶段的战争特征，但已然蕴含着未来军事战争的某些因素。即便如此，我们依然要牢牢把控起决定作用的兵民、武器和战法这三个核心要素。敌人研究基因武器、生物武器、化学武器等的根本目的，就是妄图彻底消灭或抑制兵民这个有生力量，包括军事、科技等领域的核心关键人员。从形势发展的趋向来判断，从显性和隐性两条线索来判断，未来的军事战争将会是：起始于无形，终结于无形，是于某一领域一招致命、一招终战的精准战争；战争的空间将拓展至广袤无垠的宇宙以及深不可测的地核（也即上天入地）；兵民和武器能够随机变换角色并一体化运作，战时为军，休战时为民；战时为器，休战时为帛。武器不仅具有军事功能，亦有生产生活功能，反之亦然。军事战争的核心始终不变，依旧是消灭、摧毁、抑制和操控兵民和武器这两个有生力量，甚至将敌方兵民武器为我所用等，这理应成为我们研究军事战争的基点。笔者曾于 2018 年断言：像美国这样在全球设立基地、部署兵力、派遣航母的战争方式已过时，我们若要赢得未来的军事战争，就要提前考量"不战而屈人之兵"的"超境界"状态，要让兵民、武器和战法都成为"智者"，能够将超时空解除敌方兵民和武器的战斗发动于无形，让敌方兵民无能力动用武器或使武器无法使用，达成"以智止战，以智胜战"效果。要立足于现代，研究并抢占未来的制高点，超前布局未来军事等战争，游击战是必须研究的。正如毛泽东同志所言："要告诉全党（要发动党内党外），今后没有别的工作，唯一的就是游击战争。"①

在近现代，游击战在世界各地的战争中发挥了至关重要的作用，特别是在灾难深重的中华大地。习近平总书记在纪念中国人民抗日战争暨世界反法西斯战争胜利 75 周年座谈会上指出："中国共产党坚持兵民是胜利之本，提出和实施持久战的战略总方针和一整套人民战争的战略战术，敌后根据地军民广泛开展伏击战、破袭战、地雷战、地道战、麻雀战等游击战的战术战法，使日本侵略者陷入了人民战争的汪洋大海之中。"②在艰苦卓绝的战争岁月里，游击战凭借其灵活多变、神出鬼没的战术特点，有效地牵制了敌人的有生力量，打乱了敌人的战略部

---

① 《毛泽东文集》第二卷，北京：人民出版社 1993 年版，第 23 页。
② 《习近平著作选读》第二版，北京：人民出版社 2023 年版，第 338 页。

署。它充分发挥了人民群众的智慧和力量，使敌人陷入人民战争的汪洋大海之中，不仅在军事上给敌人沉重的打击，更在精神上鼓舞了全体中华儿女的斗志，坚定了民族抗战到底的决心，为最终的胜利奠定了坚实基础，成为中华民族争取独立、自由和尊严的伟大征程中一座不朽的丰碑。

在现代，战争的特点和发展趋势发生了翻天覆地的变化，科技的日新月异，使得现代战争的信息化程度达到了前所未有的高度；精确制导武器、卫星侦察、网络战等新兴战争手段如雨后春笋般涌现；战争的范畴不再仅仅局限于传统的陆地、海洋和天空，太空、网络空间和电磁频谱等全新领域也逐渐成为硝烟弥漫的战场；战争的形式愈发丰富多样，除了传统的军事冲突，非军事手段，例如经济制裁、外交施压、文化渗透等，在战争中的作用与日俱增、日益凸显。游击战以其独具一格的魅力和强大的适应性，赫然成为一种在国际力量角逐中备受瞩目的核心战略和关键方式。与此同时，游击战的内涵与形式始终也在持续不断地演进和丰富着，不仅是战略与战术的精妙组合，更是一种蕴含着顽强意志与智慧光芒的斗争方式。正如毛泽东同志说的："抗日游击战争的战略问题，本来是密切地联系于整个抗日战争的战略问题的，许多东西二者都是一致的。"①它已不再局限于单纯的小规模袭击与骚扰，而是与高科技手段深度融合，并实现多领域的协同作战。例如，凭借先进的通信技术达成更为高效的指挥与协同，依托情报网络获取更为精准无误的情报支撑，同时与其他作战方式密切配合，构建起全方位的战略战术战斗体系。可以预见，在未来岁月里，伴随着科技的高歌猛进以及国际局势的波谲云诡、风云变幻，游击战恰似一把威力无比、气吞山河的"神剑"，必然在捍卫国家安全、护佑和平与正义的漫漫征途中，绽放出更为璀璨夺目且独具魅力的战略战术光芒，发挥出无与伦比、无可替代的巨大价值，镌刻下永不磨灭的不朽传奇。

研究游击战、运用游击战正当其时！

---

① 《毛泽东选集》第二卷，北京：人民出版社 1991 年版，第 406 页。

目　　录

第一章 游击战的基本原则与基本特点

毛泽东同志曾指出，游击战的基本原则是"敌进我退，敌驻我扰，敌疲我打，敌退我追"，形象地概括了游击战的精髓和核心。"敌进我退"，当敌人进攻时，我方主动撤退，保存实力，避免与敌人正面硬拼。"敌驻我扰"，在敌人驻扎时，我方通过各种骚扰手段，打乱敌人的部署，使其不得安宁。"敌疲我打"，当敌人疲惫不堪时，我方抓住时机，集中力量给予敌人有力打击。"敌退我追"，敌人撤退时，我方乘胜追击，扩大战果。该原则充分体现了游击战的灵活性、主动性和策略性，是中国革命战争中游击战的重要指导原则，在近现代体现出更多的特点。

一、集中性与分散性

游击战的集中性意味着在特定的时机和条件下，能够迅速整合分散的力量，形成一股强大而集中的战斗力量。当战机出现，比如敌方出现明显的弱点或重要目标需要攻克时，游击队伍能够果断地集中优势兵力，以雷霆万钧之势给予敌人沉重打击，这种集中力量的方式能够在局部形成力量对比的优势，确保战斗的胜利。当然分散性也是游击战的重要特征，在大多数情况下，游击队伍为了避免被敌人发现和围剿，会化整为零，分散成多个小组甚至以个体的形式活动在广阔的区域，这种分散不仅能有效降低被敌人一网打尽的风险，还能让游击队员更深入地融入群众之中。他们可以在分散的状态下开展宣传工作，传播革命理念，激发民众的反抗意识；组织群众，集拢基层的抗日或反压迫力量；进行情报收集，全方位了解敌人的动态和部署。这种分散行动使得敌人如同面对无处不在的"幽灵"，难以捉摸和消灭游击队力量，从而为游击队长期斗争保存宝贵的有生力量。

集中性的重要性主要体现在，形成力量优势：在关键时刻集中兵力，能够在局部战场上形成力量的压倒性态势，从而大幅增加战斗胜利的可能性，为夺取重要战略目标创造有利条件。实现重点突破：针对敌方防御体系中的关键目标或薄弱环节，集中优势兵力发起猛烈攻击，这种集中力量的打击可以迅速突破敌人防线，取得具有决定性意义的重要战果，从而扭转整个战局，掌握战斗的主动权。增强战斗信心：强大而集中的兵力部署会给游击队员带来强烈的心理安全感和必胜信念，在面对敌人时，队员们会更加坚定、勇敢，士气大振，充分发挥出战斗潜能。高效利用资源：将有限的武器装备、弹药、医疗物资等资源集中调配到特定的作战区域和部队，这样能够确保资源在最需要的地方得到充分利用，最大限度地发挥其战斗效能，避免资源的分散和浪费等。

分散性的重要性主要体现在，降低风险：化整为零的分散模式让敌人难以捕捉我方的整体行踪和力量分布，极大地减少了被敌人发现和围剿的可能性，使队伍在复杂的战斗环境中有效规避大规模的损失风险，保持有生力量。融入群众：分散的队员能够更自然、更深入地融入到当地群众之中，与群众建立起紧密而亲切的联系，便于更好地开展群众工作，如宣传革命思想、组织群众进行生产自救、解决群众实际困难等，从而筑牢坚实的群众基础。广泛动员：在更广泛的地域范围内传播革命理念和斗争精神，激发起广大民众内心深处的反抗意识，吸引更多原本处于观望或被动状态的民众积极投身到斗争中来，形成全民参与、共同抵抗的强大力量。全面侦察：多点分散的布局如同一张细密的情报网络，能够从不同角度、不同层次和不同区域获取关于敌人的动态、部署、补给等多方面的信息，使我方获得的情报更加全面、细致和准确，为制定战略战术提供有力依据。有效存续：避免队伍因集中而成为敌人的重点打击目标，被一次性大规模歼灭，这种分散策略为长期而艰苦的斗争保存了宝贵的有生力量，使得战争能够持续进行，直至最终取得胜利等。

集中性与分散性的相互影响主要体现在，集中性为分散性提供保障：适时的集中能获取关键胜利或重要资源，为后续的分散行动筑牢基础，让分散队伍更具实力和信心。分散性助力集中性作好时机判断：凭借分散获取的全面情报和对局势的清晰认知，能更精准地把握集中的恰当时机，实现最佳作战成效。集中性提升分散性的行动能力：集中作战的胜利成果和资源积累，有助于增强队员素质与装备水平，进而提升分散行动中的生存与战斗能力。分散性为集中性创造契机：

分散活动能够迷惑敌人，干扰其部署与判断，为集中兵力创造出其不意的有利条件。集中性优化分散性的规划布局：依据集中作战的经验及对战场态势的总结，能更科学地安排分散行动的区域和任务，提高分散行动效率。分散性巩固集中性的作战成果：集中作战取得成绩后，分散行动可更有效地维护和拓展胜利果实，抵御敌人的反攻。集中性促进分散性的发展创新：集中力量攻克的新技术、新策略能在分散行动中得到广泛推广应用，推动分散行动不断进步。分散性分担集中性的潜在风险：分散行动在一定程度上能分摊集中作战可能面临的风险，避免因单次集中行动的失利而导致全盘被动等。

二、机动性与稳定性

机动性是游击战能够出奇制胜的关键要素之一。毛泽东同志说过："大步进退，诱敌深入，集中兵力，各个击破。"①游击队伍具备高度的灵活性和敏捷性，能够迅速转移战场，出其不意地攻击敌人的薄弱环节。他们不受固定阵地和战线的束缚，能够根据敌人的行动和战场形势的变化，快速做出反应，通过快速的运动，打乱敌人的部署，迷惑敌人的判断，创造有利的作战时机。与此同时，稳定性在游击战中同样不可或缺，这意味着游击队伍需要在一定的区域内建立相对稳定的根据地，根据地不仅为队伍提供了休整、补给和训练的场所，还是开展政治、经济和文化建设的重要依托。在根据地内，游击队伍可以进行伤员的救治和休养，补充武器弹药和物资装备，对队员进行军事训练和政治教育，提升队伍整体素质和战斗力。稳定的根据地能够为游击作战提供坚实的后方支持，保障队伍的持续战斗力，使游击战能够在长期的艰苦斗争中得以坚持下去，并不断发展壮大。

机动性的重要性主要体现在，出其不意：游击队伍凭借高度的灵活性，可以在敌人意想不到的时间和地点发起攻击，使敌人的防御体系瞬间崩溃，从而打乱其精心策划的作战计划和部署，让敌人陷入混乱和被动。捕捉战机：能够敏锐地感知战场形势的细微变化，并迅速做出反应，在瞬息万变的战斗中，及时发现敌人的弱点和疏漏，果断抓住稍纵即逝的战机，给予敌人致命一击，大幅提高作战

---

① 《毛泽东年谱（1893～1949）》上卷，北京：中央文献出版社2013年版，第327页。

的成功率。规避风险：当面临强大敌人的围剿和封锁时，迅速而灵活的转移能力成为保存自身实力的关键，及时摆脱敌人的包围，避免陷入绝境，最大限度地减少人员伤亡和装备损失，为后续的战斗保留有生力量。迷惑敌人：通过快速、多变的运动和灵活巧妙的战术运用，敌人难以准确判断游击队伍的行动意图和下一步的走向，这种不确定性让敌人陷入迷茫和困惑之中，增加其决策的难度和失误的概率。适应环境：无论面对复杂的山地、茂密的丛林还是广阔的平原等不同地理环境，以及多变的战场局势，机动作战都能迅速调整战术和行动方式，充分利用环境特点，实现灵活作战。分散压力：以迅速的转移有效地分散敌人的注意力和兵力，将敌人的力量从集中转为分散，从而减轻某一特定区域的作战压力，为其他地区的游击行动创造有利条件，实现多点开花的战略效果。心理威慑：让敌人始终处于高度紧张和不安的状态，对游击队伍的神出鬼没感到恐惧和无奈，这种心理上的压力会逐渐削弱敌人的士气和战斗意志，影响其作战效能的发挥等。

稳定性的重要性主要体现在，后勤保障：根据地为游击队伍提供稳定且持续的物资供应，包括充足的食物、必备的药品以及关键的武器装备等，这确保了队伍在激烈的战斗中不会因物资匮乏而陷入困境，满足了战斗的基本需求，为持续作战提供了坚实的物质基础。人员休整：为经历了艰苦战斗的队员们提供一个相对安全和宁静的环境，让他们能够得到充分的休息和恢复，同时为受伤的队员提供及时有效的治疗，使其尽快康复，重新投入战斗，保持队员良好的体力和精神状态，为后续的战斗储备充足的能量。训练提升：在根据地内，可以有组织、有计划地开展系统的军事训练和深入的政治教育，通过军事训练，提高队员的战斗技能和战术水平；通过政治教育，增强队员的政治觉悟和战斗信念，从而全面提升队伍的整体素质和战斗力。群众基础：有助于巩固和深化与当地群众的紧密联系和深厚感情，通过为群众解决实际问题、保护群众的利益，赢得群众的衷心支持和拥护；群众则会为游击队伍提供人力、物力和情报等全方位的支持，形成坚不可摧的军民团结力量。战略支撑：根据地可成为开展政治建设、经济发展和文化宣传的重要基地，在政治上，巩固和扩大革命影响力；在经济上，实现一定程度的自给自足，减少对外部资源的依赖；在文化上，传播革命思想，凝聚人心，为长期的游击战争提供全方位的战略支撑，确保队伍在艰苦的环境中能够坚守并不断发展壮大。示范作用：稳定且成功的根据地能够为其他地区的游击斗争树立典范，展示出可行的发展模式和有效的斗争策略，这种示范效应激发了更多地区开展游击作战的信心和决心，推动游击战争在更广泛的区域展开，形成燎原之势等。

机动性与稳定性的相互影响主要体现在，机动性提升稳定性的保障效果：灵活机动使游击队伍能更有效地防御和保护根据地，及时化解外部威胁，降低根据地受攻击的几率，从而有力提升稳定性。稳定性夯实机动性的支撑基础：稳定的根据地为机动作战提供充足的物资供应、准确的情报支持以及人员休整的空间，为队伍灵活机动提供了坚实后盾。机动性拓展稳定性的覆盖范围：出色的机动能力让游击队伍能够扩大活动区域，开辟更多可发展为根据地的地方，进而拓展稳定性的覆盖范围。稳定性确保机动性的持续施行：有了稳固的后方，游击队伍在机动作战时无须担忧后勤、休整等问题，能够长久保持机动性，避免因相关因素影响机动的连贯性。机动性是巩固稳定性的根基：迅速的机动能够打乱敌人的布局，让敌人难以对根据地展开有效攻击和破坏，有助于筑牢根据地稳定的基础。稳定性指引机动性的战略方向：根据地的战略目标和整体规划在一定程度上为机动性的行动指明方向，使机动作战更具战略性，更好地服务于长期斗争目标。机动性充实稳定性的内涵实质：机动作战积累的经验和获取的资源，能够丰富根据地建设的内容与方式，提高稳定性的质量和水平。稳定性调和机动性的潜在风险：稳定的根据地在机动作战遭遇挫折时，能提供缓冲和恢复的条件，有效平衡机动性带来的风险等。

三、人民性与军队性

游击战的人民性是其最为显著的特征之一。正如毛泽东同志所说："战争的伟力之最深厚的根源，存在于民众之中。"[①]人民群众不仅为游击队伍提供了至关重要的情报支持，让游击队伍能够及时洞悉敌人的动向，还源源不断地为游击队伍输送物资，保障了队伍的基本生存和战斗需求，更以无畏的勇气为游击队伍提供掩护，成为游击队坚实的后盾。而军队性则体现为游击队伍虽然身处复杂多变的战斗环境，但依旧具备严格的组织纪律和较高的军事素养。"纪律是执行路线

---

① 《毛泽东选集》第二卷，北京：人民出版社 1991 年版，第 511 页。

的保证"，正是这种纪律性，使得游击队伍能够在战斗中坚决执行有效的战略战术，发挥出强大的战斗力，令敌人难以捉摸和应对。

人民性的重要性主要体现在，情报优势：人民群众分布广泛，触角延伸至社会的各个角落，能够为游击队伍提供及时、准确且全面的情报，无论是敌人的兵力部署、行动计划，还是物资储备等关键信息，都能通过人民群众的传递迅速到达游击队手中，让游击队在战斗中始终占据信息优势，提前洞察敌人的动向，从而做出精准的决策和部署，有效地掌握战斗的主动权。物资保障：人民群众源源不断地为游击队伍输送各类物资，包括粮食、药品、武器弹药等，在艰苦的战斗环境中，这种持续且稳定的物资供应确保了游击队伍的基本生活需求得到满足，为他们保持良好的战斗状态和持续作战能力提供了坚实的物质基础。没有人民的物资支持，游击队伍的生存和战斗将面临极大的困难。群众基础：人民群众以无畏的勇气和实际行动为游击队伍提供掩护和支持，使游击队能够在敌占区顺利开展活动、建立根据地并逐步发展壮大，他们积极参与掩护游击队员、藏匿物资、传递信息等工作，成为游击队最坚实的后盾。深厚的群众根基让游击队在敌人的围剿和封锁下依然能够生存和发展，为最终的胜利奠定了坚实的基础。精神鼓舞：人民的衷心拥护和坚定信任给予游击队员巨大的精神鼓舞，他们深知自己不是在孤独地战斗，而是为广大人民的利益而战，这种来自人民的期待和支持化作强大的精神力量，激励着游击队员在面对艰难险阻和生死考验时毫不退缩，勇往直前，坚定地为实现人民的解放事业而英勇奋斗等。

军队性的重要性主要体现在，纪律保障：严格的组织纪律是游击队伍行动一致、高效运转的关键，它确保在任何复杂和危险的情况下，队员们都能听从指挥，迅速而准确地执行命令，避免出现各自为政、行动混乱和无序的局面。纪律性使整个队伍如同一台精密的机器，各个部件协同运作，发挥出最大的效能。战略执行：使游击队伍能够坚决、准确地贯彻和执行既定的战略战术，在战斗中，无论面临怎样的压力和诱惑，队员们都能严格按照战略部署行动，充分发挥自身的战斗力，这种高度的执行力是取得战斗胜利的重要保障，能够有效地将战略意图转化为实际的战斗成果。形象塑造：展示出正规、专业的形象，让人民群众看到一支纪律严明、训练有素的队伍，从而赢得他们的信任和尊重，良好的形象有助于进一步巩固军民关系，使人民更加愿意支持和参与到游击战争中来，形成军民一心、共同抗敌的强大合力。应对复杂局面：较高的军事素养使队伍在面对各种复杂多变的战斗环境时，能够迅速分析形势，做出正确的判断和决策，无论是遭遇敌人的突然袭击，还是在复杂的地形中作战，队员们都能凭借扎实的军事技能和丰富的战斗经验灵活应对、化险为夷，展现出强大的适应能力和战斗能力。保持战斗力：有助于保持队伍的凝聚力和战斗力，避免因组织松散、纪律松弛而导致战斗力下降，严格的纪律和规范的训练能够培养队员们的战斗意志和团队精神，使队伍在长期的战斗中始终保持高昂的士气和强大的战斗力，为最终战胜敌人提供了可靠的保障等。

人民性与军队性的相互影响主要体现在，人民性强化军队性：人民的支持和拥护使游击队员深感责任重大，从而更加自觉地严格遵守纪律，提升军事素养。为了不辜负人民的期望，队伍会以更高的标准要求自身，不断强化军队性。军队性保障人民性的实现：严格的纪律和出色的军事能力，能让游击队伍更有效地打击敌人，保护人民的生命财产安全，为人民争取更好的生活条件，从根本上保障人民性的落实。人民性促进军队性的发展：人民提供的丰富资源和情报，为游击队伍的军事训练和战略战术的优化提供了有力支持，推动军队性不断发展完善。军队性巩固人民性的基础：凭借良好的纪律和强大的战斗力，游击队伍能够在人民心中树立起崇高的威望，进一步巩固人民对队伍的信任和支持，夯实人民性的基础。人民性塑造军队性的特质：人民的需求和期望影响着游击队伍的作风和特点，使军队性具备更贴近人民、为人民服务的特质。军队性引导人民性的方向：军队严格的组织纪律和明确的战略目标，能够在一定程度上引导人民的行动方向，使人民的支持更具组织性和有效性，促进人民性更好地发挥作用。人民性激发军队性的创新：人民在支持游击队伍的过程中展现出的智慧和创造力，会激发队伍在军事策略和战术运用上的创新，提升军队性的水平。军队性反馈人民性的成效：通过在战斗中的胜利和对敌人的有效遏制，展示出保护人民的实际成效，增强人民对游击队伍的信心，进一步激发人民性的活力等。

四、对称性与非对称性

在对称性方面，游击战在特定的区域或特定的条件下，会与敌方形成一定程度的相对均衡态势。比如在局部战场，敌我双方的力量对比可能暂时达到某种平衡，从而为游击队伍争取到宝贵的发展空间和时间，然而，非对称性在游击战中更为常见。正如毛泽东同志所言："你打你的，我打我的，你打原子弹，我打手榴弹，抓住你的弱点，跟着你打，最后打败你。"①游击队伍通常在兵力、装备等方面处于明显劣势，但凭借灵活多变的战术、对地形的了如指掌以及深厚的民众支持，以非对称的方式与强大的敌人展开周旋和对抗，从而实现以小博大、以弱胜强的战略目标。也如《孙子兵法》曰："无邀正正之旗，勿击堂堂之阵，此治变者也。"

对称性的重要性主要体现在，稳定局势：在局部实现力量相对均衡，能有效遏制局势的迅速恶化，为游击队伍营造一个相对稳定且可预测的作战环境，这种稳定性使游击队伍能够更好地规划和组织行动，减少因局势动荡带来的不确定性和风险。积累力量：利用这一平衡阶段，游击队伍得以集中精力进行资源的收集与储备，包括武器、物资等，能够有充足的时间开展人员的系统训练，提升队员的战斗素质和协作能力，还可以对战术进行深入的研讨和改进，使其更适应未来的战斗需求，从而全面提升自身的综合实力。增强信心：当出现局部的对称态势时，无论是游击队员还是广大民众，都能从中看到战胜敌人的希望之光，这种希望能极大地增强他们对抗敌人的信心和决心，使他们更加坚定地投身于斗争之中，为最终的胜利付出不懈的努力。建立战略据点：在力量相对均衡的时期，游击队伍有机会选择有利地形，建立稳固且具有战略意义的据点，这些据点不仅能作为物资储备和人员休整的重要场所，还能成为控制关键区域、监视敌人动向的前沿阵地，为后续的作战和发展提供坚实的依托。提升战术水平：在与敌人势均力敌的较量中，游击队伍需要不断思考、创新和实践，以应对各种复杂的战斗情况，这种高强度的对抗促使队伍总结经验教训，不断优化和提升战术水平，为日后应对更加艰巨的战局作好充分准备等。

非对称性的重要性主要体现在，发挥优势：非对称性作战环境促使游击队伍充分发掘和利用自身独特的优势，如高度的灵活性、对当地地形的熟稔以及深厚的民众支持，通过巧妙地避开敌人强大的锋芒，转而攻击其薄弱环节，以己之长攻敌之短，使敌人难以有效应对。降低损失：在兵力和装备处于明显劣势的情况

① 《毛泽东文集》第六卷，北京：人民出版社1999年版，第93~94页。

下，采用非对称的作战方式能够最大限度地减少自身的伤亡和资源消耗，灵活的战术安排使游击队伍能够在避免与敌人正面硬拼的同时，有效地打击敌人，保存有生力量。打乱节奏：非对称的战术运用常常出乎敌人的意料，打乱其既定的作战计划和节奏，敌人被迫在应对游击队伍的出其不意中频繁调整部署，陷入被动局面，从而为游击队伍创造更多的有利战机。创造机会：凭借出其不意、灵活多变的非对称战术，游击队伍能够在看似不利的局面中创造出众多战胜敌人的机会，每一次成功的战术实施都有可能削弱敌人的力量，改变战场的力量对比，逐步向有利于本方的方向发展。激发斗志：以弱胜强的非对称作战成果具有极大的鼓舞作用，能让游击队伍和民众深刻感受到自身的力量和价值，这种胜利激发了他们更强烈的斗志，使他们更加坚信自己能够战胜强大的敌人，为最终的胜利注入源源不断的精神动力等。

对称性与非对称性的相互影响主要体现在，对称性提升非对称性的战略眼光：在对称态势下对整体局势的把握，能让游击队伍在非对称作战中有更长远的战略规划，不局限于短期的得失。非对称性修正对称性的思维局限：非对称作战带来的独特视角和创新方法，能够突破对称性思维可能存在的固有模式，使作战策略更加灵活多样。对称性巩固非对称性的成果：当通过非对称战术取得一定成果后，对称性的局面有助于巩固这些胜利果实，稳定局势并加强对已占领区域的控制。非对称性激发对称性的应变能力：非对称作战带来的不确定性和变化，促使游击队伍在对称阶段也保持高度的警惕和应变能力，避免因僵化思维而错失战机。对称性平衡非对称性的风险：在非对称作战中，对称性的因素可以起到一定的平衡作用，降低因过度冒险而导致的全面溃败的风险。非对称性拓展对称性的资源利用：非对称作战中对各种资源的独特运用方式，能够为对称性阶段资源的更高效利用提供新思路和新方法。对称性为非对称性创造条件：当出现局部的对称态势时，游击队伍能够更深入地了解敌人的作战方式和特点，为后续采取非对称战术积累经验和情报，从而更好地发挥自身优势。非对称性打破对称性的僵局：在双方处于对称僵持状态时，非对称的战术运用可以打破这种平衡，为游击队伍创造突破的机会，改变战场局势。对称性检验非对称性策略：在对称时期的相对稳定环境中，可以对非对称策略的有效性进行检验和评估，及时调整和完善，以提高其在实际作战中的应用效果。非对称性丰富对称性的内涵：非对称作战中的创新思维和灵活手段，能够为对称性的作战理念注入新的元素，丰富其内涵和应对方式。对称性保障非对称性的底线：对称阶段所确立的一些原则和底线，能够防止非对称作战在追求胜利的过程中过度冒险或偏离正义目标。非对称性推动对称性的发展：非对称作战的成功经验可以促使游击队伍在对称阶段不断改进和发展自身的能力，以更好地应对未来的挑战等。

五、原则性与灵活性

原则性是游击战始终坚定不移遵循的根本准则。游击战的核心原则在于灵活机动，敌进我退，敌驻我扰，敌疲我打，敌退我追，以巧妙的战术打破敌人的优势，保存并发展自己的力量。这意味着游击战必须始终坚守这一坚定信念，毫不动摇地维护这一根本原则。灵活性则表现为根据瞬息万变的战场形势、敌我力量的动态对比以及复杂多变的外部环境，及时、精准地调整战术策略。毛泽东同志也曾形象地描述："灵活地使用兵力……好像渔人打网一样，要散得开，又要收得拢。"①游击队伍应善于抓住稍纵即逝的战机，灵活应对各种复杂局面，从而在艰苦的斗争中不断发展壮大。

原则性的重要性主要体现在，确保方向正确：坚守对正义事业的信念，始终将维护保存自我力量置于首位，为游击战指明清晰且正确的道路，使其在复杂多变的环境中不迷失方向。树立正义形象：始终如一地维护正义和人民的根本利益，让游击队伍在民众心中树立起高大、正义且值得信赖和支持的光辉形象，从而赢得民众广泛的拥护和赞誉。保持政治纯洁性：确保游击队伍在思想和行动上保持高度的一致性，坚决抵御外部的各种诱惑和干扰，使队伍始终保持政治上的纯洁性、忠诚度和坚定性。建立信任基础：通过始终秉持正义和为人民服务的原则，让民众深信游击队伍的一切行动皆出于正义和为了人民的利益，进而在队伍与民众之间建立起深厚且稳固的信任基础，为获取民众的全力支持和丰富资源创造有利条件等。

灵活性的重要性主要体现在，适应变化：密切关注战场形势的瞬息万变，精准把握敌我力量对比的动态起伏，以及外部环境的复杂多变，能够及时且精准地

① 《毛泽东选集》第二卷，北京：人民出版社1991年版，第412~413页。

调整战术策略，从而极大地提高战斗的有效性和生存能力。抓住战机：具备敏锐的洞察力和果敢的决断力，善于在稍纵即逝的瞬间捕捉到宝贵的战机，迅速且果断地做出反应，以出其不意的方式给予敌人沉重打击，积极争取战斗的主动权。降低风险：面对复杂且充满变数的局面，能够灵活地调整战术和行动，避免因僵化、刻板的战术导致不可挽回的重大损失，有效地降低作战过程中的各种风险。创新发展：在灵活应对各种挑战和变化的过程中，不断积极探索、尝试新的战术方法和作战思路，为游击战注入新的活力和创造力，有力地推动其持续发展和不断进步。增强队伍活力：鼓励队员在战术运用上充分发挥主动性和创造性，激发队员的创新思维和进取精神，使整个队伍始终充满生机与活力，具备强大的应变能力和战斗力等。

原则性与灵活性的相互影响主要体现在，原则性为灵活性设定边界：明确的原则确保了灵活性的运用是在符合正义和人民利益的框架内，避免过度灵活而偏离根本目标。灵活性有助于更好地坚持原则：根据实际情况灵活调整策略，能更有效地实现和维护原则所追求的目标。原则性引导灵活性的方向：坚定的原则为灵活性的发挥指明正确的方向，使灵活的决策和行动始终服务于正义事业。灵活性补充原则性的不足：在复杂多变的环境中，灵活的应对可以弥补原则性在某些具体情境下的局限性。原则性增强灵活性的权威性：坚守正义和人民利益的原则，使灵活的策略和行动更具权威性和说服力。灵活性检验原则性的合理性：通过在不同情境中的灵活应对，检验和完善既有的原则，使其更加符合实际斗争的需要。原则性保障灵活性的底线：确立不可逾越的底线，防止灵活性的过度运用导致违背初衷和损害根本利益。灵活性丰富原则性的内涵：在灵活应对各种情况的实践中，不断丰富和深化原则性的内涵，使其更具适应性和生命力。原则性使灵活性具有稳定性：原则的稳固存在让灵活性的发挥有了可靠的依托，避免因过度灵活而陷入混乱和无序。灵活性拓展原则性的适用范围：在不同场景下的灵活运用，能够拓展原则在更广泛领域的适用性和影响力。

六、公开性与隐蔽性

游击战的公开性具有多重重要意义和表现形式，有时它通过高调的行动和宣传来展示自身的存在和坚定的目标，从而达到鼓舞民众士气、激发他们的抗争热情的效果。同时公开性还体现在游击队伍对敌人某些压迫和残暴行为的公开揭露与批判上，唤起民众的觉醒和对敌人的痛恨，进一步巩固和扩大统一战线。然而，隐蔽性对于游击战的生存和发展更为重要，在大多数时间里，游击队伍必须极其巧妙地隐藏自己的行踪、兵力部署以及战略意图，他们充分利用复杂多样的地形地貌，如崇山峻岭、茂密森林、幽深洞穴等，将自己融入大自然的掩护之中。此外，与群众建立起紧密无间的联系也是实现隐蔽的关键，群众就像游击队伍的天然屏障，为其提供掩护和情报支持，游击队伍深深扎根于群众之中，与群众融为一体，让敌人难以分辨。游击队伍在隐蔽中耐心等待战机，一旦时机成熟，便出其不意地给予敌人致命打击，而后又迅速消失在敌人的视野中，让敌人陷入迷茫和恐慌，疲于应对，这种隐蔽性不仅保障了游击队伍的安全，也为持续的战斗创造了有利条件。

公开性的重要性主要体现在，宣传动员：以宣传队的角色，积极向广大民众传播斗争的理念、目标及正义性，激发民众内心的正义感与责任感，动员更多人投身到斗争行列，使抗争力量不断壮大。揭露敌人：通过公开且坚决地批露敌人的残暴行为，让民众清晰且深刻地认识到敌人的罪恶本质，从而激发他们对敌人的强烈仇恨，增强团结一心、坚决抗争的坚定意志。巩固统一战线：清晰展示自身的立场和目标，吸引更多志同道合的力量汇聚，增强统一战线的凝聚力与协同性，使各方力量能够紧密合作，共同对抗敌人。争取支持：向外界社会充分展示斗争的真实情况和迫切诉求，争取同情、理解与实际支持，为斗争创造更有利的外部环境等。

隐蔽性的重要性主要体现在，保障生存：凭借巧妙的策略隐藏行踪、兵力部署以及战略意图，最大限度避免被敌人察觉和攻击，切实保障游击队伍成员的生命安全，为持续战斗留存宝贵的有生力量。等待时机：在隐蔽的状态下，耐心、敏锐地观察战场形势，等待最有利的战斗时机，一旦时机成熟，出其不意地发动攻击，大幅提高战斗的成功率和效果。持续作战：有效地保障了队伍的安全和资源储备，为长期、持续的战斗提供了不可或缺的前提条件，使游击战能够在艰难的环境中持久进行。保护情报：防止自身的重要情报泄露，杜绝敌人获取关键信息的可能，避免因情报泄露而给游击队带来致命威胁。积累力量：在敌人毫无察觉的情况下，悄悄地进行物资的积累、人员的训练以及战术的研究，稳步增强自身的综合实力。心理威慑：让敌人始终处于对游击队行踪和实力的未知与猜测之中，由此产生的恐惧心理会极大地影响其作战效能和战略决策等。

公开性和隐蔽性的相互影响主要体现在，公开行动为隐蔽创造条件：公开的宣传和行动可以吸引敌人的注意力，分散其力量，从而为游击队伍在其他地区进行隐蔽活动创造相对宽松的环境。隐蔽成果增强公开效果：成功的隐蔽使得游击队伍在关键时刻能够出其不意地取得胜利，这些胜利成果的展示能够极大地增强公开宣传的影响力和可信度。公开宣传引导隐蔽方向：公开的战略目标和斗争理念能够为隐蔽性的战术行动指明方向，确保隐蔽行动与整体战略目标保持一致。隐蔽行动支持公开诉求：通过隐蔽积累力量、获取情报等，为公开提出的诉求和主张提供实际的支持和保障。公开暴露促使隐蔽加强：过度的公开可能导致敌人的重点打击，这就迫使游击队伍更加注重加强隐蔽措施，提高隐蔽能力。

七、全局性与局部性

游击战在战略规划上必须具备全局性的深邃视野，正如毛泽东同志所深刻阐述的："战略问题是研究战争全局的规律的东西。"①游击战并非孤立的战斗形式，而是整个战争体系中的有机组成部分，它要紧密契合大的战略方向，与其他作战方式相互配合，为最终的全面胜利这一宏伟目标竭诚服务。毛泽东同志曾指出："任何一级的首长，应当把自己注意的重心，放在那些对于他所指挥的全局说来最重要最有决定意义的问题或动作上，而不应当放在其他的问题或动作上。"②"一个原则，就是注意于那些有关全局的重要的关节。"③在战术的具体执行层面，游击战又鲜明地展现出强烈的局部性特质。它常常聚焦于特定的地理区域和具体明确的作战目标，充分深挖并巧妙利用当地独特的地形地貌、民情风俗以及社会经济等多元条件，灵活机动且因地制宜地开展别具一格的作战行动。

全局性的重要性主要体现在，统筹协调：能够将各类战争资源进行有效的整合，使人力、物力、财力等各方面资源得到合理分配。同时协调不同作战方式之

---

① 《毛泽东选集》第一卷，北京：人民出版社 1991 年版，第 175 页。
② 《毛泽东选集》第一卷，北京：人民出版社 1991 年版，第 176 页。
③ 《毛泽东选集》第一卷，北京：人民出版社 1991 年版，第 177 页。

间的关系，让游击战与其他正规作战相互配合、相互支持，形成强大的协同作战合力，从而发挥出最大的作战效能。制定长远规划：着眼于整个战争的进程和最终目标，从长远角度对游击战的发展进行全面规划，明确各个阶段的任务和重点，为最终实现全面胜利奠定坚实的基础，确保游击战的行动始终沿着正确的方向前进。宏观布局：从宏观的视野来布局战争，综合考虑政治、经济、军事等多方面因素，合理安排各个战场的兵力和资源分布，确保不同战场之间相互呼应、相互支援，使战争的各个环节协调统一，避免出现资源浪费和战略冲突的情况。战略预判：基于对整个战争局势的全面掌握和深入分析，能够提前准确预判敌人的战略动向和可能采取的行动，从而提前作好充分的防范准备和应对措施，在战争中抢占先机，牢牢掌握主动权，使我方始终处于有利地位。凝聚力量：将参与游击战的各方力量凝聚在一起，形成统一的意志和行动，消除内部的分歧和矛盾，让大家心往一处想，劲往一处使，为了共同的战略目标而全力以赴，发挥出强大的整体战斗力等。

局部性的重要性主要体现在，精准打击：将作战焦点集中在特定的地理区域和明确的作战目标上，能够实现更为精准、有效的打击；集中优势力量，针对关键目标实施精确攻击，提高作战的效果和效率，以最小的代价获取最大的胜利成果。因地制宜：充分挖掘和巧妙利用当地独特的地形地貌、民情风俗以及社会经济等条件，根据当地的实际情况制定出符合当地特点的战术策略，使游击战与当地环境融为一体，最大限度地发挥出战斗优势，增加获胜的可能性。灵活应变：由于局部战场的情况变化迅速且复杂多样，能够根据具体的战场形势及时、迅速地调整战术，快速适应各种突发情况，灵活应对敌人的进攻和变化，始终保持战斗的主动性和灵活性。积累经验：通过在局部地区的一次次战斗实践，获取丰富而具体的实战经验，这些经验对于全局的战略调整、战术改进以及后续的作战行动具有重要的参考价值，能够不断完善和优化作战方案。特殊应对：针对局部地区出现的特殊情况，如敌人的特殊战术、复杂的地形障碍等，制定专门的应对方案，这种针对性的措施能够有效地解决局部的特殊问题，提高作战的针对性和有效性，确保在各种复杂情况下都能取得较好的战斗成果。建立根据地：选择在局部地区建立稳固可靠的根据地，为游击战提供重要的物资补给来源、人员休整场所和情报收集中心，根据地的存在能够保障游击战的持续进行，增强其可持续发展的能力，为长期的战斗提供有力支撑等。

全局性和局部性的相互影响主要体现在，全局性指导局部性：全局性的战略规划为局部的战术行动提供了明确的方向和指导原则，局部的游击战行动需要遵循全局的战略意图，以确保各个局部的行动能够共同服务于整体战争目标。局部性影响全局性：局部战斗的结果和经验可能会对全局性的战略产生影响，成功的局部战斗可以增强全局战略的信心和可行性，而局部的挫折则可能促使全局战略进行调整和改进。全局性统筹局部资源：从全局角度出发，可以合理分配和调度资源到各个局部区域，确保资源的优化配置，提高整体作战效率。局部性反馈完善全局性：局部战斗中发现的问题、获得的情报以及总结的经验，能够为全局性的战略制定和完善提供有价值的参考，使全局战略更加贴合实际情况。全局性保障局部协同：通过全局性的协调和指挥，使不同局部区域的游击战行动能够相互配合、协同作战，形成更强大的整体战斗力。局部性推动全局性转变：在特定情况下，局部的重大突破或创新可能推动全局性战略的转变，为战争带来新的机遇和方向。全局性平衡局部利益：考虑到整体利益，全局性战略需要平衡各个局部之间的利益关系，避免局部之间的冲突和资源争夺。局部性积累促进全局性发展：众多局部战斗的胜利积累和经验总结，能够促进全局性战略的发展和升华，为最终的全面胜利奠定基础等。

八、集体性与个体性

游击战既高度依赖集体的强大力量，又充分激发和展现个体的主观能动性。毛泽东同志曾铿锵有力地指出："团结一致，同心同德，任何强大的敌人，任何困难的环境，都会向我们投降的。"[1]集体的齐心协力以及协同作战无疑是实现战略目标的关键基石和重要保障。然而，每个游击队员在战火纷飞的战斗中也可能遭遇需要独立决策、自主行动的复杂局面，他们凭借自身坚定的勇气、非凡的智慧和精湛的战斗技能，勇敢地适应复杂多变、险象环生的战场环境，从而发挥出个体的独特作用和卓越价值。

集体性的重要性主要体现在资源整合上：凭借集体的强大凝聚力，能够有效

---

[1]　《毛泽东年谱（1893~1949）》中卷，北京：中央文献出版社 2013 年版，第 441 页。

地整合各类资源，无论是人力方面的调配，还是物力的统筹，乃至情报的收集与分析，都能通过集体的力量实现优化配置，从而为游击战的顺利开展提供坚实且充分的支持，确保战斗所需的各项要素得以完备。协同作战：集体成员之间的紧密团结、协作配合是实现高效协同作战的关键，在统一的指挥下，成员们心往一处想，劲往一处使，各自发挥所长，相互支援补位，使团队的整体战斗力得以充分发挥，这种协同作战能够让战术的实施更加精准、流畅，大大提高战斗的成效。战略执行：集体能够汇聚众人的智慧，共同商讨并制定出明确、统一的战略方针，在执行过程中，由于大家目标一致、行动协调，能够确保战略的一致性和连贯性，坚定不移地朝着共同设定的目标稳步迈进，减少内部的分歧和混乱。心理支持：身处集体之中，成员们彼此的鼓励、支持与关爱，能为每个人提供强大的心理慰藉和安全感，在战火纷飞、压力巨大的战斗环境中，这种心理上的支撑能极大地增强战士们的信心和勇气，使他们能够克服恐惧，坚定地投身战斗之中。风险分担：面对战斗中难以预测的各种风险和艰巨的挑战，集体的存在使得这些压力不再由个体独自承受，大家共同承担责任，分摊风险，能够有效地减轻个体所面临的巨大压力，避免个体因负担过度而崩溃。规模效应：集体行动所形成的庞大规模和强大影响力，能够对敌人产生显著的威慑作用，敌人在面对团结一心、规模庞大的游击队伍时，往往会心生畏惧，不敢轻易采取冒险行动，从而为我方争取到更多的战略优势等。

个体性的重要性主要体现在，灵活应对：每个游击队员在面临瞬息万变的战斗局势时，需要凭借独立决策和自主行动的能力，依据自身所处的具体情境，迅速且敏锐地感知细微变化，灵活调整战术和行动策略，以做出最为恰当且及时的反应，从而在复杂多变的战场中求得生存和胜利。创新突破：个体凭借自身的非凡勇气、卓越智慧和精湛战斗技能，常常能够突破常规思维的束缚，萌发出独特而新颖的战术和策略构想，这些创新思维有可能为战斗带来意想不到的突破和转机，为取得胜利开辟新的途径。激发潜能：当个体独自应对复杂且充满挑战的局面时，往往能够激发出深藏于内心的巨大潜能，在这种高压环境下，他们可能展现出超乎寻常的毅力、判断力和应变能力，这些平时未被充分发掘的潜力会成为战胜困难、克敌制胜的关键因素。补充集体不足：个体因其独特的性格、经历和才能，往往能够发现集体决策和行动中容易被忽视的细节和漏洞，他们的独特见解和创造力有时可以巧妙地弥补集体运作中的不足，使整个战斗策略更加完善、周全等。

集体性与个体性的相互影响主要体现在，集体性塑造个体性：集体的价值观、目标和规范会对个体产生深远的影响，塑造个体的行为模式和思维方式；个体在集体中接受训练和培养，其战斗技能、策略意识等都受到集体的塑造。个体性丰富集体性：每个个体独特的经验、想法和才能为集体带来多样性和创新力，丰富了集体的战术和策略，使集体更具活力和适应性。集体性为个体性提供平台：集体的组织架构、资源分配和战略规划为个体发挥才能提供了舞台和机会，让个体的能力有施展的空间。个体性影响集体性决策：在某些情况下，个体的见解和建议可能会对集体的决策产生影响，促使集体调整战略或战术，以更好地适应战场形势。集体性增强个体信心：在团结奋进的集体中，个体能感受到强大的支持，从而增强自信心和勇气，更敢于在战斗中发挥个体的主观能动性。个体性在集体性中成长：个体在集体的协作和交流中不断学习和进步，提升自身的能力和素质，实现个体的成长和发展。集体性约束个体性偏差：集体的纪律和规范可以约束个体可能出现的过度冒险或偏离战略目标的行为，确保个体行动符合集体的整体利益。个体性推动集体性变革：具有前瞻性和创新性的个体能够引领集体进行变革和改进，推动集体不断发展和完善等。

九、自觉性与被动性

在游击战的波澜壮阔历程中，参与者通常展现出令人钦佩的高度自觉性，他们怀着无比坚定的信念和炽热的使命感毅然投身战斗。正如毛泽东同志所言："'自觉的能动性'，是人之所以区别于物的特点。"①他们主动敏锐地寻觅战机，果敢无畏地积极打击敌人。但在某些地势极端险峻、敌我力量对比悬殊或局势极度不利的特殊情况下，游击战也可能暂时陷入被动防御的艰难状态。然而，这种被动性往往只是暂时的蛰伏，通过灵活巧妙的战术调整，能够迅速而有力地转化为主动进攻的凌厉态势。正如毛泽东同志指出的："一切战争的敌我双方，都力

---

① 《毛泽东选集》第二卷，北京：人民出版社1991年版，第477页。

争在战场、战地、战区以至整个战争中的主动权"①,"军队失掉了主动权,被逼处于被动地位,这个军队就不自由,就有被消灭或被打败的危险"②,"无论处于怎样复杂、严重、惨苦的环境,军事指导者首先需要的是独立自主地组织和使用自己的力量。被敌逼迫到被动地位的事是常有的,重要的是要迅速地恢复主动地位"③。

自觉性的重要性主要体现在,坚定信念:高度的自觉性使游击队员怀着无比坚定且炽热的信念投身战斗,无论遭遇何等艰难险阻、枪林弹雨,这份源于内心深处的信念都能在困苦至极的时刻化作坚不可摧的精神支柱,支撑着他们在血与火的考验中永不言弃,始终如一地保持着昂扬的战斗决心,义无反顾地为了胜利奋勇向前,不达目的誓不罢休。自我驱动:游击队员凭借着高度的自觉性,能够主动敏锐地寻觅战机,果敢无畏地积极打击敌人,从而牢牢掌握战斗的主动权,极大地增加获胜的概率。他们无须依赖外部过多的督促和激励,仅凭内在深沉而强烈的使命感和责任感便能自觉行动,这种源自内心的自我驱动力驱使他们在战斗中全情投入、奋勇拼搏,显著提升了作战的效率和效果。灵活应变:在瞬息万变、错综复杂的战场形势中,自觉性赋予游击队员敏锐的感知力和洞察力,他们能够精准地捕捉到局势的细微变化,并依据实际情况迅速且自主地做出明智决策,及时且有效地调整战术。这种出色的应变能力使他们在波谲云诡的战斗环境中如鱼得水,能够迅速抓住稍纵即逝的宝贵战机,巧妙化解危机,顺利达成战斗目标。创新战策:具备高度自觉性的游击队员积极开动脑筋、勇于探索创新,他们善于结合战斗的实际需求和自身丰富的作战经验,充分发挥主观能动性,创造出独具匠心且切实有效的战术策略;他们不拘泥于传统的作战模式,敢于突破常规,不断推陈出新,为游击战的发展注入源源不断的活力和创造力等。

被动性的重要性主要体现在,保存实力:在极端恶劣、敌强我弱的不利局势下,明智地采取被动防御策略成为当务之急,这种策略能够有效地规避敌人的锋芒,最大限度地减少自身的人员伤亡和物资损失。那些得以保存下来的有生力

---

① 《毛泽东选集》第二卷,北京:人民出版社 1991 年版,第 410 页。
② 《毛泽东选集》第二卷,北京:人民出版社 1991 年版,第 410 页。
③ 《毛泽东选集》第一卷,北京:人民出版社 1991 年版,第 222~223 页。

量，如同星星之火，蕴含着巨大的潜力，将成为后续反击的核心力量，为最终夺取胜利积攒至关重要的资本。观察敌情：暂时的被动状态为游击队伍提供了相对充裕的时间和更为隐蔽安全的观察视角，他们能够静下心来，更加细致地观察敌人的一举一动，深入剖析其行动规律和战术弱点。基于这些详尽的观察和深入的分析，在后续的反击中便能制订出更为精准、更具针对性的作战计划，从而显著提高反击的成功率和效果。磨练意志：在被动困境中，游击队员承受着巨大的心理压力和身体磨难，这无疑是对他们意志品质的一次严峻考验。然而正是这种艰难困苦的环境，如同一座大熔炉，锻炼了队员们钢铁般坚韧不拔的意志，队伍的抗压能力和战斗韧性得以极大增强，使他们在未来更为残酷的战斗中能够从容应对，坚不可摧。诱敌深入：通过巧妙地故意呈现出被动的态势，能够麻痹敌人的神经，使其放松警惕，产生轻敌心理，进而将狂妄自大的敌人一步步引入精心预设的陷阱，待时机成熟，便可瞬间实现惊天逆转，给敌人以致命的打击，从而一举扭转整个战局的走向。引起支持：当游击队伍处于被动局面时，往往更容易激发民众内心深处的同情和怜悯，这种情感共鸣能够促使广大民众更加坚定地站在游击队伍一边，为其提供各种形式的支持和帮助，这些支持可能涵盖提供紧缺的物资援助、传递关键的情报信息等，为游击队伍在困境中的生存和后续的反击提供不可或缺的外部助力等。

　　自觉性和被动性的相互影响主要体现在，自觉性推动被动性的转化：在处于被动局面时，游击队员的高度自觉性能够促使他们积极思考、主动谋划，寻找突破困境的方法，凭借坚定的信念和使命感，努力改变局势，将被动防御转化为主动出击。被动性激发自觉性的提升：极端不利的被动状况会激发游击队员更强烈的自觉性，为了摆脱困境、争取胜利，他们会进一步增强自我驱动的力量，更积极地寻找战机，更灵活地制定策略，从而提升自身的自觉性水平。自觉性为被动性中的准备提供方向：当处于被动防御阶段，自觉性能够指导游击队员有针对性地进行观察、分析，明确在被动状态下应该重点关注什么、准备什么，为未来可能的主动行动作好充分准备。被动性检验自觉性的效果：被动局面是对游击队员自觉性发挥效果的一种检验，如果在被动情况下能够保持冷静、坚定并有效地采取措施，说明自觉性发挥良好。自觉性在被动性中积累经验：被动状态为游击队员提供了特殊的战斗经历，而自觉性使得他们能够从中吸取教训、总结经验，进一步完善自身的战斗能力和策略思维，为未来避免陷入被动或更好地应对被动局面打下基础。被动性促使自觉性调整目标：在被动情况下，现实条件的限制可能迫使游击队员调整原有的自觉目标和计划，使其更加符合实际情况，从而提高在困境中生存和反击的能力。自觉性利用被动性创造机会：具有高度自觉性的游击队员能够充分利用被动局面创造出迷惑敌人的机会，让敌人误以为我方无力反击，从而为后续出其不意的主动进攻创造有利条件。被动性增强自觉性的团结协作意识：艰难的被动环境往往会增强游击队员之间的团结和协作意识，而自觉性则引导这种团结协作朝着共同克服困难、实现战略目标的方向发展等。

十、主体性与辅助性

游击战有时会崛起成为主体作战形式，坚定地承担起主要的战斗任务，对敌人发起直接有效的猛烈打击。当各种条件具备时，游击战能够发挥出决定性的关键作用，为整体战局创造有利条件，奠定胜利的基础。

主体性的重要性主要体现在，主导战局：当游击战成为主体作战形式时，它拥有决定战争走向和胜负的关键力量，通过集中优势力量主动出击，能够对敌人的防御体系造成强有力的冲击，打破战场的平衡，创造有利于我方的局势，这种主导作用不仅体现在军事行动上，还能影响到整个战争的政治、经济和社会层面，为最终的胜利奠定基础。独立作战：作为主体作战形式，游击战具有独立完成战略任务的强大能力，它不依赖于其他大规模的军事力量或传统作战方式，能够依靠自身的特点和策略，自主地策划和实施一系列复杂的攻击与防御行动，这种独立性使游击战能够在各种复杂和恶劣的环境中生存并发挥作用，不受外部条件的过多限制。战略威慑：游击战以其独特的战斗方式和顽强的战斗意志，对敌人形成强大的战略威慑，敌人在面对游击战的不确定性和难以捉摸的特点时，会心生畏惧，在决策和行动时不得不谨慎考虑，不敢轻易采取冒险的举动，这种威慑力能够有效地遏制敌人的进攻势头，为我方争取更多的战略空间和时间。树立榜样：成功的主体游击战能够成为其他作战力量的典范，其灵活多变的战术、坚韧不拔的精神以及出色的战斗成果，会激励其他部队更加勇敢和坚定地投入战斗之中，提升整个作战体系的士气和战斗力，推动整个战争策略的发展和完善等。

辅助性的重要性主要体现在，牵制敌军：通过巧妙且灵活的行动，有效地分散敌人的注意力和兵力，使敌人不得不将部分精力和资源用于应对游击战的袭扰上，无法将全部力量集中于正面战场，这不仅减轻了正面战场的压力，还为我方主力部队创造了更有利的作战条件，增加了获胜的机会。扰乱部署：精心策划的扰乱策略能够打乱敌人的作战计划和部署，通过破坏敌人的后勤补给线、通信系统，或者在敌后制造混乱和恐慌，使敌人的指挥系统陷入混乱，无法有效地组织和协调作战行动，从而为正面战场创造出可乘之机，实现战略上的突破。情报支持：在敌后活动的游击队伍能够获取大量有价值的情报，这些情报包括敌人的兵力分布、武器装备情况、行动计划等重要信息，为正面战场的指挥官提供了准确而及时的决策依据，使作战行动更加精准、高效，减少了盲目性和不必要的损失。资源消耗：对敌人的资源进行持续的消耗，包括物资、人力等关键要素，通过不断的袭击和破坏，使敌人在补给和人员补充上遇到困难，削弱其持续作战的能力，从长期来看，这种消耗战能够逐渐改变敌我双方的力量对比，为最终的胜利积累优势。心理干扰：在敌后的游击活动给敌人造成严重的心理干扰和压力，让敌人时刻处于紧张和不安的状态，担心后方的安全和稳定，这种心理上的影响会降低敌人的作战效率和士气，使其在战斗中更容易出现失误和崩溃。战略掩护：通过在敌后制造假象和干扰，迷惑敌人的判断，使其难以准确预测我方的真实意图和主攻方向，从而保障了正面战场的行动能够出其不意，达到预期的战略目标等。

主体性和辅助性的相互影响主要体现在，主体性引领辅助性的方向：当游击战作为主体作战形式时，其战略目标和行动重点会为辅助性的游击战指明方向，辅助性的游击行动会围绕主体作战的需求来展开，以更好地配合主体实现战略意图。辅助性补充主体性的不足：在主体作战过程中，可能会存在某些薄弱环节或无法顾及的方面，辅助性的游击战能够通过其独特的方式来弥补这些不足，比如提供情报支持、牵制部分敌军等，使主体作战更加顺利。主体性依赖辅助性创造条件：主体性的游击战要取得决定性的胜利，往往需要辅助性游击战在敌后创造有利的条件，例如破坏敌人的后勤保障、扰乱敌人的指挥系统，为主力部队减轻压力。辅助性受主体性带动发展：主体作战形式的成功和强大影响力，能够带动辅助性游击战的发展和壮大，其经验和成果可以为辅助性作战提供借鉴和鼓舞，提升辅助性作战的效果。辅助性依据主体性调整策略：辅助性游击战需要根据主体作战形式的变化和需求，及时调整自身的策略和行动，以确保始终与主体作战保持紧密配合，发挥最大的协同作用。

十一、有序性与无序性

"游击战看似无序的表象下，实则隐藏着有序的战略部署和战术安排，令人叹为观止。""在游击战中，无序的外表掩盖着有序的内核，体现了战争艺术的深邃与复杂。"有人如此总结游击战的特点。游击战在组织架构的搭建和指挥调度的实施上具有清晰明确的有序性，拥有明确高远的战略目标、严谨周详的战术安排以及严格规范的纪律约束。但在激烈残酷的战斗过程中，又时常表现出看似无序的独特特点。其作战方式灵动多变、不拘一格，不墨守成规地遵循常规的作战规则，以出其不意的策略让敌人难以预测和从容应对，正如毛泽东同志所生动形容的"打得赢就打，打不赢就走"。

有序性的重要性主要体现在，目标明确：清晰高远的战略目标为游击行动赋予了清晰的方向和使命，它宛如一盏明灯，照亮了游击队员们前行的道路，使全体队员对努力的方向和最终要达成的成果有着明确的认知，从而在行动上保持高度的一致性和连贯性，这种明确的目标能够凝聚人心，让大家心往一处想，劲往一处使，为共同的理想而奋斗。计划周全：严谨周详的战术安排是游击战取得成功的重要保障，在制定战术时，充分考虑各种可能出现的情况，包括地形、天气、敌人的兵力部署等，从而制定出详尽的应对方案，这使得游击队伍在面对复杂多变的战场局势时，能够有条不紊地执行预定计划，提高作战的成功率和效率。纪律保障：严格规范的纪律约束是游击队伍保持战斗力和凝聚力的关键，纪律明确了队员们的行为准则和职责要求，确保每一个人都能服从指挥，听从调度；在战斗中，纪律能够避免队伍出现混乱和无序的情况，保证命令能够迅速、准确地传达和执行，使整个队伍如同一台精密的机器，高效运转。协同合作：明确的指挥和分工是实现协同作战的基础，通过清晰的指令和合理的分工，不同部分的游击队员能够明确自己的任务和与其他队员的配合关系，这有助于发挥各自的优势，形成互补，从而在战斗中实现兵力的最优配置，产生强大的战斗合力，共同应对敌人的进攻或完成战略目标。稳定性强：有序的架构和规范为游击队伍在复杂多变的战争环境中提供了坚实的支撑，它能够增强队员们的心理安全感和归属感，让大家在面临困难和挫折时，依然坚信队伍的组织力量和战斗能力，这种稳定性有助于保持队伍的士气和战斗力，不被外界的干扰和压力所动摇。

无序性的重要性主要体现在，灵活应变：在瞬息万变的战场环境中，灵动多变、不拘一格的作战方式成为游击队伍的生存之道，它使队伍能够根据战场的实际情况迅速调整策略，敏锐地捕捉到稍纵即逝的战机，并果断地做出决策。这种灵活性让游击队伍在面对突发状况时能够迅速适应，化被动为主动。出其不意：摒弃常规作战规则，以出其不意的策略打乱敌人的部署和计划，是游击战争中的重要战术，敌人难以捉摸游击战一方的行动规律，从而陷入被动和迷茫之中。这种不确定性增加了我方获胜的机会，让敌人在摸不清我方套路的情况下疲于应对，为我方创造有利的战斗条件。降低风险："打得赢就打，打不赢就走"的策略体现了游击战的务实和智慧，它避免了与强大的敌人进行正面硬拼，减少了不必要的损失。通过灵活选择战斗时机和地点，游击队伍能够有效地保存有生力量，为长期的战斗积蓄实力，实现以小博大、以弱胜强的战略目标。迷惑敌人：看似无序的作战方式往往会让敌人产生误判和困惑，他们无法准确预测我方的下一步行动，从而分散了敌人的注意力和兵力，这种迷惑性使得敌人难以集中力量进行有效的打击，为我方创造了更多的周旋空间和反击机会。激发创造力：摆脱常规的束缚，为游击队员们提供了广阔的思维空间，队员们能够充分发挥自己的创造力和想象力，想出独特而有效的作战方法，这种创新精神是游击队伍不断发展和壮大的动力源泉，使队伍能够在艰苦的战斗中不断推陈出新，适应不同的战斗场景。适应复杂环境：在极端和复杂的战场条件下，常规的作战模式往往难以奏效，无序性的特点使得游击队伍能够更好地适应无法预知的情况，随机应变，充分利用各种环境因素为自己创造优势，无论是恶劣的自然环境还是复杂的社会环境，无序性都能让游击队伍保持强大的适应能力和生存能力。

有序性与无序性的相互影响主要体现在，有序性规范无序性的边界：有序的战略目标、战术安排和纪律约束为看似无序的作战方式划定了一定的范围和原则，确保无序性的灵活应变不会演变成毫无章法的混乱态势，而是在可控的范围内发挥作用，以实现整体的战略意图。无序性丰富有序性的内涵：游击作战中无序性带来的创新和意外成果，能够补充和完善原有的有序规划，使有序的组织架构和指挥调度更加灵活多样，适应不断变化的战争形势。有序性为无序性提供保障：有序的资源分配、人员调配和信息传递，为无序性的灵活作战提供了必要的支持，让游击队伍在无序的行动中有足够的物资、人力和情报保障，提高作战的可行性和成功率。无序性检验有序性的有效性：无序性所产生的各种实际战斗结果，可以检验有序性规划的合理性和适应性，如果在无序的作战中出现问题，能够反映出有序性方面存在的不足，从而对其加以调整和改进。有序性引导无序性的方向：明确的战略方向和战术目标引导着无序性的作战行动朝着有利于最终胜利的方向发展，避免无序性的盲目和随意，使其能够在整体战略框架内发挥最大的作用。无序性促进有序性的更新：无序性带来的新情况、新问题和新经验，能够推动有序性的组织架构、战术规划和纪律要求不断更新和完善，使有序性始终能够适应战争的变化和发展。有序性平衡无序性的风险：通过有序的风险评估和控制，能够在一定程度上平衡无序性作战可能带来的不确定性和风险，确保在追求灵活创新的同时，不会陷入过度危险的境地。无序性激发有序性的创新：无序性中的突发灵感和独特策略，可能激发有序性层面的创新思考，推动整个游击作战体系的发展和进步等。

十二、传统性与现代性

有人指出："游击战的传统性蕴含着智慧的积淀，现代性则注入了科技的力量，二者融合塑造新的战争形态。"游击战既传承和弘扬了传统战争中的珍贵智慧和宝贵经验，比如巧妙利用地形优势、全力争取民众广泛支持等经典策略，同时，也与时俱进地随着时代的飞速发展不断融入现代元素。正如毛泽东同志所指出的："战争情况的不同，决定着不同的战争指导规律。"①在现代战争的全新环境中，游击战巧妙运用先进的通信技术、高效精准的情报收集手段以及创新前沿的战术理念，能在瞬息万变的战争局势中依然保持强大的生命力和锐不可当的战斗力。

传统性的重要性主要体现在，文化传承：游击战所传承的传统战争智慧和经验，是历史文化的重要组成部分，这种传承让后人得以站在前人的肩膀上，汲取数千年战争智慧的精髓，它不仅是战术策略的延续，更是一种文化精神的传递，

---

① 《毛泽东选集》第一卷，北京：人民出版社 1991 年版，第 173 页。

激励着一代又一代的战斗者在艰难的环境中坚守和抗争。民众基础：争取民众广泛支持是游击战的传统策略之一，通过与民众建立紧密的联系，游击战能够获得源源不断的人力、物力和情报支持，民众为游击队伍提供食物、住所和掩护，帮助传递情报，甚至直接参与战斗，这种深厚的群众基础是游击战生存和发展的土壤，也是其力量的源泉。适应本土：利用地形优势等传统策略，是基于对本土环境的深入了解和适应，不同的地域有着独特的地形地貌，如山脉、森林、河流等，游击队员熟悉这些地形，能够巧妙地利用它们进行隐藏、突袭和转移，在自己熟悉的土地上作战，能够最大限度地发挥游击战的灵活性和机动性。成本效益：一些传统的游击战战术手段在成本方面具有显著优势，例如简易的陷阱设置、土制武器的运用等，所需资源相对较少，但却能对敌人造成有效的打击，在资源匮乏的情况下，这种低成本高效果的战术能够使游击队伍持续战斗，实现以小博大的战略目标。

现代性的重要性主要体现在，理念创新：前沿的战术理念使游击战能够适应现代战争的新特点和新挑战。例如，网络战、信息战等新兴领域的理念被融入游击战中，拓展了作战的空间和手段；对于非对称作战、混合战争等理念的研究和应用，也让游击战在面对敌人时保持强大的战斗力和竞争力。技术提升：先进的通信技术为游击战带来了革命性的变化；卫星通信、无线网络等手段使指挥和协调更加高效及时；指挥官能够迅速下达指令，各作战单元之间能够实时交流情报和战况，大大提升了作战效率和反应速度，使游击战能够更加迅速地应对复杂多变的战场形势。情报精准：在现代战争中，高效精准的情报收集手段至关重要，卫星侦察、电子监听、大数据分析等技术的应用，能够让游击队伍更全面、准确地掌握敌情。基于这些情报，游击队可以做出更明智的决策，精确选择攻击目标和时机，避免不必要的风险和损失。资源整合：现代的管理和组织方法能够更好地整合各种资源，通过信息化的管理系统，可对人力、物力、财力等资源进行科学规划和调配，实现资源的最优配置，这使得游击队伍在有限的资源条件下，能够发挥出最大的作战效能。国际接轨：随着全球化的发展，战争理念和技术在国际范围内交流融合，与时俱进的现代元素使游击战能够与国际先进水平接轨，学习和借鉴其他国家和地区的成功经验，也能够在国际战争舞台上展示自己的实力和特色，提升影响力。舆论影响：现代媒体和传播手段的发展为游击战在舆论战场上开辟了新的阵地，通过社交媒体、网络平台等渠道，游击队伍可以传播自己的主张和行动，揭露敌人的罪行，争取国际社会的支持和同情。舆论的力量能够在一定程度上影响战争的走向，为游击战创造有利的外部环境。

　　传统性与现代性的相互影响主要体现在，传统经验为现代技术应用指引方向：传统游击战中积累的对战场态势的判断、对敌军行动规律的把握等经验，能帮助确定现代技术应用的重点和时机。比如，依据传统经验判断敌军可能的行军路线，再利用现代侦察技术进行精准监控。现代技术增强传统策略的效果：先进的装备和技术能够提升传统游击战中诸如伪装、设伏等策略的成功率。例如，利用高性能的迷彩服和伪装网更好地隐藏自身，或者使用先进的爆破装置增强伏击的威力。传统精神激励现代战术创新：传统游击战所蕴含的坚韧、勇敢和智慧的精神，在现代环境下被激发创造出更具创新性的战术，使游击队员在面对现代战争的复杂情况时，依然保持积极探索的勇气。现代情报手段完善传统民众动员方式：通过现代的大数据分析和信息传播技术，能够更精准地了解民众需求，从而更有效地动员民众参与支持游击战，进一步完善传统的民众动员方式。传统作战原则规范现代行动边界：传统游击战中诸如不伤害无辜平民、遵循人道主义等原则，规范着现代游击战的行动，确保其在追求胜利的过程中不偏离正义的轨道。现代训练方法提升传统技能传承：运用现代科学的训练方法和模拟设备，能够让游击队员更高效地掌握和传承传统的战斗技能，如近战格斗、野外生存等。传统战术思路影响现代资源分配：传统游击战中根据战场实际情况灵活分配资源的思路，为现代游击战中如何合理配置人力、物力和财力等资源提供了借鉴。现代通信方式促进传统经验交流：便捷的现代通信方式使不同地区的游击队伍能够更迅速地交流传统游击战经验，相互学习，共同提高等。

十三、战略性与战术性

　　游击战具有鲜明的战略性和战术性双重特征。从战略层面来看，游击战是一种长期的、全局性的斗争策略，旨在通过持续不断的小规模战斗，逐步削弱敌人的力量，改变敌我力量对比，为最终的胜利创造条件。"游击战的原则之一是战略上藐视敌人，战术上重视敌人，既保持坚定的胜利信念，又精心策划每一次战斗行动。"游击战作为一种战略选择，需要综合考虑政治、经济、军事等多方面因素，与整体的战争目标相协调。在战术层面，游击战则强调灵活多变、出其不意。它不拘泥于固定的作战模式，而是根据具体的战场环境和敌情，采取突袭、伏击、骚扰等战术手段，有效地打击敌人，能够在敌强我弱的情况下保存自己、消灭敌人。

战略性的重要性主要体现在，全局规划：游击战作为一种长期且复杂的斗争方式，需要有清晰明确的全局规划，战略性思考为其指明了宏观的方向和框架，使游击战的每一次行动、每一个阶段都与整体的战争目标紧密相连，形成一个有机的整体，确保所有的努力都朝着最终胜利的方向迈进。资源整合：在战争中，资源是至关重要的，战略性考量能够综合调配政治、经济、军事等多方面的资源，无论是人力、物力还是情报资源，都能在战略的统筹下实现最优化的配置，避免资源的浪费和错配，从而为长期而艰苦的游击战提供坚实的物质和精神支持。持久斗争：游击战往往是一场持久的较量，战略性布局能够让参与者在心理层面作好充分准备，保持坚定的信念和不屈的斗志，即使在面对短期内的挫折和困难时，也能坚守战略方针，不因一时的得失而动摇，持之以恒地削弱敌人，积累力量。凝聚共识：参与游击战的各方力量可能来自不同的背景和阶层，拥有不同的诉求和目标，战略性的统一指导为他们提供了共同的行动纲领，消除分歧，凝聚共识，使各方能够心往一处想，劲往一处使，形成强大的合力，共同为实现战略目标而努力奋斗。影响战争走势：科学合理的战略规划具有深远的影响力，它能够准确把握战争的发展趋势，提前布局，抢占先机，通过对战争全局的深入分析和精准判断，制定出具有前瞻性的战略决策，从而从根本上改变战争的进程和结局，为最终的胜利奠定基础。

战术性的重要性主要体现在，应对即时局势：战场形势瞬息万变，敌人的行动难以预测，战术性的灵活应变能力使游击战能够迅速根据最新的情报和战场环境做出调整，准确抓住稍纵即逝的战机，果断出击，给予敌人有效的打击。减少自身损失：在敌强我弱的情况下，保存自己是至关重要的，灵活多变的战术手段，如巧妙的伪装、迅速的转移和隐蔽的埋伏，能够让游击队伍在与敌人的周旋中最大限度地减少伤亡和损失，保持有生力量，为长期斗争积蓄实力。积累局部胜利：每一次成功的战术行动都可能带来局部的胜利，虽然这些胜利可能看似规模不大，但积少成多，聚沙成塔，通过不断积累这些小胜，能够逐步改变敌我双方的力量对比和战场态势，为最终的战略胜利创造有利条件。扰乱敌方部署：出其不意的战术常常能够打乱敌人的作战计划和部署，让敌人陷入混乱和迷茫之中，无法准确判断我方的行动意图和主攻方向，从而使其在应对上出现失误和漏洞，为我方创造更多的进攻机会。提升作战效率：巧妙的战术运用能够在有限的资源条件下实现最大的作战效果，通过精准的兵力部署、合理的武器使用和高效的协同配合，可以最小的代价换取最大的战果，提高战争的性价比。锻炼作战队伍：丰富多样的战术实践为作战队伍提供了宝贵的锻炼机会，在实战中，队员们能够不断提升自己的应变能力、战斗技巧和团队协作水平，队伍逐渐成长为一支精锐之师，具备更强的战斗力和适应能力。探索创新经验：战争是一个不断发展和变化的过程，没有一成不变的战术，在实战中，不断探索和创新战术，总结经验教训，能够为后续的战斗提供更多行之有效的方法和策略，使游击战始终保持活力和战斗力。

战略性与战术性的相互影响主要体现在，战略指导战术选择：战略目标和规划决定了战术的选择范围和方向。例如，若战略是逐步消耗敌人力量，那么战术可能会侧重于频繁的小规模袭击；若战略是夺取关键据点，战术可能就围绕有效的攻坚和防御发力。战术成果影响战略调整：成功的战术行动所取得的成果可能促使战略进行调整和优化，一系列战术上的胜利可能使原本保守的战略变得更具进攻性，或者促使战略将重点转向新的区域或目标。战略为战术提供资源支持：战略层面对于资源的分配和调配直接影响到战术行动能够获得多少人力、物力和情报支持，充足的战略资源保障能使战术实施更加顺利和有效。战术反馈完善战略决策：从战术执行中获得的经验、教训和反馈，能够为战略决策提供依据，帮助发现战略中的不足之处，从而对其进行完善和修正。战略把握战术时机：战略眼光能够帮助判断何时采取何种战术最为合适，比如在敌人疲惫或内部出现矛盾时，战略制定者可能会要求加大战术行动的力度和频率。战术执行体现战略意图：有效的战术执行是战略意图得以实现的具体体现。如果战术执行不力，即使战略规划再完美，也难以达成预期的战略目标。战略适应战术创新：当新的战术创新取得显著效果时，战略需要及时适应并将其纳入整体规划，以充分发挥其作用。战术困境推动战略反思：战术行动遭遇重大困难或挫折时，会促使对战略的合理性和可行性进行重新思考和评估，进而推动战略的改进。

十四、客观性与主观性

游击战的实施既受到客观条件的制约，又依赖于主观能动性的发挥。客观性方面，战场的地理环境、敌我双方的军事力量对比、社会政治局势等客观因素，对游击战的开展有着重要影响。然而，主观性同样不可忽视。游击队员的战斗意志、指挥者的战略眼光和战术智慧等主观因素，在很大程度上决定着游击战的成效。毛泽东同志强调："战争的胜负，固然决定于双方军事、政治、经济、地理、战争性质、国际援助诸条件，然而不仅仅决定于这些；仅有这些，还只是有了胜负的可能性，它本身没有分胜负。要分胜负，还须加上主观的努力。"①游击队伍凭借坚定的信念和主观努力，能够在不利的客观条件下创造战机，取得胜利。

客观性的重要性主要体现在，决定基础条件：客观的地理环境、敌我军事力量对比等因素为游击战的开展设定了初始条件和限制，比如复杂的山地、茂密的森林等地理环境为游击队伍提供了天然的掩护和隐藏场所，有利于实施突袭和伏击；而敌我力量的悬殊对比则决定了游击战需要采取灵活分散、避实击虚的战术方式。影响战略选择：社会政治局势等客观因素深刻影响着游击战的战略方向和目标，在政治局势动荡、民心不稳的地区，敌方统治力量薄弱，民众对我方支持度较高，游击战更容易获得发展空间和群众基础，从而有可能取得更大的成效。评估风险与机会：客观条件为准确评估游击战所面临的风险和可能出现的机会提供了依据，通过对地形、气候、敌我装备和兵力分布等客观因素的分析，能够制订出更为合理和精准的作战计划，降低风险，提高获胜的概率。提供资源依托：客观存在的自然资源、社会资源等可以为游击战提供必要的物资支持和后勤保障，丰富的物产能够满足游击队伍的基本生活需求，当地民众的支持和参与则能提供情报、人力等方面的协助。塑造作战模式：客观的地形地貌、气候条件等直接塑造了游击战的具体作战模式和行动方式，严寒的气候可能促使游击队伍选择速战速决的战术，水乡泽国的地形则需要运用特殊的水上作战技巧等。

主观性的重要性主要体现在，激发创造力：游击队员坚定的战斗意志和指挥者的智慧能够激发创新思维，从而创造出独特的战术和作战方法，以应对复杂多

---

① 《毛泽东选集》第二卷，北京：人民出版社 1991 年版，第 478 页。

变的客观条件，在敌强我弱的情况下，主观能动性促使游击队伍想出诸如地道战、麻雀战等巧妙的战术。提升执行力：强大的主观能动性能够确保游击战的战略和战术得到坚决有效的执行，即使面临重重困难，凭借顽强的意志和高度的责任感，游击队员也能克服一切阻碍，将作战计划付诸实践，实现既定的作战目标。把握机遇：凭借敏锐的洞察力和果断的决策能力，主观因素能够帮助游击队伍及时发现并抓住客观条件中出现的有利战机，在瞬息万变的战场上，主观的判断力和决断力往往能决定战斗的胜负。凝聚力量：主观上的团结协作精神和共同的目标追求能够将游击队伍紧密地凝聚在一起，形成强大的战斗力，面对艰难险阻，众志成城的信念使队伍坚不可摧。适应变化：积极主动的主观态度能促使游击队伍更快地适应客观条件的变化，无论是战场形势的突变还是外部环境的恶化，主观上的灵活性和应变能力都能帮助队伍及时调整策略，保持战斗力等。

客观性与主观性的相互影响主要体现在，战略制定：客观条件为战略制定提供基础信息，而主观的判断和决策则基于这些信息来确定战略方向。例如，根据地理环境的客观情况，主观上决定是采取防御为主还是进攻为主的战略。战术创新：客观的战场环境限制了战术的选择范围，但主观的创造力能够在这些限制内开创出新的战术，比如在山区的客观条件下，主观上可创新出适合山地作战的独特战术。行动决策：客观的情报和局势分析影响着行动的可能性，而主观的勇气和决心决定是否采取行动以及行动的力度。资源利用：客观存在的资源是固定的，但主观的规划和调配决定了资源能否得到最有效的利用。信心塑造：客观的困难和优势会影响队伍的信心，而主观的乐观态度和坚定信念能够在不利的客观条件下鼓舞士气，增强信心。经验总结：客观的战斗结果为总结经验提供事实依据，主观的反思和归纳则将这些结果转化为有价值的经验教训，以指导未来的行动。目标调整：客观情况的变化可能要求调整目标，而主观的灵活性和适应性决定了能否及时、准确地做出这种调整。队伍建设：客观的人员素质和装备水平会影响队伍的初始能力，主观的培训和激励措施则能提升队伍的实际战斗力等。

十五、进攻性与防御性

游击战并非单纯的进攻或防御，而是将两者有机结合。有人总结道："游击战既是巧妙的防御手段，又是出其不意的进攻策略，攻防转换，灵活自如。"进攻性体现在主动出击，捕捉敌人的弱点和疏漏之处，实施出其不意的打击，打乱敌方的部署与节奏。例如，在抗日战争中，八路军、新四军经常利用夜间或恶劣天气等时机，对日军的据点、运输线等进行突然袭击，有效地削弱了敌人的力量。防御性则表现在面对强大敌人时，灵活地躲避和周旋，保存自身实力，避免与敌人进行正面的硬拼，以减少本方的损失。例如在面对日军大规模"扫荡"时，游击队会迅速转移到山区或其他安全地带，使日军难以捉摸。进攻与防御相互依存、相互转化，需要根据战场形势和敌我力量对比灵活运用。

进攻性的重要性主要体现在，掌握主动：主动出击是掌控战争节奏和方向的关键，通过积极的进攻，能够打乱敌人的部署，使其陷入被动应对的局面，这使得我方能够在战略上占据主导地位，根据自身的计划和目标推进战争进程，从而为获取最终胜利创造有利条件。削弱敌人：出其不意的进攻能够给敌方造成直接且显著的损失，无论是敌方的人员伤亡、武器装备损毁还是战略据点的丧失，都能极大地削弱其战斗力和作战效能，这种削弱不仅体现在当下，还会对敌人的后续行动产生长期影响，使其在资源调配和战略规划上陷入困境。拓展空间：进攻往往意味着占领新的领土或控制重要的战略区域，这不仅能够扩大我方的势力范围，获取更多的资源，还能建立起更有利的防御前沿，增强整体的战略纵深，新占领的区域还可以成为进一步进攻的跳板，为后续的军事行动提供更多的选择和便利。打乱敌方计划：精心策划的进攻能够打破敌人既定的作战计划和战略部署，敌人不得不重新调整战术，调配资源，这在很大程度上会造成其内部的混乱和决策的延误，这种混乱和延误可为我方创造更多的机会，使我方能够在战场上取得更大的优势。树立威信：有效的进攻能够在本方阵营、中立势力甚至敌方阵营中树立起强大的威信，这有助于吸引更多的支持和资源，包括人力、物力和情报等方面的支持，也能对敌方的士气和信心造成沉重打击，使其内部产生动摇和分裂。

防御性的重要性主要体现在，保存实力：在面对强大的敌人时，防御是避免不必要损失的重要手段，通过灵活的躲避、周旋和有策略的撤退，能够最大限度地保存有生力量，包括人员、武器装备和重要的物资，这些保存下来的物资将成为后续反击的核心力量，为最终的胜利提供保障。消耗敌人：即使在防御状态下，也能够通过巧妙的布局和战术运用，使敌人在进攻过程中消耗大量的资源，敌人在追击、搜索和攻击我方防御阵地时，会消耗大量的人力、物力和精力，从而逐渐削弱其整体实力，这种消耗在长期的战争中可能会成为决定胜负的关键因素。迷惑敌人：成功的防御策略能够让敌人难以准确判断我方的真实意图和实力，通过制造假象、灵活变换防御阵地等手段，使敌人陷入迷茫和困惑之中，不敢轻易发动大规模进攻，这就为争取时间和空间，为后续的反击创造了有利条件。争取时间：防御为我方提供了宝贵的时间来进行准备工作，这段时间可以用于训练新兵、研发新的武器装备、完善战略战术以及等待外部支援的到来，充足的准备能够在反击时发挥更大的威力，提高胜利的可能性。观察学习：在防御过程中，有更多的机会近距离观察敌人的作战方式、战术运用和武器装备的性能，这些观察和分析能够为我方提供宝贵的经验教训，有助于改进自身的作战方法和战术策略，提升整体的战斗能力等。

进攻性和防御性的相互影响主要体现在，战略决策：进攻性策略的选择可能影响到防御的布局和资源分配，反之，防御性的策略也会制约进攻的时机和规模。例如，若决定采取大规模进攻行动，可能需要从防御阵线抽调部分资源，这就要求重新调整防御部署以确保防线稳固。力量平衡：进攻的成效能够改变敌我双方的力量对比，从而影响防御的压力。成功的进攻削弱了敌人，减轻了我方防御的负担；而防御的有效实施则保存了自身力量，为后续的进攻积攒了力量。心理层面：进攻带来的胜利会增强我方的自信和勇气，使在防御时更有底气和决心；良好的防御表现能稳定军心，为进攻提供心理保障，减少对进攻失败的恐惧。战术协同：进攻中的战术经验可以应用于防御，比如进攻时的突袭技巧可能转化为防御中的反击手段，同样防御时形成的协同配合能力在进攻中也能发挥作用。战场态势感知：防御过程中对敌人行动的观察和了解，能为进攻提供准确的情报，使进攻更具针对性和有效性，而进攻所获取的敌方信息又有助于优化防御策略。资源调配：进攻所需的资源投入可能导致防御资源相对减少，需要在两者之间找到平衡，合理的资源调配既要满足进攻的需求，又要确保防御不出现漏洞。时机把握：有效的防御能够拖延敌人，为我方创造有利的进攻时机，而适时的进攻又能打破敌人的进攻节奏，转为对我方有利的战场态势。经验积累：在进攻和防御的交替中，不断积累的经验能够提升整体的作战能力，使部队在面对不同战况时都能做出更明智的决策。

十六、渐进性与爆发性

渐进性意味着游击战通常在较长的时间跨度内逐步积累力量、扩大影响。游击战遵循以小博大、积小胜为大胜的原则，通过不断的袭扰和打击，逐步削弱敌人的力量和士气，为最终的胜利奠定基础。例如，在土地革命战争时期，红军在敌强我弱的情况下，长期坚持游击战，不断发展壮大自己。爆发性则体现在关键时刻能够集中优势力量，发动大规模、高强度的攻击，给敌人造成重大损失，迅速改变战场态势，打破僵持局面。

渐进性的重要性主要体现在，力量培育与资源积累：在漫长的时间进程中，通过一次次持续的小规模行动，能够不断积累实战经验，提升战斗技能和战略素养，从而稳健地壮大自身力量。与此同时，这种持续的小规模作战也有助于逐步积累物资、武器等各类资源，为未来可能开展的大规模行动奠定坚实的基础，提供充足的保障。根基稳固与战术优化：可以循序渐进且扎实地建立起稳固可靠的根据地，进而赢得民众广泛而坚定的支持，获取丰富多样的人力、物力和情报资源，并且在多次小规模行动的实践中，不断检验、改进和完善战术，使其更加成熟、高效、灵活，适应各种复杂多变的战场局势。情报收集与精准分析：长时间进行的小规模作战行动，为更全面、深入、细致地了解敌人的情况创造了条件，包括其战略部署的细节、行动规律的特点和潜在的弱点等关键信息，从而为后续制订更为精准、有效的作战计划提供坚实可靠的情报支持，提高作战决策的科学性和准确性。心理战与消耗：长期且持续的小规模骚扰，能够在心理层面逐渐消磨敌人的战斗意志，使其陷入疲惫、焦虑和不安的状态，削弱其作战的积极性和主动性，也能有效地持续消耗敌人的人力、物力和精力，增加其战争成本和压力。风险控制与适应性：小规模行动由于规模较小，相对来说风险较低，即便在行动中出现失利或挫折，也能够将损失控制在较小的范围内，不会对整体局势造成重大影响，而且在这一过程中，能够不断适应复杂多变的战场环境，锻炼自身的灵活性和应变能力，提高在不同情况下的生存和作战能力等。

爆发性的重要性主要体现在，战略突破与速战速决：在关键的时间节点，集中优势力量果断发起大规模攻击，能够以雷霆万钧之势一举突破敌人的防线，这种高强度、大规模的攻击方式能够迅速解决关键问题，避免战争陷入长期的消耗和僵持，减少本方的资源消耗和人员伤亡。士气提振与信心增强：一场重大且辉煌的胜利能够极大地激发本方全体将士的士气，让他们对未来的战斗充满坚定的信心和昂扬的斗志，也能增强民众对胜利的信念和对军队的支持，形成强大的战斗意志和团结一心的凝聚力，为后续的战斗注入强大的精神动力。局势逆转与主导权掌控：迅猛有力的攻势能够迅速改变战场态势，使本方从原本的被动防守状态成功地转为主动进攻态势，从而牢牢掌握战争的主导权，掌控战争的节奏和方向，为后续的一系列作战行动创造有利的条件，为最终的胜利铺平道路。

渐进性和爆发性的相互影响主要体现在，准备与契机：渐进性的积累为爆发性行动提供了充分的准备，包括力量的储备、情报的收集以及战术的磨合，而爆发性行动的成功又为后续的渐进性发展创造了更好的条件和契机。节奏把控：渐进性的过程有助于控制战争的节奏，避免过度消耗和冒险，而爆发性行动则能够打破节奏的平稳，实现阶段性的突破，两者相互配合，使战争的节奏更加灵活多变，让敌人难以捉摸。信心与士气：渐进性中的小胜和稳定进展能够维持和增强本方的信心与士气，而爆发性行动带来的重大胜利则会极大地提振信心和士气，进一步巩固和激发在渐进过程中积累的积极情绪。战略调整：渐进性的行动可以不断检验和调整战略，为爆发性行动提供更准确的目标和方向，而爆发性行动的结果也会促使对战略进行重新评估和调整，影响后续渐进性行动的策略和重点。资源分配：渐进性发展相对较为节省资源，但也需要持续投入，而爆发性行动则在短期内需要集中大量资源，两者相互影响，要求在资源分配上做到合理规划和动态调整，以满足不同阶段的需求。敌方反应：渐进性的行动可能使敌方逐渐适应并形成一定的应对策略，而爆发性行动的突然性和强大威力能够打破敌方的预期和应对模式，使其陷入混乱，敌方的反应又会反过来影响后续的渐进性和爆发性行动的选择和效果。经验传承：渐进性行动积累的各种经验，如小规模战斗的技巧、与民众的互动等，能够为爆发性行动中的协同作战和后勤保障提供借鉴，爆发性行动中获得的高层指挥和大规模作战的经验，也能丰富和完善渐进性行动中的战略思维。

十七、持久性与速决性

持久性在于游击战通常面对的是强大的敌人，需要历经漫长的斗争进程，持续消耗敌人的有生力量，逐步扭转敌我力量的对比态势。速决性则指在特定的战斗情境中，游击队能够迅速决断，集中力量，以迅猛的态势达成战斗目标，然后迅速撤离战场，不给敌人反应和增援的机会。持久性与速决性相互结合，根据实际战况灵活运用。在持久的游击战中，适时采取速决的战斗策略，既能有效打击敌人，又能保存自身实力，为长期的斗争积累优势。

持久战的重要性主要体现在，战略布局：持久战并非盲目地拖延战争，而是有着清晰的规划和策略。通过长时间的周旋，逐步调整和优化自身的战略部署，从而有步骤地改变敌我力量的对比状况，为最终的胜利创造有利的战略态势，这意味着在战争的初期，即使处于相对劣势，也能通过持久战来积蓄力量，等待时机成熟，实现战略反攻。消耗敌人：战争是对资源、人力和士气的巨大消耗，通过持续不断的对抗，让敌人在漫长的时间里不断投入大量的资源，包括物资、武器装备以及人力资源，这不仅会逐渐削弱敌人的战争潜力，使其陷入长期的战争泥潭，更会大幅增加其战争成本，同时长时间的消耗也会对敌人的士气造成沉重打击，使其内部产生疲惫、厌战等消极情绪。争取支持：在漫长的战争进程中，有更多的机会向国际社会展示我方的正义性和坚韧不屈的精神，从而争取到更多的国际支持；国内民众也会在共同抵御外敌的过程中，逐渐凝聚起强大的团结力量，这种广泛的支持和团结，为战争的持续进行提供源源不断的动力和保障。发展自身：利用战争的时间，发展壮大自己的军事力量、经济实力和政治影响力，利用这段时间，可以不断改进军事战略和战术，培养和锻炼大批优秀的军事人才；在经济上，能够逐步建立起相对独立和完善的工业体系，增强经济实力，保障战争所需的物资供应；在政治上，也能够进一步巩固政权，加强内部的管理和治理，提升政治影响力。心理威慑：持久战让敌人深刻认识到我方具有坚定的意志和持久作战的能力，使其在决策和行动时有所顾忌，不敢轻易采取冒险的战略和战术。战略相持：在相持阶段中，双方力量相对平衡，需要通过不断的摸索和试探，不断寻找敌人的弱点，为最终的胜利积累条件，这一过程虽然艰难，但为最终的胜利积累了至关重要的条件，通过不断的积累和准备，一旦时机成熟，就能实现决定性的突破。

速决战的重要性主要体现在，减少损失：在短时间内结束战斗，能够最大限度地降低自身的人员伤亡和物资消耗，这对于保存有生力量、维持战斗力的持续性具有重要意义，在战争中，资源的有限性决定了必须以最小的代价换取最大的胜利。打乱敌人部署：出其不意地快速解决战斗，打乱敌人的战略和战术安排，使其陷入被动，也能凭借出其不意的特点，能够在敌人尚未做出充分反应之前，迅速解决战斗，这会使敌人的战略和战术安排陷入混乱，无法按照既定计划进行，从而为我方创造更多的机会和优势。把握时机：及时抓住有利战机，迅速行动，防止局势发生不利于己的变化，战争局势瞬息万变，有利的战机往往稍纵即逝，能够及时敏锐地捕捉到这些战机，并迅速做出决策和行动，是取得速决战胜利的关键，稍有迟疑，就可能错失良机，导致局势逆转。战略主动：快速取得胜利可以掌握战争的主动权，为后续的行动创造有利条件，拥有主动权意味着可以决定战争的节奏、方向和规模，根据自身的战略需求灵活调整战术，让敌人始终处于被动应对的状态。战术成果：速决战能够迅速取得局部战斗的胜利，这种阶段性的成果不仅能够有效地鼓舞士气，增强全体将士的信心，还为后续的战斗奠定了良好的基础；每一次速战速决的胜利，都像是在黑暗中点亮的一盏明灯，指引着前进的方向等。

持久战与速决战相互影响主要体现在，战略选择的依据：速决战的成功能够为持久战创造有利条件，当在一些关键战役中能够迅速取得胜利，可能会打乱敌人的整体部署，削弱其力量，从而使得我方在持久战中占据更有利的地位；如果速决战频频失利，可能会迫使我方不得不更多地依靠持久战来扭转局势。资源分配与利用：速决战通常需要在短时间内集中大量资源，包括兵力、武器装备和物资等，而持久战则要求对资源进行更合理的规划和长期的储备。速决战的结果会影响到后续持久战中资源的分配，如果速决战消耗过多资源且未取得预期效果，可能会给持久战带来资源短缺的压力；若速决战成功节省了资源，则可为持久战提供更充足的保障。士气与心理：速决战的胜利能够极大地鼓舞士气，增强士兵和民众对胜利的信心，为持久战的坚持提供精神支持，相反，速决战的失败可能会导致士气低落，给持久战带来更大挑战。战术调整与创新：在持久战的过程中，积累的经验和对敌人的了解可以为速决战的战术制定提供参考，同时，速决战中尝试的新战术和策略，也可能在持久战中得到进一步的检验和完善。战场态势的改变：速决战的胜负能够迅速改变局部战场的态势，成功的速决战可能会开辟新的战线或扩大我方控制区域，为持久战创造更广阔的战略空间；而失败的速决战可能会导致局部战场的退缩，影响持久战的布局。敌方应对策略：我方采取的速决战或持久战策略会影响敌方的应对方式，如果敌方认为我方倾向于速决战，可能会加强防御；若判断我方准备进行持久战，可能会调整战略资源的分配和作战节奏。内部团结与稳定：速决战的胜利有助于增强内部的团结和稳定，为持久战中的长期坚持提供坚实的社会基础；相反，速决战的失利可能会引发内部的矛盾和分歧，给持久战中的内部管理带来挑战。国际舆论与外交：速决战的成败会在短期内引起国际社会的高度关注，影响国际舆论和外交形势，成功的速决战会为我方争取更多的国际支持和外交主动，而失败则可能带来外部压力，对持久战中的外交环境产生不利影响等。

　　游击战的特点或许并不仅限于此，随着实践的不断深入，特别是新武器新领域新战态的不断涌现，可能还会探讨出更多。游击战的这些特点，不仅每个特点内部的要素相互交错、相互影响，而且各个特点之间也相互交织、彼此作用，从而生动且鲜明地展现出游击战的特质与魅力。唯有牢牢掌握这些，方能在错综复杂、瞬息万变的战争局势中精确判断，灵活运用游击战的战略战术，为战争的胜利奠定坚实基础。深刻领悟这些特点还能助力我们在面临不同的战场环境和敌我力量对比情形时，做出恰当合理的决策，对资源进行科学配置，使游击战的强大威力得以最大限度地释放出来。

第二章　现代战争的基本特点与基本规律

战争作为人类社会的一种极端冲突形式，始终伴随着社会的发展而不断演变。在当代，科技的进步、政治经济的全球化以及信息的快速传播等，使得战争的形态、手段和影响发生了深刻的变化。

一、现代战争的基本特点

由于国际形势的风云变幻、科技的迅猛发展、政治格局的复杂演变以及文化冲突的日益凸显等诸多因素的交互影响，现代战争相较以往，在作战方式、武器装备、战略战术等多个方面，呈现出众多截然不同且极为显著的新特点。

(一)信息应用高度化

在当今的战争舞台上，信息的获取、传递、处理和利用已攀至空前的高度。各类先进的侦察卫星、无人机、传感器等侦察手段，高速且安全的通信技术，以及强大的情报分析系统，使作战双方能够实时、全面、精准地掌握战场态势。通过这些先进的信息技术，作战指挥得以更加精确地决策，实现信息优势向作战优势的高效转化，从而掌控战争的主动权。主要表现在：

其一，侦察手段的多样化与智能化。如今，作战双方不再仅仅依赖传统的侦察方式，侦察卫星能从太空全方位俯瞰广袤区域，无人机可灵活穿梭于复杂地形进行精细侦察，高精度传感器能敏锐捕捉细微且关键的信息。这种全方位、多层次、高精度的侦察手段，为全面且准确地获取战场信息提供了坚实保障，使作战方能够洞察战场的每一个角落和每一个细微变化。

其二，通信技术的高速性与安全性大幅提升。数据能够在瞬息之间安全、稳定地传输，前线与后方之间实现了无缝对接。巴顿将军曾说："战争依靠两件事，通信和交通。"现今高效且安全的通信技术，确保了指挥指令得以迅速、准确地下达，战场信息能够及时、完整地回传，极大地提高了作战效率和协同能力。

其三，情报分析系统的强大与精准。面对海量的信息，先进的情报分析系统能够迅速进行筛选、整合和深入分析，从中提炼出极具价值的情报。精准的情报分析为作战决策提供了科学依据，使作战行动有的放矢。

其四，信息融合的深度与广度显著增强。不同来源、不同类型的信息能够实现深度且广泛的融合，构建出更为全面、清晰和准确的战场图景。信息的深度融合让各种作战要素相互关联、相互支撑，形成一个有机的整体。

其五，信息对抗愈发激烈。围绕信息的争夺与保护，电子战、网络战等手段花样百出。在信息对抗中抢占先机，便能在战争中掌握主动。

其六，信息共享达到了实时性与普及性的新高度。各级作战单位能够在同一时间共享关键信息，实现高效协同作战。实时且普及的信息共享让作战行动协调一致，凝聚起强大的作战力量。

（二）武器装备智能化

随着科技的迅猛进步，现代武器装备的智能化水平日新月异。如今，自主导航的精确制导导弹、具备智能识别和自主攻击能力的无人机等新型武器层出不穷，它们大大提高了武器的精确性、自主性和作战效能，能够在复杂多变的战场环境中迅速做出反应，精准打击目标，为战争的胜利增添重要砝码。

其一，精确制导武器的智能化发展达到了新的高度。精确制导导弹不仅能够自主导航，还能在飞行过程中根据目标的实时动态变化迅速而精准地调整攻击路径，智能化的精确制导武器凭借其高速和灵活的特性，极大地增强了打击的突然性和准确性，让敌方难以防范。

其二，无人机系统的智能化升级令人瞩目。具备智能识别和自主攻击能力的无人机，可以在无须人工持续操控的情况下，自主完成一系列复杂的侦察、搜索和攻击任务。智能化无人机凭借高度的自主性和智能决策能力，在战场上发挥出超乎寻常的作用，成为改变战局的重要力量。

其三，作战平台的智能化改造成效显著。主战坦克、战舰、战机等作战平台通过安装智能化的传感器、先进的控制系统和高效的通信设备，实现了信息的快速获取、精准处理和及时共享，从而显著提高了作战平台的反应速度和作战能力。智能化的作战平台充分利用了科技的优势，能够更好地适应复杂多变的战场环境，发挥出更强大的作战效能。

其四，武器系统的智能化协同作战成为趋势。拿破仑曾说："军队的力量，四分之三依靠士气，四分之一依靠武器数量。"不同类型的武器装备能够通过智能化的网络实现紧密的互联互通和高效的协同作战，智能化的协同作战不仅提升了军队的整体士气，更形成了强大的作战合力，使作战效果得到显著提升。

其五，武器装备的自我诊断和修复功能取得重要突破。一些先进装备能够实时监测自身的状态，及时发现故障并进行自我修复或提供准确的预警，具备自我诊断和修复功能的武器装备，更好地保障了自身的战斗力，在战斗中持续发挥作用。

其六，武器装备的智能防御能力大幅增强。新型的防空系统能够自动识别和精准跟踪来袭目标，并迅速做出最佳的防御决策，智能防御系统通过精准的计算和快速的反应，有效抵御了敌方的攻击，为本方提供完善的防护。

其七，武器装备的模拟训练实现了智能化。通过虚拟现实和高度逼真的模拟技术，士兵可以在近乎真实的环境中进行训练，极大地提高了作战技能。智能化的模拟训练为实战能力的提升提供了强有力的支持，让士兵在战场上更加从容应对各种挑战。

(三)作战空间多维化

现代战争不再局限于传统的陆地、海洋和空中，太空、网络空间、电磁频谱等新兴领域也成为激烈对抗的重要战场。如今，太空成为战略制高点，网络空间成为没有硝烟的新战场，电磁频谱的争夺更是影响着战争的胜负。陆、海、空、天、网、电等多维度的作战空间体系相互交织，构成了一个复杂而广阔的战争场域。

其一，太空领域的竞争加剧。各国大力发展太空侦察、通信、导航等卫星系统，以获取情报、保障通信和实现精确制导，反卫星武器研发也在推进之中，争夺太空控制权愈演愈烈，在太空中，控制太空权取决于对太空资源和通道的掌控，正如某专家所言："谁控制了天空，谁就控制了世界。"

其二，网络空间的战斗愈发激烈。网络攻击、防御、信息窃取与保护等手段多样，可瘫痪敌方指挥系统、破坏基础设施、进行情报收集和舆论引导，网络空间的信息优势在战争中显得至关重要。

其三，电磁频谱的争夺异常关键。电磁频谱的管控和利用影响武器装备效能与通信稳定，电子干扰可使敌方雷达失效，电磁压制能阻碍通信。如今，电磁频谱就是战争新地图，掌控者才能占据主动。

其四，陆海空传统作战空间的融合深化。陆地作战需空海支援，海上作战依赖陆空保障，空中作战离不开陆海配合，多维度融合要求更高作战指挥与协同水平，多维度融合实现间接打击，效果更佳。

其五，跨域作战不断出现。不再局限于单一维度作战，而是跨越多个空间实现一体化行动，比如从太空对陆地目标进行精确打击，通过网络攻击影响空中作战态势等，这种跨域作战模式需要强大的技术支撑和高效的指挥体系，在多维作战空间中，集中优势力量进行跨域作战成为新的战略要点。

其六，深海作战空间得以拓展。随着科技的进步，深海领域的探索和利用不断发展，潜艇在深海的隐蔽作战、对深海资源的激烈争夺以及深海通信的保障等成为新的关注点。在深海作战空间中，谁能取得优势，谁就更有可能赢得胜利。

其七，极地作战空间逐渐开发。由于极地冰层的融化和资源的显露，极地的战略地位逐渐提升，适应极地的极端环境和培养有效的作战能力成为重要课题，极地的特殊地理环境要求作战策略和装备的针对性发展。

其八，心理作战空间影响加大。通过舆论宣传、心理干预等手段影响敌方军民的意志和信念，从而影响战争的走向。"战争不仅是一种政治行为，而且是一种真正的政治工具，是政治交往的继续，是政治交往通过另一种手段的实现。"心理作战空间成为一种特殊的政治工具，影响着战争的进程和结果。

其九，生物作战空间存在潜在威胁。生物技术在战争中的应用，如生物武器的防范和应对，以及生物战剂的监测等，都给战争带来了新的挑战，对于生物作战空间的了解和应对，是保障战争胜利的重要因素。

（四）战场开辟多面化

战争的发起和战场的开辟不再仅仅局限于传统的军事冲突区域，而是呈现出全方位、多领域的特点，在当今时代，经济、文化、政治等多个领域都可能成为战争的爆发点和战场，金融战、贸易战、舆论战等非军事手段与军事手段相互配合，形成一个综合性的战场格局。

其一，经济领域成为至关重要的战场。货币战争、贸易制裁、资源争夺等经济手段被广泛运用。例如，通过操纵汇率来影响对方经济稳定，实施贸易壁垒来限制对方商品进出口，以及围绕关键资源展开激烈争夺。正如凯恩斯所说："经济活动是战争的基础。"经济实力在很大程度上决定了一个国家在战争中的潜力和持久力，强大的经济基础能够为战争提供充足的物资和资金支持。

其二，文化领域的交锋愈发显著且深刻。文化渗透、价值观输出、文化遗产争夺等逐渐成为新的斗争形式，通过文化产品、教育交流等渠道进行文化渗透，输出自身价值观以影响对方的民族认同和社会价值观，围绕珍贵的文化遗产展开争夺以彰显文化影响力。文化领域的较量在潜移默化中影响着国家之间的关系和民众的认知。

其三，政治领域的博弈复杂多变。外交施压、联盟对抗、政权颠覆等手段层出不穷，利用外交手段对他国进行孤立和施压，构建政治联盟进行围堵和遏制，甚至直接干预他国内政，试图颠覆政权。在政治战场上，各方不断权衡利弊，运用各种策略来实现自身的政治目标。

其四，金融领域的战斗异常激烈。股市操纵、金融诈骗、债务陷阱等手段被用来冲击对方的金融体系，金融市场的波动可能引发经济危机，严重影响国家的金融稳定；金融稳定作为国家稳定的重要基石，金融战场的胜负直接关系到国家的经济命脉和发展前景。伏尔泰曾说："雪崩时，没有一片雪花是无辜的。"在金融战场上，任何一个微小的波动都可能引发连锁反应。

其五，舆论领域的争夺愈发激烈。网络舆论引导、媒体宣传战、假新闻传播等手段不断涌现，影响着公众的认知和社会舆论的走向。戈培尔说："谎言重复一千遍就是真理。"在舆论战场上，谁能掌握话语权，谁就能在一定程度上影响战争的态势和民众的支持。

其六，科技领域的竞争持续升级。知识产权争夺、技术封锁、科研成果窃取等成为新的对抗形式，科技的发展直接关系到军事装备的先进程度和国家的综合实力。在科技战场上，各国都在努力抢占制高点。

其七，能源领域的争夺愈发激烈。石油、天然气等能源资源的控制和争夺直接影响着战争的走向和国家的发展，能源的供应和保障是国家运转的重要支撑，对能源的掌控成为国家战略的关键一环。

其八，信息领域的对抗不断加剧。谁掌握了信息，控制了网络，谁就将拥有整个世界。信息窃取、数据安全威胁、信息网络攻击等手段被广泛运用，信息的掌控和保护成为关键，在信息时代，信息的流通和安全至关重要，谁能掌握准确的信息并保障自身信息安全，谁就能在战争中占据主动。

其九，太空资源领域的角逐初见端倪。对太空资源的开发和利用，以及太空领域的控制权争夺，逐渐成为未来战争的潜在战场，随着太空技术的发展，太空的战略价值日益凸显。

（五）非对称作战常态化

在实力不对等的双方之间的战争中，非对称作战已成为常态。《美国海豹突击队》一书曰："自成立之日起，'海豹'突击队就接受了从空中、陆地、海上和水下进行渗透或打击的一系列战术训练，并把'前线无处不在'作为非对称作战的至理名言。"弱势一方往往采用非传统、非对称的作战方式来对抗强敌，如游击战、网络攻击、恐怖袭击等，这些作战方式出其不意、灵活多变，给强势一方带来了巨大的挑战。

首先，作战手段展现出显著的非传统性。弱势一方积极运用诸如网络攻击等新兴手段，通过对敌方关键网络系统的精准破坏或持续干扰，严重影响其军事指挥的顺畅性、经济运行的稳定性和社会秩序的正常性。这种出其不意的作战手段，让强势方难以提前预料和有效防范，从而在瞬间打破力量平衡。

其次，作战目标的选择极具针对性。弱势方通常会将目光聚焦于强势方的关键基础设施，例如电力系统、交通枢纽、通信网络等核心部位，这些目标一旦遭受攻击，便能迅速瘫痪其作战能力和社会正常运行。通过精准选择这些关键目标，能够对强势敌人造成巨大且直接的打击。

再次，作战空间得到了前所未有的拓展与巧妙利用。除了常规的陆地、海洋和空中战场，虚拟空间、城市地下空间等特殊领域也成为非对称作战的重要舞台。比如在虚拟空间中开展激烈的信息战和心理战，利用信息的快速传播和心理的巧妙诱导来影响敌方决策；在城市地下空间进行隐蔽的军事行动和突然的突袭，充分发挥地下空间的隐蔽性和复杂性。巧妙利用这些特殊空间，能够实现出其不意、以小博大的战略效果。

又次，作战力量呈现出多元化的特点。交战双方不再仅仅依赖正规的军事力量，还广泛动员民间力量、非政府组织甚至巧妙借助国际力量参与或支持作战。比如充分利用民间志愿者进行情报的广泛收集、有效的后勤保障工作；通过非政府组织在国际上发声，争取舆论支持；借助国际舆论的压力迫使敌方在某些决策上做出让步。多元化的力量运用能够从多个层面给敌方施加全方位的压力，使其陷入被动局面。

最后，作战时间表现出高度的不确定性。非对称作战往往打破常规的作战时间规律，可能在节假日、夜间等敌方警惕性较低的特殊时段发起突然攻击。这种不确定性使得敌方难以始终保持高度戒备状态，增加了其防御的难度和成本。

(六)战争节奏随性化

战争的进程和节奏不再遵循固定的模式，而是根据政治、经济、军事等多种因素灵活变化。孙子曰："兵无常势，水无常形，因敌变化而取胜者，谓之神。"战争可能在短时间内迅速爆发、激烈进行，也可能在长时间内处于低烈度的对峙状态，政治谈判、外交斡旋、军事行动等多种手段相互交织，使得战争的节奏更加难以预测。

首先，战争爆发的突然性显著增强。在现代战争中，由于军事技术的飞速进步和情报工作的高度保密性，一方可能在另一方毫无防备的情况下骤然发动攻击，瞬间改变整个局势。这种突如其来的攻击，使得战争的起始时刻难以被精准预判。

其次，战争进程的速度变化无常。可能在短时间内凭借先进的武器装备和高效的作战策略迅速推进，势如破竹地达成阶段性目标；可能由于遭遇顽强的抵抗、复杂的地形、后勤补给的困难等诸多阻力而陷入停滞不前的状态，甚至出现进攻与防御的反复交替。战场上的各种变数就如同地图上的复杂地形，影响着战争的进程和速度。

再者，战争的烈度波动频繁且复杂。有时是高强度的激烈对抗，双方火力全开，各类先进且具有巨大杀伤力的武器投入使用，造成大量人员伤亡、城市成为废墟，但有时又转为低烈度的摩擦或对峙，双方保持相对的克制和谨慎，采取小规模的冲突、零星的交火或者以军事威慑为主的策略。这种烈度的变化并非偶然，而是取决于众多因素，政治决策的权衡起着关键作用，当政治目标倾向于通过强硬手段实现时，战争可能趋于激烈；而当政治层面寻求妥协或通过和平手段解决争端时，战争烈度则可能降低。战略目标的调整也会影响战争的烈度，若旨在快速取得决定性胜利，可能会采取高强度的作战行动；若只是为了维持某种态势或争取谈判筹码，烈度则相对较低。此外，瞬息万变的战场形势同样至关重要，如地形的复杂性、气候的恶劣条件、后勤补给的困难程度等，都可能使得战争无法维持高强度的对抗，从而导致烈度下降。

此外，战争与和平的转换愈发迅速。政治谈判和外交斡旋可能在战争激烈进行的关键时刻突然展开，使得战争暂时停歇甚至迈向和平的轨道；而和平协议的意外破裂又可能让战争在瞬间重启，战火重燃。这种和平与战争之间的快速切换，使得战争的节奏难以捉摸。

还有，战争的影响范围和深度难以准确估量。一场看似局部的战争，可能因为各方势力的介入、国际关系的复杂交织等各种因素迅速蔓延扩大为大规模战争，对地区乃至全球的政治、经济、文化等多个领域产生深远而广泛的影响，也可能在尚未造成大规模和广泛影响时就得以平息，如同暴风雨的骤停。

最后，战争手段的综合运用深刻影响着战争节奏。军事行动与经济制裁、信息战、心理战等多种手段相互配合、交织运用，不同手段的灵活使用和适时切换会极大地改变战争的节奏和走向。

（七）人员素质高能化

现代战争对参战人员的素质要求达到了前所未有的高度。巴顿将军曾说："一个最好的战士应有的结局就是在最后的战斗中被最后一颗子弹击中。"这意味着战士不仅需要具备扎实的军事技能、丰富的战斗经验，还需要掌握先进的科技知识，具备良好的心理素质、强大的适应能力和创新思维能力，以应对复杂多变的战争环境。

其一，扎实的军事专业技能是立身之本。这涵盖了对各类武器装备的精准操作,从常规枪械到尖端导弹系统;对各种战术的熟练运用,无论是阵地战、游击战还是特种作战,以及在战场上与队友的默契协同配合,形成无坚不摧的战斗力量。只有将军事技能烂熟于心、运用自如,才能在瞬息万变的战场上发挥出强大的战斗力,掌握战斗的主动权。

其二,丰富的战斗经验是宝贵财富。经历过实战的洗礼和磨练,才能够在枪林弹雨的紧张氛围中迅速做出精准的判断和明智的决策。"在战争中,经验比理论更重要。"真实的战斗场景所积累的经验,能够让人在面对各种意想不到的突发状况时,凭借直觉和记忆做出正确的反应,避免因犹豫和错误判断而导致的严重后果。

其三,先进的科技知识是必备素养。在当今信息化时代,了解和掌握诸如信息化作战、卫星导航、人工智能在军事中的应用等前沿科技至关重要,只有紧跟科技发展的步伐,才能在战场上充分利用先进技术的优势。"胜利只向那些能预见战争特性变化的人微笑,而不是向那些等待变化发生才去适应的人。"具备敏锐的科技洞察力,才能在科技日新月异的战争领域抢占先机。

其四,良好的心理素质是坚固防线。在面对巨大的战斗压力、生死攸关的考验以及错综复杂的局面时,要保持冷静、坚定和勇敢的心态。强大的信仰和坚定的意志能够支撑起内心的强大防线,使人在极端环境下不崩溃、不退缩,始终保持战斗的决心和勇气。

其五,强大的适应能力是关键能力。作战者能够迅速适应不同的地理环境,无论是酷热的沙漠、严寒的极地还是潮湿的雨林;适应多变的气候条件,如狂风、暴雨、暴雪等;灵活应对作战任务的突然转变,从进攻转为防守,或者执行紧急的救援任务。每一次艰难的适应都是一次成长和蜕变,使军人在各种恶劣环境和复杂任务中都能游刃有余。

其六,创新思维能力是取胜之匙。作战者能够突破传统思维的束缚,敢于质疑和挑战既定的作战理念和方法,提出新颖独特且切实有效的作战策略。在战争中,创新思维能够开拓新的作战思路,创造出意想不到的战术,从而打破僵局,为取得胜利开辟新的道路。

(八)涉及范围广域化

战争的影响不再仅仅局限于军事领域,而是广泛涉及政治、经济、社会、文化等各个层面。一场战争的胜负可能会影响一个国家的国际地位、经济发展、社会稳定和文化传承，对国家的整体实力和综合国力产生深远而持久的影响。

其一，在政治方面，战争的结果往往会对国际政治格局产生深远影响。一场战争的胜负可能使胜利的一方在国际事务中掌握更多的话语权和决策权，提升其国际地位和影响力。例如，二战后美国凭借其在战争中的表现和实力，成为超级大国，在全球政治舞台上发挥主导作用，而战败国德国和日本的国际地位则大幅下降，其政治影响力受到了极大的限制。

其二，经济领域所承受的冲击极为巨大。战争会迫使国家将大量财政资源投入军事开支，从而削减了对民生领域和其他建设性领域的投资。正如孙武在《孙子兵法》中说：“军无辎重则亡，无粮食则亡，无委积则亡。”战争可能严重破坏基础设施，扰乱贸易和金融秩序，进而导致经济衰退甚至长期停滞。比如伊拉克战争，使得伊拉克原本的经济体系崩溃，基础设施遭到严重破坏，大量工厂、油田受损，贸易通道被阻断，经济陷入长期的衰退，至今仍未完全恢复。

其三，社会层面会遭受重创。大量人员伤亡和流离失所，必然引发社会动荡和治安问题，家庭破裂、教育中断、医疗资源短缺等诸多社会问题会接踵而至。像叙利亚内战，导致数百万民众流离失所，孩子们失去了受教育的机会，医疗系统崩溃，社会秩序陷入混乱。

其四，在文化方面，战争可能导致文化遗产的损毁和文化传承的中断。许多珍贵的历史建筑、文物古迹可能在战火中化为灰烬，独特的民族文化和传统技艺可能因此失传。例如阿富汗战争中，一些古老的寺庙和珍贵的文物遭到破坏，许多传统文化的传承者被迫逃离，使得当地的文化传承面临巨大危机。

其五，战争对环境的破坏不容小觑。大规模的军事行动可能造成土地污染、水源污染、生态失衡等严重问题。这种破坏对生态环境造成的负面影响将是长期而持久的。

其六，战争能够塑造民族心理和价值观。长期的战争经历可能使民族性格发生变化，价值观也会相应调整。正如尼采所言：“那些杀不死你的，会使你更强大。”在经历战争的磨难后，民族可能会更加坚韧和团结，但也可能变得更加激进和排外。

其七，战争往往会对国际关系进行彻底的重新洗牌。盟友和敌对关系常常会因战争而发生重大转变。例如，在某些大规模的全球性战争中，原本紧密合作的盟友可能因为利益分配不均或战略方向的分歧而产生裂痕。同时，战争的爆发会催生出新的国际联盟和对抗阵营，一些国家可能会基于共同的战略目标、资源需求或者地缘政治考量而迅速结成新的联盟，而原本处于相对和平状态下的国家，可能会因为战争导致的利益冲突而成为敌对关系，这种国际关系的快速变化和重新组合，进一步加剧了国际局势的复杂性和不确定性。

其八，战争挑战法律制度。战争状态下，正常的法律秩序可能被打破，人权保障面临严峻考验，同时战争还会改变人口结构，造成人口年龄失衡和劳动力短缺，影响社会的可持续发展。

(九)战争方法多样化

包括常规作战、特种作战、信息作战、心理作战等多种作战方式相互结合、灵活运用。孙武强调："凡战者，以正合，以奇胜。"在现代战争中，既要运用常规的军事力量进行正面交锋，也要通过特种部队实施精确打击，利用信息网络进行情报窃取和攻击，运用心理战术瓦解敌方的意志，以实现战争的政治目的。

其一，常规作战依旧是主流。大规模的陆军、海军、空军协同作战，以常规武器和战术在正面战场上展开激烈争夺。例如在海湾战争中，多国部队先是通过大规模的空袭对伊拉克的军事目标进行精准打击，随后又展开了地面推进，展示了常规作战中各军种协同配合的强大威力，这种作战方式依靠强大的军事力量和传统的战术策略，在大规模战争中能够迅速取得战场优势。

其二，特种作战在现代战争中发挥着关键作用。特种部队经过严格训练，具备出色的战斗技能和应变能力，能够执行高风险、高精度的任务，比如在击毙本·拉登的行动中，特种部队悄无声息地潜入目标区域，在短时间内完成了任务，他们可以定点清除敌方关键人物，破坏敌方重要设施，从而对敌方的指挥系统和战略布局造成重大打击。

其三，信息作战已成为极其重要的手段。在当今数字化时代，通过网络攻击、电子干扰、情报窃取与反窃取等方式，获取和控制信息优势变得至关重要。在俄乌冲突中，双方频繁进行网络攻防和信息战，试图干扰对方的指挥通信系统，获取对方的军事部署情报，同时向对方民众传播有利于自己的信息，以影响民心士气。

其四，心理作战的重要性愈发凸显。利用宣传、舆论、文化等手段，对敌方军民的心理进行全方位的影响，从而削弱其战斗意志和抵抗决心。在二战中，盟军对德国展开了大规模的心理战，通过广播、传单等方式揭露纳粹的罪行，宣传盟军的正义性和胜利的必然性，在一定程度上动摇了德国军民的信心。

其五，太空作战开始崭露头角。随着太空技术的发展，争夺太空资源、利用卫星进行侦察和通信干扰等，逐渐成为新的作战领域，各国纷纷加大对太空军事应用的研究和投入，未来太空可能成为战争的新战场。

其六，无人作战逐渐兴起并展现出独特优势。无人机、无人舰艇等无人装备在侦察、打击等方面发挥着重要作用，不仅能够降低人员伤亡风险，还能在复杂危险的环境中执行任务。例如在一些局部冲突中，无人机被广泛用于侦察和攻击，为作战决策提供了及时准确的情报支持。

（十）战争形态混合化

传统战争形态与新兴战争形态相互交织，形成了复杂多样的战争局面。常规战争与非常规战争、军事冲突与非军事冲突、武力对抗与非武力对抗等多种形式同时存在，使得战争的表现形式更加丰富和难以捉摸。

其一，常规战争与非常规战争相互渗透。常规战争通常以大规模的军事力量正面交锋为主要特征，展现出强大的火力和规模化的作战部署，然而，非常规战争如游击战、恐怖袭击等形式则更加隐蔽、灵活且出其不意。在一些地区冲突中，我们既能看到正规军之间大规模的激烈战斗，也能发现游击队神出鬼没地对敌方后勤补给线进行频繁骚扰。例如在阿富汗战争中，塔利班武装常采用游击战的方式对抗美军及其盟军，给对方造成了不小的困扰。

其二，军事冲突与非军事冲突交织融合。军事手段固然是战争的直接表现，但经济制裁、外交施压、文化渗透等非军事手段同样发挥着重要作用。在两国关系紧张时，军事上的对峙只是冰山一角，经济领域的贸易战可能导致一方经济受损，外交上的相互指责会影响国际舆论，而文化方面的价值观输出和舆论对抗则在潜移默化中影响着双方民众的认知。比如美俄之间的对抗，除了军事上的战略部署，经济上的相互制裁也从未停止过。

其三,武力对抗与非武力对抗并存。武力冲突以其直观的破坏力造成人员伤亡和物质损失,而诸如网络攻击、信息窃取、舆论战等非武力对抗手段,则在无形之中左右着战争的局势和走向,在现代战争中,战场上的硝烟弥漫与网络空间中的激烈攻防往往同步进行。比如俄乌冲突中,双方不仅在实体战场上激烈交火,网络空间中的攻击和信息战也如火如荼。

其四,传统作战领域与新兴作战领域相互影响。陆地、海洋、空中等传统作战空间一直是战争的重要舞台,而太空、网络、电磁等新兴作战空间的崛起则为战争带来了新的变数。在一场战争中,陆、海、空的常规作战需要与太空卫星的争夺、网络系统的攻防以及电磁频谱的控制相互配合。例如海湾战争中,美军在传统作战领域占据优势的同时,其强大的电子战和卫星通信能力也发挥了关键作用。

其五,国内冲突与国际冲突相互关联。一个国家内部的动荡局势可能引发国际社会的广泛关注和干预,而国际冲突也可能加剧国内的矛盾和不稳定。某些国家的内战常常吸引多个外部势力的介入,使得原本复杂的局势更加扑朔迷离。像叙利亚内战,不仅国内各方势力纷争不断,外部的大国博弈也使得局势雪上加霜。

其六,作战时间和规则具有不确定性。战争不再遵循固定的时间模式,可能是长期的低强度冲突,也可能瞬间爆发高强度对抗,时断时续,难以预测,而且由于战争形态的混合性,传统的战争规则和国际法在某些复杂情况下难以完全适用,使得行为的界定和责任的追究面临诸多困难。

其七,作战主体和目标呈现多元化。除了国家军队作为主要作战力量外,非国家行为体如恐怖组织、跨国犯罪集团、雇佣军等也纷纷参与其中,他们的行动方式和目的各异,极大地增加了战争形态的复杂性。作战目标不再仅仅局限于军事目标,重要的民用设施、关键的基础设施以及具有文化、宗教象征意义的目标都可能成为攻击对象。

(十一)战争进程多变化

受到多种因素的影响,战争的进程充满了不确定性和多变性。战略战术的调整、国际形势的变化、内部政治的变动、民众的意愿等都可能导致战争走向的改变，增加了战争的复杂性和不可预测性。

首先，战略战术的灵活调整会直接影响战争的走向。在战争过程中，一方根据战场形势和敌方的作战特点，及时改变战略部署和战术运用。比如，在二战中的苏德战场，德军最初采取闪电战的战术取得了一定优势，但随着苏联的战略纵深和顽强抵抗，德军不得不从大规模进攻转为重点防御，而苏联则在战争中后期调整战术，采取了大规模的反攻，从侧翼包抄德军，最终取得了胜利。

其次，国际形势的变化可能对战争进程产生重大冲击。其他国家的介入、国际舆论的压力、国际组织的调解等，都有可能迫使参战方改变策略或结束战争。例如，在越南战争中，随着战争的持续和美国国内反战情绪的高涨，国际社会对美国的压力不断增加，同时，苏联等国对越南的支持也使得美国的处境愈发艰难，最终，美国不得不重新评估其战略，逐步从越南撤军，结束了这场旷日持久且备受争议的战争。

再次，内部政局的变动也会作用于战争进程。国内政治领导层的更迭、政治集团之间的权力斗争、民众对战争的支持或反对态度，都可能导致战争决策的改变。像在伊拉克战争期间，美国国内民众的反战情绪日益高涨，对政府形成了巨大压力，加上政治领导层为了应对国内的政治局势，不得不调整在伊拉克的军事策略，逐步减少驻军规模。

又次，战场上的意外事件也会使战争进程充满变数。如关键将领的伤亡、重要装备的损毁、突发的自然灾害等，都可能打乱原有作战计划。在第一次世界大战的凡尔登战役中，德军的一位重要指挥官意外负伤，导致德军的指挥出现混乱，影响了德军的进攻节奏和战略部署，为法军的反击创造了机会。

最后，双方军事力量的此消彼长也是影响战争进程的重要因素。一方通过军事技术的突破、新型武器的研发或兵力的补充增强了实力，而另一方因损失惨重或补给困难而削弱，从而改变战争的态势。在海湾战争中，以美国为首的多国部队凭借先进的军事技术和强大的武器装备，迅速取得了制空权和制海权，而伊拉克军队则在军事力量对比中逐渐处于劣势，最终导致战争的结局呈现一边倒的态势。

(十二)战争手段高超化

各种高新技术在战争中的应用，使战争手段更加高超和先进。正如恩格斯所言："一旦技术上的进步可以用于军事目的并且已经用于军事目的，它们便立刻几乎强制地，而且往往是违反指挥官的意志而引起作战方式上的改变甚至变革。"[①]高超音速武器、激光武器、定向能武器等的出现，极大地改变了战争的面貌和作战方式，使战争的杀伤力和破坏性大幅提升。

其一，武器装备的智能化程度突飞猛进。当下的无人机不仅能执行侦察任务，还能凭借先进的算法自主识别、评估目标，并独立做出攻击决策，同时与其他作战单元紧密协同。智能导弹更是能够依据复杂多变的战场环境和目标的独特特性，实时调整飞行轨迹，从而显著提升命中精度与打击效果。例如在近期的某场局部冲突中，智能化武器系统精准而迅速地打击了敌方的核心设施，极大地削弱了对方的作战能力和战略部署。

其二，信息作战能力得到前所未有的增强。通过卫星通信的高效传输、网络战的隐秘攻击以及电子战的强力干扰等多种手段，能够对敌方的信息系统进行全方位的压制和破坏，使敌方的指挥控制系统陷入全面瘫痪；或者实施高强度的电磁频谱干扰，彻底阻断敌方的通信联络。在当今的战争格局中，谁能掌握信息优势，谁就更有可能掌控战争的走向。

其三，精确打击能力实现了质的飞跃。高超音速武器的横空出世，大幅提高了打击速度，让敌方的防御系统几乎难以有效应对。激光武器和定向能武器以其超高速、高精度的特点，能够对目标实施快速、精确的打击，并且具备成本相对较低、反应极其迅速的显著优势。比如某国最新研发的高超音速导弹，一经投入使用，便极大地改变了该地区的军事力量平衡。

其四，太空作战领域正加速拓展。卫星的功能不再仅仅局限于侦察和通信，而是能够直接参与到攻击和防御的作战行动中，反卫星武器的不断发展，使得太空成为一个全新且关键的战场，直接影响着战争的胜负结局，不少国家已经开始积极构建自己的太空作战体系，以谋求在未来战争中的战略优势。

其五，无人作战系统得到了广泛而深入的应用。如今，除了常见的在侦察和攻击方面表现出色的无人机，无人舰艇、无人战车等也纷纷在战场上崭露头角。无人作战系统凭借其独特的优势，发挥着日益重要的作用，它们能够在危险环境

---

① 《马克思恩格斯文集》第9卷，北京：人民出版社2009年版，第179页。

中无畏前行，不仅有效减少了人员的伤亡风险，为士兵的生命安全提供了有力保障，还凭借无须人员休整的特点大大提高了作战的持续性，而且，其精准的操作和高效的执行能力，也极大地提升了作战效率。例如在某些复杂的战场环境中，无人战车能够迅速穿越危险区域，完成侦察和攻击任务。

其六，战场感知能力实现了重大突破。借助于种类繁多的先进传感器、高精度的侦察卫星、灵活多变的无人机等手段，作战一方能够对战场进行全方位、实时且高精度的感知，这些先进的设备和技术如同战场上的"千里眼"和"顺风耳"，可以精确捕捉到每一个细微的变化和动态，无论是敌军的行动轨迹，还是战场环境的微妙变化，都能被及时察觉和分析，从而为作战决策提供了极其精准和及时的信息支持。

其七，武器装备的隐形化发展日新月异。诸如先进的隐形战斗机、隐形轰炸机等，它们如同战场上的"幽灵"，能够巧妙地规避敌方的雷达探测，凭借出色的隐形性能，这些武器可以出其不意地发动突然袭击，极大地增强了作战的突然性和攻击性，在关键时刻给予敌方致命一击，打乱敌方的防御部署，从而为战争的胜利创造有利条件。

其八，生物科技在战争中的潜在应用引起了广泛关注和担忧。包括生物武器的研发、基因编辑技术用于军事目的等，这些新兴的领域都有可能引发全新的战争威胁和复杂的伦理道德难题，生物武器的杀伤力和潜在的不可控性令人恐惧，而基因编辑技术若被滥用，可能导致无法预测的后果。例如，某些具有高传染性和致命性的生物制剂一旦被开发为武器，将对人类社会造成巨大的灾难。

其九，能源武器的探索步伐从未停止。比如通过利用强大的电磁脉冲武器来破坏敌方的能源供应系统，进而严重影响其军事设施的正常运行和社会的正常运转，这种攻击方式具有隐蔽性和高效性，能够在短时间内使敌方陷入能源危机，削弱其作战能力和社会稳定。在未来的战争中，能源武器可能成为一种具有决定性作用的战略手段。

其十，作战模拟和虚拟现实技术的应用愈发广泛。在战前可以进行高度逼真的作战演练和精细的战术规划，作战人员能够在虚拟的战场环境中熟悉各种可能的情况，通过模拟不同的作战场景和应对策略，显著提升了作战方案的科学性与可行性，让作战人员在真正面对战场时，能够更加从容应对，减少失误。

（十三）战争管理精益化

在现代战争的复杂格局中，通过先进的管理理念和前沿的技术手段，对战争资源进行精确配置、高效利用至关重要。精益化的战争管理意味着对人力、物力、财力等各类资源的细致把控和优化调配，通过建立精确的资源评估体系，对每一项资源的需求和潜在价值进行精准分析，确保资源能够投入到最关键的作战环节。同时，借助智能化的管理系统，实现资源分配的实时调整和优化，以应对战场上瞬息万变的局势。这种精益化管理不仅能够减少资源的浪费，还能大幅提高资源的利用效率，从而实现战争管理的精细化和科学化。最终，达到显著提升作战效能和保障能力的目的，为战争的顺利推进和最终胜利奠定坚实基础。

首先，资源评估实现精确化。摒弃以往模糊、粗略的估计方式，转而充分利用大数据分析、人工智能算法等前沿技术，对人力、物力、财力等资源展开全面、深入且细致入微的量化分析。比如，不仅能够精确评估每一名士兵的专业技能水平、体能状况以及心理抗压能力，还能精准把握每一件武器装备的技术参数、损耗程度、维护周期和实际效能，同时对每一笔军费的预算规划、具体用途以及预期产生的效益进行详尽分析和准确衡量。

其次，资源调配趋于智能化。依靠先进的算法模型和智能决策支持系统，结合战场实时动态信息和作战任务的轻重缓急程度，实现资源的自动化、优化分配。例如，当某一作战区域遭遇突发紧急情况急需增援时，智能系统能够迅速整合周边可用的兵力、武器装备、医疗资源和后勤补给等，并以最快速度、最合理的方式调配至指定地点，确保及时满足作战需求。

再次，流程管理走向标准化。制定详尽、规范且具有高度可操作性的战争管理流程和操作标准，明确规定每个环节的具体职责、工作流程和质量要求，确保战争管理的各个环节都有章可循、高效有序运转。比如，物资的采购严格遵循招标流程和质量标准，运输过程按照既定路线和时间节点执行，存储环节依照分类存放和安全保管原则进行，分发工作则依据需求优先级和准确数量进行精准配送，最大限度减少失误和延误。

又次，成本控制达到精细化。对战争中的各项开支进行全方位、实时监控和深入分析，杜绝任何形式的不必要浪费和低效投入。比如，在每次军事行动之前，精确计算所需的人力、物力和财力成本，并与预期的战略成果进行对比分析，以确保行动的成本效益达到最优。同时在武器研发和采购过程中，通过精细的成本核算和市场调研，合理控制费用，在保证性能的前提下降低成本。

最后，风险管理迈向科学化。通过建立完善的风险评估模型和预警机制，综合考虑各种内外部因素，提前预测和准确识别可能出现的各类风险，并制定针对性强、切实可行的应对策略和应急预案，以保障战争资源的安全稳定供应。例如，针对敌方可能采取的网络攻击、情报窃取、物资破坏等手段，提前构建严密的防护体系和反制措施，确保在风险来临时能够迅速响应、有效应对，将损失降至最低。

（十四）战争设计艺术化

在战争的策划与指挥领域，充分运用战略智慧和艺术思维乃是取胜的关键所在。战争设计艺术化要求指挥者具备敏锐的洞察力，能够精准地把握战争的全局和关键节点，善于捕捉稍纵即逝的战机，要巧妙地制定战略战术，灵活运用各种军事力量和手段，实现兵力的巧妙布局和战术的创新运用。在战争的指挥过程中，还需充分考虑政治、经济、外交等多种因素的影响，以综合的视角来统筹战争的进程。这种艺术化的设计和指挥，不仅能够实现军事目标，还能以最小的代价换取最大的胜利成果，展现出战争指挥的高超艺术和卓越才能。

首先，洞察力展现出敏锐的特质。指挥者能够在复杂多变且充满不确定性的战争环境中，拥有一双锐利的鹰眼，穿透层层战争迷雾，敏锐地洞察敌我双方的力量对比、战略态势以及潜在的变化趋势。他们不仅能精准判断敌方的战略意图和战术部署，还能凭借敏锐的直觉提前预见到可能出现的危机和稍纵即逝的机遇。例如，在二战期间，盟军指挥官通过对德军军事行动的全方位、深层次分析，敏锐地洞察到诺曼底地区在德军防御体系中处于薄弱环节，从而精心策划并成功实施了具有决定性意义的诺曼底登陆，为反法西斯战争的胜利奠定了重要基础。

其次，战略战术凸显出创新的特色。指挥者不再因循守旧、拘泥于传统的作战模式和既定的思维框架，而是根据战争的具体实际情况以及自身所拥有的优势和特点，创造性地制定出独具一格、与众不同的战略战术。比如，灵活运用迂回包抄、声东击西、诱敌深入等战术手段，巧妙地打乱敌方的部署，出其不意地突破敌方防线，从而取得令人意想不到的战果。在海湾战争中，美军大胆创新，采用了"空地一体战"的全新战术理念，充分发挥空中力量和地面部队的协同作战优势，对伊拉克军队形成了压倒性的打击，取得了显著的胜利。

再次，兵力布局体现出巧妙的构思。指挥者能够依据科学合理的规划，对各种军事力量进行精准分配和精心部署，使不同兵种、不同作战单位之间如同精密仪器的各个部件，紧密配合、协同运作，形成强大的合力。他们能够根据战场地形的特点、敌方防线的薄弱环节和防御漏洞等关键因素，巧妙安排兵力，实现重点突破和全面推进的有机结合。例如，在古代战争中，诸葛亮善于深入研究山川地势，根据地形的优劣巧妙布置兵力，多次以少胜多，创造了战争史上的传奇。

又次，资源利用展现出统筹的能力。指挥者充分考虑政治、经济、外交等多方面因素对战争的影响，并将其有机地整合纳入战争设计的整体框架之中，在制订作战计划时，他们能够高瞻远瞩，兼顾国内政治的当前局势、经济的承受能力以及国际外交环境的微妙变化。例如，在某些国际冲突中，一方会根据与其他国家的外交关系亲疏远近，巧妙地争取到更多的国际支持和资源，为战争的胜利创造有利的外部条件。

最后，代价与成果彰显出权衡的智慧。指挥者在追求战争胜利的过程中，并非盲目地追求大规模的军事行动和不计成本的投入，而是通过精准的决策判断和巧妙的指挥调度，在实现战争目标的同时，最大限度地减少人员伤亡和资源消耗。比如，在一些局部冲突中，通过精确打击敌方的关键目标，迅速而有效地达成战略目的，避免了长期的大规模战争带来的巨大破坏和沉重负担。

(十五)后期保障精细化

在现代战争中，对战争的后勤保障和装备维护提出了前所未有的高标准和严要求。朱可夫说："战争的胜败往往取决于后勤。"这一观点深刻地指出了后勤保障在战争中的核心地位。精细化的后期保障需要实现保障的精准化，即通过精确的需求预测和资源调配，确保每一份物资、每一项服务都能准确无误地送达需要的地方。同时，要达到保障的高效化，还应运用先进的物流技术和管理模式，缩短保障的时间周期，提高保障的响应速度。此外，还应追求保障的智能化，借助大数据、人工智能等新兴技术，实现对保障工作的智能监控、预警和决策支持，只有实现这三个方面的要求，才能确保作战行动的持续稳定进行，为战争的胜利奠定基础。

其一，需求预测展现出高度的精确性。充分利用先进的大数据分析技术和智能化算法，对作战部队在各种复杂多变的作战场景以及不同作战阶段的物资需求进行极其精准的预测。例如，综合考虑作战任务的性质，是进攻还是防御；作战的地理环境，是山地、平原还是水域；作战的持续时间，是短期突袭还是长期相持，以及参战兵力的规模和兵种构成等众多因素，运用复杂的数学模型和仿真系统，准确计算出所需的弹药数量、食品补给量、医疗用品需求量等，甚至能够精确到具体的型号和规格。

其二，资源调配体现出极高的精准性。基于精确无误的需求预测，通过高度信息化的管理系统，实现对人力、物力、财力等各类资源的科学合理、精准无误的分配。比如，将稀缺且专业的医疗专家，根据前线伤员的伤情分布和救治需求，精准调配到伤员集中且伤势严重的区域；将特定性能和型号的武器装备，按照作战部队的任务需求和装备适配性，精准配给到执行相应特殊任务的部队，确保资源的高效利用和战斗力的有效发挥。

其三，物流技术呈现出显著的及时性。广泛运用现代化的前沿物流技术，如无人机快速配送、智能化的仓储管理系统、畅通无阻的快速运输通道等，大幅度缩短物资运输和分发的时间，提高保障的及时性和有效性。例如，在紧急且交通不便的作战情况下，利用具备自主导航和避障功能的无人机，能够迅速穿越复杂地形，将急需的救命药品在最短时间内准确送达前线的医疗救治点。

其四，管理模式凸显强大的高效性。积极采用扁平化、网络化的创新管理模式，最大限度减少中间繁琐的环节，显著提高信息传递的速度和决策执行的效率。比如，通过建立实时在线、即时通信的高效指挥平台，实现保障指令的瞬间下达和执行情况的即时反馈，确保整个保障体系的快速响应和灵活调整。

其五，智能监控具备实时的全面性。借助大数据的深度挖掘和物联网的广泛应用技术，对后勤保障的每一个细微环节进行全方位、无死角的实时监控，包括物资在仓库中的存储状况，如温度、湿度、库存数量等；物资在运输途中的位置、速度、安全状态；各类设备的运行参数、故障预警等。例如，通过在仓库和运输工具上安装高精度的传感器和智能监控设备，实时精准掌握仓库内物资的库存动态变化和运输途中物资的实时状况。

其六，智能预警发挥出及时的自动性。充分利用人工智能强大的算法和学习能力，对可能出现的保障风险和潜在问题进行敏锐及时的预警，如物资短缺的风险预测、设备突发故障的提前警报等。比如，当某种关键物资的库存数量低于预设的安全警戒线时，智能预警系统能够自动、迅速发出清晰明确的预警信号，并提供相应的解决方案建议。

其七，智能决策彰显出科学的前瞻性。基于海量的大数据分析和精准的智能模型运算，其为后勤保障的各项决策提供坚实可靠的科学依据，不断优化保障方案，提高保障的效益和效能。例如，根据瞬息万变的战场形势和作战需求的动态变化，智能调整物资配送的最佳路线和优先级，确保资源始终能够精准、高效地满足作战的实际需要。

（十六）战争后果致命化

现代战争的杀伤力和破坏力巨大，一旦爆发，可能造成大量人员伤亡、财产损失和环境破坏，甚至对人类文明的发展产生严重威胁。爱因斯坦曾警告："我不知道第三次世界大战会用哪些武器，但第四次世界大战人们将只会用木棒和石头了。"这深刻地揭示了现代战争的毁灭性后果。

其一，人员伤亡规模达到惊人程度。现代武器的杀伤力已远超以往，无论是具有毁灭性威力的核武器，还是毒性剧烈的化学武器，抑或精准且威力强大的常规高精度导弹等，一旦在战争中被使用，都有可能在极短的时间内造成难以想象的大量人员死亡和伤残。例如，在广岛和长崎的原子弹爆炸中，数十万无辜民众瞬间被夺去生命，后续还有不计其数的人因辐射的长期影响而患病离世，给无数家庭带来了永远无法弥补的伤痛。

其二，财产损失达到难以估量的程度。战争的炮火无情地摧毁着城市的建筑、重要的基础设施、关乎国计民生的工厂以及赖以生存的农田等，这不仅直接导致大量物质财富的瞬间消失，更使得经济活动陷入停滞，进而造成数额巨大的直接和间接经济损失。就像在伊拉克战争中，该国丰富的石油设施被严重破坏，电力系统崩溃，交通网络支离破碎，这些都使得伊拉克的经济陷入了长期的衰退，复苏之路漫长而艰难。

其三，生态环境遭受重创且恢复艰难。战争中的爆炸、燃烧、化学物质泄漏等灾难性事件，如同恶魔之手，无情地侵蚀着我们赖以生存的环境。土壤被重金属和有毒物质深度污染，使其失去滋养生命的能力；水源被各类污染物浸染，变得污浊不堪，无法供人类和动植物正常使用；空气中弥漫着有害颗粒和废气，严重影响着大气质量和气候条件，这对生态系统造成的破坏是长期且往往难以逆转的。例如在海湾战争中，大量石油泄漏到海洋，那黑色的洪流如死神的触手，致使无数海洋生物瞬间窒息死亡，海洋生态平衡被粗暴地打破，多年过去了，海洋生态的恢复进程依旧极其缓慢。

其四，社会秩序陷入全面崩溃的深渊。战争犹如一场狂暴的飓风，无情地将民众从他们熟悉的家园中驱赶出来，迫使他们背井离乡、流离失所，这引发了规模庞大、令人心碎的难民潮，他们在陌生的土地上艰难求生，饱尝艰辛；社会原有的服务体系，如维系生命与健康的医疗系统、启迪智慧与未来的教育体系、保障安全与稳定的治安网络等，在战争的冲击下全面瘫痪；犯罪率如脱缰的野马急剧上升，正常的生产生活秩序被彻底打乱，人们陷入恐惧和绝望之中，社会陷入混乱与无序的黑暗状态。

其五，人类文明传承面临着极为严峻的威胁。那些珍贵的历史文化遗产，是岁月的见证，是先辈智慧的结晶；那些独一无二、巧夺天工的艺术珍品，是人类审美与创造力的璀璨明珠；还有那些凝聚着无数代人智慧与心血的知识成果，是推动文明进步的阶梯。然而，它们都有可能在战争的硝烟中被无情损毁或永远消失，这对于人类文明的积累和传承而言，无疑是一场灭顶之灾。

其六，心理创伤广泛且持久地存在。战争的残酷经历，如同锋利的刀刃，深深地刺痛了参战人员和普通民众的心灵，创伤后应激障碍（PTSD）等心理疾病如同无形的枷锁，让他们长期沉浸在痛苦和焦虑之中，那些惨烈的场景、失去的亲人和破碎的家园，成为他们心中永远无法抹去的伤痛记忆。这些心理问题不仅严重影响着个体的身心健康，使其身心俱疲、精神憔悴，还在他们回归社会、融入正常生活的道路上设置了重重障碍，让他们在漫长的时光中艰难地寻求着内心的平静与安宁。

二、现代战争的基本规律

战争作为人类社会的一种激烈对抗形式，其规律随着时代的发展不断演变。在当代，各种因素相互交织，使得其呈现出独特的规律。

(一)从决策视角来认识现代战争的基本规律

在现代战争中，决策的科学性和及时性已成为左右战争胜负的关键要素。

1. 信息精准性。在信息时代，准确、全面且及时的情报信息是做出正确决策的基石。《孙子兵法》言："知彼知己者，百战不殆；不知彼而知己，一胜一负；不知彼，不知己，每战必殆。"决策者必须依托高效且精准的情报收集和分析系统，对敌我双方的实力对比、军事部署、战略意图以及潜在的动态变化等关键要素了如指掌。唯有获取真实详尽的信息，方能于复杂多变的战争局势中抢占先机，规避因情报失误而致使决策出现偏差。

2. 战略眼光。具备长远和宏观的战略视野乃是决策者的必备素养。《六韬》述："无智略权谋，而以重赏尊爵之故，强勇轻战，侥幸于外，王者慎勿使为将。"这意味着决策者要超越当下的局部局势，洞察战争的长期发展趋向以及可能引发的广泛影响，从而拟定出既契合当前实际，又富有前瞻性和适应性的战略决策，以应对未来可能涌现的各类变数与挑战。

3. 风险评估权衡。每一项决策皆伴随着风险和收益的权衡，在做出战争决策时，需充分评估各种方案可能带来的潜在风险，涵盖军事、政治、经济、社会等诸多维度，同时，也要精确衡量不同决策可能产生的收益，综合考量短期和长期的成效，确保所选取的行动策略是在风险可控的前提下能够达成最大利益的最优抉择。

4. 快速应变能力。现代战争的形势瞬息万变，战场状况可能在短时间内发生根本性的转变。《孙子兵法》曰："其疾如风，其徐如林，侵掠如火，不动如山，难知如阴，动如雷震。"强调快速应变能力在军事行动中的关键作用。决策者必须拥有敏锐的感知能力和果敢的决策勇气，能够迅速依据新出现的情况调整既定决策，维持战略的灵活性和适应性，以有效应对持续变化的战争态势。正如"势者，因利而制权也"，要善于根据形势变化掌握主动权。

因而其基本规律是：决策的成功高度依赖于精准且全面的信息支撑，它如同灯塔，为决策指明方向，避免盲目与偏差；长远战略视野的构建更显关键，决策者需洞察未来趋势，提前布局，不为眼前利益所局限；科学的风险权衡不可或缺，对各种可能的风险进行精细评估，权衡利弊，以确保决策的稳健性；快速应变能力是应对瞬息万变战场局势的必备素质，能及时调整策略，适应新的挑战和变化。只有将这些要素有机融合、综合运用，才能在复杂多变的战争环境中做出准确、有效的决策，引领战争走向胜利。

（二）从政治视角来认识现代战争的基本规律

在现代战争中，政治影响的重要性更加凸显，它贯穿于战争的整个过程，从战略决策到资源调配，无一不体现着政治的力量，不仅左右着战争的走向，还对国家的长远发展和国际格局的演变产生深远影响。

1. 战争的决策通常与国家的核心利益紧密相连。《孙子兵法》曰："兵者，国之大事，死生之地，存亡之道，不可不察也。"这句话强调战争决策关乎国家的生死存亡。国家在权衡是否发动战争时，会全面考量政治、经济、领土、资源等多维度的核心利益，旨在保障国家的长远发展和安全。国际政治格局的动态变化对战争的走向具有显著且深远的影响。大国之间的战略博弈、联盟关系的起伏变迁以及地区性政治力量的此消彼长，均有可能成为战争爆发或终结的关键驱动因素。此外，地缘政治的复杂交错、文化冲突的潜在隐患以及国际规则和秩序的调整，也在一定程度上影响着战争的可能性和走向。

2. 政治宣传和舆论控制在现代战争中愈发占据关键地位。孙子曰："上兵伐谋，其次伐交，其次伐兵，其下攻城。"通过精心策划的宣传策略，塑造战争的合法性和正义性形象，不仅能够凝聚国内民众的坚定支持，还能在国际社会中争取广泛的认同和理解。宣传手段日益多样化，包括主流媒体的舆论引导、社交媒体的信息传播以及文化作品的潜移默化影响等，以营造有利于本国的战争氛围。

3. 战争的爆发往往深受政治体制和权力结构的深度制约。在民主国家，战争决策过程可能面临更多的制衡机制和公众意见的审慎考量，需要经过复杂的程序和广泛的讨论，以平衡各方利益和民意诉求。相比之下，集权国家的决策过程或许更为集中和迅速，决策权力相对集中于少数核心领导层，能够更高效地做出战争相关决策，但也可能缺乏足够的多元意见和制衡力量。例如，在二战时期的美国，在决定是否对日本宣战之前，美国国内进行了广泛的辩论，考虑到战争可能带来的人员伤亡、经济负担以及国际影响等诸多因素；而在纳粹德国，希特勒作为集权的核心，其决策过程相对集中，能够迅速做出军事行动的决定，闪电入侵波兰。

4. 政治领导人的个人意志和决策风格在相当程度上左右着战争的进程和走向。政治路线确定之后，干部就是决定性的因素。具有强硬立场、冒险精神以及强烈的政治抱负的领导人，可能更容易倾向于推动战争的发生，将战争视为实现政治目标和巩固权力的手段；而谨慎和稳健的领导人通常更倾向于通过外交途径和和平谈判来解决争端，避免战争带来的巨大破坏和不确定性。

5. 战争的最终结果会对国内政治格局产生持久的影响。战争的胜利可能极大地巩固执政者的地位和权威，增强政治体制的稳定性和民众的凝聚力，为国家的发展创造有利的政治环境；战争的失败则可能引发国内的政治动荡和社会不安，民众对政府的信任度下降，甚至可能导致政权的更迭，引发政治体制的重大变革。二战结束后，美国作为战胜国，其国际地位大幅提升，巩固了在全球的领导地位，国内政治格局也相对稳定，经济得到快速发展；相反，一战后的德国作为战败国，承受了巨大的经济压力和政治动荡，民众对政府的不满情绪加剧，最终导致了政权的更迭，为纳粹的崛起创造了条件。

因而其基本规律是：现代战争在政治文化层面呈现出纷繁复杂的规律，国家核心利益是战争决策的根本出发点，国际政治格局的演变是战争发展的重要外部因素，政治宣传和舆论控制在战争中发挥着塑造形象和凝聚支持的关键作用，政治体制和权力结构决定了战争决策的模式和效率，领导人的特质深刻影响着战争的决策和走向，而战争的结局则会对国内政治格局产生颠覆性的变革。

(三)从哲学视角来认识现代战争的基本规律

哲学为我们深入理解现代战争提供了深刻的思考框架和价值判断标准。

1. 矛盾对立统一。在战争中，敌我双方构成了明显的矛盾冲突，但同时也存在着相互依存和相互转化的微妙关系。正如《吴子兵法》所说："凡兵战之场，立尸之地，必死则生，幸生则死。"这意味着在军事对抗的激烈过程中，看似必死的绝境若能奋勇作战，反而可能求得生机；若存有侥幸偷生之心，反倒容易陷入死地，双方可能在某些特定情况下寻求暂时的妥协或合作，以实现各自更长远的战略目标。例如，历史上的一些战争中，敌对双方会为了应对共同的外部威胁而暂时放下分歧，联手抗敌。

2. 质量互变规律。战争的胜负往往并非一蹴而就，而是由一系列微小的优势或劣势逐渐积累而引发出质变。《尉缭子》有言："兵起，非可以忿也。见胜则兴，不见胜则止。"这表明在战争的准备阶段和实际作战过程中，不能仅凭一时的愤怒冲动行事，要善于观察积累优势，每一个细微的决策、每一次局部的战斗结果，都可能成为积累优势或劣势的因子，最终导致战争结局发生根本性转变。比如在长期的军事对峙中，一方在资源调配、战术运用等方面的持续优化，可能逐渐积累起压倒性的优势，从而改变战争的走向。

3. 否定之否定规律。战争的战略战术并非一成不变，而是随着时间和技术的发展不断演进和创新。毛泽东同志在《矛盾论》中指出："新陈代谢是宇宙间普遍的永远不可抵抗的规律。"①新的理念和方法往往会否定旧有的模式，但在特定的条件下，又会对新出现的方法进行再次否定和改进，从而推动战争理论和实践向更高层次发展。

4. 价值观的影响。战争决策和行动往往受到特定的价值观和道德观念的影响，秉持正义、符合人类共同利益的战争理念，更容易获得民众的广泛支持和国际社会的认可，从而为战争的胜利创造有利的外部环境。正如《六韬》所提及的："同天下之利者，则得天下；擅天下之利者，则失天下。"这强调了战争若能符合天下人的利益，便能得到支持和成功。

因而其基本规律是：现代战争深度遵循哲学中的辩证思维逻辑，其发展变化充斥着矛盾的相互转化，敌我双方的力量对比并非一成不变，而是在特定条件下相互转换；战争的进程也蕴含着量变质变的规律，点滴的积累与细微的变化可能引发战局的根本性转折；战争的理念和策略不断经历否定与创新的过程，旧有的模式被新的所取代，而新的又在实践中不断完善和进化；价值观始终发挥着引导和约束作用，决定着战争的性质和走向，影响着各方的决策和行动。

---

① 《毛泽东选集》第一卷，北京：人民出版社1991年版，第323页。

（四）从科技视角来认识现代战争的基本规律

科技的飞速发展深刻地重塑了现代战争的形态和方式。

1. 技术创新驱动。科技成果日新月异并持续应用于军事领域，有力推动武器装备、作战手段与指挥系统革新升级，彻底改变战争规则和模式。从精确制导武器、无人机技术到网络战、太空军事应用等，科技的重大突破为战争带来全新可能。当今时代，科技创新空前密集活跃，重大颠覆性技术不断涌现，其军事应用将带来突变性、革命性后果，甚至催生战争新形态。

2. 信息主导效能。信息技术的蓬勃发展使信息获取、传输和处理能力成为决定战争胜负的关键因素。在现代战场上，掌握信息优势的一方，能更精准洞察战场态势，更迅速做出决策，更有效指挥作战，进而实现精确打击，达成作战效能最大化。

3. 技术决定优势。显著的科技水平差距往往导致军事力量不对称分布，拥有先进科技的一方，在战争中更易凭借武器威力、侦察能力、通信效率等方面的优势占据主动，对敌方形成压倒性优势。

4. 科技双刃剑效应。科技在大幅提高作战效能的同时，也带来一系列新的战争风险和伦理问题。科技发展使战争边界模糊，加剧全球战略不稳定，而人工智能等在军事中的应用则引发关于道德和责任的深刻思考，我们需关注并深入研究这些新问题，以更好地应对科技发展给战争带来的变化。

因而其基本规律是：科技无疑是现代战争变革的核心驱动力量，日新月异的科技成果为战争手段和形式带来了颠覆性的改变，信息优势在现代战场上占据着举足轻重的地位，它直接左右着战场的主导权，拥有更强大信息获取和处理能力的一方，能够更精准地把握战局，实施高效打击；科技差距导致了军事力量的不对称，先进科技赋予一方更强大的攻击和防御能力，使双方实力对比失衡；然而，科技发展在为战争带来巨大机遇的同时，也带来了诸多严峻挑战，如信息安全、伦理道德等复杂问题，形成了机遇与挑战相互交织的复杂局面。

（五）从军事视角来认识现代战争的基本规律

军事领域的发展始终遵循着特定的内在规律和原则。

1. 实战能力是关键。其不仅注重体能与军事技能，更要强化心理素质和战略思维。正如孙武所言："将者，智、信、仁、勇、严也。"其对将领素质的要求，也适用于每一位军人；武器装备的配备需紧跟科技前沿，实现智能化、精准化和高效能；作战训练的组织要科学合理，贴近实战，强化多场景模拟与应对复杂局势的能力；军事理论的创新更是关键，要结合时代发展和战争形态演变，构建适应未来战争的先进理论体系。只有打造完善且高效的战斗力生成机制，才能在战争中铸就强大的实战能力，从容应对纷繁复杂且严峻艰巨的各类挑战。

2. 作战原则灵活创新。诸如集中优势兵力以获取局部压倒性优势、速战速决以降低战争消耗和不确定性、灵活机动以顺应多变的战场环境等传统作战原则，在现代战争中仍具有不可替代的指导价值，但在新的战争环境下，这些原则必须与前沿的技术手段及创新的战略思维深度融合。例如，借助大数据和人工智能实现更精准的兵力集中调配，利用高速通信和精确打击能力实现更高效的速战速决，通过卫星导航和无人作战系统达成更灵活多变的战场机动。只有不断创新发展，方能契合信息化、智能化战争的崭新需求。

3. 军兵种一体协同。现代战争突出多军兵种的深度协同作战，要求充分挖掘各自的独特优势，达成陆、海、空、天、电等多维空间的一体化作战格局。拿破仑有句名言："两个马木留克兵绝对能打赢三个法国兵，一百个法国兵与一百个马木留克兵势均力敌；三百个法国兵大都能战胜三百个马木留克兵，而一千个法国兵总能打败一千五百个马木留克兵。"这充分说明了协同作战的重要性。通过无缝衔接的协作机制和高度畅通的信息共享平台，各军兵种之间的配合如行云流水，从而将整体作战效能提升至最大化，在激烈的战场上夺得决定性的胜利，这不仅需要硬件设施的互联互通，更依赖于各军兵种之间文化的融合、理念的统一以及指挥体系的高效协同。

4. 军事战略与战术相互配合。军事战略从宏观层面把控战争的全局规划和总体走向，它决定了战争的目标、范围和资源分配。而战术则聚焦于具体的战斗行动和操作细节，是实现战略目标的具体手段。两者紧密相依、相互作用，战略的制定务必考量战术的可行性与实际成效，战术的运用必须严格遵循战略的总体构想和指导方针。只有战略与战术完美配合，才能在战争中稳操胜券，达成预期的军事目标。

因而其基本规律是：军事战斗力的生成绝非单一因素所能决定，而是依赖于人员素质、武器装备、战略战术、后勤保障等多要素的协同作用，传统作战原则在现代战争中仍具有一定的参考价值，但必须结合新的战争环境和技术条件进行创新和优化，以适应快速变化的战场需求，多军兵种的协同作战已成为主流趋势，通过各兵种之间的密切配合、信息共享和资源整合，能够最大限度地发挥整体作战效能。此外，军事战略为战术提供指导和方向，战术则是战略的具体实施手段，两者相互依存、相互影响，共同决定着战争的胜负。

（六）从经济视角来认识现代战争的基本规律

经济因素在现代战争中发挥着基础性和决定性的作用。

1. 战争消耗与经济支撑。战争是一场规模浩大的资源消耗活动，物资的筹备、装备的制造、人员的培训与维持等诸多方面，皆需投入巨额开支。正如《孙子兵法》所云："凡用兵之法，驰车千驷，革车千乘，带甲十万，千里馈粮。则内外之费，宾客之用，胶漆之材，车甲之奉，日费千金，然后十万之师举矣。"战争的持续进行依靠强大且稳定的经济基础作为支撑。只有雄厚的经济实力，方能为战争提供源源不断的资源保障，确保战争机器的顺畅运转，使战略目标得以逐步实现。

2. 经济动员能力。战争时期，国家若要迅速且有效地将民用经济资源转化为军事用途，增强军工生产能力，确保战争物资的充裕供应，就需采取一系列综合举措，这涵盖了产业结构的调整、军工生产规模的扩大以及人力资源的合理调配等。此过程考验着国家的经济组织和协调能力。《六韬》提出："国不富，不可以用兵"，充分说明了经济实力对于军事行动的基础性作用。一个国家若缺乏坚实的经济基础和高效的动员能力，在战争中便难以长久维持。

3. 经济制裁与反制裁。借助经济手段对敌予以制裁，诸如限制贸易、冻结资产、切断金融渠道等，能够削弱敌方的经济实力与战争潜力，然而，被制裁方通常也会采取相应的反制裁措施，以减轻经济压力，维系战争所需的资源供应，这如同一场没有硝烟的经济战争，双方在经济领域展开激烈的博弈。

4. 战争对经济的影响。战争不仅会大量消耗经济资源，还可能对基础设施造成严重损毁，扰乱正常的生产和贸易秩序，进而对经济发展产生长远的负面效应，不过，在某些特定情形下，战争亦可能刺激特定产业的迅速崛起，例如军工、医疗等领域。《尉缭子》曾言："兵起而程敌，政不若者勿与战；食不若者勿与久；敌众勿为客；敌尽不如，击之勿疑。"这表明战争的胜负与经济实力密切相关，而战争对经济的影响复杂且多面，既有破坏，也可能存在一定的推动作用。

因而其基本规律是：经济实力在很大程度上决定了战争的可持续性，雄厚的经济基础能够为战争提供源源不断的物资、资金和人力支持，经济动员能力的强弱直接影响着战争资源的供应效率和质量，高效的动员机制可以迅速将民用资源转化为军事用途，保障战争的顺利进行；经济制裁与反制裁作为非军事手段，在战争中发挥着重要作用，能够对敌方的经济体系造成冲击，削弱其战争潜力；同时，战争对经济具有复杂的双向影响，既会带来巨大的消耗和破坏，也可能在特定领域刺激产业发展，但总体而言，战争对经济的负面影响通常更为深远和持久。

（七）从文化视角来认识现代战争的基本规律

在现代战争中，文化影响的重要性愈发显著，不仅深深渗透于战争的理念和战略之中，还左右着战争的舆论导向和民众的心理认知；既在军事战略的制定中起着引导作用，又在凝聚国内力量和获取国际支持方面有着巨大影响力。

1. 不同文化背景下的国家对战争的态度和理解存在显著差异。正如《道德经》所言："兵者不祥之器，非君子之器，不得已而用之，恬淡为上。"一些文化，如某些深受儒家思想影响，倡导和谐、中庸理念的文化，强调以和为贵，将战争视为对和平与秩序的破坏，认为通过和平协商、相互理解来解决争端才是最优选择，武力只是在极端情况下的无奈之举。而另一些文化，可能由于其历史上长期处于征伐状态，崇尚武力和征服，或者受到特定宗教教义、民族传统的影响，更倾向于将使用武力视为维护尊严、荣誉和利益的直接且有效的手段。

2. 文化的认同感和凝聚力在战争中发挥着至关重要的作用。具有强烈文化认同的国家，比如在面对外部侵略时，共同的文化价值观、传统和历史记忆能够激发民众内心深处的爱国情感和责任感。他们会超越个人的私利和得失，紧密团结在国家的旗帜下，为了捍卫共同的文化遗产、价值观和生活方式而不懈努力，这种凝聚力可以转化为强大的战斗力和持久的抗战意志，为实现国家的战争目标提供源源不断的动力。

3. 战争也会反过来对文化产生深远影响。一方面，战争可能打破文化之间的隔阂，促进不同文化之间的交流与融合。例如，在战争中人员的流动可能带来新的思想、技术和艺术形式，推动文化的创新和发展。另一方面，战争也可能引发文化的冲突和对抗，加剧文化之间的误解和敌意。

4. 宗教文化在某些地区的战争中扮演着举足轻重的角色。在宗教信仰占据重要地位的地区，宗教信仰的差异和冲突，比如对宗教圣地的归属、宗教教义的解读等问题上的分歧，可能成为战争的导火索。同时，宗教的教义和仪式也能为参战人员提供强大的精神支持和战斗动力，他们可能将战争视为神圣的使命，坚信自己在为宗教信仰而战，从而拥有无畏的勇气和坚定的决心。

5. 民族文化中的历史记忆和仇恨也可能引发战争的延续或反复。长期积累的民族矛盾和历史积怨，往往扎根于民族文化的深层结构中，当特定的政治、经济和社会条件成熟时，这些潜在的因素容易被激发和放大。例如，领土争端、资源竞争等现实问题可能触动民族文化中的敏感神经，引发对过往屈辱和不公的回忆，进而导致战争的爆发，而且这种战争可能由于历史仇恨的延续而难以轻易平息。

6. 文化的多样性和包容性程度深刻影响着国家对待战争的态度。具有多元和包容文化的国家，通常更能理解和尊重不同文化之间的差异，善于通过对话、协商和合作来解决冲突，寻求共赢的解决方案。他们明白战争带来的往往是双输的局面，更倾向于通过和平手段维护自身利益和国际秩序。而文化单一且排外的国家，可能由于缺乏对其他文化的理解和包容，容易陷入自我中心的思维模式，将差异视为威胁，从而更倾向于采取武力手段来解决问题，导致冲突的升级和扩大。

因而其基本规律是：从文化层面来看，现代战争的规律呈现出多面性和复杂性，不同文化背景塑造了国家对战争的不同态度和应对方式，文化的认同和凝聚既可以成为战争的强大力量，也可能因战争而发生改变，战争与文化相互交织、相互影响，宗教文化和民族文化中的诸多因素可能引发或延续战争，而文化的多样性和包容性程度则在很大程度上决定了国家解决冲突的策略选择。

（八）从民众视角来认识现代战争的基本规律

民众是战争中不可或缺的重要参与者和支撑力量。

1. 民众意志的影响。民众的爱国热情、抵抗意志以及对战争的坚定支持程度直接关系到国家的凝聚力和战争的胜负。《吴子兵法》有言："凡制国治军，必教之以礼，励之以义，使有耻也。夫人有耻，在大足以战，在小足以守矣。"当民众心怀强烈的爱国情怀，与国家同仇敌忾，甘愿为了国家的利益无畏奉献和英勇牺牲时，便能为战争注入强大的精神动力，并在人力、物力方面提供坚实支撑。这种众志成城的力量，在战争中往往具有决定性作用。

2. 兵员补充与后勤保障。民众是军队兵员的不竭源泉，为军队持续输送新鲜血液，有力保障军队的规模和战斗力，同时，在后方，民众踊跃投身于后勤保障工作，积极提供物资供应、医疗救助、运输支持等。民众在战争中的积极参与和无私贡献，是军队保持强大战斗力和夺取胜利的关键基石。他们的默默付出，成为前线战士奋勇杀敌的坚强后盾。

3. 舆论与心理战。民众的舆论和心理状态在战争中构成了一个至关重要的无形战场，通过积极且明智的舆论引导，能够极大地增强本方的信心和士气，凝聚广泛的社会共识，与此同时，针对敌方民众展开有效的心理干预和舆论攻势，可有力削弱敌方的战斗意志，破坏其社会稳定。《太公兵法》曾曰："夫攻强，必养之使强，益之使张。太强必折，太张必缺。"在舆论与心理战中，精准把握分寸和节奏显得尤为重要，稍有不慎，可能适得其反。

4. 战后重建与社会稳定。战争结束后，民众的积极投入对恢复社会秩序、重建经济设施、修复社会关系和维护长期稳定起决定性作用。战后一片狼藉，秩序混乱，设施损毁，关系紧张，此时民众是核心力量，他们积极清理废墟、修复设施，用双手重建家园，在经济上努力恢复生产重振产业，在社会关系修复上民众以宽容理解促进和睦重建信任。正如毛泽东同志所说："人民，只有人民，才是创造世界历史的动力。"①民众怀着对和平的向往，齐心协力开启发展新征程。

因而其基本规律是：民众的意志和行动在战争中起着至关重要的支撑作用，

---

① 《毛泽东选集》第三卷，北京：人民出版社1991年版，第1031页。

强烈的爱国热情和坚定的抵抗意志能够凝聚起强大的民族力量，为战争提供源源不断的精神动力和人力、物力支持；舆论和心理因素在战争中具有不可忽视的影响力，积极的舆论引导能够激发民众的斗志，增强国家的凝聚力，而针对敌方民众的心理攻势则可以削弱其抵抗意志；民众积极参与战后重建是实现社会长期稳定的关键，他们在恢复基础设施、重振经济、重建社会秩序等方面发挥着主体作用，为战争创伤的愈合和社会的复兴奠定基础。

（九）从国际视角来认识现代战争的基本规律

在全球化日益加深的背景下，国际因素对现代战争产生了深远且广泛的影响。

1. 国际制约平衡格局。国际政治、经济格局的演变和力量对比的变化会显著影响各国之间的战略关系和地缘政治平衡，从而对战争的爆发、进程和结局产生根本性的制约作用。大国之间的博弈、地区性联盟的形成与分化，都可能改变战争的外部环境和各方的战略选择。《孙子兵法》云："知彼知己，胜乃不殆；知天知地，胜乃可全。"这意味着要清晰了解国际格局中的各方力量、利益诉求以及潜在的变化趋势。国际格局犹如一张复杂的大网，各国在其中相互交织、相互影响，当力量对比发生重大转变时，原有的平衡被打破，可能引发新的冲突或战争，同时，大国之间的竞争与合作关系不断调整，地区性联盟的分分合合，也为战争的走向增添了诸多不确定性。

2. 国际法与国际准则。国际法和国际准则在一定程度上规范着国家的战争行为，尽管这些规范在实际执行中常常面临挑战和被违反的情况，但它们仍然为国际社会提供了一个基本的行为框架和价值判断标准。国际法旨在维护世界和平与安全，禁止非法使用武力、侵略他国主权等行为，然而，在现实中，由于各国利益的复杂性和权力的不平衡，国际法有时难以得到有效执行，但即便如此，其存在仍具有重要意义，为国际社会谴责战争罪行、追究责任提供了依据。

3. 国际联盟与合作。在战争中，各国之间的联盟与合作关系会发生动态变化，盟友的坚定支持或突然背叛都可能对战争的态势产生重大影响，国际合作的紧密程度和有效性也直接关系到战争各方的力量对比和战略优势。《三十六计》云："阴在阳之内，不在阳之对。"在国际联盟与合作中，表面的友好与团结之下，往往隐藏着各种利益的权衡和算计。战争时期，联盟关系可能因利益冲突而瞬间瓦解，也可能因共同威胁而迅速形成，合作的紧密程度取决于各方利益的契合度和相互信任程度，有效的合作能够整合资源、增强实力，而合作的破裂则可能导致战局发生逆转。

4. 国际舆论与形象。国际舆论对战争方的评价和形象塑造在现代战争中具有不可忽视的影响力，积极的国际形象和广泛的舆论支持能够为战争方赢得更多的国际支持和资源援助，而负面的舆论压力则可能迫使其调整战略或寻求和平解决途径。在当今全球化的时代，信息传播迅速，国际舆论的作用愈发凸显。战争一方若能在舆论场上占据主动，塑造正义、勇敢的形象，便能赢得国际社会的同情和支持；若被舆论指责为侵略者或违反人道主义，将面临巨大的压力，不得不重新审视战争策略，甚至寻求和平的出路。

因而其基本规律是：国际格局的演变和力量对比的变化在宏观上决定了战争的外部环境和发展态势，影响着各国在战争中的立场和策略选择，国际法和国际准则虽然并非总是得到严格遵守，但仍为国家的战争行为提供了一定的规范和约束，具有一定的道义和舆论影响力；国际联盟与合作关系在战争中具有举足轻重的地位，盟友的支持或背叛会直接改变战争双方的力量对比，影响战争的进程和结局；国际舆论与形象对战争方的国际地位和行动空间有显著的塑造作用，良好的国际形象和广泛的舆论支持能够为战争方争取更多的国际支持和资源，负面的舆论压力则可能迫使战争方调整策略，寻求和平解决途径。

综上所述，从多个层面深入认识现代战争的基本规律，有助于我们更全面、深入、系统地理解现代战争的本质和特点，从而为制定科学合理的战略战术、有效维护国家安全和世界和平提供坚实有力的理论支持和实践指导。现代战争是一个复杂的系统，受到哲学、科技、军事、经济、民众和国际等多方面因素的共同作用和影响，深入研究这些规律，有助于我们更好地认识战争、预防战争，以及在必要时有效地进行战争，以维护国家的安全和利益，促进世界的和平与发展。这些特点和规律也充分说明：

其一，战略谋划的复杂性和综合性。在当今时代，战争已不再仅仅局限于军事领域的对抗，而是涵盖了政治、经济、外交等多个层面，政治因素决定了战争的合法性和正当性，经济因素为战争提供了坚实的物质基础和持续的动力支持，外交手段则在争取国际支持、化解外部压力方面发挥着关键作用，因此，战略谋划必须具备全局性和综合性，全面考量各方面因素，才能在复杂多变的战争局势中占据主动。

其二，科技信息的功能愈发关键。信息化技术在现代战争中的广泛应用，使战争的指挥、控制、情报获取和武器系统的效能得到了极大提升，拥有先进科技的一方，能够凭借更高效的情报收集与分析能力，迅速洞察战场态势，做出精准的决策；其先进的武器系统具备更高的精确打击能力和更远的射程，从而在战场上占据巨大优势，这一现实促使各国不断加大在军事科技研发上的投入，以提升自身的军事实力和战略地位。

其三，经济实力的支撑作用更为突出。现代战争所需的先进武器装备往往造价高昂，庞大的后勤保障体系需要耗费巨额资金来维持运转，长期的军事研发投入更是对国家财政造成巨大压力，只有具备强大经济基础的国家，才能够承担起这些高昂的成本，确保战争期间物资的充足供应和军事装备的持续更新换代，因此，经济实力成为现代战争中不可或缺的支撑要素。

其四，国际合作与联盟的重要性增加。由于现代战争的复杂性和高成本，单一国家往往难以独自应对各种挑战，各国通过建立军事联盟或开展合作，可以实现资源共享、优势互补，共同分担战争的风险和压力，从而增强自身的实力和影响力，这种合作不仅体现在军事行动上的协同配合，还包括在情报共享、技术交流等方面的深度合作。

其五，非军事手段的地位大幅上升。在现代战争中，如信息战、经济制裁、外交斡旋等非军事手段发挥着日益重要的作用，信息战通过网络攻击、舆论宣传等方式，能够影响敌方的决策和民众的意志；经济制裁可以对敌方的经济命脉造成打击，削弱其战争潜力；外交斡旋则为和平解决争端提供了可能，避免战争的进一步升级。这些"金弹""银弹"等非军事手段与"导弹""炮弹"等军事手段相互配合，为国家实现战略目标提供了更多的选择和途径。

其六，战争的破坏性和影响范围更广。高精确性和大规模杀伤性武器的应用，使得战争的破坏力大幅增强，一场局部战争可能迅速蔓延并波及全球，对人类社会的基础设施、生态环境造成难以估量的损失，同时，战争带来的人员伤亡和心理创伤也会对社会的稳定和发展产生长期的负面影响。因此，和平解决争端的需求变得更为紧迫，国际社会应共同努力，通过对话、协商等和平方式化解矛盾，维护世界的和平与稳定。

总之，现代战争的特点和规律呈现出复杂性和多样性，了解和把握这些特点和规律，对于制定科学的军事战略、加强国防建设、维护国家安全具有重要意义。从形态的混合化，手段的高超化，管理的精益化，设计的艺术化，保障的精细化，到后果的致命化，无一不反映其复杂性、多变性和巨大影响力。现代战争不再是单一较量，而融合多种作战方式和手段，对多方面提出更高要求，科技进步是推动其演变的关键，准确把握特点规律、进行科学设计、高效管理、完善保障是决定胜负的重要因素。我们必须清醒认识到其后果的严重性，可能对人类社会造成毁灭性打击，所以应珍视和平，用和平手段解决争端，构建和平世界，同时加强研究和准备，做到"有备无患，防患未然"，以保障国家安全与人民福祉。

第三章　现代战争环境的深刻变化

　　《黄石公三略》指出："端末未见，人莫能知。天地神明，与物推移，变动无常。因敌转化，不为事先，动而辙随。"现代战争环境的变化日新月异，影响深远且广泛，深入研究这些变化不仅有助于我们理解当前国际军事格局的动态，更能为未来的战略规划和军事准备提供坚实的理论基础，对于维护国家安全、促进世界和平稳定具有至关重要的意义。

一、宏观战争环境的重大变化

　　宏观环境的巨大变化对现代战争的影响极为显著。如今全球政治格局的持续演变、经济形势的跌宕起伏、科技的突飞猛进以及国际社会的文化交融等宏观环境因素，正深刻重塑着现代战争的面貌。政治格局的变迁，可能致使地区冲突的风险陡增，不同势力的相互角力让战争的动因愈发复杂。经济形势的优劣，直接关乎各国的军事投入规模与战争持续能力，强大的经济实力能够为先进武器装备的研发以及大规模军事行动提供有力支撑。科技的飞跃发展带来了颠覆性变革，人工智能、无人作战系统、高超声速武器等前沿技术的广泛应用，极大地改变了战争的作战方式、指挥模式与战场空间。而文化的交融，一方面或许能促进国际间的沟通理解，降低冲突发生的概率，另一方面文化差异也可能成为冲突的导火索。《孙子兵法》曰："凡用兵之法，全国为上，破国次之；全军为上，破军次之；全旅为上，破旅次之；全卒为上，破卒次之；全伍为上，破伍次之。是故百战百胜，非善之善者也；不战而屈人之兵，善之善者也。"此即表明在战争中需要综合考虑各种宏观因素，包括政治、经济、外交等方面的因素，才能达到不战而胜的目的。总之宏观环境的巨大变化恰似汹涌澎湃的浪潮，不断冲击着现代战争的坚固堤坝，使其呈现出更为多样化、智能化和全球化的鲜明特征，我们有必要重新审视战争、对待战争。

(一)科技革命：冲击引发变速浪潮

恩格斯曾指出："技术每天都在无情地把一切东西，甚至是刚刚开始使用的东西当做已经无用的东西加以抛弃。"①现代科技革命正如一把把锐利的新武器，深刻地改变着战争的面貌。先进的信息技术使得战场信息的传递更加迅速和精准，实现了实时指挥与协同作战。人工智能的广泛应用，让武器装备具备更高的自主性和智能化水平，从智能侦察到自主攻击，极大地改变了战争的作战方式；无人作战系统的崛起，减少了人员伤亡的风险，同时提高作战效率，在复杂危险的环境中发挥着重要作用等，这些科技变革不仅改变了战争的外在形式，更深刻影响着战争的指挥模式和情报获取手段，使现代战争更加智能化、精确化和高效化。

1. 前沿信息技术的广泛应用。区块链技术在军事后勤保障中的应用正日益深入，极大地提高了物资管理和供应链的透明度，有效减少了物资损耗和管理失误。人工智能的军事决策辅助系统能够快速处理海量数据，凭借强大的算法和深度学习能力，为指挥官提供更为精准、全面的决策建议，从而显著提升作战指挥的效率和决策的科学性，增强现实技术在战场态势感知中的作用愈发凸显，通过将虚拟信息与现实场景的融合，使士兵能够更直观、清晰地了解战场环境，及时做出准确的战术反应。云计算与军事数据处理的紧密结合，实现了高效的数据存储和分析，为军事战略的制定和战术的执行提供了坚实的数据支撑。量子计算在密码破译与加密中的应用则为信息安全带来了全新的挑战与机遇，一方面可能威胁现有加密体系的安全性，另一方面也促使信息加密技术不断升级。虚拟专用网络(VPN)在军事通信中的应用，确保了信息传输的安全性和保密性，有效防止敌方的窃听和干扰。这些信息技术的广泛应用，可能导致未来战争更加依赖数据和信息的精准获取与处理，战争决策更加智能化和高效化，同时也对信息安全防护提出了更高的要求。

2. 创新型武器系统的蓬勃发展。微波武器的研发进展迅速，其在实战中的

① 《马克思恩格斯全集》第29卷，北京：人民出版社2020年版，第472页。

潜力巨大，凭借强大的能量输出，可对敌方电子设备造成有效干扰和破坏，使敌方的通信、侦察和指挥系统陷入瘫痪。纳米武器的概念新颖，其微型化的特点可能应用于微型侦察和攻击设备，实现隐蔽性极强的作战行动。太空武器的类型不断丰富，其战略影响深远，改变了传统的作战空间，使得太空成为新的战场领域，国家的战略防御和进攻体系需要重新构建。动能武器以其独特的原理和优势，具备强大的打击能力，能够对重要目标实施精确而高效的打击。电磁脉冲武器的作战效能显著，能在瞬间瘫痪敌方的电子系统，造成大面积的技术装备失效。定向能武器的发展朝着更高功率、更精准、更灵活的方向迈进，将改变未来战场的火力打击模式。这些创新型武器系统的发展，可能导致战争的破坏性和杀伤力大幅增加，战争的形式和规则也将发生重大变化，国际军事平衡可能被打破，引发新一轮的军备竞赛。

3. 太空领域的深度军事探索。月球基地的建设具有重要的军事战略价值，不仅可作为太空侦察和作战的前沿据点，还能为后续的太空军事行动提供物资补给和技术支持。小行星资源开发不仅具有经济意义，在军事上也能为太空行动提供资源保障，减少对地球资源的依赖。太空运输工具的发展拓展了军事行动的范围和能力，使得太空作战的区域和规模进一步扩大。近地轨道军事设施的建设和应用逐渐成为现实，增强了太空军事存在，提升了国家在太空领域的战略威慑能力。太空通信卫星的军事干扰与反干扰技术不断升级，保障通信的安全与稳定，确保太空作战指令的准确传达和战场信息的及时获取。太空领域的深度军事探索，可能导致太空成为未来战争的重要战场，各国围绕太空资源和战略地位的争夺将更加激烈，国际太空秩序面临重新调整。

4. 生物技术的军事介入。人体增强技术通过基因编辑、药物干预等手段提升士兵的战斗力，例如增强体能、耐力和反应速度，但也可能引发伦理和道德争议。生物传感器在军事监测中能够实时感知士兵的生理状态和环境变化，为作战指挥提供及时准确的人员健康信息，有助于优化作战部署和保障士兵的生命安全。生物战剂的防范与应对成为军事医学的重要课题，各国需要不断加强生物防御能力，以应对潜在的生物威胁。生物伪装技术在军事侦察中的应用，使军事行动更具隐蔽性，提高了作战的突然性和成功率。生物材料在军事装备制造中的创新应用，提高了装备的性能和适应性，例如制造更轻便、更坚固的防护装备。生物技术在军事中的应用，可能导致战争中对人体的改造和干预更加普遍，生物安全威胁的风险加大，同时也需要建立更加严格的伦理和法律规范来约束其发展。

5. 能源技术与军事动力变革。新型电池技术为军事装备提供了更持久的动力支持，延长了装备的作战时间和行动半径。核聚变能源在军事中的远景规划令人期待，一旦实现将彻底改变能源供应格局，为军事行动提供几乎无限的能源保障。可再生能源在军事基地的应用有助于减少对传统能源的依赖，提高能源自给能力，增强军事设施的可持续性和抗打击能力。能源存储技术的进步保障了战场能源的稳定供应，避免了因能源中断而影响作战行动。无线充电技术在军事设备中的应用提高了装备的使用便捷性，减少了充电时间和设备接口的暴露风险。能源回收与再利用技术在军事中的实践，降低了能源消耗和成本，提高了能源的利用效率。能源技术的变革，可使军事装备的续航能力和作战效能得到极大提升，军事行动对传统能源的依赖减少，同时也促使各国在能源领域加大研发投入，以获取军事优势。

6. 材料科学的突破与军事应用。高强度、轻质材料在武器装备中的运用减轻了重量，提高了机动性，使武器装备能够更快速、灵活地部署和作战。智能材料能够根据环境变化自动调整性能，提升了军事装备的适应性，使其在复杂多变的战场环境中保持良好的性能。隐身材料与军事伪装技术的发展使装备和人员更难被发现，增强了作战的隐蔽性和突然性。自修复材料在军事设施维护中的潜力巨大，减少了维修时间和成本，提高了军事设施的可用性和战斗力。耐高温、耐腐蚀材料在航空航天领域的应用保障了飞行器在极端条件下的正常运行，拓展了作战空间和作战样式。材料科学的突破，可使武器装备的性能得到质的提升，战争的形式和作战方式发生变化，对军事战略和战术产生深远影响。

7. 通信技术的革新与军事影响。5G 及未来通信技术在军事通信中带来了超低延迟和高速传输，提升了指挥效率，使作战指令能够更迅速、准确地传达。卫星通信的抗干扰与加密技术不断强化，确保了通信的可靠性，保障了军事行动的顺利进行。水下通信的新进展满足了潜艇等水下装备的通信需求，增强了水下作战力量的协同和指挥能力。激光通信在军事领域的应用前景广阔，具有高速、保密的优势，能够满足对高带宽、高安全性通信的需求。通信网络的智能化管理与优化实现了资源的高效配置和故障的快速排除，提高了通信系统的稳定性和可靠性。通信技术的革新可使军事指挥和作战协同更加高效、精准，战争的信息化程度进一步提高，同时也对通信安全和网络防御提出了更高的要求。

这种科技革命在军事领域的变化总体上可能导致以下结果：全球军事力量平衡的改变：新技术的应用和新武器系统的发展可能使一些国家在军事能力上迅速崛起，打破现有的军事力量平衡，引发地区和全球的战略不稳定。国际冲突风险增加：太空领域的军事化、创新型武器系统的出现等，可能降低战争的门槛，增加国际冲突的可能性和规模。军备竞赛加剧：各国为了在军事科技上不落后，可能会投入更多资源进行研发和装备更新，导致全球性的军备竞赛，加重各国的经济负担。伦理和法律困境：生物技术、人体增强技术等的军事应用可能引发严重的伦理和法律争议，挑战社会的道德底线和现有法律框架。能源和资源竞争加剧：对太空资源的开发和新型能源在军事中的应用，可能引发各国在能源和资源领域的竞争，甚至冲突。技术差距导致的国际分化：拥有先进科技的国家在军事上占据优势，可能会形成技术"富国"与"穷国"之间的分化，影响国际政治格局。平民安全受到更大威胁：更先进和强大的武器以及更广泛的军事行动范围，可能导致更多平民受到战争的波及和伤害。国际规则和条约的重新审视：新的军事科技可使现有的国际军事规则和条约过时或不适用，需要对其进行重新制定和协商等。

（二）政治局势：动态之中持续变迁

"战争不仅是一种政治行为，而且是一种真正的政治工具，是政治交往的继续，是政治交往通过另一种手段的实现。"克劳塞维茨的这句名言深刻地揭示了政治局势与战争的紧密关系。在全球范围内，政治局势始终处于动态发展之中，对现代战争产生着极为深刻的影响，各国之间复杂的政治关系，无论是友好合作还是紧张对立，都可能成为战争爆发的导火索；地缘政治竞争的加剧，使得各国为了争夺战略资源和重要地理位置而剑拔弩张；不同的意识形态差异，也可能导致冲突的产生，战争往往成为实现政治目的的有力手段之一。政治决策在战争的爆发、进程和结局中都起着关键作用，而战争的结果又会反过来重塑政治格局。

1. 全球政治格局的多极分化态势。新兴大国在军事领域积极崛起，通过自主研发和国际合作不断提升军事实力，探索适合自身的军事崛起路径，其军事力量的增强不仅提升了自身在国际事务中的话语权，也在一定程度上改变了地区乃至全球的军事平衡。传统大国则根据国际形势和自身利益调整军事战略，以保持其在全球军事格局中的地位，这种调整可能引发地区军事紧张局势，同时也促使其他国家重新评估自身的安全策略。中等强国通过灵活的军事外交策略，在地区事务中发挥更大作用，从而使地区军事合作与竞争的格局更为复杂。小国在军事联盟中往往扮演辅助角色，但也会根据自身利益在联盟中寻求平衡，这可能导致联盟内部出现矛盾与分歧。

2. 地缘政治的复杂争端与激烈冲突。海上通道控制权的争夺日益激烈，涉及经济利益和战略安全，这种争夺可能引发国际间的贸易摩擦和军事对峙，进而影响全球经济的稳定发展。陆地边境领土纠纷因历史、民族等因素长期存在，且时有演变，此类纠纷若处理不当，可能升级为局部战争，破坏地区和平与稳定，导致大量人员伤亡和财产损失。战略要地因其地理位置和资源优势，具有重要的军事意义，对战略要地的争夺可能加剧大国之间的博弈，引发地区局势的动荡。资源富集区的军事保护需求增加，以保障资源的开发和利用，然而，过度的军事保护可能导致资源分配不均，引发国际社会的不满和谴责。文化与历史因素在某些地区的地缘政治争端中起到深层推动作用，影响着各方的立场和行动，这可能导致争端的解决更加困难，长期的冲突也会阻碍地区的发展和文化交流。

3. 政治联盟与军事合作的多样形式。全球性军事联盟内部存在着权力分配、利益协调等动态变化，这些变化可能导致联盟内部的不稳定性增加，影响其在应对全球安全挑战时的效率和效果。区域性军事合作组织不断发展，加强了地区内国家的军事协作，但也可能导致地区军事力量的失衡，引发其他地区国家的担忧和对抗。双边军事同盟在政治和安全需求的推动下，不断强化或调整合作内容，这种调整可能改变地区的军事力量对比，影响地区的和平与稳定。临时军事合作机制在应对特定危机和任务时迅速形成，然而，这种临时性的合作机制在危机解决后如何转型或解散，也是一个需要关注的问题。政治意识形态对军事合作的影响不容忽视，相同或相近意识形态的国家更易开展合作，但这种基于意识形态的合作可能忽视其他重要的利益因素，导致合作出现不稳定性。经济利益驱动的军事合作案例屡见不鲜，如共同开发资源或维护贸易通道安全，但在经济利益分配不均的情况下，可能引发合作国家之间的矛盾和冲突。

4. 国内政治与军事政策的深度关联。《吴子兵法》有这样一个典故：魏武侯问吴起："愿闻陈必定、守必固、战必胜之道。"吴起回答："君能使贤者居上，不肖者处下，则陈已定矣；民安其田宅，亲其有司，则守已固矣；百姓皆是吾君而非邻国，则战已胜矣。"不同的政治体制对军事指挥体系产生不同的影响，如集权体制下的集中指挥和民主体制下的权力制衡，这种差异可能导致军事决策的效率和灵活性有所不同，进而影响国家在应对军事威胁时的能力。政党轮替可能导致军事战略的调整和延续性问题，频繁的战略调整可能使军队建设和军事行动缺乏长期规划，影响军事力量的发展和战斗力的提升。民众的政治诉求通过选举和舆论等方式对军费开支产生制约，但过度的制约可能导致军事现代化进程受阻，影响国家的安全保障能力。国内反恐政策与军事行动需要协同配合，以维护国内安全，若两者配合不当，可能导致反恐效果不佳，甚至引发社会恐慌和不稳定。政治腐败可能导致军事建设资金的挪用和效率低下，阻碍军事现代化进程，这不仅削弱了国家的军事力量，也损害了政府的公信力和社会的稳定。

5. 政治领袖对军事决策的主导作用。领袖的个人特质，如勇敢果断或谨慎保守，可能影响其在军事决策中的冒险程度，过于冒险可能导致不必要的军事冲突，过于保守则可能错失维护国家利益的时机。《尉缭子》曰："将帅者，心也；群下者，支（同'肢'）节也。其心动以诚，则支节必力；其心动以疑，则支节必背。"政治智慧在军事危机处理中体现在权衡利弊、寻求和平解决途径或果断采取军事行动上，但错误的判断和决策可能使危机升级，给国家带来巨大的损失。领袖换届往往带来军事战略方向的改变，新领袖可能有不同的优先事项和战略眼光，这种频繁的战略转变可能使军队和国家难以适应，影响军事行动的效果和国家的战略稳定性。政治权力斗争可能干扰军事部署，导致资源分配不合理和决策延误，这会削弱军队的战斗力和应对危机的能力，使国家在面临军事威胁时处于被动地位。领袖的外交手腕和军事威慑策略运用得当，可在不诉诸武力的情况下维护国家利益，然而，若运用不当，可能引发国际社会的误解和对抗，损害国家的形象和利益。正如《黄石公三略》说："夫统军持势者，将也；制胜破敌者，众也。"

这种政治局势的动态变化总体上可能导致以下结果：国际秩序的重塑：新兴大国军事力量的崛起、传统大国军事战略的调整以及各种政治联盟和合作形式的变化，可能改变现有的国际权力结构和秩序，推动建立新的国际规则和体系。地区紧张与冲突的加剧：地缘政治争端、军事联盟内部的矛盾以及国内政治对军事政策的影响，可能导致部分地区的紧张局势升级，甚至爆发军事冲突，破坏地区的和平与稳定。全球经济的不稳定：海上通道争夺、资源争夺引发的军事对峙和冲突，可能干扰国际贸易和经济合作，导致全球经济增长放缓，金融市场动荡。国际关系的重新调整：不同国家在政治、军事领域的变化可能促使各国重新审视彼此的关系，并调整外交政策，形成新的联盟或对抗关系。军事技术竞赛的加速：各国为提升自身军事力量和在国际事务中的地位，可能加大对军事技术研发的投入，导致军事技术竞赛加剧。国际社会对和平与安全的诉求增强：频繁的军事紧张局势和冲突可能促使国际社会更加重视和平解决争端，加强多边机制在维护和平与安全方面的作用。国内政治的不稳定：国内政治与军事政策的不协调、政治腐败等问题可能引发国内民众的不满，导致政治动荡，影响国家的稳定和发展等。

（三）经济力量：支撑制约交互变化

经济实力在现代战争中扮演着双重角色，既为战争提供强大的支撑，又对其形成重要的制约，雄厚的经济基础是国家进行武器装备研发、生产和供应的有力保障，能够确保军队拥有先进的武器和充足的物资；强大的经济实力还可以维持军队的长期作战能力，为战争提供持续的动力。然而，战争也会消耗大量的资源，对经济造成沉重打击。战争不仅会破坏基础设施、影响生产活动，还会引发财政负担加重、通货膨胀等问题，严重影响国家的经济发展和人民的生活水平。

1. 军事工业复合体的经济影响力。军工企业在市场中既有垄断的一面，凭借其在技术、资源和政策等方面的优势占据主导地位，同时也面临着来自国内外同行的竞争压力，需要不断创新和提升效率以保持竞争力。技术创新的经济驱动因素包括市场需求、政府支持和企业自身的发展战略。市场对先进军事装备的需求推动军工企业加大研发投入，政府为保障国家安全提供资金和政策支持，而企业自身则通过制定长远的发展战略来引领技术创新的方向。军事工业对就业和经济增长具有重要贡献，不仅直接创造了大量的就业岗位，还通过产业链的传导效应带动了相关产业的发展，如材料、电子、机械制造等。军工产业的国际转移与竞争受到各国政策和市场环境的影响。一些国家为吸引军工产业投资，出台优惠政策，而市场环境的变化，如新兴市场的崛起和传统市场的饱和，也促使军工企业调整其全球布局。军工企业与政府之间在项目招标、政策制定等方面存在着利益博弈，政府希望以合理的价格获得高质量的军事装备，同时推动军工产业的发展和技术创新，而军工企业则追求利润最大化和市场份额的扩大。这种变化的结果是：一方面，军工产业的发展可能导致经济结构的不平衡，资源过度集中于军事领域，影响其他产业的发展；另一方面，军工技术的创新和应用可以带动相关民用技术的进步，促进产业升级和经济增长。

2. 资源分配与战争决策紧密关联。能源资源的全球分布不均导致各国在军事战略布局上重点关注能源产地和运输通道，能源丰富的地区往往成为军事战略要地，各国通过军事力量的部署来保障自身的能源供应安全。水资源短缺在一些地区引发了紧张局势，甚至可能升级为军事冲突，为争夺有限的水资源，各国可能采取军事手段来控制水源或水资源的分配。矿产资源的争夺促使各国采取军事介入手段，以保障资源供应，稀有矿产对于高科技军事装备的制造至关重要，各国为获取这些资源不惜动用军事力量。农业资源的保障对于军事后勤支持至关重要，影响着军队的持续作战能力，充足的粮食供应是维持军队战斗力的基础，缺乏农业资源可能导致军事行动受限。人力资源在军事与经济领域的分配需要保持平衡，以实现国家的整体发展目标，过度投入军事领域可能导致经济发展所需的人才短缺，反之则可能影响军事力量的建设。

3. 经济制裁与反制裁的军事效应评估。金融制裁通过限制敌方的资金流动，对其军事工业造成严重打击，被制裁方的军工企业可能面临资金短缺、融资困难等问题，影响新装备的研发和生产。贸易禁运切断了军事装备零部件的供应渠道，影响装备的生产和维护，缺乏关键零部件将导致军事装备的维修和升级受阻，降低军队的战斗力。技术封锁激发了受制裁方军事技术自主研发的动力，但也面临诸多困难，如技术积累不足、研发成本高昂等。反制裁措施在一定程度上保护了本国的军事经济体系，但也可能引发贸易战和国际关系紧张，经济制裁引发的国际经济秩序动荡增加了军事风险，可能导致地区局势的不稳定，甚至引发军事冲突。

4. 军费开支与经济可持续发展的平衡。高额军费开支给国家财政带来沉重负担，可能影响其他领域的投资和社会福利，大量资金投入军事领域可能导致教育、医疗、基础设施等民生领域的投入减少。对军费投入的效益进行评估有助于优化资源配置，提高军事建设的效率，科学合理的评估可以避免资源浪费，确保军费投入取得最大的军事效益。军事技术民用化能够促进经济发展，实现军民融合，军事技术在通信、航空航天、医疗等领域的应用可以推动相关产业的发展和创新。经济发展阶段决定了军费开支的合理比例，发展中国家与发达国家存在差异，发展中国家在经济发展初期可能需要优先投入经济建设，而发达国家在经济相对稳定的情况下可以适当增加军费开支以维护国家安全。和平时期合理削减军费有助于将资源投入到经济建设中，但需要谨慎制定策略，避免影响军事能力，削减军费需要在保障国家安全的前提下进行，确保军队能够应对潜在的威胁。

5. 战争经济的特殊运行模式。战时经济动员需要建立高效的机制，包括产业转型、人力资源调配等，政府通过行政手段引导企业转产军事用品，调配劳动力投入军事生产和相关服务。军工生产在战时迅速扩张，同时进行转型以满足战争需求，生产规模扩大，技术和工艺得到改进。战争对消费市场和投资环境造成巨大冲击，导致经济结构的调整，消费品生产减少，投资重点转向军事相关领域，经济结构向战时需求倾斜，战后经济重建需要实现军事工业的转型，将军事技术和资源应用于民用领域，通过技术转化和产业调整，促进经济的恢复和发展。战争债务可能导致国家经济复苏面临困境，需要制订合理的偿债计划和经济发展策略，过高的战争债务可能导致财政危机，影响经济的长期稳定发展。

这种经济力量在军事领域的支撑与制约变化总体上可能导致以下结果：全球经济格局的调整：资源分配的不均衡、军工产业的发展差异以及军费开支的不同，可能改变各国在全球经济中的地位和影响力。国际政治关系的紧张与缓和：经济制裁与反制裁可能引发国家之间的敌对和冲突，而在军费开支和资源分配上的合作或协商也可能促进关系的缓和。科技发展的不平衡：部分国家因军事技术自主研发能力的差异，在相关民用技术的转化和应用上也会出现不平衡，进一步影响经济发展水平。社会发展的不平衡：高额军费开支可能导致民生领域投入不足，造成社会发展的不平衡，引发社会内部的矛盾和不稳定。战争风险的增加或降低：经济因素对军事的支持或制约，可能使得一些国家更倾向于通过战争解决问题，或者因经济制约而避免战争，从而影响全球的战争风险水平。经济发展的不确定性：战争经济的特殊运行模式以及战后经济重建的效果，会给国家和全球经济带来不确定性，影响经济增长的预期和稳定性等。

(四)社会文化：多元影响催生蜕变

"师出有名，则无往不利；师出无名，则寸步难行。"中国古代谚语强调了战争的正义性和合法性在社会文化层面的重要意义。不同的社会价值观和民族文化传统，影响着国家的战争决策，一些国家注重和平与合作，在战争决策上会更加谨慎，而另一些国家可能更强调荣誉和尊严，在特定情况下更倾向于采取强硬的战争手段。民众的心理状态也对战争有着重要影响，民众的支持程度决定了战争的可持续性。正如《尉缭子》曰："兵者，以武为植，以文为种；武为表，文为里。能审此二者，知胜负矣。"同时，战争也会对社会文化产生深远的破坏或重塑，可能摧毁历史遗迹，改变社会结构，影响文化传承。

1. 社会价值观变迁与战争观念重塑。人权意识的增强对战争行为提出了更高的约束，要求在战争中最大限度地减少平民伤亡和人权侵犯，这使得各国在军事行动中更加注重人道主义原则，遵循国际人道法，以避免国际社会的谴责和制裁。社会公平理念在军队内部得到更多关注，促进了军队管理的民主化和人性化，军队内部的晋升机制、待遇分配等方面更加注重公平公正，切实保障军人的合法权益，从而提高军人的忠诚度和归属感。多元文化的发展对军队凝聚力提出了挑战，不同文化背景的军人在价值观、行为方式等方面存在差异，需要加强文化融合和团队建设，通过开展文化交流活动、培训等方式，促进军人之间的相互理解和协作，增强军队的凝聚力和战斗力。消费主义文化使民众对战争的支持度受到经济因素的影响，当战争对经济发展造成负面影响，导致民众生活水平下降时，民众对战争的支持度可能降低，从而对政府的战争决策形成压力。社会信任危机可能削弱民众对军事动员的响应和支持，在社会信任度低的情况下，民众可能对政府的军事动员号召持怀疑态度，不愿意积极参与或配合军事行动。这种变化的结果是：国际社会对战争的约束和规范更加严格，战争的合法性和道德性受到更多审视；各国在发动战争时会更加谨慎，努力寻求和平解决争端的途径；同时，军队内部管理的优化有助于提高军队的战斗力和稳定性，但多元文化的融合和社会信任的重建也需要投入更多的资源和努力。

2. 文化多样性与军事融合的挑战。语言差异可能导致军事指挥沟通的误解和延误，需要加强语言培训和翻译支持，提供多样化的语言培训课程，培养多语种人才，同时配备高效的翻译团队，确保信息在军队内部准确、及时地传递。风俗习惯对军事训练和生活有着潜移默化的影响，需要在尊重的基础上进行适当的调整，充分考虑不同风俗习惯对军人的影响，在不影响军事训练和作战任务的前提下，做出合理的安排和调整。地域文化的差异导致作战风格的不同，需要在联合作战中加以协调，通过联合训练、交流等方式，促进不同地域文化背景的军人了解和适应彼此的作战风格，提高联合作战的效率。跨文化团队建设需要培养包容和合作的精神，提高团队战斗力，加强文化教育和培训，培养军人的跨文化沟通能力和团队合作意识，营造包容和谐的团队氛围。这种变化的结果是：军队在应对多样化的文化背景时，需要投入更多的精力和资源进行协调和融合，以确保战斗力不受影响。成功的文化融合可以使军队在国际军事合作和多样化的作战环境中更具优势，但如果处理不当，可能会引发内部矛盾和冲突，影响军事行动的效果。

3. 战争中的舆论与宣传策略演进。新媒体时代的战争舆论引导更加复杂和多元化，信息传播速度快、渠道多、范围广，需要快速反应和精准传播，及时掌握舆论动态，运用多种新媒体手段发布准确、权威的信息，引导公众舆论。国际舆论对战争合法性的塑造起着重要作用，影响着国际社会的支持和反对，各国更加注重在国际舞台上宣传自己的战争立场和行动的合法性，争取国际社会的理解和支持。心理战与舆论战的技术手段不断得到创新，包括网络攻击、信息操纵等，这些手段的运用可能会对敌方的士气、民众心理和社会稳定造成巨大影响。舆论管控与信息封锁在战争中被广泛运用，但也面临着合法性和道德问题，在控制有害信息传播的同时，需要遵循法律和道德规范，避免过度限制信息自由而引发负面反应。民间舆论对战争决策的压力逐渐增大，政府需要在舆论和战略之间寻求平衡，既要考虑民众的意愿和诉求，又要从国家利益和战略全局出发做出决策。这种变化的结果是：战争中的舆论斗争更加激烈，信息的真实性和可信度受到挑战，国际社会对战争的认知和评价更加复杂多样。政府在战争决策中需要更加重视舆论的影响，合理引导和应对舆论压力，以维护国家形象和利益。

4. 社会结构变化与军事人力资源。老龄化社会导致兵源素质下降，身体机能和学习能力相对较弱，需要提高征兵标准和加强培训，通过严格的选拔和系统的培训，提高兵员的素质和适应能力。中产阶级的壮大使军事职业的吸引力相对下降，需要改善军人待遇和职业发展前景，提供具有竞争力的薪酬福利、晋升机会和职业发展空间，吸引优秀人才投身军旅。城乡差距影响兵源分布，需要制定公平的征兵政策，消除城乡在征兵过程中的不平等现象，确保兵源的合理选拔和分配。社会流动的加快使得军人晋升机制需要更加公平和透明，应建立科学、公正、透明的晋升制度，激发军人的积极性和创造力。家庭结构的变化会对军人心理产生影响，需要提供相应的心理支持和辅导，关注军人的家庭问题，提供心理咨询和辅导服务，帮助军人保持良好的心理状态。这种变化的结果是：军队需要不断调整征兵政策和人力资源管理策略，以适应社会结构的变化，确保兵源的数量和质量，关注军人的心理需求和职业发展，切实提高军队的稳定性和战斗力。

5. 教育水平提升与军事人才素质。《吴子兵法》曰："凡制国治军，必教之以礼，励之以义，使有耻也。夫人有耻，在大足以战，在小足以守矣。"高等教育的普及为军官培养提供了方便，军官应具备更广泛的学科知识和深入的思考能力，能够更好地应对复杂的军事问题和战略决策。专业技术教育与军事技能培训的结合使军事人才更加适应现代战争的需求，提高了军队的作战效能。终身学习理念在军事领域的推广促进军人不断更新知识和技能，通过持续学习和培训，军人能够跟上军事技术和战术的发展步伐。教育国际化为军事交流提供了更多机会，促进了军事教育的创新和发展，借鉴国际先进的军事教育理念和经验，可推动本国军事教育的改革和进步。素质教育培养了军人的创新能力和综合素质，使其在复杂的战争环境中能够灵活应对，应培养具有创新精神和团队协作能力的军人，提高军队的适应能力和战斗力。这种变化的结果是：军队的人才素质得到显著提升，能够更好地适应现代战争的发展趋势，提高国家的军事竞争力；教育水平的提高也有助于促进军事理论和技术的创新，推动军事现代化的进程。

这种社会文化影响的变化总体上可能导致以下结果：国际军事行为规范的强化：各国在战争中的行为将受到更严格的监督和约束，推动国际军事行动向更人道、合法的方向发展。军事文化的多元化与融合挑战：军队需要投入更多精力处理文化差异和融合问题，成功则增强战斗力和国际合作能力，失败则可能导致内部矛盾和作战效能下降。战争舆论影响力的增强：舆论在战争中的作用愈发关键，可能左右战争的走向和结果，同时也增加了政府决策的复杂性。军事人力结构的调整与优化：军队需要不断适应社会结构变化，以确保兵源质量和数量，维持军队的稳定性和战斗力。军事现代化进程的加速：高素质的军事人才将推动军事技术、理论和战略的创新，加快军事现代化的步伐，提升国家的整体军事实力等。

（五）环境地理：多因素促使考量转变

"夫地形者，兵之助也。料敌制胜，计险厄远近，上将之道也。"《孙子兵法》这句名言强调了对环境与地理因素的考量在战争中的重要性。在现代战争中，环境与地理因素依然是需要重点考量的重要方面。复杂的地形地貌，如山脉、河流、沙漠等，会对作战行动的规划和实施产生重大影响。不同的气候条件，如严寒、酷暑、暴雨等，也会给军队的作战带来巨大挑战。自然资源的分布情况，可能成为战争争夺的焦点。此外，环境保护也成为现代战争中需要关注的问题，战争中的环境破坏可能会对生态系统造成长期的负面影响。正如老子所言："师之所处，荆棘生焉。大军之后，必有凶年。"

1. 气候变化对军事战略的多维影响。极端气候事件如暴雨、飓风等对军事设施造成直接破坏，影响其作战效能，此类极端天气可能摧毁军事基地的基础设施、通信设备以及武器装备，降低军事设施的运作效率，延误军事行动的时机。气候难民问题可能导致地区社会动荡，增加军事稳定的压力，大量因气候变化而失去家园的难民涌入特定地区，可能引发社会冲突和治安问题，迫使军队投入更多的人力和资源来维持社会秩序。气候变化对军事物流的运输路线、时间和物资保存提出了更高要求，恶劣的气候条件可能导致道路损坏、交通中断，影响物资的及时运输和储备，同时也对物资的储存条件提出了更严格的要求。气候谈判成为国际外交的重要领域，与军事外交相互关联，各国在气候谈判中的立场和合作程度，可能影响到军事领域的国际合作和竞争态势。气候模型在军事预测中用于评估气候对作战行动的潜在影响，通过气候模型的模拟和预测，军队能够提前规划作战方案，降低气候因素带来的不确定性。这种变化的结果是：各国军队需要加大对气候相关研究和应对措施的投入，以减少气候变化对军事行动的负面影响。国际社会在气候领域的合作与竞争可能进一步影响国际关系格局，同时也可能促使各国在军事战略制定中更加重视全球气候变化的长期趋势。

2. 特殊地理环境的军事利用与挑战。高寒地区作战需要特殊的保暖装备、防寒训练和医疗保障。在高寒环境中,士兵需要配备特制的保暖衣物、防寒帐篷等装备,进行耐寒训练以适应极端低温,同时医疗保障也需要具备应对冻伤等疾病的能力。荒漠环境中的军事行动面临水源短缺、沙尘干扰等问题,水源的寻找和储存成为关键,沙尘可能影响武器装备的性能和人员的视线,需要采取防护措施和特殊的维护手段。热带雨林的作战战术强调隐蔽和适应复杂地形,生存技巧至关重要,茂密的植被和复杂的地形为作战带来了隐蔽和掩护,但也增加了行军和通信的难度,士兵需要掌握在这种环境中的生存和战斗技能。水下环境的军事侦察和作战需要先进的潜水设备和通信技术,深海的高压、低温等条件对设备的性能要求极高,可靠的通信技术是保障作战指挥的关键。城市环境中的巷战特点是空间狭窄、建筑复杂,狭窄的街道和密集的建筑物为敌军提供了掩护,需要使用适合近距离作战的武器和战术,如爆破、近战等。这种变化的结果是:军队需要针对不同的特殊地理环境进行专业化的训练和装备研发,以提高在各种复杂环境下的作战能力。同时,对特殊地理环境的军事利用和研究也可能引发地区性的军备竞赛和军事紧张局势。

3. 地理信息系统在军事中的深度应用。高精度地理测绘为导弹精确制导提供了精确的目标坐标。精确的地理坐标能够大大提高导弹打击的准确性和效果,减少误炸和无效攻击。地理大数据分析能够全面评估战场态势,通过对大量地理数据的分析,指挥官可以更全面地了解战场的地形、交通、敌军分布等情况,从而制订更科学的作战计划。虚拟地理环境模拟军事演习降低了成本,提高了训练效果,减少实际演习中的资源消耗和风险。地理信息安全的保护至关重要,应防止军事机密泄露,一旦地理信息系统被敌方获取或破坏,将对军事行动造成极大的威胁,移动地理信息终端在作战中为士兵提供实时的地理信息支持,士兵可以实时了解自身位置和周边环境,提高作战的灵活性和效率。这种变化的结果是:地理信息系统的应用使得军事行动更加精确、高效和智能化,但也带来了信息安全方面的巨大挑战。各国需要不断加强地理信息系统的安全防护能力,同时在军事技术竞争中,地理信息技术的发展水平可能成为影响军事实力对比的重要因素。

4. 生态环境保护与战后军事重建。对战争中的生态破坏需要进行全面评估，采用科学的修复技术恢复生态平衡，评估包括土壤污染、水源破坏、生物多样性减少等方面，通过生态修复工程、植树造林等手段逐步恢复生态系统功能。可持续发展理念在军事基地建设中体现在资源节约、环境友好等方面，军事基地的建设和运营采用节能设备、可再生能源，减少对周边环境的影响。生物多样性保护与军事活动需要协调，减少对生态系统的干扰，在军事训练和行动中尽量避免破坏重要的生态区域和珍稀物种栖息地。绿色能源在战后重建中的应用有助于降低能源消耗和环境污染，例如太阳能、风能等绿色能源的使用可以减少对传统能源的依赖，促进地区的可持续发展。环境法规对军事行动的约束日益严格，促使军队在行动中更加注重环保，严格的法规要求军队在规划和执行军事行动时充分考虑环境影响，并采取相应的保护措施。这种变化的结果是：战后地区的生态恢复和可持续发展将成为重要的任务，这需要国际社会的共同努力和资源投入。

5. 海洋环境与海上军事行动。海洋酸化会对海军装备的腐蚀加速，需要加强防护和维护措施。酸化的海水会对船舶、潜艇等金属装备造成更严重的腐蚀，增加维护成本和安全风险。海冰融化开辟了北极航道，具有重要的军事战略价值，但也带来了新的挑战，新的航道增加了战略运输和部署的选择，但也需要应对极地的恶劣环境、导航困难等问题。海洋生态系统的变化影响着海军的训练和作战计划。例如海洋温度升高、洋流变化可能影响舰艇的航行速度和燃油消耗，海洋生物的分布变化也可能影响声呐等侦察设备的效果。海底地质结构对潜艇作战的隐蔽性和安全性有重要影响，复杂的海底地形和地质条件可能影响潜艇的隐藏和航行，需要详细的海底测绘和分析。海洋资源开发的军事保护需求增加，需要加强海上力量的部署和监管，随着海洋资源开发的推进，需要保障资源开发的安全，防范他国的侵犯和非法捕捞等行为。这种变化的结果是：各国海军需要不断更新装备和技术，以适应海洋环境的变化，并加强对海洋环境的研究和监测。在国际海洋事务中，围绕海洋资源和航道的争夺可能加剧，同时也需要加强国际合作来共同应对海洋环境问题和维护海洋安全。

这种环境与地理因素考量的变化总体上可能导致以下结果：全球军事格局的调整：各国军队因应对不同环境和地理条件的能力差异，其在全球军事影响力可能发生改变，从而影响军事力量的分布和平衡。国际合作与冲突并存：在应对共同的环境问题和海洋资源管理上，可能促进国际合作，但在资源和航道争夺方面，可能引发更多的冲突和竞争。军事技术和战略的快速演进：为适应各种环境变化，军事技术研发将加快，战略战术不断更新，推动军事领域的创新发展。经济负担加重：加强军事装备的防护、维护和更新，以及环境修复和可持续发展措施的实施，会增加国家的财政支出。国际法和规则的重要性凸显：环境法规的约束以及海洋事务的复杂性，使得国际社会需要建立和完善更明确、更具约束力的法律和规则。社会对军事行动的关注度提高：由于环境和地理因素对军事行动的影响日益显著，社会公众可能对军事行动的合理性、环保性和可持续性给予更多的关注和监督等。

（六）军事方略：演进推动战术变革

"战略若太复杂，必然导致失败。"战略应简洁明了，过于复杂容易导致失败。军事战略战术的灵活运用是战争胜利的关键。随着科技的进步和战争形态的不断变化，现代战争中的军事战略战术也在持续演进，新的作战理念不断涌现，如联合作战强调不同军种之间的协同配合，以实现作战效能的最大化；网络战成为新的战场，攻击敌方的信息系统可以对其造成致命打击；太空战的兴起，使得各国开始争夺太空战略制高点。这些新的战略布局和战术手段层出不穷，以适应不同的战争需求，不断改变着现代战争的面貌。

1. 信息化作战的全新模式与挑战。网络中心战的体系架构以信息网络为核心，通过整合各类情报、侦察、监视等资源，实现战场态势的实时感知和共享，其中关键技术包括网络安全、数据融合等，网络安全是确保信息网络稳定运行和数据安全的关键，需要不断加强防护手段，抵御外部的网络攻击；数据融合则将来自不同来源、不同格式的数据进行整合和分析，为决策提供准确依据。信息安全防护与网络攻击反击成为信息化作战的重要环节，需要不断提升技术能力。随着网络技术的发展，敌方的攻击手段日益复杂，因此必须不断研发新的防护技术和反击策略，以保障信息系统的安全。电子频谱管理与电磁战策略决定了在电磁空间的控制权，有效的频谱管理能够确保本方通信、侦察等设备的正常运行，而电磁战策略的运用则可以干扰敌方的电子设备，削弱其作战能力。数据链技术在联合作战中实现了信息的快速共享和协同，数据链能够将不同作战平台、武器系统连接起来，实现信息的实时传输和交互，大大提高了作战的协同效率。信息化作战的指挥控制流程优化提高了决策效率和作战反应速度，通过精简指挥层级、优化信息传递流程等手段，使指挥官能够更快地获取情报、做出决策，并将指令迅速传达至各作战单元。这种变化的结果是：战争的节奏加快，决策的时效性增强，信息优势成为决定战争胜负的关键因素之一。同时，各国在信息化建设方面的竞争加剧，对技术人才和资源的需求大幅增加。

2. 联合作战的深度融合与协同难题。空天地海一体化作战需要打破军种之间的壁垒，建立高效的组织架构，这种作战模式要求各军种摒弃传统的本位主义，实现资源的优化配置和协同行动。跨军种情报共享与协同决策机制依赖于先进的信息技术和协调机制，及时、准确的情报共享是实现协同决策的基础，而先进的信息技术能够确保情报的快速传递和整合，协调机制则能够解决各军种之间的利益冲突和工作协调问题。联合火力打击的精确协同要求各军种之间密切配合，实现火力的最优配置，不同军种的火力单元具有各自的特点和优势，通过精确协同，可以发挥最大的火力效能，实现对目标的精确打击。联合作战中的后勤保障协同涉及物资、医疗等多个方面，需要统一规划和调配，后勤保障是作战行动的重要支撑，统一的规划和调配能够确保物资的及时供应和医疗救援的高效实施。联合作战训练与实战演练是提高协同能力的重要途径，但也面临着资源整合和训练效果评估的问题。整合不同军种的训练资源，制订科学的训练计划，并建立有效的训练效果评估体系，是提高联合作战协同能力的关键。这种变化的结果是：军队的作战效能得到显著提升，能够应对更加复杂和多样化的威胁。但也对军队的组织管理、指挥协调和资源配置能力提出了更高的要求，需要不断进行改革和创新。同时，可能会引发各国在军事领域的合作与竞争关系的调整。

3. 非对称作战的创新形式与应对策略。恐怖主义的非对称袭击手段多样化，包括自杀式袭击、网络攻击等，防范难度大，恐怖组织往往利用平民目标和公共设施，以造成巨大的社会恐慌和经济损失。游击战争在现代环境下结合了新技术和新战术，游击作战灵活多变，善于利用地形和民众支持，需要从多个层面对其进行应对。网络黑客攻击的溯源和反击需要强大的技术支持和国际合作，网络攻击的匿名性和跨国性使得溯源工作异常困难，需要各国之间加强合作，共同应对网络威胁。在信息时代，虚假信息和舆论操纵可能影响公众的判断和决策，必须加强信息管理和舆论引导。非国家行为体的非对称作战威胁日益凸显，需要加强国际合作和全球治理，非国家行为体的活动范围广泛，跨国性强，需要各国共同努力，加强情报共享和联合行动。这种变化的结果是：国际安全形势更加复杂多变，传统的安全观念和应对方式受到挑战，各国需要加强合作，共同应对非对称作战带来的威胁，同时也需要在法律、政策和技术等方面进行创新和完善。

4. 特种作战的发展趋势与能力建设。特种部队的任务向多元化发展，包括反恐、救援、侦察等，随着国际形势的变化和多样化的军事需求，特种部队需要具备执行多种任务的能力。特种作战装备不断高科技化，如先进的武器、通信和侦察设备，高科技装备能够提高特种部队的作战效能和生存能力，使其在复杂的作战环境中更好地完成任务。特种作战人员的选拔与训练体系日益严格和专业化，由于任务的特殊性和危险性，对人员的素质和能力要求极高，选拔和训练也更加严格和精细。跨境特种作战面临着复杂的法律和政治风险，需要谨慎决策和行动，涉及他国主权和国际法等问题，必须在行动前进行充分的评估和准备。特种作战与常规作战的协同配合需要建立有效的指挥机制和沟通渠道，确保在作战中能够实现优势互补，提高整体作战效果。这种变化的结果是：特种作战在军事行动中的作用日益重要，能够完成一些常规部队难以完成的任务，但也可能引发国际社会对特种作战行动合法性和透明度的关注，需要在法律和外交层面进行妥善处理。

5. 智能化作战的远景展望与现实困境。自主武器系统的伦理和法律问题引发了广泛的讨论，如责任归属和道德判断等，在无人自主作战的情况下，如何确定责任和遵循道德准则是亟待解决的问题。机器学习在作战决策中的应用存在风险，如数据偏差和算法错误，数据的质量和算法的可靠性直接影响决策的准确性，可能导致错误的判断和行动。智能作战平台的可靠性和安全性需要得到保障，防止被敌方攻击和控制，智能作战平台一旦被敌方破解或控制，将造成严重的后果。人机协同作战的模式尚在探索中，需要解决人机信任和分工问题，如何充分发挥人和机器的优势，实现高效协同是一个关键问题。智能化作战对军事指挥体制提出了新的要求，需要进行相应的改革和创新，建立更加灵活、高效的指挥体制。这种变化的结果是：智能化作战有望改变未来战争的形态和规则，但也带来了一系列伦理、法律和社会问题。各国在发展智能化作战能力的同时，需要积极参与国际规则的制定和讨论，以确保其合理、合法和可控。

　　这种军事战略与战术的演进变化总体上可能导致以下结果：战争的形式和特点发生显著变化，作战节奏加快，战场透明度提高，对信息获取和处理的依赖程度大幅上升，作战方式更加灵活多样且精准化。各国军事力量的强弱对比不再仅取决于武器装备的数量和规模，而更多地取决于信息化水平、联合作战能力、特种作战能力以及智能化技术的应用程度，国际军事格局可能因此重新洗牌。国际安全形势变得更为复杂和严峻，非对称作战手段的增加使得恐怖主义等非国家行为体的威胁加剧，传统的国家安全观念和防御手段受到挑战，各国之间需要更紧密的国际合作来共同应对这些新兴威胁，全球治理在军事安全领域的重要性愈发凸显。军事领域的伦理和法律问题受到更广泛的关注和讨论，例如自主武器系统的使用责任、机器学习决策的公正性等，这将推动相关国际规则和国内法律的制定与完善，同时也可能引发社会对军事发展的担忧和质疑。为了适应新的战争形态和战术要求，各国将不断加大在军事科技研发、人才培养和军事体制改革方面的投入，推动军事领域的创新和变革，同时也可能导致军事竞赛的加剧和资源的不合理分配等。

（七）法规法则：多种挑战使其权威受损

　　"战争在你愿意时开始，却并不在你乐意时结束。"战争一旦开始，就会受到各种因素的影响，包括国际法和战争法规。国际法和战争法规在现代战争中面临着严峻的挑战，战争的复杂性和新的作战方式使得现有法律体系在规范战争行为、保护平民和战俘等方面面临诸多难题。例如，网络战和无人作战的出现，对于如何确定攻击的合法性和责任主体提出了新的问题，同时一些国家可能会选择性地遵守国际法，或者试图通过解释法律来为自己的行为辩护，这进一步削弱了国际法的权威性。因此，需要不断完善和发展国际法和战争法规，以适应现代战争的发展。

　　1. 国际战争法的发展动态与新问题。网络战争的法律规范空白亟待填补，应明确攻击的定义、主体和责任认定标准。无人作战系统的法律责任界定需要综合考虑其自主性、预设程序以及实际决策过程。太空战争法规的制定需求日益迫切，以规范不断增多的太空军事行动，包括轨道资源利用、卫星攻击等方面。国际人道法在非传统战争中的适用面临诸多困境，如对恐怖组织这类非国家行为体的适用范围和方式。战争法的执行机制需要加强国际合作和监督，建立有效的监督和惩罚机制，确保其有效实施。这种变化的结果是：推动国际社会加快制定相关法律法规，填补法律空白，以适应新的战争形态，但可能因各国利益和立场不同，在制定规则时存在分歧和争议。

2. 战争罪行的判定标准更新与挑战。针对新型战争手段，如网络攻击、基因武器等，需要确立明确且具有可操作性的罪责认定原则。跨国战争罪行的调查和审判涉及复杂的国际合作和司法管辖权问题，需要建立有效的协调机制。指挥官责任的扩大要求其对下属的行为承担更严格和全面的监督责任。战争中关于平民保护的法律需要进一步强化，明确具体的保护措施和违规惩处办法，防止平民受到无辜伤害。战争罪行赦免与和解的法律考量需要在正义与和平之间寻求平衡，同时兼顾受害者的权益和社会的稳定恢复。这种变化的结果是：促使各国更加重视军事行动中的合规性，加强对军人的法律教育，但可能导致对战争罪行的判定和处理更加复杂，增加国际司法合作的难度。

3. 国际军事法庭的作用、局限性与改革。国际军事法庭在战争罪行审判中发挥着重要作用，但也面临管辖权争议和执行困难问题，如国家主权的阻碍和资源不足。区域军事法庭的运作需要加强协调和资源共享，避免重复审判和资源浪费。军事法庭的管辖权争议需要通过明确的国际法律规则和外交途径解决，以确保审判的合法性和公正性。证据规则与审判程序的完善有助于提高审判的公正性和透明度，保障被告的合法权益。国际社会对军事法庭判决的认可度取决于其公正性和权威性，这需要法庭在审判过程中保持独立和专业。这种变化的结果是：促进国际军事法庭的改革和完善，提高其公信力和效率，但也可能引发国际社会对某些审判结果的争议和质疑。

4. 国际维和行动的法律依据与实践难题。维和部队的行动权限需要在国际法框架内明确规定，包括武力使用的条件和范围，以保障其有效执行任务。维和行动中的武力使用原则需要遵循必要性和适度性，避免过度使用武力导致局势恶化。维和人员的法律保护和责任豁免需要进一步明确，保障其人身安全和合法权益，防止其受到不必要的法律追究。维和行动与当地法律秩序的冲突需要妥善解决，尊重当地法律和文化，避免引发当地民众的不满和抵触。国际社会对维和行动的法律支持需要加强，包括提供充足的资金、先进的技术和专业的人员培训。这种变化的结果是：提高维和行动的合法性和有效性，增强国际社会维护和平的能力，但可能因各国对维和行动的理解和支持程度不同，导致行动的协调和实施面临困难。

5. 战争法与国家主权的平衡。国家自卫权的行使需要在法律明确的边界内，严格审查和监督，防止滥用。人道主义干预的法律依据需要严格限定，遵循国际法原则和程序，避免成为干涉他国内政的借口。战争法对国家军事行动的约束需要在维护国家利益和遵守国际法之间找到平衡，通过外交和法律手段解决冲突。国际法律秩序与国家军事主权的协调需要通过积极的国际协商和合作来实现，充分考虑各国的合理关切。新兴国家在战争法体系中的地位和诉求需要得到充分考虑，促进国际法的公平和公正，推动国际法的不断完善和发展。这种变化的结果是：在维护国际和平与安全的同时，应保障各国的合法权益，促进国际关系的法治化和民主化，但可能因各国在主权和国际法理解上的差异，引发国际关系的紧张和冲突。

这种国际法与战争法规挑战变化总体上可能导致以下结果：武力使用的随意性上升：部分国家可能以国际法的漏洞或不明确之处为借口，更轻易地发动战争或采取军事行动，而不受应有的约束，破坏国际和平与安全。例如，美国绕过联合国安理会发动伊拉克战争，这种行为削弱了国际法对战争的限制作用，增加了地区冲突的可能性。冲突解决机制受阻：当国际法与战争法规面临挑战时，原本用于和平解决争端的机制可能受到忽视或被认为无效，导致各国更倾向于通过武力来解决问题，使国际冲突难以通过和平、协商的方式得到妥善处理。人道灾难加剧：战争法规的破坏可能导致对平民的保护不足，使平民更容易受到战争的伤害，包括生命安全、基本生活保障等方面。例如，在一些冲突地区，平民可能面临着随意的轰炸、枪击，以及食品、医疗资源的短缺等问题。难民危机恶化：战争与冲突的加剧以及对平民保护的削弱，会导致大量平民被迫逃离家园，形成规模庞大的难民群体。这些难民在逃亡过程中面临着各种危险和困难，同时也给周边国家和国际社会带来巨大的安置和援助压力。国际信任体系崩塌：国际法和战争法规的权威性受损，会使各国对彼此的行为缺乏信任，难以建立稳定的国际关系。国家之间可能会更加警惕和怀疑对方的意图，导致合作减少、对抗增加，国际间的政治、经济等领域的交流与合作受到严重阻碍。地区不稳定因素扩散：一个地区的国际法和战争法规受到挑战，可能引发连锁反应，使周边地区的局势也变得不稳定。冲突和动荡可能会蔓延到其他国家，影响更大范围的地区安全与稳定，进而对全球秩序产生冲击。生态环境恶化：战争期间，军事行动可能对自然环境造成严重破坏，如森林砍伐、水源污染、土地破坏等。这些破坏不仅影响当地的生态平衡，还可能对全球生态环境产生长期的负面影响，例如战争中使用的某些武器可能会释放有害物质，污染土壤和水源。文化遗产遭到损毁：武装冲突容易导致文化遗产遭到破坏或掠夺。许多历史古迹、文物等文化遗产在战争中被损毁或遗失，这是人类文明的重大损失，也破坏了文化的传承和发展。外交努力受挫：国际法和战争法规的挑战变化使得外交手段在解决争端中的作用减弱。各国之间的外交谈判和斡旋可能变得更加困难，因为缺乏共同遵守的规则和准则，难以达成有效的解决方案。联盟关系不稳定：原本基于国际法和共同价值观建立的国际联盟可能会因为对战争法规的不同理解和执行而出现分裂和不稳定。各国在面对冲突时的立场和行动可能不再一致，影响联盟的团结和协作。贸易中断：战争和冲突会破坏贸易路线和基础设施，导致国际贸易中断。企业可能面临供应链断裂、市场萎缩等问题，影响全球经济的发展。资源分配不均：战争可能导致资源的掠夺和不合理分配，使得一些国家或地区的经济发展受到严重影响，而另一些国家则可能通过战争获取更多的资源，加剧全球经济的不平衡等。

（八）情报谍战：复杂形势倒逼速变

"情报是战争的眼睛。""在战争中，情报的价值等同于兵力。"这些名言都强调了情报在战争中的重要性。在现代战争中，情报谍战工作发生了显著变化，信息技术的飞速发展，使得情报获取、传递和分析更加便捷高效；通过卫星侦察、网络监控等手段，可以获取大量的情报信息，然而，这也增加了情报安全的风险，各国在情报领域的竞争更加激烈；情报的窃取与反窃取、加密与解密成为情报战的重要内容；同时情报工作的重要性也日益凸显，准确的情报可以为战争决策提供有力支持，影响战争的走向。正如《孙子兵法》所云："故明君贤将，所以动而胜人，成功出于众者，先知也。先知者，不可取于鬼神，不可象于事，不可验于度，必取于人，知敌之情者也。"

1. 情报收集的多元化渠道拓展与整合。商业卫星图像在情报中的应用：随着商业卫星技术的飞速发展，其拍摄的高分辨率图像为情报工作提供了丰富的地理和设施信息，不仅能够用于监测敌方军事设施的建设和部署，还能对关键地区的地形、交通等进行详细分析，为战略规划和战术决策提供有力支持。开源情报的挖掘与分析：在信息爆炸的时代，开源情报如公开的新闻报道、学术研究、社交媒体等成为重要的情报来源，通过先进的数据分析工具和算法，相关方能够从海量的开源信息中筛选出有价值的线索。社交媒体情报的监测与利用：社交媒体平台上用户生成的大量内容包含着潜在的情报信息，如民众对军事行动的反应、敌方人员的行踪透露等，利用自然语言处理和情感分析等技术，可以及时掌握舆论动态和潜在威胁。信号情报的新技术与新方法：不断演进的通信技术带来了信号情报收集的新挑战和机遇，新的加密方式和通信频段需要更先进的解调和解密手段，同时，对电磁频谱的全面监测和分析能够获取更多关于敌方通信、雷达等系统的关键情报。人力情报的优化与风险控制：尽管技术手段不断发展，人力情报仍然不可或缺，通过优化情报人员的选拔、培训和部署，可提高其在复杂环境中的情报收集能力；同时，加强对人力情报活动的风险评估和控制，保障情报人员的生命安全。

2. 情报分析的智能化方法与挑战。大数据分析与情报预测：面对海量的情报数据，大数据分析技术能够发现隐藏的模式和趋势，为预测敌方行动和战略走向提供依据，这其中，数据的质量和准确性以及数据分析模型的可靠性是面临的重要挑战。机器学习在情报处理中的应用：机器学习算法可以自动分类和筛选情报，提高处理效率，但机器学习的结果可能受到数据偏差和算法缺陷的影响，需要人工审核和验证。情报可视化与决策支持系统：将复杂的情报信息以直观的图形、图表等形式展示，帮助决策者快速理解和把握局势，然而，如何确保可视化的准确性和全面性，避免误导决策是需要关注的问题。虚假情报的识别与防范：敌方可能故意散布虚假情报以干扰我方判断，因此需要建立有效的识别机制，综合运用多源情报进行比对和验证，避免受虚假情报的影响。情报分析人员的专业素养与培训：情报分析人员不仅需要具备扎实的专业知识，还应熟悉新技术的应用，具备批判性思维和敏锐的洞察力，持续的培训和经验交流有助于提升其分析能力。

3. 反情报工作的重要性与创新手段。内部威胁防范与员工背景审查：内部人员的背叛或疏忽可能导致严重的情报泄露，因此加强员工背景审查，建立严格的内部管理制度，以及开展安全教育和培训至关重要。网络反情报的技术措施：随着网络攻击的日益频繁，采用先进的网络安全技术如防火墙、入侵检测系统、加密技术等，可防范敌方通过网络窃取情报。反情报合作与国际交流：在全球化的背景下，各国面临的情报威胁具有相似性，应与其他国家的反情报机构开展合作和信息共享，共同应对跨国情报威胁。反情报法律框架的完善：制定和完善相关法律法规，明确反情报工作的权限和程序，保障反情报行动的合法性和规范性。对手反情报策略的研究与应对：深入了解对手的反情报手段和策略，针对性地调整我方的情报工作方式和保护措施，提高情报的安全性。

4. 情报共享与国际合作的机制与障碍。多边情报共享协议的签订与执行：各国通过签订多边协议，建立情报共享的框架和规则，然而，在执行过程中，可能由于政治、法律和技术等方面的差异，导致信息传递的延误或失真。情报共享中的信任建立与信息保护：在情报共享中，建立相互信任的关系是关键，同时要采取严格的信息保护措施，确保共享的情报不被滥用或泄露。不同国家情报机构的合作模式：各国情报机构的组织结构、工作方式和文化存在差异，需要探索灵活多样的合作模式，以实现高效的情报交流与协作。情报共享与国家利益的平衡：在共享情报时，需要权衡国家利益和合作伙伴的需求，确保共享不会损害自身的核心利益和国家安全。情报误传与合作风险的管控：由于语言、文化和理解的差异，可能出现情报误传的情况，应建立风险评估和管控机制，及时发现和纠正错误，降低合作风险。

5. 情报工作的伦理与法律问题。情报收集手段的合法性边界：明确情报收集活动应在法律允许的范围内进行，遵守国际法和国内法的规定，避免使用非法和不道德的手段获取情报。情报使用中的隐私保护：在利用情报的过程中，要严格保护涉及个人隐私的信息，防止隐私泄露对公民权利造成侵害。对情报误导与政治操纵的防范：防止情报被政治势力利用，进行误导和操纵，以维护情报工作的客观性和独立性。情报人员的行为准则与法律责任：制定明确的行为准则，规范情报人员的行动，对违反法律和准则的行为追究责任。公众对情报工作的监督与知情权：在保障国家安全的前提下，适当增加情报工作的透明度，接受公众的监督，同时平衡公众的知情权和国家安全的需要。

这种情报谍战工作的变化总体上可能导致以下一些不利的结果：国际信任危机加剧：在情报共享与国际合作中，由于政治、法律和技术等差异导致的信息延误或失真，以及对国家利益的过度权衡，可能会加剧国家之间的不信任，破坏国际合作的基础。隐私侵犯风险增加：在追求更广泛和深入的情报收集过程中，可能会过度侵犯公民的个人隐私，引发公众的不满和社会的不稳定。技术依赖导致误判：过度依赖大数据分析和机器学习等智能化方法，如果数据质量或算法存在问题，可能导致情报分析的误判，进而影响决策，引发不必要的冲突或损失。网络安全威胁扩大：随着网络在情报工作中的重要性增加，网络反情报的技术措施可能引发更复杂和激烈的网络攻击与防御对抗，扩大网络安全威胁的范围和影响。情报竞争引发军备竞赛：各国为在情报领域占据优势，可能加大军事投入，导致地区或全球范围内的军备竞赛升级。伦理道德争议：情报收集手段的合法性边界模糊以及情报使用中的隐私保护不当等伦理与法律问题，可能引发广泛的伦理道德争议，影响国家形象和社会价值观。公众监督与知情权失衡：在平衡公众的监督与知情权和国家安全需求时，如果过于倾向国家安全而忽视公众权利，可能导致公众对政府的不满和质疑，削弱政府的合法性等。

二、微观战争环境的系列变化

在当今的时代背景下，上述宏观战争环境正经历着一系列深刻的变化，这些变化犹如层层涟漪，必将引发微观战争环境的连锁反应。"每一处地形、每一个细节都可能成为决定胜负的关键。"这句话强调在战争中微观环境中的地形等细节对战争走向的重大影响。"对微观环境的敏锐洞察，是胜利的基石。"在战争中准确把握微观环境的特点和变化是取得胜利的重要基础条件。"天时不如地利，地利不如人和"，不可否认，微观环境相较于宏观环境而言，显得更加复杂多变且难以准确把握。有鉴于此，我们在这里仅对微观战争环境作一简单探讨。

（一）作战空间：多维拓展

比如：一是从传统的陆地、海洋、天空，延伸至广袤无垠且神秘莫测的太空以及错综复杂、瞬息万变的网络空间等多维空间，作战范围呈现出无边界化和全域化的趋势。太空领域不再仅仅是科学探索的前沿，更成为军事战略的新制高点，各国纷纷投入巨额资源进行太空探索与开发，卫星通信、导航和侦察技术日益成熟，天基武器系统的研究也在紧锣密鼓地进行。网络空间则成为没有硝烟的新战场，网络攻击手段不断翻新，网络防御体系面临严峻挑战，信息的获取、控制与保护成为决定胜负的关键因素。二是太空领域逐渐成为国家战略竞争的焦点，太空站、卫星星座的建设不仅用于民用通信和导航，更被赋予了军事侦察、导弹预警等重要使命，各国竞相发展反卫星武器、太空轨道武器等，试图在太空领域占据优势。网络空间的虚拟战场中，黑客攻击、数据窃取、网络瘫痪等手段成为常态，网络病毒、网络间谍等威胁如影随形，网络安全的防线一旦被突破，可能导致国家关键基础设施瘫痪，军事指挥系统失控。三是太空和网络空间的拓展，使得战争不再局限于有形的地理空间，而是延伸到了人类活动的各个领域，这要求各国不仅要具备强大的太空和网络技术实力，还要建立完善的法律法规和战略规划，以应对来自这两个新兴领域的威胁与挑战。例如太空领域：美国组建太空军，并积极进行太空武器的研发和太空作战的演练。例如，其部署的 GPS 卫星系统在军事行动中提供了精确的导航和定位支持，在海湾战争和伊拉克战争中，美国就依靠 GPS 实现了对敌方目标的精确打击和本方部队的精确部署。网络空间：俄罗斯与乌克兰之间的冲突中，双方都进行了网络攻击，干扰对方的关键基础设施和政府网站。例如，乌克兰的电力系统曾多次遭受网络攻击，导致大面积停电。

(二)作战领域：全域放大

比如：一是从单纯的军事对抗，全面扩展到政治、经济、科技、文化、社会等多个领域的综合较量，形成了相互交织、相互影响的复杂局面。政治上，外交手段、国际舆论的引导和操控成为战争的前奏和辅助；经济上，贸易制裁、金融打击、资源争夺等手段直接影响战争的持续能力和国家的战争潜力。二是科技领域的竞争成为获取军事优势的核心驱动力。5G 技术的应用使得战场通信更加高效快捷，人工智能的发展催生了智能化武器和作战指挥系统，量子计算的突破为密码破译和情报分析提供了强大助力。文化领域的渗透和冲突也日益明显，通过文化输出影响敌方民众的价值观和认同感，从而削弱其战斗意志正愈演愈烈。社会舆论的操控则能够在国内外营造有利于本方的战争氛围，为战争行动争取更多的支持和理解。三是经济制裁可以切断敌方的物资供应链，使其军事工业陷入困境；科技封锁能够限制敌方获取先进技术，延缓其武器装备的研发进程；文化的渗透可以从内部瓦解敌方的凝聚力和民族精神；社会舆论的引导则可以左右国际社会对战争的看法和态度。这种全方位的作战领域放大，要求各国在制定国家安全战略时，必须综合考虑各个领域的因素，形成全方位的防御和反击体系。

(三)作战时间：灵活机动

比如：一是战争爆发的突然性显著增加，"闪电战"式的快速打击随时可能发生，使国家的预警和应急响应面临巨大挑战。在信息时代，军事技术的飞速发展使得敌方能够在短时间内集结力量，发动出其不意的攻击。先进的导弹系统、隐形战机等武器装备具备了快速突防和精确打击的能力，让战争的爆发往往在瞬间完成。二是作战节奏加快，战争进程呈现出缩短与持久化并存的态势，这取决于双方的综合实力对比、战略目标以及外部干预等多种因素，一方面，高科技武器的运用可以在短时间内实现战略目标，迅速结束战争；另一方面，如果双方实力相当，或者涉及复杂的地缘政治和民族宗教等问题，战争可能陷入长期的僵持和消耗。三是作战时间的随意性和随机性增强，不再受传统战争规律的严格束缚，战争的发起和结束更加难以预测。国际形势的瞬息万变、政治领导人的决策变化、突发事件的影响等都可能成为战争爆发的导火索，而战争的结束也可能因为各种不确定因素而拖延。四是时间要素在情报获取、决策制定和作战行动中的精准把控要求达到了前所未有的高度，分秒之差可能导致截然不同的战争结果。因此，各国必须建立高度灵敏的预警系统、高效的决策机制和快速反应的作战力量，以应对作战时间的不确定性。

(四)作战装备：创新变革

比如：一是高科技武器如精确制导武器、无人机、电磁武器等的研发与大量运用，彻底改变了作战的火力投放和打击方式，实现了远程精确打击和高效杀伤，精确制导武器能够在千里之外准确命中目标，误差范围极小，大大提高了打击的准确性和有效性。无人机在侦察、攻击和通信等方面发挥着重要作用，降低了人员伤亡风险，同时提高了作战的灵活性和持续性。电磁武器则具有强大的电磁脉冲效应，能够瘫痪敌方的电子设备和通信系统。二是智能化武器系统的出现，具备自主决策和作战能力，使战争形态从传统的人力主导转向人机协同甚至机器主导，作战的复杂性和不确定性大幅增加，这些智能武器可以根据预设的程序和算法自主识别目标、评估威胁并采取相应的行动，无须人类实时干预。然而，这也带来了伦理和法律上的诸多问题，如机器的决策失误、责任归属等。三是武器装备的更新换代速度飞快，对国家的军工研发和生产能力提出了极为苛刻的要求，同时也加重了军事投入的负担。为了保持在武器装备上的优势，各国必须不断加大研发投入，培养高素质的科研人才，建立先进的生产制造体系，同时，还需要考虑武器装备的成本效益、可靠性和可维护性等因素，以确保在实战中能够发挥最大的效能。例如精确制导武器：在伊拉克战争中，美军使用的"战斧"巡航导弹精确打击了伊拉克的重要目标，如军事指挥中心、通信设施等，大大提高了打击的准确性和效果。无人机：在阿富汗战争中，美军广泛使用无人机进行侦察和打击任务。例如，MQ-9"收割者"无人机对塔利班武装的据点和人员进行过多次精确打击。

（五）作战方式：转型转变

比如：一是非接触式作战成为主流趋势，最大限度地减少了人员直接接触，降低了伤亡风险，同时也对作战人员的远程操控和信息化素养提出了更高要求，通过卫星通信、无人机侦察和远程打击等手段，作战人员可以在远离战场的安全地带对敌方目标进行攻击和摧毁，这种作战方式不仅改变了战争的面貌，也对作战人员的心理素质和技术能力提出了新的挑战。二是联合作战强调多军兵种、多领域的深度协同与无缝配合，通过整合陆、海、空、天、电等多维力量，实现作战效能的最大化。在联合作战中，不同军兵种之间需要实现信息共享、指挥统一、行动协调，充分发挥各自的优势，形成强大的整体作战能力，同时，还需要与其他国家的军事力量进行合作与协调，共同应对全球性的安全威胁。三是特种作战在执行高价值目标打击、战略侦察和关键情报获取等特殊任务方面发挥着不可替代的关键作用，成为现代战争中的一把利剑。特种作战部队通常具备高度的专业技能、出色的战斗素质和灵活的作战策略，能够在复杂恶劣的环境中完成艰巨的任务，然而，特种作战也面临着巨大的风险和挑战，需要在行动前进行精心策划和充分准备。例如非接触式作战：美国在科索沃战争中，主要依靠空中力量进行远程打击，减少了地面部队的直接接触，通过大量的空袭，对南联盟的军事设施和基础设施造成了严重破坏。联合作战：2003年伊拉克战争中，美军实施了海、陆、空、天、电的多军兵种联合作战：海军发射巡航导弹，空军进行空袭，陆军地面推进，太空卫星提供通信和侦察支持，电子战部队干扰敌方通信。

(六)情报机制：革新重塑

比如：一是卫星侦察、网络监控、大数据分析等先进手段的广泛运用，实现了情报的全方位、实时、精准获取，使战场态势更加透明。卫星侦察可以提供大范围、高分辨率的图像和数据，网络监控能够获取敌方的通信和信息传输内容，大数据分析则可以从海量的数据中挖掘出有价值的情报线索。二是情报处理借助人工智能、深度学习等技术，实现了智能化和实时化，能够快速为作战决策提供精准、可靠的支持，通过对情报数据的自动分析和处理，能够迅速识别出敌方的作战意图、兵力部署和行动规律，为指挥员制订作战计划提供科学依据。三是反侦察和情报保护的难度空前加大，对情报安全的防护体系和技术手段提出了更高的挑战，一旦情报泄露，将可能导致灾难性的后果。敌方也在不断加强反侦察能力，采取各种手段干扰和破坏我方的情报获取和处理系统。因此，必须加强情报安全的防护措施，采用加密技术、网络防护手段等确保情报的保密性和完整性。例如卫星侦察：在阿富汗战争中，美国通过卫星侦察获取塔利班武装的活动情报，卫星图像能够清晰显示敌方的营地、武器库等重要目标的位置。大数据分析：以色列利用大数据分析来预测和应对来自加沙地带的火箭弹袭击，通过对以往火箭弹发射的数据分析，提前预警并采取防御措施。

(七)后勤保障：适配高效

一是物资供应追求高效性、及时性和精确性，以适应瞬息万变的作战需求，确保作战部队的持续战斗力。在现代战争中，作战节奏加快，物资消耗巨大，后勤保障必须能够迅速响应前线的需求，及时提供所需的武器装备、弹药、食品、药品等物资，同时，还要根据作战任务的变化和战场形势的发展，精确预测物资需求，避免浪费和短缺。二是复杂技术装备的维护保障需要大量专业人才和先进技术手段的支持，对后勤保障人员的素质和技术水平提出了更高要求。现代武器装备的技术含量越来越高，维护保养工作变得更加复杂和精细，需要具备专业知识和丰富经验的技术人员进行操作，同时，还需要配备先进的检测设备和维修工具，以提高维护保障的效率和质量。三是后勤保障的信息化管理水平不断提升，通过数字化平台实现资源的精准配置和动态监控，提高保障效率和效益。利用信息化技术，可以实现对后勤保障资源的实时监控和管理，优化物资调配流程，提高运输效率，确保后勤保障工作的高效运行，同时，还可以通过数据分析和预测，提前做好物资储备和调配计划，应对各种突发情况。

（八）战争伦理：法规遇困

比如：一是新型武器如激光武器、基因武器、无人化武器等的研发和使用引发了严重的伦理争议，涉及人类尊严、道德底线和未来战争的走向等重大问题。激光武器的高能光束可能对人体造成极大伤害，基因武器可能导致不可控的生物灾难，无人化武器的自主决策可能引发责任归属的模糊，这些新型武器的出现挑战了传统的战争伦理观念，引发了国际社会的广泛关注和担忧。二是国际法规在战争中的适用面临诸多困境，如网络战、太空战等新兴作战领域的法律规范尚不完善，如何确保战争行为的合法性和规范性成为亟待解决的重要课题。网络空间的虚拟性和跨国性使得传统的国际法难以有效适用，太空领域的主权界定和军事行动规则也尚未明确，这使得在战争中判断和追究违法行为变得困难重重，容易导致战争的失控和无序。三是战争中的人道主义危机处理和国际监督机制需要进一步健全和强化，以保护平民的生命安全和基本权利。在现代战争中，平民往往成为最大的受害者，如何确保他们得到及时的救助和保护，如何追究战争中侵犯人权的行为，如何建立有效的国际监督机制，都是摆在国际社会面前的紧迫任务。同时，还需要加强国际社会的合作与协调，共同推动战争伦理和国际法的完善与发展。例如基因武器，虽然目前还没有基因武器在实战中的应用案例，但关于基因武器的研究和潜在威胁引发了广泛的伦理和法律讨论。

（九）舆论心战：效能凸显

比如：一是通过媒体、网络等多元化渠道，全方位、多层次地影响国内外舆论，塑造有利于自身的战争氛围和国际形象。在信息时代，舆论的传播速度和影响力空前巨大，政府和军方可以利用新闻发布会、社交媒体、官方网站等渠道发布信息，引导公众对战争的看法和态度，同时，还可以通过与国际媒体的合作和宣传，争取国际社会的支持和理解。二是心理战的手段更加多样化、精细化，针对敌方军民的心理弱点进行精准攻击和有效瓦解，从而达到不战而屈人之兵的战略效果，通过宣传、欺骗、恐吓、利诱等手段，破坏敌方的战斗意志和信心，引发内部的混乱和分裂。例如，散布虚假信息、宣传本方的胜利成果、威胁敌方的生命安全等，都可以对敌方的心理产生巨大的冲击。三是舆论宣传和心理战与军事行动紧密结合，形成了软硬兼施的全方位战略威慑体系，对战争的胜负产生着至关重要的影响。在战争中，舆论宣传可以为军事行动提供舆论支持和合法性依据，心理战可以削弱敌方的抵抗能力，为军事行动创造有利条件。三者相互配合，形成强大的综合作战能力，能够在不进行大规模军事冲突的情况下实现战略目标。例如伊拉克战争中，美国通过媒体宣传萨达姆政权的"罪行"，影响了国际舆论和伊拉克民众的心理。在战争前，美国媒体大量报道萨达姆政权拥有大规模杀伤性武器等不实信息，为战争的发动制造舆论。

（十）军民融合：深度加速

比如：一是民用技术向军事领域的快速转化，极大地加速了军事装备的更新换代和战斗力提升，为军事创新提供了源源不断的动力。随着科技的飞速发展，许多民用技术如信息技术、通信技术、材料技术等在军事领域得到了广泛应用。例如，智能手机技术的发展为军事通信设备的智能化提供了借鉴，民用航空技术的进步推动了军用无人机的发展。二是军事需求对民用产业的带动作用日益明显，促进了国家经济的发展和产业结构的优化升级，实现了军事与经济的良性互动。军事采购可以为相关企业提供稳定的市场需求，促进企业的技术创新和产业升级，同时，军事技术的民用转化也可以带动相关产业的发展，创造新的经济增长点。三是军民融合需要建立健全完善的体制机制，包括法律法规、政策措施、管理模式等，以确保资源的合理配置、安全保密和高效利用。政府需要制定相关的政策法规，引导和规范军民融合的发展，同时，要建立有效的管理机制，协调军民之间的利益关系，加强知识产权保护和安全保密工作，提高军民融合的效率和效益。

（十一）国际联盟：合作嬗变

比如：一是不同国家间因利益关系频繁形成或改变军事合作联盟，国际关系更加复杂多变，联盟的稳定性和可靠性受到多种因素的考验，在全球政治经济格局不断调整的背景下，国家之间的利益关系也在不断变化。为了应对共同的安全威胁或追求共同的战略目标，国家之间会结成军事联盟，然而，这种联盟往往受到各国国内政治、经济利益、外交政策等多种因素的影响，可能随时发生变化。二是国际合作不仅局限于军事领域，还涵盖了情报共享、技术研发、联合演习、人员培训等多方面的深度协作，形成了相互依存的安全共同体。在应对全球性的安全挑战时，各国需要在多个领域进行合作，情报共享可以提高各国对威胁的感知和应对能力，技术研发合作可以共同推动军事技术的进步，联合演习可以提高各国军队之间的协同作战能力，人员培训可以交流经验和提高专业素质。三是国家在参与国际合作时需充分权衡利弊，既要考虑共同利益的实现，又要防范潜在的风险和威胁，确保自身的主权和安全不受损害。在国际合作中，各国可能面临信息泄露、技术依赖、战略自主性丧失等风险，因此，必须在合作中保持清醒的头脑，制定合理的合作策略，加强自身的实力建设，以维护国家的核心利益和战略安全。

现代战争环境正经历着深刻而复杂的变化，呈现出以下走向：战争的形式可能更加隐蔽和多样化，非对称作战、网络战、太空战等新型作战方式将更加常见。军事技术的发展可能导致战争的破坏性和杀伤力进一步增强，同时也对国际法律和伦理提出了更高的要求。随着全球一体化的推进，战争的影响范围将不再局限于局部地区，可能对全球经济、政治和社会产生深远影响。为了应对这些变化，各国应加强军事技术研发和创新，培养高素质的军事人才，建立健全适应现代战争的军事指挥和作战体系。在国际层面，应通过加强外交努力和国际合作，共同制定和遵守国际规则，以和平方式解决争端，避免战争的爆发，要加强对战争风险的评估和预警，提高国家的综合防御能力和应急响应能力。在军事领域，加强国际间的军事交流与合作，共同应对全球性的安全挑战，如恐怖主义、跨国犯罪等，应积极推动建立公正合理的国际政治经济新秩序，为世界和平创造良好的外部环境。总之，我们必须深刻认识到现代战争环境的变化，未雨绸缪，作好应对准备，同时坚定不移地走和平发展道路，共同构建一个持久和平、共同繁荣的世界。

第四章　现代战争中游击战的应用场景

在现代战争错综复杂且瞬息万变的局势中，游击战仿佛无处不在且捉摸不定的幽灵，悄无声息地渗透进战争的每一个细微角落。有文章这样写道："游击战，曾经是弱者的智慧，在现代战争中，它依然是那道让强者也不敢轻视的独特光芒"，"现代战争无论怎样演变，游击战始终是那不可忽视的力量，它以坚韧和灵活在战争史上留下深刻印记"。它在经济、政治、文化等各个领域，陆地、海洋、空中等各个空间，战争的初期、中期、末期等各个时段，战略规划、战术实施等各个层面，以及现实战场和虚拟网络等各种维度，都有着令人瞩目的显著体现。可以这样说："现代战争的战场上，游击战如同隐形的力量，在敌人意想不到的时刻和地点，爆发出惊人的威力。"游击战发挥着牵一发而动全身的至关重要作用，彰显着难以用常规标准衡量的无可估量价值。

一、反恐反叛战与游击战

在当今风云变幻、纷繁复杂的反恐反叛战中，游击战往往能够淋漓尽致地展现其独特的作用。诚如英国著名军事家富勒所言："游击战乃是一种弱者抗衡强者的行之有效的方式。"恐怖组织和反叛势力通常凭借其分散式的布局、隐蔽性极高的行动以及灵活多变的战术特征，给常规军事力量的应对策略带来了前所未有的巨大挑战，在此种情形之下，游击战的策略能够为正义的一方提供强大助力，使其能够更加高效地适应复杂而严峻的战斗环境。

反恐反叛游击战的作战策略涵盖的重要方面包括：情报收集与分析：高度重视对恐怖组织或反叛势力的全面情报收集工作，涵盖其人员构成、组织结构、活动规律、武器装备配备、资金来源等详细信息，通过运用多种情报收集手段，如人力情报、技术侦察、数据分析等，并对所获取的情报进行深入剖析和综合研判，精确洞察敌方的薄弱环节和行动模式，以此为基础，为制订科学、精准且具有针对性的作战计划提供坚实可靠的依据，从而提升作战行动的效率和效果。民众支持与合作：积极争取当地民众的全力支持与深度合作是至关重要的任务，通过广泛开展宣传教育活动，以清晰易懂且具有感染力的方式，让民众深刻认识到反恐反叛行动的正义性、紧迫性和必要性；同时，建立高效便捷且安全可靠的沟通渠道，充分激励民众主动提供有价值的情报信息，并为军队的打击行动提供各种形式的协助，如向导指引、物资支援等，形成军民携手共同打击恐怖和反叛势力的强大合力。灵活的战术运用：巧妙采用出其不意的袭击方式，如精心策划的伏击、迅猛突然的突袭等，依据敌方的实时行动态势和复杂多变的地形条件，灵活机智地调整战术策略，坚决避免与敌方进行正面的大规模直接冲突，而是充分发挥游击战的机动性和灵活性，以巧制胜，以智取胜。分散与隐蔽：将作战力量合理分散成多个独立灵活的小组，有效降低被敌方集中火力打击的风险，善于利用自然地形的掩护，如山林、沟壑等，以及各类建筑物的遮蔽，进行巧妙的隐蔽和伪装，使敌方难以发现和准确锁定我方的位置，从而保障自身的安全并提高作战的突然性。破坏敌方补给线：针对恐怖组织或反叛势力的物资补给线路实施有针对性的破坏行动，包括切断其运输通道、摧毁补给仓库、拦截物资运输车队等，通过这些手段，彻底切断其资源供应渠道，严重限制其持续行动和作战的能力，从后勤保障层面削弱敌方的战斗力。城市作战技巧：在城市这种复杂且特殊的作战场景中，熟练掌握并善于利用狭窄街道、密集建筑物等地理条件进行有效的防御和主动攻击，深入城市的地下通道、排水系统等隐蔽空间，以此增加行动的机动性和隐蔽性，充分发挥城市环境的特点，实现以小博大、以弱胜强的作战效果。远程打击能力：大力发展并有效运用远程武器装备，如具有强大杀伤力的火箭弹、精准打击的迫击炮等，利用这些武器对敌方的重要据点、集结区域进行远程精确攻击。电子战手段：运用先进的电子战技术和设备，对敌方的通信系统进行有效的干扰和阻塞，使其通信联络中断或混乱，同时，通过技术手段获取敌方的通信内容和情报信息，使敌方的指挥和协调陷入混乱无序的状态，从而为我方的作战行动创造有利条件。需要着重指出的是，反恐反叛游击战是一种极具复杂性和高风险性的作战形式，需要综合考量并灵活运用多种策略手段，并且，在整个作战过程中，必须严格遵循法律和道德原则，确保行动的合法性、公正性和人道性，以实现维护社会和平、保障人民安全的最终目标等。

反恐反叛战与游击战之间存在以下方面的相互影响：

战略与战术借鉴：在反恐反叛战中，正规部队可能会借鉴游击战中的一些灵活战术，如分散行动、突袭、利用地形和民众支持等，而游击战一方也可以从反恐反叛战中的情报分析、技术手段和大规模行动的组织协调中获得启示，改进自身的作战策略。此外，双方还可能在反侦察、伪装和陷阱设置等方面相互学习。

资源分配与调整：反恐反叛战的资源需求和投入可能会影响到用于应对游击战的资源，例如，更多的资金、装备和人力可能被优先分配到反恐反叛行动中，从而减少了对游击战地区的支持和防控力量。反之，游击战的活跃程度和威胁程度也会影响反恐反叛战中的资源分配，资源的竞争还可能体现在对情报资源、医疗资源以及国际援助资源的争夺上。

民众态度与支持：两者都会对民众的态度和支持产生影响，如果反恐反叛战取得显著成果，可增强民众对政府的信任，减少对游击战的支持。反之，如果游击战具有解决问题的能力，可能会赢得部分民众的同情和支持，从而影响反恐反叛战的民众基础，而且，民众的恐慌情绪和对安全的渴望也可能促使政府调整作战策略，平衡对反恐反叛战和游击战的投入。

国际舆论与合作：反恐反叛战的国际关注度和国际合作程度可能会影响对游击战的看法和外部支持，国际社会对反恐反叛的态度和援助可能间接影响到对游击战的立场和资源支持，同时，游击战的国际形象和宣传也可能在一定程度上改变国际社会对整个地区局势的判断，进而影响反恐反叛战的外部环境。国际非政府组织和人权机构的态度也可能对双方的行动产生一定的约束或压力。

心理和士气影响：反恐反叛战的胜负和进展会对参与游击战的人员产生心理和士气上的影响，成功的反恐反叛行动可能削弱游击队员的斗志，而反恐反叛战的挫折可能鼓舞游击战一方的信心，同样，游击战的成果或挫折也会对反恐反叛战中的相关方产生类似的心理和士气作用，这种影响还可能延伸到双方的家属和支持者，进一步影响社会氛围和舆论导向。

作战区域与行动空间：反恐反叛战的战场范围和重点区域可能会限制或扩展游击战的活动空间，例如，在反恐反叛战重点关注的地区，游击战可能会受到更严格的监控和打击，行动受到限制，而在反恐反叛战力量薄弱的地区，游击战可能有更大的发展空间。此外地理环境和基础设施的状况也会影响双方的行动便利性和战略选择。

情报共享与竞争：在情报方面，两者既存在共享的需求，也存在竞争关系，为了更有效地打击共同的敌人，可能会在一定程度上共享情报，但同时，由于目标和利益的差异，也可能在情报获取和利用上存在竞争。情报人员的招募和保护也可能成为双方争夺的焦点。

法律和道德考量：反恐反叛战中的法律和道德标准的制定和执行，可能会对游击战的行为产生约束或引导，同样，游击战的行动方式和对规则的遵守程度也会反过来影响反恐反叛战中对法律和道德问题的处理和应对策略，双方在对待战俘、平民保护以及使用非常规武器等方面的态度和行为都会受到国际社会的监督和评判等。

反恐反叛战与游击战相互交织、相互作用，其结果和影响取决于多种因素的综合作用，在应对这两种复杂的战争形式时，需要综合考虑战略、战术、资源、民众、国际影响等多方面的因素，以实现和平与稳定的最终目标。

二、局部军事战与游击战

在局部军事战的特定背景之下，游击战能够当之无愧地充当一种极具价值的补充和辅助作战方式。《孙子兵法》曰："故能而示之不能，用而示之不用，近而示之远，远而示之近"，"利而诱之，乱而取之，实而备之，强而避之，怒而挠之，卑而骄之，佚而劳之，亲而离之"。这与游击战中通过不断骚扰、袭击等方式，使敌人疲于应付、消耗敌人精力和资源的策略相契合。当直面实力显著强大的敌方正规军时，游击战能够充分借助复杂多变的地形条件、深厚坚实的民众支持等显著优势，对敌方进行骚扰、牵制以及行之有效的消耗，通过将我方力量巧妙地分散成多个灵活机动的小组，在局部地区对敌方形成强有力的有效干扰，为整体战局的良性发展争取有利条件。游击战的作战策略具有独特的特点和效果，但也存在一定的局限性和挑战。

1. 情报工作。构建全面且高效的情报收集网络，综合运用各种手段获取敌方军事部署、行动计划、补给线路等关键信息，这有助于游击队提前知晓敌方动向，做出准确的预判和应对，掌握作战的主动权。优点：能让游击队充分了解敌方情况，做到知己知彼，从而制订出针对性强的作战计划，使游击队在面对强大的敌方正规军时，能够巧妙地避开其锋芒，选择最有利的时机和地点进行攻击，实现以小博大、以弱胜强的效果。缺点：情报收集工作充满危险和不确定性，情报人员在获取情报的过程中，可能会暴露身份，从而被敌方抓获，导致情报泄露。此外如果情报人员叛变，向本方提供虚假或误导性的情报，可能会使游击队陷入敌方精心设计的陷阱，遭受重大损失。

2. 民众工作。积极开展宣传工作，争取民众广泛支持，民众能为游击队提供物资、情报、掩护等支持，形成强大的战斗合力。优点：使游击队深深扎根于民众之中，获得源源不断的人力、物力和情报支持，民众的参与不仅增强了游击队的实力，还使敌方难以区分平民和游击队员，增加了敌方作战的难度，同时，广泛的民众支持也能为游击队提供精神鼓舞，增强战斗意志。缺点：可能会使民众成为敌方报复的对象，敌方可能会对支持游击队的民众进行严厉的惩罚，包括逮捕、屠杀、烧毁村庄等，给民众带来巨大的生命和财产威胁，此外民众的参与也可能会使战争的波及范围扩大，影响社会的稳定和正常秩序。

3. 袭击策略。精心策划对敌方关键部位的突然袭击，打乱敌方作战部署，制造混乱和恐慌。优点：能够以较小的兵力和代价，给敌方造成重大的人员伤亡和物资损失，这种突然袭击能够有效地打击敌方的士气和信心，使其陷入恐慌和混乱，为我方创造有利的战略态势。缺点：袭击行动的成功率往往取决于情报的准确性和行动的保密性，如果情报有误或行动提前泄露，可能会导致袭击失败，甚至使游击队陷入敌方的包围和反击之中，遭受重大伤亡。此外频繁的袭击可能会引发敌方更强烈的报复和围剿，给游击队带来更大的压力。

4. 破坏行动。有针对性地对敌方重要设施和系统进行破坏，削弱敌方作战能力。优点：能有效地削弱敌方的军事力量和战争持续能力，破坏敌方的补给线，使敌方陷入物资短缺的困境；破坏通信设施可以干扰敌方的指挥和协调；破坏交通枢纽可以延缓敌方的军事行动。这些破坏行动能够为我方争取更多的时间和空间，改变战场的力量对比。缺点：可能会引发敌方的疯狂报复和更严厉的镇压，敌方可能会加强对占领区的控制和巡逻，加大对游击队的打击力度，同时，破坏行动也可能会对当地的基础设施和民众生活造成一定的影响，引发民众的不满和抵触情绪。

5. 灵活作战。根据战场形势灵活转移和分散兵力，避免被围歼。优点：大大提高了游击队的生存几率，灵活的战术使敌方难以捉摸游击队的行踪和意图，无法有效地进行围剿。分散的兵力可以在不同的地点同时展开行动，扩大了作战范围和影响力。缺点：可能导致指挥和协调难度增加，分散的兵力在通信不畅的情况下，容易出现各自为战的局面，影响整体作战效果。此外，频繁的转移也可能使游击队失去稳定的根据地，影响物资的储备和人员的休整。

6. 心理攻势。运用宣传手段影响敌方士气和决策，从心理层面干扰敌方。优点：能在不耗费大量武力的情况下，对敌方产生潜移默化的影响，通过宣传我方的胜利和敌方的失败，揭露敌方战争的非正义性，可以在敌方士兵中制造怀疑、恐惧和动摇的情绪，降低其战斗意志。心理攻势还可以影响敌方指挥官的决策，使其在压力下做出错误的判断。缺点：效果的显现往往需要较长的时间，而且对于那些训练有素、意志坚定的敌方部队，可能作用有限。此外，如果宣传内容缺乏可信度或过于夸张，可能会适得其反，达不到宣传效果。

7. 资源保障。建立物资和资源供应渠道，可确保游击队的持续战斗力。优点：为游击队的长期作战提供了物质基础，充足的物资供应可以保证游击队员的基本生活需求，维持其身体健康和战斗力。合理的资源管理还可以使有限的资源得到最大限度的利用，提高作战效率。缺点：在敌方严密控制和封锁的情况下，资源获取可能会变得异常困难，游击队可能需要冒险穿越敌方防线，或者与敌方进行激烈的争夺，这增加了资源获取的成本和风险。此外，资源的分配和管理也可能会出现不公平或不合理的情况，影响队员的士气和团结。

8. 协同作战：与正规军密切配合，相互支援，形成互补作战格局。优点：能够充分发挥游击队和正规军各自的优势，实现战略和战术上的协同效应。游击队可以在敌后进行骚扰、破坏和侦察等行动，为正规军的正面作战创造有利条件；正规军则可以为游击队提供火力支援、物资补给和战略掩护，增强游击队的作战能力。缺点：协调不当可能会导致行动冲突和资源浪费。由于游击队和正规军的作战方式和指挥体系存在差异，如果沟通不畅或协调不力，可能会在作战目标、行动时间和空间等方面出现矛盾，影响整体作战效果。

游击战在特定情况下是一种有效的作战方式，但也需要充分认识其面临的困难和风险，并采取相应的措施加以应对，以实现最终的胜利。同时，我们更应倡导通过和平、对话的方式解决争端，避免战争带来的巨大破坏和人员伤亡。

局部军事战与游击战之间存在着多方面且深刻的相互影响：

在战略协同方面：局部军事战的整体战略规划为游击战指明了方向和目标。游击战积极配合局部军事战的主体行动，通过巧妙地对敌方进行持续的牵制、出其不意的骚扰和具有针对性的破坏，有效地分散了敌方的注意力和资源，这不仅为正规军的主力行动创造了有利条件，减轻了正面战场的压力，还打乱了敌方的战略部署和节奏。反之，游击战所取得的显著成果和所处的态势，也会对局部军事战的战略决策产生重要影响。例如，当游击战在敌后取得重大突破时，可能促使正规军调整作战计划，加大进攻力度或改变战略重点。

在资源分配方面：局部军事战的紧迫需求往往在一定程度上决定了资源的优先分配方向，这可能会对游击战所能获得的资源支持，包括武器装备、物资补给以及人员调配等方面产生影响。然而，游击战的有效开展有时能够以较小的资源投入取得较大的效果，比如通过精准破坏敌方补给线，有效地减少了敌方的资源获取，从而间接减轻了局部军事战的资源压力，使有限的资源能够得到更合理的利用。

在情报共享方面：两者之间能够实现重要的情报资源共享。游击战在基层和敌后活动中所获取的关于敌方小规模行动、兵力详细部署以及民间动态等情报，为局部军事战中的正规军提供了极具价值的参考，有助于他们更全面、准确地把握战场态势，做出更加明智的决策。同时，正规军通过大规模的侦察手段和系统的情报收集所掌握的敌方整体战略布局、高层决策动向等宏观情报，也为游击战制订更具战略性和前瞻性的作战计划提供了有力支持。

在民众支持方面：局部军事战的胜负结果和具体表现极大地影响着民众对于战争的支持态度和信心，这一态度的变化间接决定了游击战所能获得的民众支持力度和资源援助的多寡，而游击战在民众中的影响力和形象塑造，也对局部军事战中民众对正规军的支持起到了不可忽视的作用。如果游击战能够展现出顽强的斗志和显著的成效，赢得民众的充分信任和衷心拥护，那么将会极大地增强民众对整个战争取得胜利的坚定信心，从而为局部军事战提供更为广泛和坚实的民众基础。

在心理影响方面：局部军事战的战果和局势在敌我双方的心理层面产生了深

远的影响，进而对游击战的生存环境产生了直接的作用。局部军事战的辉煌胜利能够极大地提升我方全体军民的士气和斗志，使游击战的开展更具信心和动力，同时也让敌方陷入恐慌和不安。反之，局部军事战的失利可能导致敌方气焰嚣张，加大对游击区域的围剿力度，从而增加了游击战的压力和困难。同样，游击战的活跃表现和一系列成功的行动，能够在心理上给敌方造成沉重的困扰和压力，使敌方在局部军事战中顾虑重重，从而间接鼓舞了我方在局部军事战中的士气和决心。

在战场态势方面：局部军事战的战场态势变化，例如战线的稳步推进、暂时收缩或者关键据点的丢失，都会显著地改变游击战的活动空间和作战条件。游击战的开展成效，比如对敌方后方的扰乱程度、对敌方补给线路的破坏效果等，也会直接影响局部军事战中敌方的兵力部署和战略安排。例如，当游击战对敌方后方造成严重威胁时，敌方可能不得不从前线抽调兵力回防，从而改变局部军事战的敌我力量对比。

在战术融合方面：局部军事战中成熟的战术理念和精湛的战术技巧，常常能够被灵活地应用到游击战中。例如，正规军常用的伪装战术、精心策划的伏击战术等，经过适当调整和创新，在游击战中发挥了意想不到的效果。同时，游击战中那种灵活多变、出其不意的独特作战方式，也为局部军事战提供了新的思路和方法，促进了战术的不断创新和融合，使整个作战体系更加丰富和多元。

在军事训练方面：局部军事战中的正规部队通常在军事训练的系统性、规范性以及作战经验的丰富性等方面具有明显的优势。游击队员通过与正规军的密切交流和深入学习，能够迅速提升自身的军事素养、战斗技能和战术理解能力，而游击战中积累的诸如在艰苦环境下的生存技巧、在敌强我弱情况下的隐蔽行动和突袭策略等宝贵经验，也为正规军在特殊环境和复杂条件下的作战提供了极具参考价值的范例，有助于拓宽正规军的作战思路和应对能力。

在国际舆论方面：局部军事战由于其相对较大的规模和较为显著的影响力，往往更容易引起国际社会的高度关注和强烈的舆论反应。国际舆论对于局部军事战的评价、态度以及相关的报道和分析，在一定程度上间接地影响了国际社会对游击战的看法和支持程度。反之，游击战的英勇行动和显著成果通过媒体的广泛传播，也能够在国际上塑造出特定的形象，从而影响国际社会对整个战争局势的判断和评价，甚至可能影响到国际援助和外交斡旋的方向。

三、文化政治战与游击战

在文化政治战这一至关重要的领域之中，游击战所呈现出的形态主要体现为对敌方意识形态和文化进行深度且全面的渗透，以及给予坚决果断的反击。有人这样说："用文化的力量武装头脑，以游击的战术传播真理"，"文化战如游击之影，悄无声息却影响深远"。这些论断精准地揭示了战争与文化政治之间紧密且不可分割的关系。我们必须坚决且毫不退缩地抵制敌方的文化侵蚀，积极采取一系列切实有效的措施来保护本土文化的传承和发展，通过精心策划和举办丰富多彩、具有深远影响力的文化活动，借助强大的媒体宣传力量，全方位地强化本土文化的影响力和吸引力，并且运用多种手段，削弱敌方文化的渗透效果，从而在文化政治层面成功构建起一道坚实且牢不可破的防线，为捍卫本土文化和政治的稳定奠定坚实基础。

文化政治游击战的作战策略涵盖的重要方面。政治理念渗透：精心且有计划地向敌方传播与对方主流政治理念截然相悖的思想观念，巧妙运用网络平台、文化交流、学术研讨等各种渠道和手段，试图从根基上动摇敌方的政治思想基础，在其内部引发深刻且难以调和的政治分歧，严重破坏其政治思想的统一性和稳定性，制造思想混乱。政治谣言散播：蓄意且大规模地编造有关敌方政治高层的一系列负面谣言，运用夸张、扭曲和虚构的手法，对其政治人物的形象和公信力进行恶意诋毁，通过报纸、电视、网络等传播渠道，在民众中制造怀疑和恐慌情绪，从而严重破坏民众对政府的信任，极大地削弱政府的权威性和号召力。政治运动煽动：在敌方内部挑动和大力支持反对现有政权的政治运动，利用社会矛盾、经济问题、民族宗教等敏感因素，煽动民众的不满情绪，为这些运动提供资金、技术和舆论支持，制造社会的动荡和政治的不稳定，试图颠覆现有的政治秩序，造成政治体系的混乱和崩溃。文化抹黑：持续不断地诋毁敌方的文化传统、民族精神和核心价值观，全盘否定其文化价值和历史贡献，通过媒体宣传、学术批判、文艺作品等方式进行抹黑，严重破坏民众对自身文化的自豪感和认同感，导致文化自信的丧失，从而在文化层面上造成混乱和迷失，使文化传承出现断裂。政治制度攻击：全面且深入地对敌方的政治制度进行批判和攻击，夸大其制度的缺陷和不足，无视其取得的成就和积极作用，通过舆论宣传、国际论坛、外交场合等途径进行片面的宣传和误导，削弱民众对现有政治制度的支持和信任，为政治变革制造舆论压力，破坏政治制度的合法性和稳定性。舆论操纵与控制：通过多种隐蔽且复杂的方式实现对媒体的控制或深度影响，包括收买媒体机构、操纵社交媒体算法、培养舆论领袖、制造虚假新闻等，以此来操纵舆论导向，精心制造不利于敌方政权的舆论氛围，传播负面文化舆论。例如，刻意揭露敌方文化中的所谓虚伪性、矛盾性等，挑起文化争议，引发价值观的混乱，从而误导民众的政治判断，影响社会的稳定和团结，造成社会舆论的失控。文化象征物的破坏：针对敌方具有重要象征意义的文化标志物、历史遗迹、文化名人等进行有计划且有组织的破坏，通过这种极端手段，严重削弱敌方民众的文化自豪感和认同感，打击其民族精神和文化传承的信心，造成文化心理上的创伤和裂痕，破坏文化认同的根基。文化谣言传播：精心策划并编造关于敌方文化的一系列谣言和虚假信息。运用虚假的故事、歪曲的历史解读、恶意的文化解读等手段，通过网络传播、口口相传等方式迅速扩散，扰乱敌方民众对自身文化的准确认知和坚定信任，破坏其文化传承的稳定性和连续性，导致文化传承的断裂和混乱，阻碍文化的正常发展。文化产业打压：对敌方的文化产业，如影视、音乐、出版、艺术等领域，进行有针对性和系统性的打压和抵制，通过限制市场准入、恶意竞争、知识产权侵犯、贸易制裁等手段，干扰其文化产业的正常发展和市场运作，削弱其文化产业的创新能力和国际竞争力，阻碍文化产业的繁荣和发展。文化人才策反：通过相关手段，试图策反敌方的文化精英、知名学者、艺术家以及关键文化人才，使他们为我方服务，或者在敌方内部制造文化混乱，传播负面思想，破坏文化创作和研究的正常秩序，影响文化发展的方向和质量，造成文化人才的流失和文艺创作的停滞等。

文化政治战与游击战之间存在着错综复杂且相互交织的多方面影响：

思想传播影响：文化政治战中所蕴含的丰富理念，能够为游击战提供坚实的精神支柱和明确的行动指引，比如，强调民族自豪感、正义性以及对美好未来的憧憬等文化政治宣传，能够极大地激发民众内心深处的爱国情怀和正义感，从而点燃他们参与游击战的强烈热情和坚定决心。与此同时，游击战自身的存在和英勇行动，也能够有力地传播特定的文化政治观念。例如，通过游击战中展现出的坚韧不拔、英勇无畏，向更广泛的民众传递反抗压迫、追求自由平等的强烈信念，激发起更多人对正义事业的向往和支持。当然，有效的文化政治宣传不仅能够在情感上唤起民众对游击战的认同，还能够从理性上为他们提供参与游击战的理论依据和行动指南。而游击战通过其实际行动和成果，让抽象的文化政治理念变得具体可感，进一步加深民众对这些理念的理解和认同，从而增强民众对特定文化政治目标的执着追求，促进民众之间更加紧密的团结。

民众积极动员：一方面具有感染力和号召力的文化政治宣传，能够以其独特的魅力和影响力，激发民众的爱国热情和社会责任感，从而动员更多的民众投身到支持和参与游击战的行列中来，这种宣传可以使民众充分认识到游击战的正义性和必要性，进而为游击战提供源源不断的人力、物力和宝贵的情报支持。另一方面，游击战的开展及其所取得的阶段性成果，能够以生动而直观的方式展现出民众力量的强大和正义事业的可行性，使民众更加坚信自身的努力能够带来积极的改变，从而进一步增强他们对特定文化政治目标的认同和追求，凝聚起更强大的力量，推动民众团结一心，积极投身到斗争中。

资源获取途径：文化政治战中巧妙运用的外交手段以及在国际舆论场上营造的有利氛围，有可能为游击战打开获取外部资源的大门，通过外交渠道的沟通与协商，以及国际社会对正义事业的同情和支持，游击战可能获得来自外部的武器装备、充足的资金援助、先进的技术支持等重要资源。与此同时，游击战所取得的显著成效或其在国际上产生的广泛影响力，可能吸引更多文化政治方面的资源投入。例如，更多的宣传资源、国际组织的关注和支持等，从而进一步强化宣传和动员的效果，为游击战的持续发展提供有力保障。

战略战术制定：文化政治战中精心策划的舆论造势和心理战策略，能够有效地影响敌方的心理状态和决策判断，为游击战创造出相对有利的作战环境，通过舆论宣传、信息误导等手段，打乱敌方的部署和节奏，干扰敌方的判断和行动，为游击战的开展创造机会。同时，游击战中灵活多变、出其不意的战术运用和行动方式，也能够为文化政治战中的策略制定提供新的思路和借鉴，促使文化政治战更加注重策略的灵活性、多样性和针对性，以适应复杂多变的斗争形势。文化政治战与游击战在战略战术上相互影响、相互借鉴，共同推动斗争策略的不断优化和创新，通过充分发挥两者的协同作用，能够在与敌方的对抗中取得更加显著的效果。

国际形象塑造：积极主动且富有成效的文化政治宣传，能够向国际社会展示游击战的正义性和合理性，改善游击战在国际上的形象，从而争取到更多国际社会的支持和同情。例如，通过讲述游击战背后的故事、强调其目标的正当性等方式，改变国际社会对游击战的看法。当然，游击战的行动方式和最终成果，也会对所在地区或国家的文化政治形象产生深远的影响。因此，在进行游击战的过程中，需要注重行动的合法性、合理性和人道主义原则，以维护良好的国际形象。

社会认同构建：文化政治战中通过对文化的精心塑造和价值观念的广泛传播，能够在社会层面营造出一种有利于游击战的氛围，增强社会对游击战的认同和支持，例如，通过强调共同的文化根源、传承历史记忆、宣扬共同的政治理想等方式，使民众从内心深处认同游击战是捍卫自身文化和政治权益的必要手段。同时，游击战的长期坚持和显著成果，也能够进一步巩固和深化特定的文化政治认同，形成一种强大的社会共识，凝聚起全社会的力量共同为实现目标而努力。文化政治战为游击战提供了社会认同的基础，而游击战的实践则进一步强化了这种认同，两者相互促进，共同推动社会朝着既定的目标前进。

情报工作开展：文化政治战中的信息传播和舆论引导，能够为游击战的情报收集和传递创造有利的条件和掩护渠道，例如，通过文化活动、政治宣传等形式，可以在看似正常的交流中秘密传递与游击战相关的重要情报信息，避开敌方的监控和侦查。同时，游击战所获取的第一手情报，也能为文化政治战中的战略决策提供宝贵的依据，通过对这些情报的分析和利用，可以帮助调整宣传重点、制定更有针对性的政治策略，提高文化政治战的效果和影响力。文化政治战与游击战在情报工作方面相互配合、相互支持，形成一个有机的整体，共同为斗争的胜利提供有力保障。

地区稳定影响：激烈且持久的文化政治战，可能会引发社会内部深刻的文化和政治冲突，加剧地区的不稳定局势，从而为游击战的兴起和发展创造适宜的土壤和条件。当社会矛盾激化、正常的诉求渠道受阻时，部分群体可能会选择游击战这种较为极端的方式来表达自己的诉求和不满。然而，长期持续的游击战，可能会对地区的文化遗产造成破坏，扰乱正常的政治秩序，导致社会陷入长期的动荡和混乱。文化政治战与游击战都可能对地区的稳定产生负面影响，因此在解决问题时，应当寻求和平、协商、包容的解决方案，以避免局势的进一步恶化。

政治格局演变：文化政治战的最终结果，可能会导致地区或国家内部政治力量的重新洗牌，从而改变现有的政治格局。这种变化可能会直接影响游击战的地位和未来发展方向，例如，新崛起的政治势力可能会根据自身的利益和理念，对游击战采取支持、利用或者打压、遏制的不同态度。同时，游击战的规模、影响力以及其所代表的政治诉求，也可能在一定程度上重塑当地的政治格局，为文化政治的发展开辟新的道路或者设置难以逾越的障碍。文化政治战和游击战都有可能成为推动政治格局演变的重要因素，其相互作用的结果将决定地区或国家未来的政治走向。

历史记忆留存：文化政治战过程中的宣传和叙事方式，会在很大程度上塑造关于游击战的历史记忆，通过对游击战的描述、评价以及赋予其特定的意义，影响后代对这段历史的解读和评价。同时，游击战本身作为一段重要的历史事件，也会成为文化政治中不可或缺的素材和象征符号，被不同的政治势力和文化群体用于强化特定的文化和政治观点，以服务于当下的利益和诉求。文化政治战和游击战共同构成了历史记忆的一部分，它们相互影响、相互塑造，对一个地区或国家的历史认知和文化传承产生深远的影响。

然而，必须清醒地认识到，无论是激烈的文化政治战还是充满挑战的游击战，它们所带来的往往是社会的破坏、人民的痛苦和文明的倒退，因此，在面对各种矛盾和冲突时，通过和平、平等、理性的对话和合作方式来解决争端，才是符合共同利益的。

四、经济金融战与游击战

在经济金融战这一激烈且瞬息万变的交锋领域中，游击战能够采取一系列富有策略性、灵活性以及针对性的行动，涵盖对敌方重要产业的暗中破坏，以打乱其生产和供应的正常秩序；在金融市场上制造短暂但影响深远的冲击，引发市场恐慌和混乱；对关键贸易通道的干扰和阻断，使得敌方的贸易流通陷入困境等，通过这些方式，迫使敌方在经济领域分散大量的精力和资源，从而为我方在战略全局上争取主动提供帮助。

经济金融战与游击战的作战策略主要涵盖以下重要方面。经济破坏行动：精心策划并实施针对敌方关键经济项目的小规模但极具针对性的破坏行动，这些经济项目可能包括关乎国计民生的重要工厂、提供能源动力的核心供应设施、保障物资运输的交通枢纽等，通过精准打击破坏关键生产设备、干扰复杂精细的生产流程、阻碍原材料的正常供应等方式，严重扰乱其生产和供应的正常秩序，极大程度地削弱敌方的经济产出能力，造成产品短缺、市场供应失衡等不良后果。金融市场干扰：巧妙运用各种复杂多变的金融手段和策略，在敌方金融市场制造短暂但影响深远且难以预测的剧烈波动，这可能包括操纵高风险的金融衍生品价格，使之大幅涨跌；通过网络散布虚假的市场利好或利空信息，误导投资者的判断；对关键金融机构的网络系统发动有组织的攻击，导致交易瘫痪、数据泄露等，从而引发市场恐慌情绪的迅速蔓延，这种恐慌不仅会导致资金大规模外流，还会使投资者对市场失去信心，进而破坏敌方金融体系的稳定，为其经济发展带来沉重打击。供应链攻击：精准且深入地识别敌方经济体系中的关键供应链环节，这其中涵盖了原材料的稀缺供应源头、决定产品性能的核心零部件生产基地、保障物流高效运转的关键节点等。然后，通过实施一系列破坏性手段，如破坏供应链的物流运输线路和工具、干扰供应商的正常生产运作、制造供应短缺的恐慌氛围等，致使敌方的产品生产严重受阻，无法按时按量满足市场需求，这将直接影响其经济收入，破坏产业的正常发展节奏，甚至可能引发相关产业的连锁倒闭反应。贸易网络阻断：有针对性地干扰和阻断敌方的重要贸易通道，例如具有战略意义和巨大经济价值的繁忙港口、承担主要运输任务的铁路和公路运输线路、在航空货运中占据关键地位的枢纽等，通过设置难以逾越的路障、破坏先进的运输工具和设备、干扰精准的通信导航系统等方式，全方位地阻碍货物的正常流通，大幅削减敌方的贸易量和贸易收入，这不仅会破坏其国际贸易关系，还会影响经济合作的顺利开展，使其在全球经济格局中逐渐被边缘化。产业暗中破坏：秘密对敌方的支柱产业进行暗中破坏，如采用技术窃取、商业间谍活动、黑客攻击等隐蔽手段破坏关键设备的正常运行，窃取关乎产业核心竞争力的核心技术和高度机密的商业信息，破坏处于研发关键阶段的实验室和研究项目等，从而严重削弱其产业的创新能力和在国际市场上的竞争力，使其产品失去技术优势，品牌形象受损，在国际市场上逐渐失去优势地位，面临被淘汰的风险。资源争夺：积极主动地抢占敌方经济发展所必需的稀缺资源，如具有不可替代价值的重要矿产资源、支撑能源消耗的关键能源资源、保障农业和工业生产的水资源等，或者通过政治施压、经济制裁和军事威慑等综合手段控制资源的供应渠道，从而给敌方的经济运行带来巨大压力，使其陷入资源短缺的困境，经济发展受到严重制约。货币策略运用：灵活巧妙地采取货币贬值或升值等宏观经济调节手段，精准调整汇率水平，从而影响双方的贸易平衡和经济实力对比，通过战略性地推动货币贬值，可以显著增强本国商品在国际市场上的价格竞争优势，同时大幅削弱敌方商品的进口竞争力，刺激本国出口，抑制进口；而适时地推动货币升值，则能够有效地吸引外资大规模流入，充实本国的金融资本，提升金融市场的吸引力和稳定性。情报误导：精心设计并巧妙地向敌方传递经过包装的虚假经济情报和看似权威的数据，包括具有误导性的市场趋势预测、经过篡改的经济统计数据、故意夸大或贬低的产业发展报告等，通过这种方式，深度误导敌方的经济决策部门，使其在错误的信息基础上制定出偏离实际的经济政策和发展战略，从而导致经济发展陷入困境，资源配置出现严重偏差和浪费，经济增长速度大幅放缓，甚至可能引发经济衰退等。

经济金融战与游击战之间存在多方面的相互影响，涵盖了策略制定、资源依赖、心理舆论、作战目标、国际影响、技术应用以及战略协同等众多层面。

在策略制定方面，游击战以其机动灵活、出其不意的特性，能够为经济金融战的策略规划提供崭新的思路和灵感。游击战中常常采用的分散行动、突然袭击以及巧妙周旋等战术，可促使经济金融战在策略选择上更具多样性和不可预测性。比如，在经济金融领域，可以选择在毫无征兆的情况下，对敌方某一关键产业实施精准且强有力的打击，或是巧妙地在金融市场上制造一系列短暂但极为剧烈且难以捉摸的波动，通过这种方式，让敌方的防御体系难以捉摸和应对，从而打破其既定的经济金融布局。同时，经济金融战因其自身的复杂性和对全局形势的深度考量，也会对游击战的资源获取和行动规划产生深远影响。经济金融战中所涉及的宏观经济政策调整、金融市场的操纵以及国际贸易关系的博弈等策略，都要求游击战在运作过程中更加敏锐地关注经济和金融因素的变化。例如，游击战可能会依据经济形势的波动，精准地调整其活动区域，优先选择那些经济资源相对丰富、敌方经济控制较为薄弱的地区展开行动，以获取更多的物资补给和民众支持。

在资源依赖方面，经济金融战的胜负走向往往会对游击战的资源供应状况产生直接且关键的影响。一场成功的经济金融战，可能导致敌方经济陷入衰退，财政状况捉襟见肘，进而导致其不得不放松对游击区域的物资封锁和经济制裁力度，这种情况下，游击战将获得更为充裕的物资和资金支持，能够更好地维持和拓展其作战能力。反之，如果经济金融战遭遇挫折，敌方可能趁机强化对游击区域的经济封锁，大幅削减外部资源的输入，使游击战陷入资源极度短缺的艰难困境，严重制约其行动和发展。

在心理舆论方面，一场卓有成效的经济金融战极有可能对敌方民众的战争支持度和信心造成沉重打击，进而间接地左右游击战所依赖的民众基础和社会支持环境。当敌方经济陷入困境，民众面临失业、物价飞涨等问题时，对政府的不满情绪势必会日益高涨，对政府所推行的军事行动的支持也会随之大幅降低。在这种背景下，游击战在民众心目中的地位和认可度可能会有所提升，获取更多来自民众的同情、掩护甚至是实际的物资和人力支持。同时，游击战所展现出的顽强抵抗精神以及有效的宣传策略，有可能在本国民众中间激发起强烈的团队意识和坚定的抵抗意志，极大地增强了在经济金融战中应对外部压力的韧性和决心。

在作战目标方面，经济金融战的既定目标常常与游击战的战略重点存在紧密的关联和相互影响，例如，通过精心策划和实施经济金融手段，如限制敌方的信贷资金、操纵汇率波动或者对关键产业实施贸易禁运等，能够有效地削弱敌方对游击区域的军事打击能力，这包括减少先进军事装备的采购、延缓军事设施的建设进程等，从而显著减轻游击战所面临的直接军事压力，为游击作战创造更为有利的战场环境。另外，经济金融战也可以致力于破坏敌方针对游击战精心策划的经济围剿计划，打破敌方试图通过经济封锁、资源切断等手段来孤立和逐步消灭游击战的图谋。当然，游击战在实现自身目标的过程中，例如成功控制某些具有战略意义的关键地区，如交通咽喉要道、重要的工业城市或者资源富集区域，或者成功夺取并掌握了对战争局势具有关键影响的重要资源，都有可能引发经济金融战中力量对比的重大变化以及利益格局的重新洗牌。

在国际影响方面，国际经济金融形势的风云变幻，诸如全球经济增长的起伏、金融市场的动荡、主要经济体货币政策的调整以及国际贸易争端的升级等，都可能对游击战所能获得的外部支持或所面临的压力产生显著的调节作用。在全球经济陷入衰退的低谷时期，国际资金的流动性趋于紧张，风险偏好大幅下降，这可能导致对游击战的外部资金援助显著减少，同时，各国可能会加强对自身经济和金融稳定的关注，从而减少对处于冲突地区的游击战的支持力度。反之，在经济繁荣昌盛的时期，国际资本相对充裕，投资意愿强烈，可能会有更多的外部力量基于各种利益考量，愿意向游击战提供资金、物资以及技术等多方面的支持。当然，游击战的存在和发展态势，因其自身所具有的政治、军事和社会影响力，极有可能引发国际社会对相关国家经济金融政策的高度关注和深度干预，国际社会可能基于对人权、地区稳定以及自身战略利益的综合考量，对支持游击战的一方实施严厉的经济制裁措施，包括贸易禁运、金融限制以及资产冻结等。此外，游击战的活跃也可能导致国际社会对发生游击战的地区重新评估其投资风险和贸易前景，进而调整相应的投资策略和贸易政策，这些调整无疑将对该地区乃至相关国家的经济金融状况产生深远的影响。

在技术应用方面，经济金融战中不断涌现的新兴技术应用，如数字货币的兴起、区块链技术的发展以及金融科技领域的创新突破等，有可能为游击战的资金筹集和资源调配开辟全新的途径和方式，数字货币的匿名性和跨境交易的便捷性，可为游击战提供更灵活的资金募集渠道；区块链技术的去中心化和不可篡改特性，或许能够用于保障物资供应链的透明度和安全性。然而，与此同时，这些新技术的应用也可能增加游击战在资金流动和资源调配过程中被追踪、监测和打击的潜在风险，敌方可能利用先进的技术手段，如大数据分析、人工智能监测等，对游击战的经济金融活动进行更精准的侦察和打击。

在战略协同方面，经济金融战和游击战在战略层面存在着广阔的协同空间和合作潜力。例如，当经济金融战对敌方的经济体系造成重大冲击，导致其金融市场动荡、财政状况恶化、产业供应链断裂等情况时，游击战可以适时地发起大规模的军事行动，进一步加剧敌方内部的混乱和压力，使其陷入首尾难顾、应接不暇的困境。通过这种紧密的协同配合，能够实现军事、经济和政治等多方面的综合打击效果，最大限度地削弱敌方的整体抵抗能力。两者之间的协同还体现在战略目标的一致性和相互支持上，经济金融战和游击战都应服务于整体的战争战略规划，共同致力于实现最终的政治目标，无论是推翻敌方政权、争取领土主权还是实现民族独立等，在这一过程中，经济金融战可以通过对敌方经济基础的削弱和资源的控制，为游击战创造有利的外部条件。而游击战则通过在战场上的实际行动，牵制敌方军事力量，分散其注意力和资源，从而间接支持经济金融战的有效实施。这种相互依存、相互促进的关系，只有在高度协同和紧密配合的情况下，才能发挥出最大的战略效能，为最终的胜利奠定坚实的基础。

五、科技信息战与游击战

在科技信息高度发达且瞬息万变的现代战争环境中，游击战在信息领域展现出了广阔且充满潜力的应用空间。美国著名军事家托夫勒曾经说过："谁掌握了信息，谁就控制了世界。"这句话深刻地揭示了信息在当今战争中的核心地位和决定性作用。在实际的作战情境中，借助网络攻击、信息窃取和干扰等先进且多样的手段，能够有针对性地对敌方的指挥控制系统和情报网络进行破坏，通过发动网络病毒攻击，使敌方的指挥系统陷入瘫痪，无法有效地下达指令和协调作战行动；利用黑客技术突破敌方的信息防护壁垒，窃取关键的科技和军事信息，为我方的战略决策提供有力支持；运用数据窃取手段获取敌方的作战计划、兵力部署等重要情报，从而提前做出应对策略；电磁干扰技术可以打乱敌方的信息传递频率和通道，导致其通信中断、情报延误，进而影响敌方的决策流程和作战效率。通过这些灵活且具有针对性的手段，能够有效地打乱敌方的信息传递和决策流程，为我方在战场上赢得宝贵的信息优势，凭借这种优势，我方能够实现更精准、更高效的作战指挥，提前洞察敌方的行动意图，及时调整作战部署，从而在复杂多变的战争局势中占据主动。

科技信息战与游击战的作战策略涵盖许多重要方面。信息破坏：充分运用先进、复杂且具有强大破坏力的网络病毒攻击等手段，致使敌方指挥系统全方位陷入瘫痪状态，使敌方在战场上陷入极度混乱与无序的状况。信息窃取：借助当下最为前沿、尖端的黑客技术，以及先进的间谍卫星、高性能的电子侦察机等多元化且极具针对性的方式，强势突破敌方精心构建的极其严密的信息防护体系，精确无误地获取诸如作战计划、兵力部署等关键且核心的科技和军事信息，从而为本方的战略决策提供坚实、可靠、精准的支持。电磁干扰：巧妙且极为高效地运用电磁干扰技术，全面打乱敌方信息传递的频率和通道，这不仅瞬间导致通信完全中断、情报严重延误，还极大限度地阻碍了敌方的决策流程，使作战效率急剧降低，让敌方在战场上陷入极为被动、艰难的不利局面。网络攻击：针对敌方关键基础设施的信息系统，比如至关重要且牵一发而动全身的电力系统、铁路调度系统等，发动具有高度针对性、破坏性和影响力的攻击，给敌方带来难以承受的巨大压力和重重困境。信息伪装与欺骗：通过精心策划、缜密构思和细心制作的虚假信息，或者运用巧妙绝伦、变化多端的手段伪装本方的信息传递，以极具迷惑性、误导性的方式有效地误导敌方的判断和决策，诱使敌方做出错误的战略部署，从而为本方创造极为有利的作战条件和战略优势。实时监控与预警：构建一套全面、完善、高效且反应灵敏的对敌方信息攻击和干扰行动的实时监控系统，能够及时、敏锐、精准且毫无遗漏地发现潜在威胁，并迅速发出清晰、准确、明确的预警，确保能够在第一时间迅速高效地采取行之有效的应对措施，最大限度地减少可能出现的损失，全方位保障本方的信息安全和作战优势。反信息窃取防御：全力以赴、不遗余力地加强自身信息系统的防护壁垒，综合采用目前最先进、最严格的加密技术及身份验证机制等多重严密手段，形成一道坚不可摧、固若金汤的防线，有效防止敌方获取本方的重要情报，全方位保障自身信息的安全性、保密性和完整性，确保本方在信息战中始终占据优势地位。技术研发与创新：持续不断、持之以恒地投入海量的人力、物力和财力资源进行信息战相关技术的研发和创新，始终保持在技术层面的领先地位和绝对优势，为赢得战争的最终胜利奠定坚实无比、牢不可破的技术基础。

科技信息战与游击战相互影响，这种影响广泛且深入地体现在众多关键层面。

在战术层面，科技信息手段为游击战赋予了更为精准、详尽且具有时效性的情报支撑，凭借诸如卫星遥感、无人机侦察等先进的侦察技术，以及基于大数据和人工智能的精密数据分析等手段，游击战能够更加高效、全面地洞悉敌方的部署细节、行动规律以及战略意图，这使得游击战能够更加精准地择取最具优势的作战时机与地点，实现出其不意、攻其不备的打击效果，从而在局部战场上取得关键的胜利。同时，科技信息战中的前沿通信技术，包括加密卫星通信、高速无线网络等，显著提升了游击战的指挥和协调效率，游击队员能够以更快的速度接收清晰明确、详细准确的指令，并能够迅速、安全且稳定地传递关键情报，这种高效的通信方式极大增强了作战行动的协同性与一致性，确保了各个游击小组之间能够紧密配合，实现战术目标的精准达成。

在战略层面，游击战所具备的灵活性、机动性和分散性特质，给科技信息战中的防御与反制带来了前所未有的严峻挑战。敌方难以精准预测游击力量的行动方向和信息攻击的发起节点，也难以集中有效的防御资源进行应对，这使得敌方在信息战中常常陷入被动防御的困境，疲于应对游击力量灵活多变的攻击策略。科技信息战的迅猛发展和广泛应用，有可能促使游击战的战争形式进一步丰富和多元化，例如巧妙利用社交媒体平台、网络论坛等进行广泛且深入的宣传，高效组织线上线下的资源调配和人员动员，从而大幅扩大游击战的影响力和参与范围，通过网络的匿名性和传播的快速性，游击战能够在更广阔的地域和人群中产生思想上的共鸣和行动上的支持。

在资源利用层面，游击战能够凭借有限的资源开展具有针对性和创新性的科技信息对抗活动，比如通过对现有民用电子设备进行简单而巧妙的改装，使其具备特定的信息收集或干扰功能；或者充分利用民用通信网络、开源软件等进行有效的信息收集与适度的干扰，这种对有限资源的创造性利用，体现了游击战在资源匮乏情况下的灵活性和适应性。科技信息战对资源的巨大需求，包括高端技术设备、专业人才和大量资金等，可能在一定程度上影响游击战的资源分配策略，为了在科技信息战的大背景下保持竞争力，游击战可能需要重新调整资源分配的重点，在物资、人力等关键资源的配置上做出相应的优化和调整，以适应新的作战需求和挑战。

在心理层面，科技信息战所运用的信息传播和强大的舆论控制手段，能够对游击战所依赖的民众支持产生深远且持久的影响，通过互联网、广播电视等渠道传播的负面信息，可能会削弱民众对游击战的坚定支持和参与热情，导致民众对游击战的合法性和必要性产生怀疑。而积极正面、富有感染力的宣传则增强民众的信心和参与度，激发民众为游击战提供物资、情报等方面的支持。

在作战目标层面，科技信息战能够为确定游击战的关键目标提供全面、精准且具有战略价值的协助，通过深度挖掘和分析海量的情报数据，结合地理信息系统、目标特征识别等技术，精准找出对游击活动具有重要支持作用的设施，如物资补给站、情报中转站等，或者关键节点，如敌方指挥中心的网络节点、通信枢纽等，并据此实施有针对性的打击或干扰行动，有效削弱敌方的作战能力和支援体系。游击战的分散性和高度隐蔽性等特点，可能导致敌方在科技信息战中对目标的准确定位变得异常困难。

在作战范围层面，借助现代先进的科技信息手段，如全球卫星定位系统、远程通信技术和网络覆盖等，游击战的活动范畴得以超越传统的地理限制，例如通过网络空间进行远程的信息干扰或广泛的宣传，能够对更广阔的区域产生直接或间接的影响，无论是在城市中心还是偏远山区，游击战都能够借助科技信息手段实现作战目标，拓展作战的边界和影响力。

在作战人员层面，科技信息战的发展对游击队员提出了全新的、更高层次的要求。他们不仅需要具备传统的战斗技能和勇气，还需要具备一定水平的技术素养，包括对信息技术的基本理解和操作能力，信息处理和分析的能力，这一变化从根本上改变了对游击队员综合素质的衡量标准和培养方向，要求在招募和训练过程中更加注重技术能力的培养和提升。同时，科技信息的快速进步也可能引发对游击队员招募和训练方式的深刻变革，训练过程将更加侧重于技术培训和知识传授，引入先进的模拟训练系统、网络对抗训练平台等，以提高游击队员在科技信息环境下的作战能力和应对能力。

在作战效果评估层面，科技信息手段为评估游击战的成效和影响力提供了更多量化、精确、全面的数据分析支持，通过对战场数据的实时采集、传输和分析，结合地理信息、社会舆论等多维度的数据整合，有助于更科学、准确地判断游击战在不同阶段、不同地域的实际效果和潜在影响，这为战略决策的调整和战术行动的优化提供了有力的依据。然而，游击战本身的非对称性、灵活性和不确定性特点，也可能使科技信息战中常用的效果评估模型和方法遭遇严峻的挑战，由于游击战的作战方式多样、目标分散且行动隐蔽，传统的评估指标和方法可能无法准确反映其真实的作战效果。因此，需要不断对评估手段进行创新、调整和完善，引入更加灵活、适应性强的评估模型和方法，以适应游击战的独特性质和复杂多变的战场环境。

在国际舆论层面，科技信息的高速传播特性，尤其是社交媒体、网络新闻等新媒体平台的兴起，使得游击战的行动进展和阶段性成果能够以惊人的速度在国际范围内广泛传播，这不仅能够迅速引起国际社会的关注和讨论，还能够对国际舆论对于冲突的看法和态度产生显著影响；正面的报道和宣传可能为游击战赢得国际社会的同情和支持，而负面的评价则可能给游击战带来巨大的压力和外部阻力。反过来，国际舆论通过科技信息渠道对游击战发表的评价和施加的压力，也有可能对游击战的战略规划和具体行动产生一定程度的约束或引导作用，国际社会的舆论监督、外交压力以及国际组织的干预等，都可能迫使游击战在行动策略上做出调整，以符合国际社会的期望和道德标准，或者争取更多的国际支持和资源援助。

综上所述，科技信息战与游击战之间的相互影响呈现出多维度、深层次、动态化且错综复杂的特点，要全面、准确地理解和有效应对这种相互影响，综合考量政治、经济、文化、技术等众多因素，并不断更新观念、创新方法和调整策略。

六、生化基因战与游击战

生化基因战作为一种极其危险和复杂的战争形式，其潜在威胁巨大且难以预估，在这种令人忧心的战争形态中，游击战的策略具有至关重要的作用。一方面，可能涉及对敌方生化基因武器设施的秘密破坏，这需要具备高度的隐蔽性和精准的行动能力，此类行动要求作战人员在行动前进行周密的策划，充分了解敌方设施的布局、安保措施等情况。另一方面，建立完善且高效的防范敌方生化基因攻击的预警和应对体系是重中之重。这不仅要求我们能够敏锐地捕捉到潜在的威胁信号，还需迅速做出有效的应对措施。培养专业的应急处置队伍也是必不可少的，通过严格的培训和实战演练，使这些队员能够在危机发生时迅速、有条不紊地开展工作，他们需要具备快速评估危害程度、实施隔离措施、进行消毒处理等专业能力，从而最大限度地降低生化基因战带来的危害，保障人民的生命安全和社会的稳定。

生化基因战与游击战的作战策略主要涵盖以下几个方面。情报收集：采用最前沿的生物技术和基因监测手段，全方位、高精度且隐秘地获取敌方基因研究设施的内部架构、生化武器库的存储与运作详情、人员流动的精确规律以及科研的最新进展等关键信息，借助基因编码的先进加密信息传递技术以及超高灵敏度的生物传感器，实时、安全且迅速地收集情报，并构建起多重防护、加密的情报传递体系，以确保情报渠道的绝对保密性，有效抵御敌方的破解尝试和反侦察手段。培养精通生物技术和情报分析的专业人才，能够从海量数据中筛选出有价值的情报，并对其进行深度分析和预测，为作战决策提供准确依据。武器运用：集中优势资源研发具有极强针对性和杀伤力的基因武器和生化制剂，通过对病毒或细菌基因的精细改造，使其能够精准识别并攻击特定目标人群的基因弱点或生物系统关键环节，不仅具备超高的传染性和难以察觉的隐蔽性，还能巧妙避开常见的防疫措施和检测手段。精心设计武器的投放策略，充分利用昆虫、动物等生物载体的自然活动规律进行悄无声息的传播，或者结合复杂的气象条件和独特的地理环境特点，选择最具战略价值的时机和地点进行精准投放，大幅增加敌方防御的难度和复杂性。不断对基因武器和生化制剂进行优化和升级，以应对敌方可能出现的反制措施，确保武器始终保持强大的威慑力和作战效能。战术选择：坚决贯彻分散式、突袭式和游击式的行动模式，避免与敌方进行正面的大规模激烈对抗。善于在敌方防备最为薄弱、警惕性最低的特殊时间和关键地点发动出其不意的突然袭击，随后迅速、有序且不留痕迹地撤离战场，不给敌方留下任何反击和围剿的机会。灵活运用复杂的地形和多变的环境，将战场空间巧妙分割成多个局部区域，以小股精锐力量进行多点突破和协同作战，使敌方陷入顾此失彼、疲于应对的困境。制定多种备用战术方案，根据战场形势的实时变化迅速调整作战策略，始终保持作战行动的主动性和灵活性。人员组织：精心组建规模小但结构紧凑、行动高效的作战单元，成员不仅需要具备扎实深厚的生物技术专业知识，还必须熟练掌握各种战斗技能和应急处置能力，确保每个作战单元都能够在复杂多变、孤立无援且充满危险的环境中独立完成作战任务，同时在关键时刻能够迅速响应上级指令，高效集结形成协同作战的强大合力。建立严格的人员选拔和培训机制，定期进行实战演练和模拟对抗，不断提升作战人员的综合素质和团队协作能力。后勤保障：秘密建立位置极其隐蔽、安全防护措施严密的生化基因武器生产和储存基地，配备先进的环境监控、安全防护和自毁装置，以确保物资的持续稳定、充足供应。充分利用生物技术研发轻便、高效、耐用的自给自足式生存装备，以及具备快速治疗和免疫增强功能的医疗保障手段，使其能够适应从极端寒冷的极地到高温潮湿的热带雨林等各种恶劣的战斗环境，构建完善的物资供应链和运输网络，确保在战时能够及时、安全地将所需物资送达前线作战部队。心理战运用：有策略、有计划地散布有关生化基因威胁的虚假或夸大信息，在敌方内部制造大范围、深层次的恐慌和混乱，从而严重削弱敌方的战斗意志和社会秩序，利用心理暗示、舆论诱导、信息误导等多种手段，影响敌方决策层的判断和指挥，干扰其战略部署和战术执行，使其在作战决策上出现失误和混乱，开展针对敌方民众的心理安抚和宣传工作，争取敌方民众的同情和支持，从内部瓦解敌方的抵抗意志。伪装与隐藏：巧妙利用先进的生化基因技术改变自身的生理特征，如肤色、体味、体温甚至身体形态，以躲避敌方先进侦测设备的精确探测，全力研发能够模拟周围环境生物特征的智能伪装装备，使其在外观、行为模式和生物信号等方面与自然环境完美融合，达到近乎隐形的效果，有效规避敌方的侦察和追踪。培训作战人员掌握高超的伪装技巧和隐藏能力，能够在不同的环境中迅速适应并融入，使敌方难以发现其踪迹。适应性训练：为参战人员设计并实施严格、全面的特殊生化环境适应训练课程，包括模拟生化污染、病毒感染、高温高湿等极端恶劣场景，切实提高在恶劣条件下的生存和作战能力；建立动态、灵活的战术和技能培训机制，密切关注敌方的战术变化和技术发展趋势，及时更新培训内容和方法，确保参战人员始终掌握最先进、最有效的战斗技巧和战术策略；定期组织实战化的模拟演练和对抗演习，检验和提升参战人员的综合作战能力和应对突发情况的反应能力。资源开发：投入大量人力、物力和财力寻找和开发稀有的、具有战略价值的生化资源，将其转化为制造高性能基因武器或增强自身实力的关键材料，牢牢控制关键的生化资源产地，通过建立严密的防御体系、资源管理机制，掌握战略主动权，限制敌方获取重要资源的途径，从而在资源竞争中占据优势地位。加强对生化资源的研究和利用，探索新的应用领域和作战用途，为生化基因游击战提供更强大的物质支持。舆论操控：借助各种国际媒体渠道，通过精心策划、富有感染力的舆论宣传，塑造自身为正义捍卫者的光辉形象，积极争取国际社会的广泛支持和同情，深入揭露敌方在生化领域的不道德实验、违规操作以及潜在的巨大威胁行为，引发全球公众的强烈谴责和关注，形成强大的国际舆论压力，使敌方在政治和外交上陷入被动局面。建立专业的舆论监测和分析团队，及时掌握国际舆论动态，调整舆论宣传策略，引导舆论朝着有利于本方的方向发展等。

需要指出的是，目前国际社会严禁生化武器参战，因此在发动生化武器战时，参战双方均应三思而行。

生化基因战与游击战之间存在着多方面的相互影响：

战略层面：一方面，生化基因战因其难以预测的威胁和巨大的杀伤力，可能迫使游击战在战略布局上做出重大调整，游击战方需更加谨慎地选择作战区域和行动时机，比如避开那些可能成为生化基因武器重点攻击的战略要地或资源集中区域，转而在相对偏远、不易被生化武器覆盖的地带展开活动。另一方面，游击战的灵活性和分散性使得生化基因武器难以实现大规模的有效杀伤，这是因为游击战队伍能够迅速分散、隐藏，降低了成为集中攻击目标的可能性，从而影响了生化基因战原本预期的战略威慑效果。

战术层面：生化基因武器的出现可能促使游击战采取更为严密的隐蔽性和防护性战术，游击队员不仅需要配备先进的生化防护装备，还需对行动路线进行精心规划，避开可能被投放生化武器的高风险区域。与此同时，游击战擅长的突袭和迅速转移战术，会让生化基因武器的准确投放和后续监测面临极大挑战，由于游击队员能够在短时间内快速改变位置，使得敌方难以准确预判和追踪，从而降低了生化基因武器的战术打击精准度和效果。

情报层面：生化基因战的实施高度依赖精确的情报，包括目标人群的基因特征、弱点以及可能的免疫反应等，然而，游击战的复杂性和高度流动性使得获取这类准确情报变得异常困难，游击队员不断变换位置、组织结构相对松散，增加了情报收集的难度和不确定性。反过来，游击战方为了有效应对生化基因战的威胁，也必须加大对敌方生化基因战准备和部署情况的情报收集力度，这就要求他们提升情报收集手段和分析能力，以获取敌方生化研究进展、武器存储地点以及可能的投放计划等关键信息。

资源层面：开展生化基因战需要投入大量的科研资源、稀有材料和先进设备，这必然会分散原本用于对抗游击战的常规军事资源。例如，资金可能会从常规武器采购和军事训练转向生化实验室建设和科研项目，人力也可能从战场作战部队调配到生化研究团队。而对于游击战来说，为了应对生化基因威胁，需要投入更多资源进行防护装备的采购、医疗救治能力的提升以及相关培训，这可能导致原本用于武器购置、后勤补给等方面的资源被削减，从而影响游击战在其他方面的作战效能。

心理层面：生化基因战所带来的恐惧和不确定性，往往会给游击队员和当地民众的心理造成巨大压力，对未知的生化威胁的担忧，可能削弱他们的战斗意志和对胜利的信心，导致士气低落和民众支持度下降。但游击战的持续骚扰和出其不意的攻击方式，也会让实施生化基因战的一方始终处于紧张和警惕状态，担心游击战随时可能突破防线或造成内部混乱，从而在心理上承受长期的压力。

社会层面：生化基因战因其可能引发大规模的无辜民众伤亡和长期的生态破坏，容易引发广泛的社会恐慌和强烈的道德谴责，这可能导致原本支持游击战的社会力量产生动摇，改变对游击战的态度和支持程度，甚至可能呼吁和平解决冲突，以避免生化灾难的进一步扩大。同时，游击战所在地区的社会结构和秩序在生化基因战的冲击下可能被严重打乱，基础设施遭到破坏，社会服务体系瘫痪，民众流离失所，这既给游击战的开展带来了新的困难，如物资补给困难、人员招募受限等，也可能创造一些新的机会，例如利用社会混乱突破敌方防线或获取更多资源。

人员训练层面：生化基因战的出现对游击队员的专业素质提出了更高要求，他们需要接受系统的生化防护、识别和应对训练，这不仅增加了训练的复杂性和时间成本，还需要投入大量资源来建设专业的训练设施和聘请专家指导。与此同时，游击战长期积累的独特作战方式和在恶劣环境中的生存适应能力训练，也可能为应对生化基因战中的特殊情况提供创新的思路和方法，比如利用对当地地形和生态的熟悉，找到避开生化污染的天然屏障或隐藏地点。

技术传播层面：随着生化基因技术在战争中的应用，存在技术意外扩散到游击战一方的风险，这可能使他们有机会获取或自行发展相对初级但仍具威胁的生化基因武器，尽管在规模和精度上无法与正规军相比，但足以对敌方造成一定程度的干扰和恐慌。另外，游击战中一些简单而实用的战术技巧，如伪装、埋伏和情报传递方法，也可能被对方借鉴并应用于生化基因战的执行策略中，以提高其作战效率和灵活性。

环境适应层面：生化基因战可能对作战环境造成严重的污染和不可逆的生态破坏，这对于依赖自然环境进行隐藏和活动的游击队来说是巨大的冲击，土地、水源和空气的污染迫使游击队员不得不寻找新的安全隐藏和活动区域，增加了行动的难度和风险。然而，游击战在长期与自然环境打交道的过程中积累了丰富的经验，他们对复杂环境的适应能力和利用自然条件的智慧，可能有助于在被生化污染的地区找到相对安全的生存之道，例如通过识别特定的植物或动物迹象来判断环境是否受到污染，或者利用自然的净化机制来处理少量的生化污染。

国际干预层面：由于生化基因战潜在的全球性威胁和严重违反人道主义原则的性质，很可能引发国际社会的强烈干预和制裁，国际组织可能会施加压力要求停止使用生化基因武器，甚至直接介入冲突进行调解或维和行动，这将极大地改变战争的整体格局，对游击战的发展产生间接但深远的影响，国际社会对游击战的态度和支持程度也会因生化基因战而发生变化。如果游击战被认为与生化基因战有关联或未能有效阻止其发生，可能会面临国际舆论的批评和援助的减少；如果游击战能够坚决反对生化基因战并积极参与救援和恢复工作，可能会赢得更多的国际支持和资源援助。

文化与信仰层面：生化基因战的非人道性和违背伦理的特点，可能在文化和道德层面引发激烈的冲突，激发民众内心深处的反抗情绪，这种情绪可能转化为对游击战的更广泛支持。而游击战所代表的特定地域文化和信仰体系，在面对生化基因战这种新型威胁时，可能会经历内部的分化和调整，一部分人可能会因为恐惧而动摇，而另一部分人则可能会更加坚定地捍卫自己的文化和信仰，从而对游击战的组织和行动产生复杂的影响。

战后恢复层面：生化基因战造成的长期健康影响，如遗传疾病、慢性疾病的增加，以及生态系统的严重破坏，将给战后地区的恢复和重建带来几乎难以逾越的困难，这不仅需要投入巨大的人力、物力和财力进行医疗救治和环境修复，还会对游击战所在地区的社会经济发展产生长期的负面影响，延缓复苏进程。游击战在战后的角色和地位转变也至关重要，如果他们在战争中积极参与了对抗生化基因战和战后的恢复工作，可能会在新的社会秩序中获得更高的认可和地位，从而在资源分配和政策制定中拥有更多话语权；如果游击战被认为对生化基因战的失控负有责任，可能会面临被边缘化甚至被清算的命运。

七、太空星球战与游击战

在那充满无尽未知和艰巨挑战的广袤太空，对敌方卫星系统展开精准的干扰和破坏，无疑是一种至关重要的作战手段，一旦成功实施，将极有可能使敌方的通信、导航以及侦察系统瞬间陷入全面瘫痪的境地，进而大幅度削弱其在浩渺太空中的作战能力。正如资深的航天专家詹姆斯·麦克道尔所言："在这场激烈的太空战争中，谁掌控了卫星，谁就牢牢握住了关键的信息优势。"巧妙地运用小型航天器实施突袭和侦察，同样是游击战在太空中的重要策略，这些小型航天器具备着令人瞩目的灵活性，其成本相对较低，使得它们能够以一种出其不意、令人难以防备的方式迅速接近敌方目标，从而顺利获取关键的情报，或者果断地实施有效的攻击。在太空作战的复杂局势中，以灵活多变、难以预测的战术策略来应对各类复杂挑战，显得尤为关键，通过发射微型卫星进行干扰，利用太空机器人实施破坏等，能够打乱敌方的精心部署，显著削弱敌方在太空领域所占据的优势，进而为我方积极争取到更多宝贵的战略空间和丰富的资源。

　　太空游击战的作战策略涵盖多个重要方面。卫星干扰与破坏：针对敌方卫星的通信、导航、侦察等关键功能，积极实施电磁干扰、网络攻击或者直接进行物理破坏，通过这些手段，可使敌方卫星丧失正常工作能力，进而显著削弱敌方在太空作战中的信息优势。比如可以充分利用定向能武器，以高能量的波束给敌方卫星的关键部件造成损毁；或者派遣专门设计的卫星杀手，悄然接近敌方卫星后展开精准破坏，此类策略在实战中具有极大的战略价值，能在瞬间改变太空战场的态势。微型卫星群战术：大规模发射成本低廉但功能特定的微型卫星，构建起庞大的卫星群，这些微型卫星能够承担侦察、干扰、通信中继等多样化任务，由于数量众多且分布广泛，敌方几乎难以实现全面有效的防御和应对，它们如同蜂群一般，能够在关键时刻发挥出意想不到的作战效能。太空伪装与隐藏：借助先进的技术手段，对我方的航天器进行精心伪装，大幅降低其被敌方探测和识别的概率，此外，还可以巧妙地将航天器隐匿于太空垃圾、小行星带等复杂且危险的环境之中，耐心等待最佳时机，突然发动出其不意的攻击，这种策略充分利用了太空环境的复杂性，使我方在战斗中占据主动。游击式侦察：启用灵活机动且难以被追踪的小型侦察航天器，不定期地对敌方的太空设施展开深入侦察，在成功获取关键情报后，迅速且果断地撤离现场，全力避免被敌方发现和拦截，这种高效的侦察方式能够为我方提供及时准确的情报支持，为后续的作战决策提供坚实基础。太空电子战：熟练运用各种电子战手段，对敌方的太空通信链路、雷达系统等进行干扰，通过制造混乱的电磁信号，打乱敌方的指挥控制流程和作战协同秩序，这将导致敌方在作战中陷入混乱，为我方创造有利的作战条件。快速变轨与机动：努力使我方的航天器具备快速改变轨道和灵活机动的卓越能力，如此一来，敌方将难以准确预测我方的行动轨迹和攻击方向，从而极大地增加了敌方防御的难度和复杂性，这要求我方在航天器的动力系统和控制系统方面具备先进的技术。分布式作战：将作战力量科学地分散部署在不同的轨道和空间位置，借助高效的网络系统实现紧密的协同作战，这种分散式布局能够有效降低被敌方集中打击的风险，同时增强我方作战体系的韧性和生存能力。太空游击袭击：充分利用小型、高机动性的太空武器，对敌方的重要目标实施突然而猛烈的袭击，一旦达成战术目的，迅速转移作战力量，避免被敌方的反击力量锁定和攻击。这种"打一枪换一个地方"的战术，能够让敌方疲于应对。心理战与舆论战：在太空领域巧妙地传播虚假信息，制造强大的舆论压力等手段，以此影响敌方的决策过程，扰乱敌方作战人员的心理状态，降低其战斗意志和作战效能，这是一种无形但却极具影响力的作战策略。利用太空环境：聪明地借助太阳风暴、辐射带等独特的太空自然环境，作为掩护我方行动的天然屏障，或者巧妙地利用这些环境因素对敌方造成实质性的影响，这需要对太空环境的规律和特点有深入的了解和精准的把握等。

太空游击战在现代战争中具有一定的应用前景，但也面临着诸多挑战和限制。技术门槛高：需要具备先进的太空技术和装备，包括航天器的制造、发射、操控以及各种武器系统的研发等。高昂的成本：太空活动的成本巨大，无论是航天器的研制、发射还是维持太空作战能力都需要大量的资金投入。国际法规和太空秩序：太空是全人类共同的领域，国际社会已经制定了一系列法规和准则来维护太空的和平与安全，过度的太空军事行动可能会引发国际争议和冲突。太空环境的复杂性：太空环境极为恶劣，存在辐射、微流星体等多种威胁，这对航天器的可靠性和生存能力提出了很高的要求。情报与通信保障：有效的太空游击战需要及时准确的情报支持和安全可靠的通信保障，而在太空环境中实现这一点并非易事等。尽管存在挑战，但随着太空技术的发展和国际形势的变化，太空游击战的概念可能会继续受到关注和研究，一些国家可能会致力于发展相关技术和能力，以增强自身在太空领域的战略威慑和作战灵活性，国际社会也在努力通过外交和谈判等手段，避免太空的军事化和武器化，维护太空的和平与稳定。

太空星球战与游击战之间存在许多方面的相互影响。

战略战术方面：游击战所具备的灵活多变、出其不意的作战方式和策略，无疑为太空星球战的战术规划注入了崭新的活力与灵感。游击战善于充分借助复杂多样的地形和环境条件，出其不意地展开突袭，给敌人以沉重打击，而在广袤无垠且充满未知的太空环境中，星球的独特地貌、特殊的轨道位置以及其周边的引力场等，都有可能成为类似的关键战略要素。与此同时，太空星球战中所运用的高科技手段，如远程精确打击、卫星监控与通信、太空飞行器的灵活部署等策略，也能为游击战在地面作战中提供新颖的思路和方法，使其作战方式更加多样化、灵活化和高效化。

资源利用方面：游击战往往需要在资源极度有限的困境中艰难运作，这就要求作战人员必须具备高效利用当地一切可用资源来维持战斗的能力，无论是就地取材制造武器，还是巧妙地分配和节约物资，都展现了游击战对有限资源的极致运用，这种能力对于太空星球战中应对资源匮乏的棘手难题极具借鉴价值。在太空作战中，资源的获取和利用同样充满挑战，如何最大限度地开发和利用星球上的矿产、能源等资源，以保障作战行动的持续进行是至关重要的问题，而太空星球战中所采用的先进资源采集和开发技术，如太空采矿设备、能源转化装置等，也有可能为游击战在地面获取和利用资源开辟新的途径和方法，提高资源利用的效率和效益。

情报收集传递方面：游击战中情报人员通过各种隐秘且独特的方式收集和传递信息，这种在艰难环境下获取和传递情报的能力和经验，对太空星球战具有重要的启示作用，促使太空星球战构建起更加严密、高效且安全的情报网络，利用先进的太空通信技术和加密手段，确保情报的准确和及时传递。反之，太空星球战中依靠先进的卫星监测、大数据分析等高科技手段实现的情报获取与传输，也能够为游击战中的情报工作带来革新，提升其情报的准确性、全面性和及时性，为作战决策提供更有力的支持。

心理和士气方面：游击战中战士们凭借顽强的战斗意志和坚定的信念，在极端艰苦和危险的条件下坚持不懈地战斗，并最终取得胜利，这种强大的精神力量在太空星球战这样充满未知、高度压力和巨大风险的作战环境中，显得尤为珍贵和不可或缺，是支撑战士们勇往直前、克服重重困难的核心动力源泉。同时，太空星球战中对科技力量的坚定信心、对未知领域的勇敢探索精神，以及对未来胜利的执着追求，也能够极大地鼓舞游击战中的战士，使其在面对艰难险阻时更加英勇无畏、勇往直前。

指挥与协调方面：游击战中，分散的小组行动通常依靠简洁高效且灵活的指挥模式，以及队员之间高度默契的团队协调来达成作战目标，这种去中心化的指挥方式，使得每个小组在一定程度上能够自主决策，根据实际情况迅速做出反应。同时，队员之间的默契协调能够确保行动的一致性和高效性，在复杂的地形和瞬息万变的战场形势中把握战机，这种默契协调的指挥模式或许能为太空星球战中应对复杂多变的太空环境和可能出现的通信障碍提供宝贵的参考。在太空星球战中，由于星球之间距离极其遥远，信号传输存在严重的延迟问题，各作战单位往往难以实时接收来自指挥中心的详细指令。因此，各单位可能需要在一定程度上具备自主决策的能力，根据现场情况灵活调整战术，这与游击战中的自主决策模式有相似之处，而且，太空作战中的各个单位也需要像游击战小组那样，通过长期的训练和磨合，培养出高度默契的协调能力，以在通信不畅的情况下仍能协同作战，完成复杂的任务。

伪装与隐藏方面：在游击战中，利用自然环境进行巧妙的伪装和隐藏是常见的策略，战士们会借助山林、沟壑、植被等自然元素来掩盖自己的行踪和活动，避免被敌人轻易发现。而在太空星球战中，同样存在着诸多可以利用的条件来实现伪装和隐藏，星球的大气层可以干扰敌方的探测信号，磁场能够影响电磁波的传播，卫星轨道的遮挡也能为战舰或基地提供一定的遮蔽。此外，还可以通过改变飞行器的外观形状、涂层材料以及辐射特征等手段来降低被敌方探测系统发现的概率。

适应环境与生存方面：游击战战士常常需要在各种恶劣的地面环境中迅速适应并顽强生存，具备强大的野外生存能力，他们可能要应对酷热、严寒、潮湿、缺水缺粮等极端情况，同时还要防范各种野生动物和疾病的威胁。而在太空星球战中，宇航员和作战人员面临的是更为严酷和陌生的太空极端环境，太空的辐射、微重力、真空等因素对人体构成巨大的挑战。此外，长期处于封闭的太空舱内，心理压力也不容忽视。游击战中积累的适应恶劣环境和解决生存问题的经验，比如寻找水源、搭建简易庇护所、利用自然资源制作工具等，对于太空星球战中的人员培训具有重要的借鉴意义，通过学习和模拟这些经验，可以提高太空作战人员在极端环境下的生存能力和应对突发状况的能力。

　　战略布局与据点选择方面：在游击战中，精心选择根据地和战略要点是至关重要的，这些地点通常具有地形优势、交通便利、资源丰富等特点，能够为游击队员提供休整、补给和防御的有利条件，同时也便于对敌人的重要目标进行攻击和牵制。而在太空星球战中，对于星球基地的选址、空间站的位置以及关键航道的掌控，都需要进行深入的战略考量。星球的地理位置、资源分布、轨道特性等因素都会影响其战略价值，例如靠近重要资源产地的星球可以作为资源补给站，处于交通要道的星球则可以作为战略枢纽进行控制，空间站的位置选择要考虑到通信覆盖、防御能力和行动便利性，关键航道的掌控能够掌握物资运输和兵力调动的主动权，这与游击战中的据点选择一样，需要综合考虑多方面的因素，以实现战略上的优势和主动。

　　太空星球战与游击战之间在战略战术、资源利用、情报收集与传递以及心理士气等多个层面相互渗透、相互启发、相互促进，共同推动着战争理念和实践的持续演进与发展，为未来的军事战略和战术研究提供了广阔的思考空间和宝贵的经验借鉴。

八、国际外交战与游击战

　　在当今复杂多变的国际局势下，国际外交战与游击战之间存在着微妙的关联和相互影响，游击战的策略和战术理念，在一定程度上可以为国家在国际外交舞台上的博弈提供独特的思路和手段。游击战强调灵活多变、出其不意的作战方式，这种策略在国际外交中可以体现为灵活的外交策略和手段，国家可以根据不同的外交形势和对手，迅速调整外交立场和策略，以达到自身的政治和战略目标。游击战注重依靠民众的支持和参与，在国际外交中，这意味着国家需要争取国际社会的广泛支持和认同，通过外交手段团结一切可以团结的力量，形成有利于自身的国际舆论和外交氛围。此外，游击战中的情报收集和分析能力对于国际外交也具有重要意义。准确把握国际形势和对手的动向，能够为国家制定外交政策提供有力的依据，使外交行动更具针对性和有效性。在国际外交战中，借鉴游击战的理念和方法，有助于国家在复杂的国际环境中更好地维护自身利益，实现战略目标。

外交游击战的作战策略主要涵盖以下几个方面。外交议题的灵活设置：根据国际形势和自身利益，主动且巧妙地抛出或推动特定的外交议题，通过精心策划和选择议题，打乱对手的既定节奏和部署，从而引导国际舆论的关注方向，例如在环保、人权等备受全球瞩目的领域，率先提出具有创新性和引领性的倡议，占据道德和舆论的制高点，掌握议题的主导权。外交渠道的多样化运用：充分利用各种外交渠道，不仅依赖正式、公开的外交途径，还积极借助非正式的会晤、私下的秘密沟通以及第三方的斡旋等方式传递关键信息，达成预期目的。比如，利用领导人之间的私人通话、外交特使的秘密访问等相对隐蔽的方式，就敏感且关键的问题进行深入交流和协商，避免在公开场合引发不必要的争议和压力。外交联盟的动态组建：根据不同的外交事务和具体目标，灵活且迅速地组建临时性或针对性的外交联盟，在某个特定议题上，与一部分国家紧密合作，形成共同立场；而在另一个议题上，则可能与不同的国家重新结盟，以适应不断变化的国际形势，实现自身利益的最大化。这种动态的联盟组建方式，能够使国家在复杂的国际环境中保持高度的灵活性和适应性。外交形象的塑造与转变：善于根据不同的外交场景和对手，精心塑造和灵活转变外交形象，时而展现出强硬坚定的立场，以维护核心利益和原则；时而展现出温和友善的态度，以促进合作与交流，通过精准的形象塑造和适时的转变，在国际舞台上赢得更多的支持和理解。外交时机的精准把握：具备敏锐的洞察力和准确的判断力，善于抓住国际事件的关键节点和时机窗口，适时果断地采取外交行动，例如在国际危机刚刚爆发的初期，迅速做出明确表态并提出切实可行的解决方案，从而在国际事务中展现出积极主动的形象，提升自身的影响力和话语权。信息传播的巧妙控制：通过有策略、有选择地披露信息，制造舆论热点和话题，影响国际社会对某一外交事件的看法、态度和评价。利用媒体、网络等多种渠道，传播对自身有利的信息和观点，同时巧妙地应对和化解不利信息的传播，塑造有利的舆论环境。外交压力的逐步施加：在处理外交争端和矛盾时，避免一次性过度施压，而是采取逐步升级、循序渐进的方式，通过阶段性的措施和行动，让对手在不知不觉中陷入被动局面，同时为自身争取更多的谈判筹码和回旋余地。外交资源的局部集中：在特定的外交事务、关键地区或重要议题上，集中投入大量的人力、物力和外交资源，通过这种局部集中的策略，形成相对的优势和影响力，实现重点突破，推动外交目标的实现。外交妥协的策略运用：在必要的情况下，以理性和务实的态度做出适当的妥协，但这种妥协并非无原则的退让，而是经过深思熟虑的战略选择，旨在为了换取更长远、更重大的利益，或者为了在其他方面获得更大的回报。外交舆论的引导与反击：密切关注国际舆论动态，及时回应和有力反驳对自身不利的外交舆论，同时，主动策划和引导有利于自身的舆论走向，通过发布权威声明、组织专家解读、开展公共外交活动等方式，增强自身在国际舆论场上的声音和影响力。

国际外交战与游击战存在多方面的相互影响。

在策略层面：一方面，游击战的灵活多变策略为国际外交战提供了宝贵的思路。游击战强调根据敌人的行动和态势灵活调整自身的战略。例如，当面对强大的外交压力时，国家可以选择暂时回避锋芒，避免正面冲突；当对方处于僵持或停滞状态时，可以通过巧妙的外交手段进行干扰和试探；当发现对方出现疲态或内部矛盾时，则果断采取强硬措施，争取更多利益；而当对方选择退缩或让步时，应紧追不舍，巩固和扩大已取得的成果。这种灵活的应对策略能够使国家在国际外交舞台上更好地应对复杂多变的局势，避免陷入被动。另一方面，国际外交战的谈判技巧和斡旋手段也能为游击战中的政治工作提供有益的借鉴。在国际外交中，各方通过巧妙的言辞、合理的妥协以及精准的利益交换来达成协议，类似的技巧在游击战中，对于争取当地民众的支持、协调各方力量以及与其他势力进行合作具有重要作用。例如，在游击区域，可以通过与当地民众进行有效的沟通和协商，满足他们的合理诉求，从而赢得他们的坚定支持；在与其他武装力量或政治团体合作时，运用外交谈判中的妥协和利益平衡原则，实现共同的战略目标。

在资源利用方面：一方面，游击战往往依赖于当地的资源和民众支持，这种对本土资源的高效利用方式启示国际外交在争取国际支持时，应充分发挥自身的独特优势和资源。游击战通常在特定的区域内开展，依靠当地的人力、物力和地理环境等资源来维持生存和发展。例如，利用山区的复杂地形进行隐蔽和防御，动员当地民众参与物资供应和情报收集。国际外交可以从中得到启示，深入挖掘自身在文化、经济、科技等方面的独特优势，将其作为与其他国家交往和合作的筹码，吸引国际支持。另一方面，国际外交中对经济、政治等资源的调配和整合能力，能够为游击战提供必要的物资和外部支持。在国际外交中，国家通过经济援助、贸易合作、政治联盟等手段来实现自身的战略目标，这些资源调配的经验和能力可以应用于为游击战提供物资保障、建立外部联系以及争取国际社会的同情和支持。例如，通过外交渠道争取外部的资金援助和武器供应，与其他国家建立友好关系，为游击活动创造有利的外部环境。

在信息传递方面：一方面，游击战中的情报传递和保密方式，如通过秘密渠道、暗号等，可以为国际外交中的敏感信息传递提供参考，增强信息传递的安全性和保密性。在游击战中，由于面临敌方的严密监控和围剿，情报的准确传递和保密至关重要，通常采用秘密信使、特定的暗号和密码等方式来确保信息不被泄露。在国际外交中，同样存在着大量敏感和机密的信息，借鉴游击战的情报传递方法，可以有效地防止信息被窃取和泄露，保障国家的外交利益。另一方面，国际外交中利用媒体和外交渠道进行信息传播的手段，也可以为游击战中的宣传工作提供新思路，提升影响力和士气。国际外交中，国家通过官方声明、新闻发布会、外交使节的发言等方式向国际社会传递信息，塑造自身形象，影响舆论走向。游击战可以借鉴这些手段，通过有效的宣传，向外界传达自身的理念和目标，争取更广泛的同情和支持，同时提升内部人员的士气和信心。

在心理层面：一方面，游击战中的坚定信念和顽强意志能够鼓舞在国际外交中处于相对弱势地位的一方，保持不屈不挠的态度。在游击战中，参与者通常面临着艰苦的环境和强大的敌人，但凭借着对胜利的坚定信念和顽强的战斗意志，坚持斗争，这种精神力量可以激励在国际外交中处于不利地位的国家，不轻易屈服于外部压力，坚守自身的原则和利益。另一方面，国际外交中的外交辞令和心理博弈技巧，可以帮助游击队伍在与敌方周旋时更好地把握对方心理，制定更有效的应对策略。国际外交中，各方通过言辞的运用、表情的控制以及对对方心理的揣摩来达到自己的目的。游击队伍在与敌方谈判或接触时，运用这些技巧可以更好地洞察敌方的意图，避免被对方牵着鼻子走，从而制定出更符合自身利益的策略。

在战略目标实现方面：一方面，成功的游击战可以为国际外交创造有利的谈判条件，增加在国际事务中的话语权，当游击战争取得一定的成果，如控制了一定的区域、削弱了敌方的实力等，这将为国家在国际外交谈判中增加筹码，其他国家在与该国进行外交交往时，不得不考虑其在游击战争中所展现出的实力和影响力，从而在谈判中做出更多的让步，提升该国的国际地位和话语权。另一方面，有效的国际外交可以为游击战争取更广泛的国际认可和支持，减少外部压力，争取到更多国家的同情和支持，这不仅有助于减少外部对游击活动的指责和干预，还可能为游击队伍提供物资援助、情报支持等实际帮助，为游击战争的胜利创造有利条件。

　　游击战，这一充满智慧的战略模式，在多个重要领域展现出独特价值，游击战的策略与智慧不仅在经济、政治、军事以及反恐等诸多领域有着广泛的应用，而且在反腐、谍战、禁毒和扫黑等方面同样发挥着显著作用。在经济领域，它助力企业灵活应对市场变化，在竞争中寻找机遇、积累实力；政治舞台上，成为不同政治力量博弈的有生力量，为弱小一方拓展生存发展空间；军事对抗中，以其灵活性和顽强意志，成为弱势对抗强敌的有力手段；反恐行动里，通过情报收集与精确打击，有效打击恐怖势力；反腐败斗争中，如秘密武器般精准打击腐败分子，借助群众力量形成强大阵势；谍战领域，间谍们如游击战士般隐藏身份进行秘密活动，为国家安全贡献力量；禁毒行动中，采用游击战术精准打击毒品链条各环节；扫黑行动里，通过秘密侦查迅速出击，铲除黑恶势力并建立长效预防机制。总之，游击战在经济、政治、军事、反恐、反腐、谍战、禁毒、扫黑等众多领域广泛应用，为解决复杂问题提供了创新思路与有效方法。

第五章 现代战争中游击战应蕴涵的基本能量

现代战争中，游击战应蕴涵一些基本能量。这些基本能量是游击战得以生存和发展的关键所在。比如蕴涵强大的精神能量是必不可少的，坚定的信念和顽强的意志能让游击队员在极度困难的情况下依然坚守使命，不被敌人的强大所吓倒，不被恶劣的环境所压垮，始终保持高昂的斗志和不屈的抗争精神。灵活多变的战术能量也是重中之重，面对敌人的优势兵力和精良装备，只有凭借巧妙的战术安排，出其不意、攻其不备，才能在局部形成优势，给敌人以有效打击。深厚的群众支持能量不可或缺，人民群众是游击战的力量源泉，赢得他们的真心拥护和全力支持，能够获取源源不断的人力、物力和情报资源，使游击战拥有坚实的后方保障。高效精准的情报收集与分析能量至关重要，及时、准确地掌握敌人的动向和部署，能够让游击战做到有的放矢，避免盲目行动，最大限度减少自身损失，提高作战效率。紧密有序的组织协调能量同样关键，只有将分散的游击力量有效地组织起来，实现协同作战，才能形成强大的合力，发挥出游击战的最大威力等。游击战只有充分蕴涵这些基本能量，才能在残酷的战争中立足，逐步改变力量对比，最终实现战略目标。

游击战在现代战争中确实面临着比过去更为严峻的新风险新挑战。网络攻击风险：在当今时代，网络空间已成为战争的关键领域。关键基础设施，如能源供应系统、交通枢纽的调控网络以及军事指挥系统等，极易成为网络攻击的目标，一旦此类攻击得逞，不仅会导致大量机密信息泄露，还可能使整个系统陷入瘫痪状态，这将严重干扰战争的指挥流程，扰乱决策机制，给作战行动带来难以估量的阻碍和损失。

太空竞赛与太空威胁：当前，各国在太空领域的竞争态势不断加剧，太空资产，包括各类卫星等，面临着遭受攻击或干扰的严峻风险，将极大地影响卫星通信的稳定性、导航系统的精准性以及侦察功能的有效性，进而对战争中的情报获取、作战部署以及军事行动的协调等方面造成重大冲击。比如，卫星通信的中断可能导致作战部队之间的联络不畅，影响指挥的及时性和准确性；导航系统受到干扰则可能使部队在行动中迷失方向，影响作战效率和安全性；侦察卫星被攻击可能使本方失去对敌方动态的准确掌握，增加作战的不确定性。

非国家行为体的参与：恐怖组织、极端势力等非国家行为体在战争中可能伺机介入，他们的行动往往具有高度的不可预测性，其独特的运作模式和复杂的动机，使得战争的局势更加错综复杂和难以捉摸，显著增加了战争的复杂性和不确定性，为战争的走向和结局增添了更多的变数。这些非国家行为体可能在战争中采取突然袭击、绑架人质、制造恐怖事件等手段，分散作战方的注意力，消耗其资源，影响战争的进程。同时，他们的存在也可能引发国际社会的关注和干预，使战争的局势更加复杂。

舆论与信息战障碍：随着社交媒体的蓬勃发展和信息传播的空前加速，舆论与信息战在战争中的地位愈发凸显且举足轻重。在这一背景下，虚假信息得以迅速蔓延，其传播范围之广、速度之快令人咋舌，这些虚假信息可能极大地误导国内外民众的认知，左右他们对战争的看法和态度，从而影响到民众对战争的支持程度。这种干扰作用不仅会对战争的进程产生阻碍，甚至可能左右战争的最终结局，使局势变得更加扑朔迷离。例如，虚假信息可能引发民众的恐慌和不满，导致国内社会不稳定，影响政府的决策和战争的进行；在国际上，虚假信息可能破坏国家的形象和声誉，影响国际社会对战争的态度和干预程度。

人道主义危机：在现代战争的阴霾下，大规模的人员伤亡不可避免，无数家庭支离破碎，民众被迫流离失所，基础设施在炮火中沦为废墟，正常的社会秩序荡然无存，这一系列的惨状引发了极为严重的人道主义危机，无数生命在苦难中挣扎，国际社会因此面临着巨大的救援压力，从紧急的医疗救助、食品和饮用水供应，到后续漫长而艰巨的重建工作，每一项任务都充满了挑战，需要投入大量的人力、物力和财力。

环境破坏隐患：战争期间，武器的频繁使用以及各类军事行动的开展，都可能给生态环境带来灭顶之灾，大规模的轰炸、化学武器的投放以及对自然资源的过度开采，无一不对土地、水源、空气造成严重污染和破坏。这种破坏不仅影响着当下的生态平衡，更对地区的长期可持续发展构成了巨大威胁，导致生态系统难以恢复，物种灭绝，自然资源匮乏，为未来的发展埋下了深深的隐患。

经济成本高昂：现代战争对经济的需求堪称巨大，其所需的投入宛如无底洞，在战争期间，武器采购需要耗费巨额资金，先进的军事装备价格高昂，且不断更新换代的需求使得投入持续增加；军事行动本身也产生了高昂的费用，包括人员的薪酬、物资的消耗以及战略部署的开销等；而战后的重建工作同样是一项艰巨的任务，需要投入大量资源来修复受损的基础设施、重振经济和恢复社会秩序。所有这些经济支出可能给国家经济带来难以承受的沉重负担，甚至可能打破经济的平衡，引发经济衰退，导致失业率上升、通货膨胀加剧以及国家整体经济实力的削弱。

能源安全威胁：战争的爆发往往会对能源领域造成巨大冲击，能源的供应线路可能因战火而中断，能源产地可能被占领或破坏，从而严重影响能源的正常供应。同时，战争局势的不确定性会引发能源市场的恐慌，导致能源价格剧烈波动，这种波动不仅会增加国家的能源采购成本，影响工业生产和居民生活，还会对国家的经济运行产生连锁反应，扰乱金融市场，破坏产业链条，进而影响社会的稳定，引发民众的不满和社会秩序的动荡。

生化武器与核扩散风险：尽管国际社会一直在不懈努力加以禁止，但生化武器和核武器的扩散威胁始终如阴影般笼罩，生化武器的致命性和传染性，以及核武器的巨大破坏力，使得它们一旦被使用，将带来难以想象的灾难性后果，不仅会造成当下大规模的人员伤亡和环境破坏，还会产生长期的影响，如土地污染、基因突变、生态系统崩溃等，对人类的生存和地球的未来构成极大的威胁，而且，这种扩散还可能引发地区乃至全球的军备竞赛，进一步破坏国际和平与安全的格局。

国际法和国际规则的挑战：在当前复杂多变的地缘政治环境中，战争的爆发极有可能引发一系列对国际法和国际规则的严峻挑战。各国在战争中的行为可能超越既定的法律边界，无视国际社会普遍认可的准则，这种对国际法和国际规则的公然践踏，将导致国际秩序陷入混乱，破坏原有的平衡与稳定，国家之间的信任被削弱，合作机制受到冲击，进而引发更多的冲突和争端，为全球和平与安全蒙上厚重的阴影。

人工智能与自主武器系统的伦理和控制问题：随着科技的飞速发展，人工智能在军事领域的应用日益广泛，然而，这也带来了诸多棘手的问题，尤其是自主武器系统的决策和行动，这类武器系统在没有人类直接干预的情况下做出攻击决策，可能引发严重的伦理争议。例如，如何确保其决策符合道德和人道主义原则？同时，对于自主武器系统的控制权和责任归属存在极大的不确定性，在出现误判或造成不可挽回的后果时，难以明确应由谁来承担责任，这给国际安全和法律秩序带来了巨大的困惑和挑战。

跨区域和全球性的连锁反应：在全球化日益紧密的今天，现代战争的影响范围已远远超出了交战地区的局限，它可能如同推倒的多米诺骨牌，引发全球金融市场的剧烈动荡，投资者信心受挫，股市暴跌，货币汇率波动频繁；国际贸易线路受阻，货物运输中断，供应链断裂，导致各国经济遭受重创；战争还会促使国际关系进行重大调整，盟友关系可能重新洗牌，敌对态势可能进一步加剧，国际格局因此发生深刻变化，世界和平与发展面临更为严峻的考验等。

面对现代战争环境的深刻变化和风险挑战，游击战也应该根据形势和环境变化而变化，不断适应变化增添能量提升自我，才能在瞬息万变的战争局势中抢占先机，牢牢掌握战争的主动权；才能以更加灵活的战术策略应对复杂多样的战场态势，确保作战行动的高效性和准确性；才能充分发挥自身的优势，弥补可能存在的短板，从而有效提高战斗力。

一、应蕴涵的基本思想

思想力即战斗力。"敌进我退，敌驻我扰，敌疲我打，敌退我追。"这是毛泽东军事思想中关于游击作战的十六字诀，其依靠人民群众、出其不意攻其不备、速战速决、持久作战、灵活变换战术等思想，是在敌强我弱条件下广泛开展游击作战的指导性方针。现代战争中游击战应在敌强我弱或敌我相当的情况下，遵循合理选择作战地点、快速部署兵力、合理分配兵力、合理选择作战时机、战斗结束迅速撤退等灵活机动的作战方式，保存和发展自己的力量，有效打击敌人，以最小的代价换取最大的胜利。

其一，科学判断战争形势。正如孙武所言："夫未战而庙算胜者，得算多也；

未战而庙算不胜者，得算少也。多算胜，少算不胜，而况于无算乎！"应全面且精准地分析敌我双方的军事力量对比、政治态势走向、经济支撑能力等多方面要素，深度洞察战争的发展趋向和潜在变化，从而为制定科学合理、切实可行的游击战策略提供坚实可靠的依据。中国抗日战争时期，毛泽东同志准确判断敌强我弱的形势，提出了持久战的战略思想，为游击战的开展指明了方向。

其二，合理选择作战地点。应充分利用熟悉的地形和环境，如地势险要的山地、错综复杂的丛林、人口密集的城市等复杂地形。孙子曰："夫地形者，兵之助也。"凭借对地形的深入了解和熟稔于心，巧妙布局、隐匿行踪，大幅增强自身的防御能力和攻击的突然性，使敌人难以捉摸我方的行动规律。越南战争中，越共游击队利用丛林地形与美军周旋，给美军造成了巨大的损失。

其三，快速部署转移兵力。拿破仑·波拿巴说："速度是战争的主宰。"在游击战中，可在敌人毫无防备之时，瞬间集结力量，给予敌人致命一击，得手后，又能以迅雷不及掩耳之势迅速分散，避免陷入被敌人包围和消灭的险境。正如毛泽东同志说的："分兵以发动群众，集中以应付敌人。"①他强调了在游击战中既要分散兵力去发动群众，又要适时集中兵力来应对敌人。这种高效的兵力调动能力不仅要求拥有精准无误的指挥协调机制，还需具备敏捷迅速的行动响应能力。

其四，恰当分配攻守兵力。依据作战目标和实际战场情况，对有限的兵力进行科学合理的配置，是游击战取得成功的重要因素。毛泽东曾说："每战集中绝对优势兵力，四面包围敌人，力求全歼，不使漏网。在特殊情况下，则采用给敌以歼灭性打击之方法，即集中全力打敌正面及其一翼或两翼，以求达到歼灭其一部、击溃其另一部之目的，以便我军能够迅速转移兵力，歼击他部敌军。"②要确保在关键部位形成局部优势，实现以少胜多、以弱胜强的战略目标，在进攻时，能够集中优势力量实现重点突破，如同尖锐的箭头刺破敌人的防线；防守时，则能进行合理布防，构筑坚固的防线，最大限度地发挥兵力的战斗效能。在诺曼底登陆战役中，盟军根据战场形势合理分配兵力，他们充分考虑了海滩的地形、德军的防御部署以及后续的支援等多方面因素，将兵力精准地投放到各个关键区

① 《毛泽东选集》第一卷，北京：人民出版社 1991 年版，第 104 页。
② 《毛泽东选集》第四卷，北京：人民出版社 1991 年版，第 1232~1233 页。

域，通过巧妙的兵力配置，盟军成功突破了德军的防线，最终开辟了欧洲第二战场，这一经典战例充分展示了合理分配兵力在战争中的决定性作用。

其五，敏锐把握作战时机。"一方面，进攻要适可而止，进攻者必须掌握时机，量力而行。另一方面，进攻要以保存防御能力为限。进攻者应在自己尚能组织有力的防御，而对手的反攻力量尚未形成时，立即转入防御，这是进攻的顶点。如果超越进攻的顶点，会招致敌人比自己力量更强大的反击；如果过早地停止进攻，则会减少应该取得的胜利。"《战争论》如是说。时刻保持高度的警惕性和敏锐的洞察力，是游击战中精准选择作战时机的关键，要精准选择敌人疲惫不堪、疏忽大意或处于不利态势的时机发动攻击，以显著提高作战的成功率，这不仅需要对敌人的行动规律有深刻全面的了解，还必须具备当机立断的决策能力。在战争中，机会稍纵即逝，犹豫不决往往会错失良机。例如在解放战争时期，我军多次抓住国民党军队调动、换防等时机，果断出击，取得了一系列关键战役的胜利。

其六，紧密联系当地群众。游击战的开展一刻也离不开广大民众的支持，要积极主动地争取民众的全力支持和广泛参与，因为他们是游击战得以持续发展的坚强后盾和力量源泉。只有依靠群众获取准确及时的情报，才能掌握敌人的动向；只有依靠群众提供充足稳定的物资补给，才能保障部队的生存和战斗；只有依靠群众给予可靠有效的掩护，才能在敌人的围剿中化险为夷。在抗日战争中，广大民众积极参与抗日斗争，为八路军、新四军提供了情报、物资和掩护，为抗战的胜利做出了不可磨灭的贡献。例如在地道战中，群众的智慧和力量得到了充分发挥，他们与游击队紧密配合，让敌人陷入人民战争的汪洋大海。

其七，积极配合正规战争。作为整体战争战略布局的重要组成部分，游击战与正规部队的密切协作与配合具有至关重要的意义。游击战不应孤立存在，应与正规部队形成互补，从不同维度和方向对敌人施加压力。在战略规划上，二者需相互呼应、协同一致，确保整体战略目标的一致性和连贯性。正规部队的大规模作战行动与游击战的灵活骚扰相互配合，能够打乱敌人的部署，使其顾此失彼。在战术执行上，更要紧密配合、协同作战，正规部队的正面攻坚与游击战的敌后袭扰相结合，能够有效牵制敌人的兵力和资源，共同形成全方位、多层次的强大打击力量。例如在斯大林格勒保卫战中，苏联的正规军在城市中进行艰苦的巷战，顽强抵抗德军的进攻；游击队则在德军后方破坏交通线，袭击补给车队，扰乱德军的后勤保障，正是这种密切的配合，使得苏联军队能够坚守城市，并最终实现战略反攻，取得了战役的胜利。

其八，适时转换战略防御与进攻。根据瞬息万变的战争形势和敌我力量对比的动态变化，适时且灵活地由战略防御转为战略进攻是游击战取得成功的关键。在战争中，敌我双方的力量此消彼长，形势不断变化，当处于弱势时，采取战略防御保存实力，避免与敌人正面硬拼；而当力量对比发生有利转变时，要果断抓住时机，适时且灵活地由战略防御转为战略进攻，不断扩大本方的控制区域，实现战局朝着有利我方的方向转变。在抗日战争中，中国军队在初期采取战略防御，通过游击战消耗敌人；随着战争的发展，逐步在局部地区展开战略进攻，收复失地，有效地打击了日本侵略者。

其九，保持灵活战略战术。毛泽东同志说："我们的战略是'以一当十'，我们的战术是'以十当一'。"①在战争中，坚决摒弃拘泥于固定模式和常规方法的僵化思维是至关重要的，必须紧密结合实际战场情况灵活调整战术策略，出其不意、攻其不备地打击敌人，以创新求变的思维积极应对复杂多变的战场环境，让敌人难以预测和防范我方的行动。游击战尤其需要这种灵活性，无论是地形的利用、兵力的部署还是攻击的时机选择，都要根据具体情况进行灵活变化。例如在越南战争中，越共游击队根据丛林地形和美军的作战特点，不断创新战术，如地道战、陷阱战等，给美军造成了巨大的困扰和损失。

其十，创新丰富新型战法。孙武道："凡战者，以正合，以奇胜。故善出奇者，无穷如天地，不竭如江海。"传统游击战的主要战法是袭击，依据袭击对象、目的和方式的不同，分为袭击战、伏击战、破击战、袭扰战、地雷战、地道战、麻雀战、围困战等丰富多彩的战法。但随着信息技术的发展，新式武器装备不断出现，对游击武装的生存能力、机动能力、作战能力和指挥艺术提出了更高的要求，特别是同拥有信息化武器装备的敌军作战，必须利用各种侦察手段，及时掌握敌军动向，应对来自空中、海上和地面的精确打击。

其十一，牢固树立敌后作战思维。具体行动中，可积极灵活地将游击战引至

---

① 《毛泽东选集》第一卷，北京：人民出版社 1991 年版，第 225 页。

敌人后方乃至敌对的战略腹地，从而有力地打乱其整体部署，扰乱其作战节奏，化被动为主动。在敌人后方大力开展游击战，集中力量瞄准其关键部位（指挥部等）、核心环节（运输线等）、重要领域（军工生产等）进行有力打击，使敌方陷入指挥失灵、物资匮乏、后继无力的困境，使其行动处处受阻步步艰难。特别是在敌人内部巧妙制造混乱，从根本上瓦解其军心民气，持续削弱其战斗意志和战备力量。这种独特的作战方式，能够最大限度地发挥游击战灵活机动的显著优势，让敌人难以捉摸、防不胜防，进而为我方赢取更多的战略主动，为最终胜利奠定坚实基础。现代战争中，许多弱国小国长期遭受欺凌，就是没有做到这点而导致的，包括金融战、贸易战、科技战等战争更是如此。

其十二，遵循发展主要方针。毛泽东同志曾经总结道："总的说来，主要的方针有下列各项：（一）主动地、灵活地、有计划地执行防御战中的进攻战，持久战中的速决战和内线作战中的外线作战；（二）和正规战争相配合；（三）建立根据地；（四）战略防御和战略进攻；（五）向运动战发展；（六）正确的指挥关系。这六项，是全部抗日游击战争的战略纲领，是达到保存和发展自己，消灭和驱逐敌人，配合正规战争，争取最后胜利的必要途径。"[1]但随着时代发展和形势变迁，游击战的战略战术方针也需要在此基础上不断与时俱进、创新发展。尤其在当今复杂多变的国际环境和现代战争形态下，应充分结合先进的科技手段与情报分析能力，对游击战的作战理念、组织形式、作战方针等进行深入研究和优化调整，以适应新的战争需求。

需要注意的是，游击战会受到多种因素的影响，如战争的性质、作战环境、敌我双方的武器装备和战术特点等，在实际应用中，需要根据具体情况进行分析和决策，以适应不断变化的战争形势。同时，随着科技的发展和战争形态的变化，现代游击战可能会面临新的挑战和机遇。例如，信息化技术的广泛应用使得情报获取、指挥控制等方面发生了重大变化，游击部队也需要不断学习和适应这些新的技术和手段，以提高自身的作战能力和生存能力。

二、应蕴涵的基本素养

切·格瓦拉在《论游击战》中指出："游击战士：社会改革者。作为战斗人员

---

① 《毛泽东选集》第二卷，北京：人民出版社1991年版，第407页。

的游击战士，必须具备高度的政治觉悟、坚定的信仰和为人民利益奋斗的决心，这是游击队能够保持凝聚力和战斗力的关键素养。""一支游击队的力量，不仅仅取决于其武器装备和人数，更重要的是队员们的战斗意志、纪律性以及对游击战理念的深刻理解和贯彻。"其强调了游击队员的政治素养、战斗精神以及对革命事业的忠诚等在游击战中的重要意义。游击战的实施需要具备诸多条件，在此仅仅从国家层面、军队层面、社会层面、团队层面和个人层面这五个层面展开剖析和探讨。

（一）国家层面

"兵不强，不可摧敌；国不富，不可养兵。"国家的基本条件对游击战而言极为重要。游击战通常是在国家面临严峻挑战时采取的战斗方式，民众团结一心，同仇敌忾，能为游击战提供强大的精神支持和人力保障；国家具备高效的组织动员能力，能迅速整合资源，支援游击作战；良好的国防教育，能让民众了解游击战的重要性和方法，积极参与或配合游击战；国家的坚定抗战决心，能为游击队伍提供持续的信念支撑，使其在艰难环境中坚持战斗，直至取得最终胜利。

1. 坚定的政治意志。国家领导层必须拥有如钢铁般不可动摇、坚决抵抗外敌入侵、捍卫国家主权和领土完整的决心。正如毛泽东所说："这个军队具有一往无前的精神，它要压倒一切敌人，而决不被敌人所屈服。不论在任何艰难困苦的场合，只要还有一个人，这个人就要继续战斗下去。"[1]在面临复杂多变、波谲云诡的战争局势时，国家领导层始终保持清晰的战略方向，不为外界干扰所左右，毫不动摇地推动抵抗行动，以坚定不移的信念和高瞻远瞩的智慧为全国人民树立起坚如磐石的信念支柱，引领整个国家在艰难险阻中砥砺前行，使民众坚信胜利必将属于自己的祖国。

2. 强大的综合国力。国家需要具备雄厚扎实的经济基础、先进完备的工业体系和丰富充裕的自然资源，只有这样，才能够为游击战提供源源不断、持续稳定的必要物资、精良尖端的装备以及充足充沛的资源支持。孙武曾言："军无辎重则亡，无粮食则亡，无委积则亡。"这涵盖了武器弹药的大规模生产、医疗用品

---

① 《毛泽东选集》第三卷，北京：人民出版社 1991 年版，第 1039 页。

的充足供应、粮食的大量储备等诸多方面，以全方位保障游击队员在旷日持久的战斗中的基本生存和作战需求，确保他们能够在艰苦的战斗环境中保持战斗力。

3. 有效的宣传动员。温斯顿·丘吉尔说："宣传战有时比军事战更重要，因为它能影响人们的思想和行动。"通过全方位、多层次、多角度的宣传手段，使全体国民深刻透彻地理解战争的深远意义和明确清晰的目标，充分激发民众内心深处炽热的爱国热情，唤起他们强烈的民族自豪感和厚重的责任感，进而促使其积极主动、义无反顾地参与到抵抗外敌的行动中来，形成全民皆兵、万众一心的强大力量。《战争论》指出："战争是迫使敌人服从我们意志的一种暴力行为。战争是政治通过另一种手段的继续。政治是不流血的战争，战争是流血的政治。"所以，应努力让每一个国民都成为保卫国家的坚强战士，为了国家的政治目标而英勇战斗。

4. 战略统筹能力。国家领导层需要具备全面、深入且高瞻远瞩的洞察能力，能够对国内外局势进行详尽、透彻的分析，精准无误地把握战争的总体走向，对游击战与正面战场进行科学合理、严谨细致的规划，以及协调有序、紧密衔接的部署。在资源分配方面，做到精心谋划、合理配置，将人力、物力和财力资源用在刀刃上，确保各战场之间能够相互呼应、协同作战、互为支撑，形成一个有机融合、运转高效的整体战略格局，从而使国家的战争力量能够得到最大限度的发挥和运用。

5. 灵活的外交智慧。积极主动、富有前瞻性地开展全方位、多层次的外交活动，与友好国家建立起紧密无间、稳固坚实的合作关系，竭尽全力争取国际社会在政治、经济、军事等诸多方面的广泛支持和慷慨援助。我们要善于运用灵活巧妙、富有策略性的外交手段，化解来自国际方面的巨大压力，打破敌人妄图实施的外交孤立和封锁阴谋，为国家的抗战营造出有利的外部环境，开辟更为广阔的国际空间，为最终的胜利创造有利条件。

6. 经济调控能力。制定并坚决实施行之有效、切合实际的经济政策，全力保障国内经济在战争状态下能够稳定有序地运行。"经济是最大的政治。"我们要根据战争需求，合理调整产业结构，将发展重心优先放在与战争密切相关的工业和农业生产领域，确保物资的充足供应，满足战争的巨大消耗。同时加强金融监管力度，保持货币汇率的稳定，防范金融风险，为游击战提供持续不断、坚实可靠的物资和资金支持，筑牢国家经济的坚实后盾，支撑战争的长期进行。

7. 情报整合能力。建立健全一套高效且完善的情报收集和分析体系至关重要。正如美国中央情报局前局长艾伦·杜勒斯所说："情报工作是政府的眼睛和耳朵，是决策的基础。"积极整合来自军事情报机构、外交渠道、民间组织等各方的情报信息，形成一个广泛而多元的情报网络，充分运用先进的信息技术和科学的数据分析方法，对海量的情报进行细致的筛选、精准的甄别和全面的综合研判。情报的价值在于其准确性和及时性，通过严谨的逻辑推理和深入的分析，提取出有价值的情报内容，为游击战的决策提供准确无误、及时有效、全面详尽的依据，从而确保游击战能够在复杂多变的局势中抢占先机、克敌制胜。

（二）军队层面

军队的基本素养对游击战至关重要，高度纪律性确保队员分散作战时统一行动，坚定战斗意志使军队面对强敌和艰苦环境不退缩，良好的情报收集分析能力有助于洞察敌情，为决策提供依据，团队协作和互助精神能让队员相互配合支援，发挥团队最大力量等。具备这些素养，军队才能在游击战中保存自己、消灭敌人，奠定胜利基础。

1. 出色的指挥能力。指挥员需要具备洞察全局的视野以及灵活多变、因势利导的战略战术思维，能够以敏锐的洞察力捕捉战场形势的细微变化，迅速而精准地做出决策，并果断地制定出具有前瞻性、创新性和适应性的作战方案，在瞬息万变、错综复杂且充满不确定性的战斗环境中，引领部队精准地把握稍纵即逝的战机，从而夺取胜利。

2. 严格的纪律性。即便部队在分散作战、情况复杂多变的情况下，依然能够保持高度的组织性和纪律性，严格遵守军事纪律和作战规程，坚决杜绝任何形式的散漫和违规行为。孙武曾言："令之以文，齐之以武，是谓必取。"只有令行禁止，确保命令的畅通无阻传达和高效精准执行，每一个作战单元才能紧密协同、默契配合，凝聚成一股强大的力量，发挥出最大的战斗效能，形成无坚不摧的战斗力量。

3. 过硬的军事技能。包括精准无误的射击技巧、高效安全的爆破能力、敏锐细致的侦察本领、巧妙逼真的伪装手法等，以适应游击战复杂多样、灵活机动的独特作战需求，通过持之以恒、科学系统且高强度的不断训练，以及血与火的实战磨练，使这些技能达到炉火纯青、登峰造极的境界，成为在战场上战胜敌人的有力武器。

4. 顽强的战斗意志。在极端艰苦、恶劣的战斗环境中，始终保持坚定不移、不屈不挠的精神，无论遭遇多大的困难和挫折，无论面对怎样强大的敌人和多么险峻的局势，都能坚守阵地，毫不退缩。正如海明威所说："一个人可以被毁灭，但不能被打败。"以钢铁般的意志和决心，坚决完成战斗任务，展现出军人的坚韧不拔和无畏担当，即使在弹尽粮绝、孤立无援的绝境中，依然心怀信念，奋勇抗争，不向困境低头，不被逆境击垮。

5. 协同的作战能力。构建完善、高效且可靠的通信联络系统，确保不同游击队伍之间能够实时、畅通、准确无误地交流信息，制定统一、明确且科学合理的作战原则和战术规范，明确各队伍的职责和任务，实现兵力、火力的精准协同与高效配合。通过定期的联合训练和实战化演习，不断提高队伍之间的默契程度和协同作战水平，充分发挥整体作战效能，在训练和演习中，模拟各种复杂多变的战场情况，让各队伍在实践中积累经验，磨合协作，形成一个紧密结合、协同一致的战斗整体。

6. 快速的转移能力。培养队员敏锐的战场洞察力和强烈的危机意识，使其能够凭借丰富的经验和敏锐的直觉提前预判敌人的围剿行动。"兵贵神速，机不可失。"大力加强队员的体能和军事素质训练，通过科学系统的训练方法，不断提高行军速度和耐力，以适应高强度的战斗转移需求；熟悉作战区域的地形地貌，对每一处山川、河流、峡谷、丛林都了如指掌，精心规划多条安全隐蔽的转移路线，并做好相应的伪装和掩护措施，如设置假目标、利用自然环境进行遮蔽等，确保在敌人围剿时，能迅速、敏捷、安全地转移阵地，摆脱敌人的围追堵截，保存有生力量。

7. 武器研发保障的能力。成立专业高效、富有创新精神的专门科研团队，根据游击战的特点和实际需求，研发轻便灵活、高效实用、易于操作和维护的武器装备。建立全面完善、运转顺畅的武器装备生产、储存和配送体系，从原材料采购到生产加工，再到储存保管和运输配送，每个环节都严格把控，确保前线队员能够及时获得充足、优质的武器弹药。加强装备的日常维护和保养工作，制订详细的维护保养计划和标准，培养专业的维护人员，提高装备的使用寿命和可靠性，使其在战斗中始终保持良好的性能状态。

8. 创新的战术能力。积极鼓励队员主动积极地思考，勇敢无畏地实践，持续不断地总结战斗经验和深刻吸取教训，深入细致地研究敌人的战术特点和作战规律，紧密结合实际情况，大胆创新游击战的战术方法。"创新是一个民族进步的灵魂，是一个国家兴旺发达的不竭动力。"既要善于从过往的战斗中提炼精华，又要具备开拓的视野和创新的思维，善于借鉴其他国家和地区的成功经验，根据自身的实际情况进行灵活转化和巧妙运用，以适应不同的作战环境和应对多样化的敌人，在实战中不断检验和完善新的战术，使之成为克敌制胜的有效法宝。

（三）社会层面

社会的基本素养对游击战而言尤其重要。游击战并非孤立的军事行动，它深深根植于社会的土壤之中，一个具备良好基本素养的社会，能够为游击战提供广泛而坚实的支持，民众普遍拥有的爱国情怀和对正义的追求，会成为游击队员坚守信念、英勇作战的精神动力。较高的社会纪律性和组织性，能确保物资的有效调配、情报的准确传递以及人员的合理安排，社会对游击战的理解和认同，会促使民众积极参与，为游击队伍提供掩护、补给和情报，形成全民皆兵的态势。同时，良好的社会道德和价值观念，能在艰难的战争环境中维持社会秩序，凝聚人心，使整个社会在面对敌人的压迫时保持团结和抗争的决心。可以说，社会的基本素养是游击战得以开展和持续的重要基础和有力保障。

1. 广泛的群众支持。广大民众怀着对国家和正义的热爱，义无反顾、心甘情愿地为游击队员提供全方位、多层次的帮助，在危险时刻，民众毫不犹豫地为其提供安全的掩护场所，如隐秘的地窖、偏僻的山洞等。他们积极主动地收集并传递有价值的情报，还无私地提供食物和温暖的住所，成为游击队员最坚实的后盾，正所谓"得民心者得天下"，有了民众的支持，游击队方能在艰苦的战斗中屹立不倒。

2. 良好的情报网络。构建起严密、高效、四通八达的情报传递渠道，从繁华的城市到宁静的乡村，从广大的民间到正规的军队，形成一个无缝对接、环环相扣的情报体系。

3. 后方的生产保障。在游击区，要不遗余力地全力保障物资的生产和供应，通过组织有序、科学合理的农业生产及富有成效的手工业制造和精准高效的物资调配，维持民众基本的生活需求和游击队作战的必要物资供应。"兵马未动，粮草先行"，"民以食为天"，保障好物资供应，才能让民众安心，让游击队无后顾之忧，为长期抗战提供坚实的物质基础，确保战斗力的持续稳定。

4. 文化的精神动力。文化是一种深深熔铸在民族的生命力、创造力和凝聚力之中的力量。应大力弘扬和传承民族优秀文化传统，深度挖掘其中蕴含的精神内涵，激发民众强烈的民族自豪感和深沉的爱国热情。正如鲁迅所说："惟有民魂是值得宝贵的，惟有他发扬起来，中国才有真进步。"通过文学、艺术、影视等丰富多样的形式，广泛而深入地宣传抗战精神和英雄事迹，让这些英勇的故事深入人心，增强民众对抵抗行动的认同感和参与度，使每一个人都能深刻领悟到自己在民族抗争中的责任与使命。

5. 心理抗压能力。建立健全全面、系统的心理辅导和干预机制，为民众提供及时、精准、有效的心理支持和帮助，加强积极正向的舆论引导，广泛传播正能量，消除民众内心的恐慌和焦虑情绪。通过专业的课程和实践活动，提高民众的心理素质和应对压力的能力，使整个社会在战争压力下保持坚韧稳定，无论面临怎样的艰难险阻，都不被敌人的威胁所动摇，始终坚定信念，勇往直前。

6. 教育普及能力。持续加大教育投入，不遗余力地普及义务教育，全方位提高民众的文化素质和知识水平，精心开设具有针对性的军事教育课程，通过生动的教学和实践活动，培养民众敏锐的国防意识和扎实的军事素养；广泛开展多样化的职业技能培训，涵盖农业生产、工业制造、医疗救护等多个领域，为游击战和后方生产输送各类专业人才。通过教育这一有力手段，充分激发民众的创新精神和创造力。

7. 资源调配能力。建立科学严谨、合理高效的资源调配机制，紧密根据战争需要和地区实际情况，统筹安排人力、物力和财力资源，大力加强对医疗、交通、通信等关键设施的建设和精细化管理，确保其在游击区能够稳定、顺畅地运转；精准合理地分配物资，全力保障民众的基本生活需求，维持社会秩序的稳定有序。"不患寡而患不均"，在资源分配中注重公平公正，使有限的资源发挥出最大的效益。

（四）团队层面

团队的基本素养对游击战而言更加重要，游击战往往面临着敌强我弱的态势，单个游击队员的力量相对有限，此时团队的协作与配合就成为决定胜负的关键因素。一个具备良好基本素养的团队，能够在战略决策上达成共识，制订出高效、灵活且适应实际情况的作战计划；团队成员之间相互信任、彼此支持，在战斗中能够紧密配合，充分发挥各自的优势，形成强大的战斗力；良好的团队素养还体现在面对困难和挫折时坚韧不拔，以及在胜利面前的不骄不躁，只有这样高度团结、素养过硬的团队，才能在游击战的艰苦环境中生存下来，不断发展壮大，最终取得胜利。

1. 高度的团结协作。"单丝不成线，独木不成林。"根据队员的特长和能力进行精细合理的分工，诸如侦察、攻击、后勤保障等多个关键环节，确保每位队员都能各司其职，充分发挥自身最大效能。队员之间建立起深厚的信任，彼此毫无保留地相互支持，能够在复杂多变的作战环境中密切配合，从而完美完成各项艰巨任务。正如古话所说："人心齐，泰山移。"又如同《周易·系辞上》所云："二人同心，其利断金。"大家心往一处想，劲往一处使，任何艰难险阻都能被克服。

2. 高效的沟通交流。在紧张激烈的作战过程中，能够做到及时、准确、清晰地传递信息和指令，杜绝任何可能出现的误解，避免延误宝贵战机，通过有效的沟通协调，确保资源得到最科学、最有效的利用。高效的沟通交流是团队协作的坚实桥梁，使各项工作得以有条不紊地顺利开展。

3. 灵动的应变能力。如俗语所说："随机应变，见机行事。"在战火纷飞、局势瞬息万变的战场上，当面临突发情况或计划有变时，能够始终保持沉着冷静，不慌不乱，以敏锐的洞察力和敏捷的思维迅速调动一切可用资源，深入分析局势，精准判断敌我态势，从而制定出切实可行、行之有效的解决方案。无论是遭遇敌人的突然袭击、狡猾的战术陷阱，还是遇到恶劣天气、复杂地形等自然障碍，都能泰然自若、从容应对，抓住稍纵即逝的战机，从而巧妙地扭转战局，取得来之不易的胜利。

4. 共同的目标信念。队员虽然来自不同背景，有着各自独特的经历、性格和文化差异，但在共同的神圣使命面前，能够尊重彼此的差异，相互包容，发挥各自的独特优势。全体队员对游击战的目标和意义有着清晰的认识，怀着对正义的执着追求和对国家、人民的无限热爱，将个人的命运与国家的前途紧密相连，以坚定如磐的信念为之不懈奋斗，永不言弃。"志不立，天下无可成之事。"正是这份共同的信念，如同一盏永不熄灭的明灯，照亮了前行的道路，让队员们在艰难困苦中依然勇往直前，在血与火的残酷考验中始终坚守初心，在重重压力与阻碍下毫不退缩，为了最终的胜利而无畏拼搏、舍生忘死。

5. 强大的凝聚能力。即使在艰苦卓绝的环境和泰山压顶般的巨大压力下，团队依然能够保持紧密的联系，如同坚固的钢铁堡垒，不分散、不瓦解。比如在物资极度匮乏时，队员们互相分享仅有的食物和水，共渡难关。无论遭遇怎样的艰难险阻，队员们都能心手相连，守望相助，共同抵御外界的冲击。这种强大的凝聚力让团队在风雨中屹立不倒，在困境中愈发坚韧。大家同呼吸、共命运，为了共同的目标齐心协力，将个人的力量汇聚成磅礴的洪流，冲破一切艰难险阻，展现出坚不可摧的团结力量。

6. 良好的战术配合。在硝烟弥漫的战斗中，能够根据不同地形、错综复杂的敌情，进行巧妙的战术配合，协同作战，以最小的代价获取最大的胜利。例如在山区作战时，一部分队员吸引敌人注意力，另一部分队员从侧面迂回包抄，成功全歼敌人。战术配合如同一场精彩的舞蹈，队员们相互呼应，步伐协调，展现出高度的默契与协作。在战斗中，各个小组相互支援，攻防有序，充分发挥各自的优势，形成无懈可击的战斗阵势，让敌人陷入被动，从而一举获胜。

7. 快速的决策执行。在关乎生死存亡的重要决策上，充分发扬民主，广泛听取队员的意见和建议，集思广益，确保决策的科学性、合理性和可行性。比如在面对敌人的突然围剿时，迅速召开紧急会议，共同商讨应对策略，一旦决策做出，犹如离弦之箭，能够迅速、坚决地执行，不拖延、不犹豫。决策执行过程中，队员们心无旁骛，全力以赴，严格按照既定计划行动，以高效的执行力确保战略意图的顺利实现，展现出雷厉风行的战斗作风。

8. 善于应用新科技。善于利用现有的先进科技手段，如高效便捷的通信设备，能够在复杂的作战环境中实现快速、准确的信息传递，及时掌握战场动态。例如在某次战斗中，通过卫星电话，游击队提前得知了敌人的行动路线，从而作好了埋伏，成功打击了敌人。科技与战术相结合，游击队在战斗中将如虎添翼。

9. 相互学习创新。队员之间毫无保留地分享宝贵的经验和实用的技巧，形成良好的学习交流氛围，不断提高团队整体的战斗能力和综合素养。比如经验丰富的老队员向新队员传授如何在野外辨别方向、寻找水源，提高生存能力，通过言传身教，使其尽快融入团队，为团队注入新鲜血液和活力，保持团队的持续战斗力。同时，不断探索新的游击战术和方法，根据敌人的战略调整、武器装备更新等变化，灵活应变，推陈出新，以更有效的方式打击敌人。例如当敌人加强了正面防御时，游击队创新出迂回包抄的战术，从敌人意想不到的方向发动攻击，取得了胜利。

10. 严格的保密意识。在整个作战过程中，始终保持高度的警惕，确保团队的行动计划、人员信息、武器装备以及物资储备等关键内容不被泄露，全方位保障团队的安全。"君不密则失臣，臣不密则失身。"制定并严格执行详细的保密制度和规范，从信息的产生、传递到存储，每一个环节都进行严格的管控，让队员们深知，哪怕是一丝一毫的疏忽，都可能给团队带来灭顶之灾。例如，在传递情报时，采用多重加密和暗语的方式；在交流中，避免在不安全的环境下谈论敏感信息；对于机密设备和文件，严格限制访问权限，并定期进行安全检查和清理。只有这样，才能在复杂危险的环境中，让团队的秘密永远处于安全的保护之下。

11. 勇于担当的精神。每个队员都能在关键时刻挺身而出，毫不退缩。无论是承担艰巨的攻坚任务，还是在危险的救援行动中冲在前面，队员都能以高度的责任感和使命感，主动承担责任，为团队的利益和目标全力以赴地做出贡献。这种勇于担当的精神，如同一股强大的力量，支撑着团队在艰难险阻中砥砺前行。

12. 自我心理调适能力。在长期紧张、危险的作战环境中，队员们始终保持良好的心理状态，展现出强大的内心力量，面对枪林弹雨和生死考验，他们能够运用有效的心理调节方法，克服恐惧、焦虑等负面情绪。比如，在一次激烈的战斗后，有队员看到身边的战友受伤牺牲，内心充满了恐惧和悲伤，但他通过回忆自己加入队伍的初心和使命，不断给自己积极的心理暗示，迅速调整了心态，重新投入到后续的战斗中。"千磨万击还坚劲，任尔东西南北风。"通过自我暗示、积极的思维方式和适当的放松技巧，队员能够迅速从压力和挫折中恢复过来，重新投入战斗。这种自我心理调适能力，使他们在极端环境下依然能够保持清醒的头脑和坚定的意志，直至取得战争的最终胜利。

（五）个人层面

个人的基本素养对游击战而言十分重要，具备良好的素养，游击队员才能在复杂多变、危险重重的战斗环境中应对自如。这些素养不仅包括坚定的信念和顽强的意志，还涵盖出色的生存技能、敏锐的洞察力、灵活的应变能力以及高度的团队协作精神等。拥有这些素养，游击队员在困境中能坚守初心，在艰难的条件下求得生存与发展，在瞬息万变的战局中捕捉战机，在与队友的配合中发挥最大的战斗力，从而为游击战的胜利奠定坚实的基础。

1. 勇敢无畏的精神。在面对穷凶极恶、装备精良的敌人时，毫不畏惧，挺身而出，眼神中充满坚定与决绝，在生死攸关的紧急关头，毅然决然地选择战斗，将个人生死置之度外，以大无畏的勇气迎接各种危险和挑战。"捐躯赴国难，视死忽如归。"无论是枪林弹雨的正面交锋，还是深入虎穴的秘密行动，都毫无退缩之意，展现出英勇不屈的英雄气概，就如同狼牙山五壮士，在绝境中宁死不屈，英勇跳崖，用生命诠释了勇敢无畏的精神。这种勇敢无畏，是"黄沙百战穿金甲，不破楼兰终不还"的坚定决心，是"但使龙城飞将在，不教胡马度阴山"的豪迈气魄，激励着每一位战士勇往直前，永不退缩。

2. 机智灵活的头脑。能够迅速适应复杂多变、险象环生的战场环境，无论战场局势如何波谲云诡，都能保持冷静，善于观察每一个细微的变化，思考敌人的战术意图，分析局势的发展走向，在瞬间便能想出应对之策，巧妙地避开敌人的锋芒，如同水中的鱼儿一般灵活，善于抓住敌人的破绽，如同猎豹捕捉猎物一般精准，给予致命一击。例如在长征途中，红军多次巧妙地摆脱了敌人的围追堵截，充分展现了机智灵活的作战智慧。这种机智灵活，恰似"运筹帷幄之中，决胜千里之外"的深谋远虑，又如"欲穷千里目，更上一层楼"的高瞻远瞩，让战斗充满了智慧的光芒。

3. 良好的身体素质。具备强健的体魄和出色的耐力，仿佛拥有无穷的力量源泉，能够适应长时间高强度的作战，在激烈的战火中持续保持敏锐的反应和强大的战斗力，面对艰苦恶劣的生活条件，也毫无怨言，坚韧不拔。"雄关漫道真如铁，而今迈步从头越。"无论是翻山越岭时的陡峭险阻，长途奔袭中的疲惫艰辛，还是忍饥挨饿时的饥饿煎熬，风餐露宿时的恶劣气候，都能以顽强的意志和坚韧的毅力保持良好的战斗状态。

4. 坚定的信仰和忠诚。对国家和人民怀有深沉的热爱和忠诚，这份情感如炽热的火焰在心中燃烧，将个人的命运与国家的前途紧密相连，视国家的利益高于一切。"天下兴亡，匹夫有责。"为了正义事业，甘愿奉献一切，毫不犹豫地投身于战斗的洪流，甚至不惜牺牲自己的生命，展现出崇高的精神境界。

5. 娴熟的生存技能。熟练掌握野外生存的各项关键技能，包括精准辨别方向，在没有指南针的情况下也能凭借日月星辰和地形地貌准确判断位置。比如在长征途中，红军战士们在物资匮乏、环境恶劣的情况下，凭借着对自然的观察和经验，辨别方向，完成了艰难的战略转移。像在抗日战争时期，游击队员在山林中能快速搭建起能藏身的简易窝棚，善于寻找可食用的植物和安全的水源，以保障基本的生存需求。例如在抗美援朝时期，志愿军战士在冰天雪地中寻找能果腹的野菜，懂得如何处理各种常见的伤口和疾病，运用有限的资源进行急救和自我治疗，学会巧妙地利用自然环境进行伪装和隐蔽，与周围环境融为一体，极大地提高了自身的生存几率。在对越自卫反击战中，战士们善于利用丛林进行伪装，躲避敌人的侦察，同时，掌握一定的狩猎和捕鱼技巧，在必要时能够补充食物来源，维持身体的能量和体力。

6. 严谨的保密意识。深刻认识到保密工作的极端重要性，将保密纪律和规定视为不可逾越的红线，自觉严格遵守。"事以密成，语以泄败。"在与他人交流和行动中始终保持高度的警惕，不被外界的干扰和诱惑所影响，不轻易向任何人透露游击队的行动计划、人员构成、武器装备等关键信息，哪怕是面对最亲近的人，也能坚守保密原则，确保队伍的安全和行动的隐秘性。例如在解放战争时期，地下党成员在敌占区工作，面对敌人的严刑拷打和威逼利诱，始终未泄露半点机密，为最终的胜利做出了重要贡献。

7. 坚韧的适应能力。具备良好的身体和心理素质，如同顽强的野草，无论置身何种困境都能坚韧生长，能够迅速适应不同的地理环境，无论是崇山峻岭、广袤沙漠还是潮湿丛林；轻松应对多样的气候条件，无论是酷热难耐、严寒刺骨还是狂风骤雨……在艰苦的环境中始终保持乐观积极的心态，以笑容迎接挑战，克服困难，坚持战斗，不断调整自己的思维和行为方式，恰似灵活的变色龙，适应游击战的复杂多变的特点，随机应变，游刃有余。

8. 高效的学习能力。《战争论》指出："经验比一切哲理有价值得多。企图为军事艺术建立一套死板的理论，好像搭起一套脚手架那样保证指挥官到处都有依据，这是根本不可能的。战争理论主要是帮助指挥官确定思考的基本线索，而不应该像路标那样指出行动的具体道路。"应树立终身学习的理念，将学习视为不断进步的源泉和动力。善于从实践中学习，每一次战斗都是成长的机遇，总结经验教训，反思得失，不断改进自己的工作方法和作战策略，精益求精。

9. 强大的团队精神。树立牢固的集体主义观念，将个人利益融入集体利益。正如毛泽东同志所说："团结一致，同心同德，任何强大的敌人，任何困难的环境，都会被我们战胜的。"①尊重队友，充分认可和珍视每个人的独特价值，不轻视、不贬低；关心队友，敏锐察觉他们的需求和困扰，及时给予帮助和支持，让温暖在团队中传递。在共同奋斗中铸就团结一心的意志，不断增强团队的凝聚力和战斗力，使团队成为坚不可摧的战斗堡垒。

需要指出的是，游击战属于一种极其特殊且极为复杂的战争形式，其能够成功开展受到众多因素的综合影响。前面所列举的基本素养仅仅是其中一些较为关键和重要的部分，实际的情况可能会更加多样和繁杂。

特别需要说明的是，国际社会上神出鬼没纵横驰骋的非政府武装的游击战同样需要具备一些基本素养，其性质和背景诚然与常规游击战存在差异，但在众多方面仍然能够参照社会、团队、个人的基本素养，并结合自身的实际状况进行全面综合的考量。在社会层面，务必获得广大民众的坚定支持以及充足的资源供给，唯有民众真心拥护并积极提供各类所需资源，非政府武装的游击战才有坚实的后盾。团队层面，一定要构建清晰明确的组织架构和高效顺畅的协作机制，如此才能确保团队在战斗中分工合理、配合默契，发挥出强大的战斗力。个人层面，必须具备勇敢无畏、机智聪慧、坚韧不拔等优秀品质，这样在面对复杂危险的战斗环境时，个人才能从容应对，坚守使命。

---

① 《毛泽东文集》第三卷，北京：人民出版社 1996 年版，第 22 页。

三、应蕴含的基本条件

（一）客观方面

1. 复杂的自然环境。包括险峻的山脉、茂密的森林、广袤的沼泽以及幽深的峡谷等。例如，二战期间，南斯拉夫游击队在巴尔干半岛的山区与德军周旋，山脉的掩护使得德军的大规模围剿行动屡屡受挫。拿破仑·波拿巴说："将军们，地理知识对于军官来说，犹如步枪之对于步兵，数学公式之对于几何学家一样重要。"这些复杂的地形为游击队伍提供了天然的掩护和屏障，使得敌军难以展开大规模的搜索和围剿行动。

2. 分散的人口分布。在一些地区，人口居住较为分散，缺乏集中的大型城镇，这种分散的格局使得敌军难以实施全面有效的管控，为游击队的活动创造了空间和机会。例如，在越南战争中，越共游击队充分利用了乡村地区人口分散的特点，与美军进行长期的周旋。

3. 广泛的信息网络。有人指出："信息力就是战斗力，贯穿备战打仗全过程。"现代信息技术的飞速发展，如互联网、卫星通信等，使得信息能够迅速传播，即使在偏远地区，民众也能够通过各种手段将敌军的动态传递给游击队，为其行动提供及时准确的情报支持。

4. 多样的资源分布。丰富的自然资源，如食物、水源、燃料和矿产等，分布广泛且易于获取，这为游击队在长期的战斗中提供了基本的生存保障和物资补给。抗日战争时期，八路军在华北地区依靠当地丰富的农产品和矿产资源，建立了稳固的根据地，广袤的农田为部队提供了充足的粮食，山林中的木材可用于建造防御工事，煤炭等矿产资源则为军工生产提供了原料。在苏联卫国战争中，游击队在森林深处依靠丰富的野果、猎物和水源得以生存，并且利用森林中的木材制造简易武器，持续对德军进行袭扰。

5. 隐蔽的人造条件。例如废弃的工厂、矿井、地下通道等，经过适当改造和利用，可以成为游击队的秘密据点和藏身之处，增加了敌军搜索和打击的难度。二战期间，法国抵抗组织利用巴黎的地下排水系统建立了秘密联络点和藏身处，使得德军的搜捕行动屡屡扑空。又如在斯大林格勒保卫战中，苏军充分利用废墟和工厂地下室，出其不意地打击德军。这些人造条件为游击队的生存和战斗提供了重要的庇护所，正如孙子所言："善守者，藏于九地之下。"

6. 宽裕的武器装备。尽管游击队的武器装备可能不如正规军精良，但拥有一定数量和种类的武器，如轻型枪械、便携式导弹、简易爆炸装置等，能够满足基本的战斗需求，并对敌军造成有效威胁。

7. 多维的战场向度。现代战争不再局限于陆地，还包括海洋、天空甚至太空等领域，游击战可以在不同的战场维度中寻找敌军的薄弱环节，灵活展开攻击。游击战的多维战场拓展，使敌军需要投入更多的资源来进行全方位的防御，增加了其作战成本和难度。

8. 特殊的据点要地。某些具有战略意义的桥梁、隧道、交通枢纽等，游击队若能巧妙控制或破坏，将对敌军的行动造成重大阻碍。二战中，在诺曼底登陆前夕，法国抵抗组织对德军的交通设施进行了大规模破坏，迟滞了德军的增援部队，为盟军的登陆行动创造了有利条件。在越南战争中，越共游击队经常袭击美军的补给线和桥梁，使得美军在越南的军事行动面临巨大困难。这些据点要地的控制和破坏，往往能够打乱敌军的作战计划，为游击战的胜利创造条件。

9. 先进的科技手段。如无人机侦察、卫星定位系统等，游击队若能掌握并合理运用这些技术，将大大提高自身的侦察和作战能力。近年来，在中东地区的一些冲突中，非政府武装使用民用无人机进行侦察和攻击，取得了一定的效果，他们通过无人机获取敌军的部署和行动信息，为本方的作战决策提供了有力支持。同时，利用卫星定位系统，游击队能够更精确地规划行动路线和攻击目标。在现代战争中，科技的发展为游击队提供了更多的手段和机会，使其能够在与强大敌军的对抗中发挥更大的作用。

10. 简约的后勤补给。游击战通常不需要大规模、复杂的后勤保障体系，能够依靠当地的简单物资和自给自足的方式维持基本的生存和战斗需求。朝鲜战争中，志愿军在艰苦的条件下，通过就地取材和民众支持，解决了部分后勤补给问题。在越南战争中，越共游击队依靠当地的农产品和简易的加工设备，为部队提供食物和药品。这种简约的后勤补给方式使得游击队能够在资源匮乏的情况下保持战斗力。

（二）主观方面

1. 民众的广泛支持。民众对游击队的积极拥护和全力支持是游击战成功的基石，他们不仅为游击队提供情报、食物和住所，还在心理上给予游击队巨大的鼓舞和动力。在中国的抗日战争中，广大民众积极支持八路军和新四军的游击作战，"母亲叫儿打东洋，妻子送郎上战场"，正是这种全民支持的生动写照。民众的支持使游击队如鱼得水，能够在敌后顽强战斗。例如，在华北地区，百姓为游击队传递情报，掩护伤员，甚至直接参与战斗，使得游击队能够在敌人的重重封锁下生存并得到发展。

2. 坚定的战斗意志。游击队员们拥有坚不可摧的信念和决心，无论面对多么强大的敌人和艰苦的环境，都毫不退缩，始终保持高昂的斗志，为实现目标而不懈奋斗。二战期间的苏联，面对纳粹德国的疯狂进攻，苏联游击队在极端恶劣的条件下坚持战斗，他们坚信"只要我们一息尚存，就绝不放弃抗争"，这种坚定的意志使他们在冰天雪地里与敌人周旋，为最终的胜利贡献了力量。就像古罗马军事家恺撒所说："勇士们，我们必须坚定地面对敌人，因为退缩只有死路一条。"

3. 灵巧的战术思维。在战斗中，游击队领导者和队员能够根据瞬息万变的战场形势，迅速调整战术策略，出其不意地攻击敌军，展现出卓越的应变能力和创新精神。

4. 高效的组织协调。游击队内部建立了严密而高效的组织架构，各部门、各小组之间能够密切配合、协同作战，确保行动的一致性和连贯性。在西班牙内战中，国际纵队的游击队组织有序，在战斗中分工明确、配合默契。"只有团结一致，才能取得胜利。"高效的组织协调让游击队的力量得以充分发挥。

5. 简易的制造能力。游击队具备自制简易武器、工具和装备的能力，能够在资源有限的情况下，利用当地材料和技术，满足战斗和生存的基本需求。抗日战争时期，根据地的军民自己动手，制造土枪、土炮和地雷，展现了强大的创造力和适应能力，这种简易的制造能力为游击作战提供了有力的物质支持。

6. 基本的战斗素养。队员们经过一定的军事训练，具备基本的射击、格斗、侦察和伪装等技能，能够有效地执行战斗任务。在抗日战争时期，敌后武工队的队员们接受了严格的训练，熟练掌握各种战斗技能，通过扎实的训练，他们在战斗中能够准确射击、灵活格斗、敏锐侦察和巧妙伪装。例如，在冀中平原的战斗中，武工队员们凭借精准的射击，一次次击退了日伪军的进攻；在深入敌占区执行侦察任务时，他们依靠出色的伪装技巧，成功避开了敌人的巡逻队，扎实的战斗素养使他们在复杂危险的环境中应对自如，为抗战胜利做出了重要贡献。

7. 有效的队伍培养。注重对新队员的招募和培训，不断补充新鲜血液，传承战斗经验和战术技巧，使游击队始终保持强大的战斗力。中国工农红军在长期的革命斗争中，非常重视队伍的培养和传承。老队员将战斗经验毫无保留地传授给新队员，让游击队的战斗力得以延续和提升。

8. 优畅的舆论营造。通过各种渠道，如宣传册、广播、社交媒体等，向民众传播游击队的理念和行动，争取更多人的支持和同情，同时对敌军进行心理打击。越南战争期间，越共游击队通过宣传让民众了解他们的正义诉求，获得了广泛的支持，使得大量民众投身到支持游击队的行动中来。

9. 中意的战略布局。从宏观角度规划游击战争的发展方向和阶段目标，合理分配资源和力量，确保在长期的斗争中逐步实现战略意图。在解放战争中，中国共产党领导的游击队根据战略形势，制定了"农村包围城市"的战略布局。孙武云："上兵伐谋，其次伐交，其次伐兵，其下攻城。"通过精妙的战略谋划，游击队逐步壮大，最终取得胜利。

10. 特定的战术安排。根据不同的作战环境和敌军特点，制定具有针对性的战术方案，如伏击战、突袭战、麻雀战等，以最小的代价换取最大的胜利。在抗日战争中，八路军根据日军的行动规律和地形特点，灵活运用各种战术。取得了辉煌的战果。例如，在平型关大捷中，八路军采用伏击战术，一举歼灭日军精锐；在冀中地区，游击队运用麻雀战，让日伪军疲于奔命。

（三）敌对方面

不仅要清晰透彻地了解自身所处的环境条件，更要全面深入、细致入微地明了对方的环境条件。《孙子兵法》曰："不知诸侯之谋者，不能豫交；不知山林、险阻、沮泽之形者，不能行军；不用乡导者，不能得地利。""用兵之法，无恃其来，恃吾有以待之。"只有对对方情况了如指掌，才能在作战时有的放矢，有针对性地制定战略战术，打赢每一场有准备之仗。

1. 敌方具备显著的技术和装备优势。例如拥有先进且强大的侦察手段，包括卫星侦察、无人机侦察等，还配备了精准高效的精确打击武器，如远程导弹、制导炸弹等，同时具备高度信息化的作战系统，能够实现战场信息的快速传递与处理，这一系列优势使得我方在正面抗衡中处于明显的劣势，难以与之进行常规的正面交锋。正因如此，我方明智地选择游击战术，以灵活多变的方式避开敌方锋芒，寻找其薄弱环节进行打击。

2. 敌方占领或控制的区域范围广泛，但兵力的分布却相对分散。正如"备前则后寡，备后则前寡，备左则右寡，备右则左寡，无所不备，则无所不寡。"这种状况致使敌方在辽阔的地域内难以构建起严密无隙的防控网络，这就为我方的游击活动创造了宝贵的可乘之机，使我方能够在敌方防控的间隙中穿插自如，出其不意地发动袭击，有效地打击敌方力量。

3. 敌方对当地的地形地貌、风土人情以及民众的心理和行为习惯等方面知之甚少，这使得他们无法准确地判断我方游击队的行动规律和可能的藏匿地点，难以有效地预测和应对我方的游击袭击。在这种情况下，我方游击队能够充分利用地形和民众的支持，神出鬼没地对敌方进行攻击，然后迅速消失在复杂的环境中。

4. 敌方的后勤保障线漫长且脆弱，不仅运输线路长，容易受到地理环境和天气等因素的影响，而且沿途的保护力量相对薄弱。例如在二战时期，纳粹德军深入苏联作战，其后勤补给线绵延数千千米，苏联军队抓住这一弱点，多次有组织、有计划地袭击德军的后勤补给线路，破坏运输车辆、摧毁物资仓库等，极大地干扰了德军的资源供应，使得德军在前线的作战物资匮乏，士兵们面临着弹药不足、食品短缺等困境，极大地削弱了其持续作战的能力，为苏联军队争取到更有利的作战条件。

5. 敌方内部存在着种种矛盾和分歧。例如不同军种之间在作战理念、资源分配上存在冲突，各部队之间协作不够顺畅，或者在战略目标的设定以及战术的具体执行上存在争议。"鹬蚌相争，渔翁得利。"此时我方可利用此矛盾展开游击战，抓住时机，对敌方实施突然而有力的打击，打乱其部署，使其陷入被动局面。

6. 敌方过度依赖固定的重要设施或据点，如军事基地、通信枢纽、能源供应站等。《尉缭子》曰："敌在山缘而从之，敌在渊没而从之，求敌如求亡子，从之无疑，故能败敌而制其命。"历史上，有诸多因死守据点而失败的例子，比如马谡守街亭，不听从诸葛亮的部署，执意驻守无水源的山上，最终导致蜀军大败。我方可以针对这些关键目标展开有针对性的袭击，通过破坏或占领这些目标，打乱敌方的部署和行动节奏，使其陷入混乱和困境。这种策略能够有效地削弱敌方的战斗力和指挥控制能力，为我方的游击作战创造更有利的局面。

7. 敌方在舆论和民意方面处于不利地位。《战争论》说："在消灭敌人军队时，不能仅仅消灭敌人的物质力量，更重要的是摧毁敌人的精神力量。"当地民众对敌方的存在深感反感或坚决抵制，这是因为敌方可能采取了违背民众意愿、损害民众利益的行动，从而导致民心相悖，民众不仅在情感上倾向于我方，而且愿意积极地为我方游击队提供支持和掩护。他们可能为游击队传递情报、提供食物和住所，甚至直接参与到一些辅助性的工作中。这种广泛而坚定的民众支持极大地增强了我方游击战的生存和发展空间，使游击队能够在艰难的环境中得以存续和壮大。

8. 敌方的作战方式往往较为僵化，缺乏灵活性和适应性。他们可能过度依赖既定的战术流程和指挥体系，在面对突发情况和复杂多变的战场局势时，反应迟缓且应对乏力，面对我方游击战多变的战术和出其不意的攻击模式，敌方难以迅速做出有效的调整和反制。

9. 敌方的情报收集和分析能力存在明显不足。他们缺乏有效的情报网络和精准的分析手段，无法准确获取我方游击队的活动信息和战略意图，这导致在应对我方的行动时常常陷入被动局面，只能盲目地进行搜索和防御。由于不能提前洞察我方的行动计划和目标，敌方难以做出有针对性的部署和准备，使得我方游击队能够在敌方的眼皮底下灵活行动，不断取得战术上的胜利，并逐步积累战略优势。

10. 敌方在当地的统治基础薄弱，未能成功建立一套完善且切实有效的行政和治安体系。他们对当地的社会架构、人文风俗、经济运作等方面缺乏深刻的认识和把握，无法精准对接民众的核心诉求，导致其治理策略与实际情况严重脱节；在行政执行上，他们的人员配置不合理，效率低下，政策推行困难重重；治安维护方面，警力部署不均衡，执法能力欠缺，难以对区域进行全面且有力的管控，这种薄弱且混乱的统治状况，使得资源分配不均，信息流通不畅，内部协调机制失调。正因如此，我方游击队得以在其控制区域内相对自由地活动，巧妙地规避敌方的监控与限制，充分利用敌方统治的疏漏和薄弱环节，灵活穿插，开展多样化的军事行动和宣传动员工作，不断积累力量，逐步拓展活动范围和影响力。

11. 敌方的军事行动受到国际舆论或政治因素的显著制约。在国际舞台上，各国对战争行为和军事手段的合法性、合理性有着广泛的关注和评判，敌方在面对游击战这种特殊的战斗形式时，若采取某些强硬且可能引发广泛争议的手段，会面临来自国际社会的谴责和压力。政治层面上，其国内的政治局势、党派纷争以及与盟友之间的关系等因素，也可能限制其军事行动的决策和执行。这种多重的制约使得敌方在应对游击战时有所顾虑，不敢轻易采取极端手段，从而为我方提供了一定的活动空间和喘息之机，使我方能够在相对宽松的外部环境下，持续发展和实施有效的游击战略。

12. 敌方对当地的资源依赖程度较高，这些资源可能包括粮食、能源、原材料等，当地的资源供应成为敌方战略布局和持续作战能力的重要支撑。然而，我方通过有针对性地破坏其资源获取渠道，如袭击敌方的补给线、摧毁其资源采集设施、干扰其资源运输等，能够有效地削弱敌方的实力。资源的短缺将直接影响敌方的装备维护、士兵补给和战略部署，导致其军事行动受到严重阻碍，增加其作战难度，从而为我方争取到更多的战略优势和时间。

13. 敌方的军事指挥系统存在诸多漏洞或容易被干扰。其指挥架构可能层级复杂，信息传递效率低下，导致决策延误和指令执行不畅，或者在通信技术和保密措施上存在缺陷，使我方能够利用信息战等先进手段，对敌方的指挥系统进行渗透和破坏。例如，我方可以通过网络攻击干扰敌方的通信网络，散播虚假情报误导敌方的决策，甚至对敌方的指挥人员进行针对性的心理干扰。这些手段能够有效地影响敌方的决策和行动，打乱其作战计划和部署，为我方的游击作战创造极为有利的条件，使我方在战场上掌握更多的主动权。

综上所述，上述这些条件和机会，乃是基于以往的战斗实践所进行的理论梳理与总结，当然，在实际的战争情境中，游击战不必具备所有能量，依据战场态势、敌我对比和地理环境等灵活调整即可。需要明确的是，有些条件和能量并非孤立存在，它们相互关联、相互作用、相互影响且相互转化，有时候，即便初始时不具备有利的条件和能量，也能够通过巧妙的策略、果断的行动以及创新的思维来创造条件和能量，实现局势的逆转，从而牢牢掌握战争的主动权。

第六章　现代战争中不同阶段的游击战

伴随科技的迅猛发展，战争的形态及手段持续更迭，游击战的形式与策略也随之演变，对其主要态势展开研究，能使我们紧跟时代潮流，精准把握战争发展的新趋向，适时调整战略战术，增强自身军事应对能力。明晰游击战的主要态势，对于捍卫社会安全和利益作用显著，在遭遇来自不同方向及形式的威胁时，可灵活运用游击战的理念与方法，切实守护主权和领土完整。通过对现代战争中游击战主要态势的钻研，能够推动军事理论的创新与发展，为构建更完备、更有效的军事战略体系给予有力支撑。

一、主要态势

在不同的阶段，游击战会呈现出截然不同的态势。战争伊始，通常以小规模的灵活袭扰为主，神出鬼没地打乱敌人的作战部署，让敌人时刻处于不安与被动的状态；当战争逐步推进，游击战的规模与力度不断增大，广泛联合各方力量，多点开花，对敌人的重要据点和关键部位展开精准攻击；待到战争后期，游击队员紧密配合正规军行动，在战略决战的关键时刻发挥关键作用，加速敌人的溃败之势，为最终的胜利筑牢坚实基础。

（一）进攻阶段

在现代战争的进攻阶段，游击战能够发挥出关键的辅助作用，成为正面进攻的有力补充。毛泽东曾说："游击战在整个抗日战争中的战略地位，仅仅次于运动战，因为没有游击战的辅助，也就不能战胜敌人。"①这强调了游击战在抗日战争中的重要辅助作用。游击队员积极主动地采取行动，针对敌军的前沿阵地、补

---

① 《毛泽东选集》第二卷，北京：人民出版社 1991 年版，第 499 页。

给线路以及通信设施实施精准而高效的破坏与骚扰，通过这种方式，打乱敌军的战略部署，扰乱其作战节奏，使其难以构建坚实有效的防御体系。例如，在某场局部高强度对抗中，当主力部队精心筹备并即将发起大规模进攻时，勇敢无畏的游击队员提前秘密渗透到敌军后方，他们凭借着果敢和机智，成功破坏了敌军至关重要的桥梁和交通要道，有效阻碍了敌军增援部队的迅速行进，极大地减轻了正面进攻所面临的压力。进攻阶段的游击战显著地展现出主动性和突袭性的特质，毛泽东同志曾指出："第一阶段，即敌之战略进攻、我之战略防御的时期……这一阶段我所采取的战争形式，主要的是运动战，而以游击战和阵地战辅助之。"①游击队善于敏锐地捕捉敌军的防守漏洞和薄弱环节，以迅雷不及掩耳之势发动出其不意的猛烈攻击，使敌军瞬间陷入混乱和极度的恐慌之中。

通常情况下游击战会呈现出以下主要态势：

1. 主动进攻态势。在这种态势下，作战人员凭借着极其敏锐的洞察力以及精准详尽的情报分析，精准无误地选择敌人的薄弱环节，果敢坚决地发起攻击。这样不仅能够极为有效地削弱敌人的战斗实力，打乱其战略部署，还能为后续的一系列作战行动创造极其有利的条件，为最终的胜利奠定坚实基础。

2. 作战协同态势。正所谓"万人操弓，共射一招，招无不中"，多个战斗小组在高度的默契配合与统一指挥下，于近距离出其不意、神不知鬼不觉地突然发起攻击，以达到出其不意、攻其不备的惊人作战效果。这种协同作战能够充分发挥各方在人员素质、武器装备、战术策略等方面的独特优势，实现力量的完美整合与最大化利用，形成一股强大的战斗合力。

3. 速战速决态势。正所谓"兵贵速，不贵久"。通过迅速而果断、雷厉风行的作战行动，最大限度地减少暴露在敌人反击之下的时间，降低自身所面临的潜在风险。速战速决不仅能够显著减少我方的人员伤亡和资源消耗，还能在心理上给敌人造成巨大的压力和威慑，打乱其既定的作战部署和节奏，使其陷入混乱和被动的局面。

4. 资源争夺与破坏态势。夺取敌人的武器、物资等资源是增强自身实力的重要途径。在战斗中，要果断且精准地获取敌人的武器装备，为我方所用；收集

---

① 《毛泽东选集》第二卷，北京：人民出版社 1991 年版，第 462~463 页。

物资，保障我方的持续作战能力。针对敌人的重要基础设施进行精准破坏，以有效地削弱其作战能力，这些基础设施可能包括交通枢纽、通信设施、能源供应站等，通过有针对性的破坏，打乱敌人的后勤补给和指挥调度，使其陷入混乱和困境，为我方的胜利创造有利条件。

当然，在高科技先进武器装备影响下的游击战于进攻阶段又会呈现出许多新态势：

1. 侦察与保密新态势。在当今时代，高科技手段的广泛应用为游击队带来了前所未有的机遇，借助先进的无人机、卫星通信设备等尖端技术，游击队能够获取更为精确、详尽且实时的情报，这极大地增强了对敌方部署、行动轨迹和战略意图的侦察能力，从而能更精准地选择进攻目标，显著提升进攻的突然性和有效性。然而，必须清醒地认识到，科技的发展是一把双刃剑，敌方的防御和监控系统也正因科技的进步而变得更为严密和先进，配备了更强大的反侦察手段和情报分析能力，这无疑对游击队的进攻计划和行动保密性提出了前所未有的严峻挑战，需要采取更为严格、缜密和创新的保密措施来防止情报泄露。例如，采用加密通信技术、建立多重情报传递渠道以及强化内部人员的保密意识和纪律等。

2. 装备与训练新态势。随着生物技术和材料科学的持续进步，游击队有望获得更轻便但防护性能出色的装备，这些新型装备不仅能够减轻作战人员的负担，还能在关键时刻提供可靠的防护，有效提高作战人员在进攻中的生存能力。与此同时，虚拟现实和增强现实技术的引入为游击队的训练带来了革命性的变化，通过构建更加逼真的模拟训练环境，队员们在实战前就能对复杂多变的战场环境和进攻流程有清晰、全面且深入的认知和充分准备。这种高度仿真的训练能够让队员们提前熟悉各种可能出现的情况，从而在实际战斗中更加从容不迫地应对各种复杂和危险的局面，减少失误，提高战斗效率。

3. 战场制造与干扰新态势。随着 3D 打印技术的横空出世，游击队在战场上获得了强大的助力，凭借这一先进技术，游击队能够在短时间内快速制造出所需的武器零件和实用工具。这显著提高了装备的修复和改进能力，即使在激烈的战斗中，武器装备受损，也能及时得到修复和优化，有力地保障了武器装备在战斗中的持续有效性。与此同时，通过精心研发能够干扰敌方电磁脉冲的装置，游击队能够对敌方的电子设备造成强有力的冲击，使其暂时失效，这一举措将极大地打乱敌方的指挥和防御系统，导致其信息传递受阻、防御体系出现漏洞。如此一来，游击队员便能够抓住时机，给予敌方致命一击。

4. 战术规划新态势。量子计算技术所具备的强大运算能力为战术规划带来了全新的可能性。这一前沿技术极有可能被巧妙地运用到优化进攻路线和战术规划之中，它能够以令人惊叹的速度分析海量的战场数据，从错综复杂的数据中精准地找到敌方防御的薄弱环节。这一突破为游击队制定更加科学、高效且具有针对性的进攻策略提供了强有力的支持，使游击队在战斗中能够有的放矢，最大限度地发挥自身的优势，提高进攻的成功率和战斗的效果。

5. 隐身与决策新态势。超材料技术的重大突破为游击队带来了前所未有的优势，通过这一技术，能够制造出可以使电磁波弯曲的先进装备，从而实现对敌方雷达的隐身效果，这意味着游击队在进攻时能够更加出其不意，让敌方难以察觉，极大地提高了进攻的成功率。同时，借助人工智能辅助的战术决策系统，游击队能够实时获取和分析战场动态，该系统能够根据瞬息万变的战况迅速而精准地调整进攻策略，使游击队在战斗中始终保持主动地位，灵活应对各种突发情况，避免陷入被动局面，有效地掌控战斗的节奏和走向。

6. 装备自我修复与协同新态势。在现代科技的助力下，研发具备自我修复能力的武器装备成为可能，这种创新的装备能够在受到一定程度的损坏后，自动启动自我修复机制，及时修复损伤部位，减少因装备损坏而影响进攻的情况。这一特性极大地保证了武器装备在战斗中的可靠性和稳定性，使游击队在激烈的战斗中不必因装备故障而陷入被动。同时，利用神经接口技术，队员之间的信息传递和沟通能够超越传统的方式，实现更加直接和高效的交流。这一技术可以进一步提升队员之间的默契和协同作战效率，使游击队在进攻中能够更加紧密地配合，形成一个有机的整体，无论是在执行突袭任务还是进行阵地攻坚，队员们都能心有灵犀，迅速响应彼此的行动，发挥出更强的战斗力。

7. 微型武器与精准控制新态势。随着分子组装技术的飞速发展，制造极其微小但威力强大的炸弹已不再是遥不可及的梦想。这些微型炸弹体积微小，能够悄无声息地潜入敌方重要设施，如指挥中心、通信枢纽等，在关键时刻引爆，对敌方造成重大打击，其隐蔽性和破坏性为游击队的进攻增添了新的利器。此外，借助脑电波控制技术，实现了作战人员与武器装备之间的直接思维连接，作战人员的思维指令能够瞬间传递给武器装备，大大提高了操作的速度和精度，这使得武器的响应更加迅速，射击更加准确，从而显著增强了进攻的效果和效率，让游击队在与敌方的对抗中占据更大的优势。

8. 环境与探测新态势。科技的不断进步为武器的研发开辟了新的领域，开发能够在极端环境下快速生长和蔓延的植物武器成为一种具有创新性的战略选择。这种特殊的植物武器能够在恶劣的条件下迅速生长，形成茂密的植被障碍，有效阻碍敌方的行动路线，限制其机动性和部署能力，为游击队的进攻创造有利条件。同时，利用先进的暗物质探测技术，能够突破传统探测手段的局限，提前感知敌方隐藏的重要目标，无论是深埋地下的指挥所，还是伪装巧妙的弹药库，都能被精准发现。这使得游击队在战斗中掌握更多的主动，更好地制订进攻计划，有针对性地实施打击，提高战斗的胜算。

9. 防御与时间操控新态势。在当今前沿科技的浪潮中，能量场操控技术的应用展现出巨大的潜力，通过这一先进技术，可以制造局部的强大能量屏障，在关键时刻形成坚不可摧的防线，有效地抵挡敌方的猛烈反击。这一屏障为进攻部队提供了额外的、至关重要的保护，极大地减少了伤亡和损失，保障了我方有生力量的安全。同时，借助神秘而前沿的时空扭曲技术，能够在局部战场范围内短暂地改变时间流速，这一神奇的效果使得我方的行动相对加速，反应更加敏捷，决策和执行能够以超乎寻常的速度进行。而敌方的反应则相对迟缓，陷入时间的困境。如此一来，为游击队争取到了更多宝贵的进攻时间和绝佳的机会，让我方能够在战场上抢占先机，掌握主动，给予敌方沉重的打击。

10. 信号误导与瞬间传输新态势。随着科技的飞速发展，创新的手段不断涌现，开发能够精准模拟敌方指挥信号的先进设备成为可能。通过巧妙地发送这些误导性的信号，能够巧妙地误导敌方的防御部署，使其陷入混乱和错误的判断之中，这将为我方创造出关键的进攻缺口，打破敌方原本严密的防御布局，打乱其防御节奏，让敌方的防御体系出现漏洞和破绽。此外，利用令人瞩目的量子隐形传输技术，实现了物质和信息在空间的瞬间转移，凭借这一技术，可以将关键武器或精英人员瞬间传送到敌方的核心区域，如同神兵天降，出其不意地对敌方关键部位进行快速、精准且致命的打击。这种突破性的能力极大地提升了进攻的效果和威慑力，让敌方在毫无防备的情况下遭受重创，从而有效地改变战场的局势，为我方的胜利奠定坚实的基础。

在进攻阶段，游击战的态势主要表现在精准奇袭、巧妙设伏、重点破击、持续扰攻，特别是加持高科技武器装备下的精准情报引导的突袭、电磁频谱干扰下的攻击、卫星定位辅助的穿插、无人作战系统的袭击、网络与实体结合攻击、高能激光武器的灵活运用、量子通信保障下的协同作战、生物技术干扰等，其目的在于通过灵活多变、出其不意的战术手段，迅速突破敌军防线，夺取战略要地。

（二）相持阶段

在战争陷入相持阶段时，游击战往往能够打破僵局、推动局势发展。由于双方在正面战场上僵持不下，难分胜负，游击战能够在敌后巧妙地开辟全新的战场空间，持续消耗敌军的宝贵资源和精力。在这一艰难阶段，游击队更加侧重于对敌军后勤补给的精准打击，破坏其物资储备和运输线路，显著增加敌军的补给难度和压力。与此同时，他们还会大力开展深入而广泛的政治宣传工作，全力以赴争取当地民众的坚定支持，不断扩大自身的影响力和号召力。比如在旷日持久的边境冲突中，双方主力部队在前线陷入长时间的对峙僵局，而英勇顽强的游击队在敌军控制区域展开了长期且坚决的袭扰和破坏行动，这种果敢的行动迫使敌军不得不分散宝贵的兵力进行应对，从而为本方在正面战场创造了有利的条件和契机。相持阶段的游击战具备持久性和隐蔽性的突出特点，这要求游击队必须具有坚忍不拔的顽强意志和卓越非凡的生存能力。

在相持阶段，通常情况下游击战会呈现出以下主要态势：

1. 骚扰与破坏态势。在游击作战中，骚扰与破坏态势发挥着重要作用，这包括频繁地实施小规模袭击和干扰行动，例如持续不断地开展麻雀战，以灵活多变的方式对敌人进行袭扰，通过出其不意的攻击，打乱敌人的部署和节奏，使其时刻处于紧张和不安之中。同时，将袭击的目标瞄准敌人的重点设施，如工厂、仓库、运输线路等，从经济层面予以破坏，削弱其战争资源的供给和持续作战能力。此外，积极组织敌后破坏行动，派遣精锐力量深入敌方后方，执行暗杀敌方重要人物、破坏关键设备等特种作战任务。这些行动不仅能够直接削弱敌方的指挥和作战能力，还能在心理上对敌人造成巨大的威慑和恐慌。

2. 根据地建设态势。加强对已控制区域的建设和管理是游击作战取得长期胜利的重要保障，要致力于巩固根据地，通过建立有效的行政体系、加强治安维护、开展群众工作等措施，确保根据地的稳定和安全，努力实现经济自给，减少对外依赖。发展农业生产、手工业制造等，保障物资供应。积极发展游击网络，扩大情报收集和传递的渠道，增强与其他地区的联系和协同作战能力，同时，建立秘密交通线，确保人员、物资和情报的安全运输，使根据地之间能够紧密配合，形成一个有机的整体，共同应对敌人的进攻和围剿。

3. 人员与力量发展态势。在游击作战中，人员与力量的发展态势至关重要。要不断加强对新兵的培训和教育，通过系统的军事训练和思想教育，使新兵迅速成长为具备坚定意志和出色战斗技能的战士。积极开展对民众的宣传教育工作，向他们传播正义的战争理念和斗争精神，以巩固深厚的群众基础，让民众成为游击队的坚强后盾和有力支持。要加强情报分析工作，广泛收集各类情报信息，运用科学的方法进行深入分析，从而准确判断敌人的动向和意图，为作战决策提供可靠依据。要积极建立敌后联盟，整合各方资源，形成更大规模的抵抗网络，共同对抗敌人的压迫。

4. 战场灵活应对态势。在复杂多变的战争局势中，根据敌我双方力量的实时变化适时调整作战策略和目标是取得胜利的关键。当我方力量相对薄弱时，采取迂回、游击等战术，避免与敌人正面硬拼；当我方力量逐渐壮大，而敌方出现疲态或弱点时，应果断抓住时机，集中优势兵力实施有力打击。灵活应变还体现在对战场环境的快速适应上，无论是山地、丛林还是城市等不同地形和场景，都能迅速调整战术安排，充分发挥自身优势，化解敌人的威胁。

当然，在高科技先进武器装备影响下的游击战于相持阶段又会呈现出许多新态势：

1. 信息技术应用新态势。在相持阶段，游击战中的信息技术应用变得愈发关键且复杂。利用网络攻击手段，如精心策划的针对性病毒植入、深度挖掘系统漏洞进行持续性攻击等，游击队能够有条不紊地破坏敌方指挥通信系统，使其在长时间的胶着对峙中难以保持高效、精准的指挥调度。电子干扰技术不断地阻断敌方的信息传输，让敌方在通信频繁受阻的困境中陷入混乱，疲于应对我方的游击战术。量子加密和区块链技术如同坚固的堡垒，为通信和后勤保障提供了牢不可破的防线，确保我方关键信息的高度安全，使敌方难以窥探和干扰。光通信技术则在复杂多变、旷日持久的战场环境中，始终稳定且高效地保障通信的顺畅与安全，为相持阶段的作战提供坚实可靠的信息支撑，助力游击队灵活机动地应对敌方的各种策略。

2. 太空资源争夺新态势。随着战事陷入相持的艰难阶段，太空领域逐渐演变为决定胜负的关键战场，游击队通过间歇性但极具策略性地干扰敌方卫星通信，使其太空通信网络时断时续，严重扰乱敌方的战略部署和行动协调。同时，全力以赴地努力建立自身的卫星通信网络，逐步增强我方的通信和情报收集能力，为打破相持僵局创造有利条件。对于敌方强大且先进的能量武器装置，游击队采取灵活多变的吸收转化策略，在长期对抗中巧妙地降低其威胁，不断积累力量，等待最佳时机发起决定性的反击。

3. 能源技术发展新态势。在相持阶段，能源供应的稳定性和独立性对于游击队至关重要，"谁掌握了能源，谁就掌握了经济的命脉，也就掌握了世界的未来。"因此，大力发展分布式能源技术成为必然选择。通过分布式太阳能、风能、水能等多种可再生能源的综合利用，结合高效的能源存储和转化系统，确保游击队在各种复杂环境下都能实现能源的独立供应，不受敌方控制和干扰。这种分布式能源布局不仅能够灵活适应不同的地理和环境条件，还能降低因集中式能源供应被敌方破坏而导致的风险，为游击队的长期作战提供持续而稳定的能源保障。

4. 心理战与干扰技术新态势。在激烈的相持阶段，心理战和干扰技术成为影响战局的重要因素，"战争不仅仅是武器的较量，更是心理的博弈"。通过虚拟现实技术，精心制造逼真的虚假场景，如模拟我方强大的军事力量或制造敌方失败的假象，给敌方士兵的心理造成巨大冲击。同时，声波武器的运用能够对敌方的心理和生理产生直接干扰，影响其判断和反应能力。此外，意识控制技术的探索和应用，可以在一定程度上干扰敌方的决策过程，使其指挥系统陷入混乱，为我方创造有利的作战条件。

5. 前沿科学技术应用新态势。在现代战争的相持阶段，前沿科学技术的应用为游击队带来了新的突破。"科技是第一生产力，也是第一战斗力。"运用量子纠缠通信技术，实现超远距离的瞬时且安全通信，使指挥和情报传递不再受距离和时间的限制，极大地提高了作战的协同效率和决策的及时性。超弦理论相关技术的研究和应用，为侦察和突袭行动提供了全新的思路和方法，能够更精准地探测敌方的隐藏部署和防御弱点。物质分解与重组技术的发展，使游击队能够巧妙地转化敌方资源，为我所用，增强自身的装备和补给能力，从而在相持中逐步占据优势。

在相持阶段，游击战的态势主要表现为敌后袭扰、据点拔除、情报收集与传递、破坏敌军补给、分化瓦解敌军，特别是加持高科技武器装备后利用卫星遥感和大数据分析，精准掌握战场态势变化；运用电磁频谱管控干扰敌军的侦察与通信；借助小型化、智能化的武器装备，对敌军进行出其不意的袭扰；利用网络心理战，影响敌军士气和决策；通过量子加密技术保障情报的安全传递，为持久作战提供支持。队员相互配合，发挥着牵制敌军、消耗敌军力量、巩固和扩大根据地等重要作用。

（三）防御阶段

当战争局势发展到防御阶段时，游击战则成为抵御敌军猛烈进攻、保存有生力量的重要手段。游击队通过巧妙地分散行动、灵活迅速地转移位置，明智地避免与敌军进行正面的激烈硬拼，而是选择在敌军占领区域内展开小规模但具有针对性的反击和袭扰。他们充分利用对地形和环境的熟悉优势，精心设置巧妙的陷阱，果断开展出其不意的伏击，给敌军造成大量的人员伤亡，同时在心理上给予敌军沉重的压力。此外，还高效收集敌军的关键情报信息，为本方的防御部署提供极具价值的参考依据。例如在抵御外敌悍然入侵的激烈战争中，面对敌军来势汹汹的强大攻势，游击队在复杂险峻的山区、庞杂纷乱的城市和幽深茂密的丛林中与敌军巧妙周旋，坚持不懈地消耗敌军的强大力量，为最终实现决定性的反攻奠定坚实基础。

通常情况下防御阶段游击战会呈现出以下主要态势：

1. 避敌迂回态势。避实就虚，明智且审慎地避开敌人装备精良、兵力强盛的主力部队，这并非是退缩，而是一种保存自身实力的战略选择，避免在力量悬殊的情况下进行正面的大规模冲突，以等待更有利的时机来反击。游击周旋，运用灵活多变的战术，与敌人迂回周旋，不被敌人的阵势所牵制，不盲目地陷入正面纠缠。巧妙地利用地形、建筑的优势和时机的变化，频繁地改变作战位置，使敌人难以捉摸我方的行动规律，从而让敌人在不断的猜测和追寻中疲于应对，消耗其精力和资源。分散隐蔽，将队伍化整为零，分散部署在广阔的区域之中，充分借助复杂多样的自然环境进行巧妙隐蔽，如茂密的森林、幽深的山谷、曲折的洞穴等。如此一来，既能显著降低被敌人发现和集中打击的风险，又能在局部区域创造出以多打少的有利作战局面，实现对敌人的有效打击和牵制。

2. 情报收集态势。注重情报优先，将情报工作置于关乎战斗胜负的关键位置，提前且精确地洞悉敌人的行动意图、兵力部署、战略规划等核心信息，通过高效且精准的情报收集和深入细致的分析，为我方的战略决策和战术安排提供坚实可靠的依据，确保我方在战斗中能够真正做到知己知彼，从而百战不殆。当然也要注意自己情报的严格保密。开展敌后工作，派遣经验丰富、素质过硬的精干力量深入敌后，他们不仅要积极收集各类情报，还需对敌人的后方补给线、通信设施等关键环节进行有针对性的破坏，通过这种方式，扰乱敌人的后方秩序，严重削弱其持续作战的能力，为正面战场创造出有利的作战条件，减轻正面战场的压力。

3. 防御体系态势。建设多层防线，精心规划并构建多层防御体系，结合地形的特点和战略要点，科学合理地设置多道防线，每一层防线之间相互配合、紧密协作、相互支援，形成一个有机的整体防御架构，通过逐层消耗敌人的有生力量，逐步削弱敌人的进攻势头，为最终的反击创造条件。建立预警系统，综合运用多种手段，如设置敏锐的侦察哨、高效的监听站、广泛的群众情报网等，形成一个全方位、多层次的情报监测网络，提前发现敌人的进攻迹象，及时获取敌人的行动信息，从而使我方能够迅速做出反应，灵活调整战略部署，作好充分的防御准备工作，最大限度地减少可能遭受的损失，保障我方的战斗力和有生力量。

4. 战术手段态势。巧妙运用诱敌之计，"引蛇出洞"，故意暴露部分弱点或制造虚假的诱惑，吸引敌军深入我方预设的区域，然后在敌军进入陷阱时，迅速发起反击，打敌人一个措手不及，实现"出其不意，攻其不备"的效果。坚决执行坚壁清野的策略，不留任何有价值的物资给敌人，有条不紊地转移和藏匿重要的物资，让敌军在占领区域找不到足够的补给，使其陷入物资匮乏的困境，从而削弱敌军的持续作战能力和战斗意志。精心策划伪装行动，通过设置假目标、制造虚假的军事部署等方式误导敌人的判断，让敌人如同"雾里看花"，难以分辨我方的真实意图和兵力分布，从而打乱敌军的作战计划和部署。在敌军可能推进的道路和关键位置精心布置各种障碍，如设置坚固的路障、挖掘陷阱、铺设铁丝网等，这些障碍能够有效地减缓敌军的推进速度，为我方争取更多的防御准备时间，使我方能够更好地组织防御和反击。

5. 特殊防御态势。积极开展地道战，充分利用地下工事的独特优势，这些纵横交错的地道宛如一座神秘的地下迷宫，不仅为我方人员提供了安全的庇护所，更是隐藏着无数反击的契机。地道内设有巧妙的陷阱、隐秘的射击孔以及便捷的通道，使我方能够在敌人意想不到的时刻发动突然袭击，令敌军陷入草木皆兵的恐慌之中。地道还具备完善的通风、照明和生活设施，保障了我方人员在地下长时间的生存和战斗能力，让敌人在地面上无从下手，陷入被动。大力强化民众的自卫能力，全方位组织并训练民众参与防御工作，通过宣传教育，使民众深刻认识到保卫家园的重要性和自身的责任，激发他们的战斗热情；对民众进行军事技能培训，包括武器使用、战术配合等，让他们在面对敌人时能够冷静应对、勇敢抵抗；建立起有效的民众组织体系，使民众在防御中能够有序协作，形成紧密的战斗集体；"全民皆兵，众志成城"，广大民众凭借对本地地形和环境的熟悉，成为防御体系中不可或缺的"眼睛"和"耳朵"，为防御工作提供及时准确的情报，为最终的胜利贡献巨大力量。

6. 心理支持态势。"战争中，心理的力量有时比物质的力量更强大。"开展心理疏导，及时、全面且深入地开展心理疏导工作，为参战人员打造坚实的心理防线，就像温暖的阳光穿透乌云，驱散他们内心的恐惧、焦虑和压力。组织专业的心理辅导团队，运用科学有效的方法，帮助参战人员化解心理危机，增强他们的心理韧性和适应能力，通过分享胜利的案例和英雄事迹，激发他们的荣誉感和使命感，让他们坚信自己所从事的战斗是正义且必将胜利的。

当然，在高科技先进武器装备影响下的游击战于防御阶段又会呈现出许多新态势：

1. 隐藏与防护新态势。在高科技先进武器装备充斥的当今时代，游击战中的隐藏与防护面临着全新的挑战和机遇，游击队迫切需要借助一系列前沿且高效的手段来达成有效的隐藏与防护目标。先进的伪装技术，如能自适应环境变化的光学迷彩，能够根据周边的光线、色彩和纹理实时调整自身的外观，使游击队在各种复杂环境中都能实现近乎完美的隐匿。反侦察设备的运用，包括能够干扰敌方卫星监测和电磁侦测的装置，以及具备智能识别和规避敌方侦察信号的系统，精心构建的地下工事不再是简单的藏身之所，而是配备了先进的通风、通信和防御设施的综合性庇护所，这些手段相互配合，巧妙地掩盖游击队的行踪和活动迹象，极大地降低了被敌方先进侦察工具发现的风险。能量护盾技术的横空出世为游击队提供了超乎想象的额外防护，这种技术能够在关键时刻被迅速激活，形成一层强大的能量屏障，有效抵御敌方各类精确制导武器和高性能武器的攻击，大幅减少敌方火力对我方造成的伤害，显著增强了游击队在防御中的生存能力，为后续的反击创造了有利条件。声学隐形技术的持续发展与突破，使得游击队的行动声音能够得到前所未有的有效控制，通过特殊的材料和消音装置，不仅能降低武器射击和人员行动产生的噪声，还能干扰和误导敌方声学探测设备的判断，大大降低了被敌方声学探测设备发现的概率。同时，利用生物模拟技术制造的伪装装备更是达到了以假乱真的程度，这些装备能够高度仿真自然环境中的生物形态和色彩，甚至模拟出与周围环境一致的温度和湿度特征，使游击队在外观上与周围环境天衣无缝地融为一体，进一步提高了躲避敌方全方位侦察的效果，让游击队在敌方的眼皮底下也能来去自如。

2. 干扰与防御新态势。为了有效应对敌方强大且精准的侦察和攻击能力，游击队积极探索并开发出一系列能够干扰敌方卫星信号的尖端设备，这些设备犹如电子战场上的"隐形杀手"，能够显著降低敌方通过卫星进行侦察和定位的准确性，使敌方获取的情报充满误差和不确定性，从而成功打乱敌方精心策划的作战部署和情报获取流程。智能防御工事的应运而生，为游击队的防御策略注入了全新的活力，这种具有高度自主性和适应性的工事，配备了先进的传感器和智能分析系统，能够实时感知敌方的攻击方式和强度，并自动调整防御策略，无论是面对敌方的火力压制还是特种作战，它都能迅速适应不同的战场形势，展现出灵活多变且高效精准的防御能力，大幅提高了防御的针对性和有效性。在个人防护方面，游击队采用了新型的防护材料，如具有卓越性能的纳米纤维材料，这种材料制造出的防弹装备不仅更轻便，便于游击队员在复杂地形中灵活行动，而且其防护性能远超传统装备。同时，智能感应地雷和自动防御系统的巧妙运用，如同在防线周围布下了一道严密的"电子警戒线"，其能够敏锐地感知敌方小规模渗透和突袭的迹象，并迅速做出反应，给予敌方有力的回击，大大增强了对这类威胁的防御能力，有效保障了防线的安全，使游击队在防御中更加从容自信。

3. 环境与技术利用新态势。气象武器技术的巧妙运用，为游击队在防御阶段营造出得天独厚的环境条件。通过精准控制和改变局部天气状况，如制造浓厚的大雾来有效遮蔽敌方视线，如同为敌方的侦察和攻击行动蒙上了一层厚重的"帷幕"，这不仅干扰了敌方的视觉侦察，还使敌方的各类精确制导武器失去准头，为游击队的防御行动提供了天然的掩护，让敌方陷入"盲人摸象"的困境。能量护盾发生器的出现，如同在游击队周围竖起了一道无形却坚不可摧的防护屏障，它能够全方位、高效地抵御敌方的各种攻击手段，无论是炮弹的轰炸还是激光武器的扫射，都能被这道护盾轻松化解，为我方人员和重要装备提供了稳如泰山的可靠保护，使游击队在敌方强大的火力面前依然能够屹立不倒。意识读取技术的创新性应用，为游击队的防线安全增添了一道神秘的保障，这项技术如同心灵的"透视镜"，能够提前洞察敌方渗透人员内心深处的真实意图，让任何阴谋诡计都无所遁形，从而使游击队能够未雨绸缪，提前作好充分的应对准备，有效防止敌方的破坏和渗透行动，确保防线坚如磐石，固若金汤。

4. 特殊技术应用新态势。反重力装置的成功研发为游击队带来了前所未有的机动性优势，这种装置使得游击队的据点能够如同幻影般迅速转移位置，仿佛在瞬间消失于原地，又出现在意想不到的地方，这让敌方的精确打击如同拳头打在棉花上，总是落空，难以摸准我方的实际位置，这种高度的灵活性不仅极大地增加了防御的机动性，还带来了令人难以预测的不确定性，使敌方在攻击时陷入迷茫和困惑。维度折叠技术的突破更是为游击队的防御增添了一层神秘的面纱，它能够将我方防御区域巧妙地隐藏在高维空间之中，如同将宝物藏入了一个神秘的异度空间，敌方的常规探测手段在这个神奇的技术面前变得苍白无力，常规的攻击方式也难以奏效。这为我方争取到了极其宝贵的防御时间和战略空间，让游击队能够在相对安全的环境中调整战略、积蓄力量。引力波护盾技术的蓬勃发展为游击队打开了防御的新维度，它使游击队具备了抵御来自太空的远程打击的能力，不再局限于应对地面和低空的威胁，这一技术的应用拓展了防御的范围和层次，让游击队在面对来自宇宙深处的攻击时也能有足够的底气和保障，宛如在头顶撑起了一把坚不可摧的保护伞。心灵感应屏蔽装置的问世有效地为我方筑起了一道心灵防线，在这个充满高科技侦察手段的时代，心灵感应类技术成为潜在的威胁，然而，心灵感应屏蔽装置的出现让敌方妄图通过这种方式获取我方情报和战术部署的企图化为泡影，有力地保障了我方作战计划的保密性和安全性，确保我方的战略意图和战术安排不被敌方洞悉，为最终的胜利奠定了坚实的基础。

在防御阶段，游击战的态势主要表现在积极牵制、频繁扰敌、敌后侦察、有力反击、坚壁清野，特别是加持高科技武器装备后借助先进的地理信息系统和卫星监测，实时掌握敌军动态，提前做出预警部署；利用电磁干扰设备干扰敌军的通信和导航系统，打乱其进攻节奏；凭借隐形技术和伪装手段藏匿自身，降低被敌军发现和打击的风险；运用智能化的地雷和陷阱系统，有效阻滞敌军的推进；通过网络攻击手段破坏敌军的指挥控制系统，使其陷入混乱。主要目的在于通过灵活多变的方式，配合正面防御，最大限度地消耗敌人、保存自己。

（四）反攻阶段

在现代战争的进程中，反攻阶段的游击战扮演着举足轻重、具有决定性意义的角色，当战争的局势逐渐显现出对我方有利的态势，进而迈入反攻阶段之际，游击战将充分展现其强大且关键的作用。在这一关键阶段，游击战已不再局限于小规模的袭扰和局部的破坏行动，而是有针对性地对敌方的关键据点、重要设施以及核心供应链展开全面且精准的攻击。游击队员们凭借长期积累的对当地地形地貌的深刻了解，以及广大民众坚定不移的支持，巧妙运用灵活多变、出其不意的战术，他们时而采取迅猛的突袭，在敌方尚未反应之际给予致命一击；时而实施巧妙的包围，将敌方孤立分割，逐步蚕食；时而精心策划伏击，以逸待劳，让敌方陷入精心布置的陷阱之中。他们充分借助广泛而高效的情报网络，从各个渠道准确、及时地获取敌方的兵力部署、行动路线和战略规划等关键信息，基于这些详尽的情报，能够极其精准地筛选和确定攻击目标，以最小的人力、物力代价，换取最大规模的胜利成果。与此同时，游击队与正规军达成了高度的协同，二者相互呼应，形成一股无坚不摧的强大合力，为正规军在正面战场的大规模进攻创造了极为有利的条件，使其能够集中优势力量，突破敌方防线。

通常情况下反攻阶段的游击战会呈现出以下显著态势：

1. 力量发展与规模扩大态势。在反攻的进程中，游击战逐渐展现出力量发展与规模扩大的积极态势。随着战斗形势的转变，游击行动的规模逐步有序地扩大，不再局限于小范围的局部袭击，而是勇敢地转向具有更大影响力的较大规模的战斗，这种转变并非一蹴而就，而是经过精心策划和逐步推进的。同时，原本分散在不同区域的游击队伍，通过有效的联络和协调机制，得以整合汇聚。各方力量相互融合，优势互补，形成一股强大且统一的战斗力量，这种整合不仅增强了战斗力，还提升了战略执行的协同性，为更有力地打击敌人奠定了坚实基础。

2. 作战协同与战略布局态势。"在战场上，协同是胜利的基石。"在反攻阶段，游击战更加注重与正规军或其他游击队的紧密协同作战，通过建立高效的沟通和指挥系统，各方力量能够密切配合，形成强大的战略合力。战略上，采取包围敌军的策略，从多个方向对敌军形成合围之势，切断敌军的补给线和退路，使其陷入孤立无援的境地，并且派遣精锐的游击部队，凭借其出色的战术素养和灵活的作战能力，巧妙地穿插到敌军的部署之中，打乱敌军的阵脚，分割敌军的防御体系，为全面进攻创造有利条件。

3. 进攻策略与目标打击态势。在反攻战斗中，游击队采取精准且果断的进攻策略，针对敌军的关键目标，如指挥中心、弹药库、通信枢纽等，进行精确打击，以迅速削弱敌军的作战能力。"精确打击是现代战争的手术刀，精准切割敌人的要害。"进攻时，采取多路并进的方式，从不同方向同时发起进攻，使敌军难以集中防御，顾此失彼，在进攻过程中充分利用自身的火力优势，实施有效的火力压制，为突击部队创造突破敌军防线的机会，以迅速推进战线，实现战略目标。

4. 心理作战与意志瓦解态势。在反攻阶段，心理作战成为游击队的重要策略之一，"战场上，动摇敌人的意志就是胜利的开端"。通过多种手段展开强大的心理攻势，以宣传为武器，传播我方的正义主张和胜利前景，揭露敌军的罪行与不义。从思想层面动摇敌军的信念，利用喊话等方式，直接对敌军进行情感和心理上的冲击，传递温暖与关怀，唤起敌军士兵对和平、家庭的渴望，同时施加压力，点明其失败的必然结局，从而在敌军内部制造恐慌和迷茫，逐步瓦解其战斗意志。"心理的防线一旦崩溃，再坚固的堡垒也会瞬间瓦解。"这种心理战不仅能够削弱敌军的战斗力，还可能引发敌军的内部矛盾和叛逃，为我方的军事行动创造更为有利的条件。

5. 追击清剿与胜利巩固态势。当敌军在我方的强大反攻下开始溃败时，游击队迅速展开坚决的追击行动，对那些试图逃窜的敌军进行毫不留情的追击和歼灭，不给敌人任何喘息的机会。同时，对敌军可能藏匿的区域进行全面彻底的清剿，不放过任何一个角落，清除残余的敌人，确保战场的完全掌控，通过这样的坚决行动，巩固来之不易的胜利成果，为后续的和平与稳定奠定坚实基础。

6. 后方保障与政权建设态势。在反攻的过程中，游击队高度重视后方保障工作，"后勤保障是战争的命脉，决定着胜负的走向。"全力做好物资补给，确保前线战士有充足的弹药、食物和装备供应。建立完善的医疗保障体系，及时救治伤员，保障战士的生命健康，维持部队的战斗力，并且积极建立临时根据地，作为稳定的后方支撑点，为部队提供休整、补给和战略指挥的场所。在军事胜利的基础上，迅速接管政权，建立新的秩序，筹备战后重建工作，恢复社会生产和生活秩序，修复战争带来的破坏，为民众创造一个安定、繁荣的生活环境，实现从战争到和平的平稳过渡。

当然，在高科技先进武器装备影响下的游击战于反攻阶段又会呈现出许多新态势：

1. 武器装备与打击能力新态势。在高科技先进武器装备的深刻影响下，游击战于反攻阶段所运用的武器装备展现出一系列崭新而引人注目的特点，精确制导武器的广泛应用以及智能化作战平台的投入使用，极大地改变了战斗的格局和方式，这些先进装备使游击队的打击能力得到了前所未有的提升，同时赋予了作战更高的灵活性和机动性。

精确制导武器能够凭借其先进的导航和定位系统，精准锁定敌方目标，实现一击必中的效果，让每一次攻击都发挥出最大的效能，战术执行也因此变得更加丰富多样、变化莫测。智能化作战平台则通过集成先进的传感器、数据分析和自主决策系统，能够根据战场实时情况自动调整攻击策略和行动路径，使游击队在复杂多变的战斗环境中始终保持高效的作战能力。

纳米技术制造的微型武器因其独特的物理特性，成为游击战中的秘密武器，这类武器体积微小、便于携带，能够在敌人毫无察觉的情况下被游击队员隐蔽携带至战场，其出色的隐蔽性使得游击队能够出其不意地接近敌方关键目标，并在关键时刻完成致命一击，给予敌人沉重的打击。这种微型武器的出现，打破了传统武器在尺寸和携带便利性方面的限制，为游击战提供了全新的战术选择和攻击手段。

超导材料制成的武器凭借其卓越的物理性能，在攻击力和射程方面实现了质的飞跃。这种武器能够在瞬间释放出巨大的能量，对敌方目标造成更加强大的破坏，同时其超长的射程使游击队能够在更远的距离外对敌人发动攻击，有效保障了游击队员的自身安全，让游击队在作战中拥有了更加强大的火力优势，从而能够更加从容地应对各种复杂的战斗局面。

太赫兹技术的应用为武器系统带来了革命性的变革。太赫兹波具有独特的穿透性和高分辨率成像能力，能够穿透传统材料的遮蔽，清晰地识别出隐藏在障碍物后的目标，应用于武器后，实现了对目标更加精确的识别和打击，极大地减少了误判和误伤的可能性，进一步提高了作战的准确性和效果，使游击队在攻击敌方目标时能够做到有的放矢，最大限度地发挥武器的效能。

反物质能量炮的投入使用，则为游击队提供了一种具有超强破坏力的新型武器，这种高科技武器能够释放出巨大的能量，对敌方重要目标进行毁灭性的打击，其威力之巨大，足以在瞬间改变战场的局势，使游击队在面对强大的敌人时拥有了足以抗衡甚至扭转战局的强大手段。反物质能量炮的出现，不仅提升了游击队的攻击能力，更在心理上对敌人产生了巨大的威慑作用，为游击战的胜利增添了重要的砝码。

2. 技术辅助与保障新态势。在反攻阶段，引力波探测技术展现出了非凡的战略价值，凭借其高度灵敏的感知能力，能够提前捕捉到敌方大规模行动所引发的引力波信号，如同在黑暗中提前点亮的明灯，为游击队的反攻部署赢得了极其宝贵的时间。这使得游击队能够迅速调整战略布局，集结力量，精心策划作战方案，做好充分而详尽的准备，以迎接即将到来的战斗，从而在战场上抢占先机。

为了应对复杂多变的战场电磁环境，游击队专门开发出了能够穿越重重干扰的先进通信系统，这套系统具备强大的抗干扰和自适应能力，确保在反攻过程中指挥信息的畅通无阻，无论是在硝烟弥漫的战场还是电磁干扰严重的区域，都能实现信息的及时传递和指令的准确下达，使游击队的各个作战单元能够紧密协同，如同一个高效运作的整体，发挥出最大的战斗效能。

能源回收技术的巧妙利用，成为保障游击战持续作战的关键因素，通过高效的回收装置和转化系统，能够将战斗中产生的各种能量废热和剩余能源进行回收再利用，这不仅有效地减少了能源的浪费，还为武器装备在长时间战斗中提供了稳定而可靠的能源支持，使其能够持续保持良好的运行状态，不会因为能源短缺而影响战斗的进行。

真空能提取技术的突破为武器系统注入了强大而源源不断的能源动力，这种前沿技术能够从真空中提取出巨大的能量，并将其转化为可供武器使用的高效能源形式。这一创新极大地增强了反攻阶段的火力输出，使游击队能够在关键时刻释放出强大的攻击力量，为取得战斗的胜利提供了坚实的能源基础，让敌人在我方强大的火力面前望而却步。

物质重组技术的应用则为战场上的资源利用带来了革命性的变化，通过这一神奇的技术，能够将战场上看似无用的废弃物进行快速而高效转化，使其重新变成对战斗有价值的资源和精良的武器装备。这不仅持续补充了反攻所需的物资，减少了对外部补给的依赖，还极大地提高了资源的利用效率，实现了战场上的"变废为宝"，为游击战的持续推进提供了有力的物资保障。

3. 特殊技术与人员新态势。在高科技的驱动下，反攻阶段的游击战呈现出令人瞩目的特殊技术与人员新态势。引力牵引技术成为干扰敌方的有力手段，通过巧妙地运用这一先进技术，能够对敌方的卫星和飞行器运行施加影响，如同无形的大手，干扰其轨道和运行轨迹，从而有效地削弱敌方的太空侦察和通信能力。这一干扰不仅让敌方失去了高空的"眼睛"和"耳朵"，还使其战略布局陷入混乱，无法及时有效地获取和传递关键信息，为我方的反攻创造了有利的战略环境。

基因编辑技术的突破为作战人员的培养带来了革命性的变革，通过精准的基因编辑操作，能够培养出具备特殊能力的作战人员，他们的耐力得到显著增强，能够在艰苦的战斗环境中长时间保持高度的战斗力。反应速度大幅提高，他们在瞬息万变的战场上能够迅速做出准确的判断和应对，从而在关键时刻给予敌人致命一击。这些经过基因编辑的作战人员如同超级战士，显著提升了反攻的战斗力，成为战场上的中流砥柱。

虫洞穿越技术的出现为游击队带来了前所未有的战略机动性，借助这一神秘的技术，游击队能够实现快速而神出鬼没的兵力转移和突袭，仿佛穿越时空的隧道，在敌方意想不到的时间和地点突然出现，让敌方的防御体系瞬间崩溃，难以组织有效的抵抗和防备。这种超越常规的战略机动性使游击队在反攻中掌握了绝对的主动权，让敌人始终处于被动挨打、防不胜防的困境。

在反攻阶段，游击战的态势主要表现在协同主力进攻、围困敌军据点、追歼逃敌、抢占关键地域、封锁敌军退路、解放城乡区域，特别是加持高科技武器装备后运用人工智能辅助的战术决策系统，能制定灵活多变的反攻策略；凭借先进的隐形飞行器对敌军核心据点进行秘密打击；利用卫星导航和智能导弹，精确摧毁敌军重要设施；借助网络战技术全面瘫痪敌军的防御体系；通过太空侦察设备获取敌军情报，为反攻行动提供精准指引，发挥着极其重要的作用。

总之，现代战争中的游击战通常会经历进攻阶段、相持阶段、防御阶段以及反攻阶段，这四个阶段并非孤立存在、毫无关联，而是相互交织、彼此影响，共同构成了战争进程中的复杂态势。在进攻阶段，游击战一方积极主动，采取果敢的行动以争取战略优势；相持阶段则是双方力量相互抗衡、局势胶着的时期，游击战需要保持坚韧和灵活；防御阶段，游击战队伍着重抵御敌方的进攻，保存实力并寻找反击的机会；而反攻阶段，则是在前期积累和准备的基础上，展开强有力的反击，以实现战争形势的逆转。这四个阶段并非一成不变，而是会随着战争形势的动态变化而相互转化，当进攻取得一定成果但未达到决定性胜利时，可能会进入相持阶段；相持阶段若能抓住关键契机，就可能迈向进攻或反攻阶段；防御阶段若应对不力，局势可能进一步恶化。游击战在这四个阶段的转化过程中发挥着独特而关键的作用，它能根据形势的变化迅速调整策略和战术，灵活应对，从而在战争的洪流中谋求生存与发展，为最终的胜利创造条件。

与此同时，游击战在各个阶段的态势也并非一成不变，而是复杂多变的，需要根据战场形势、敌我力量对比和战略目标的调整而不断变化策略和灵活运用战术，以实现作战目标。但要明确的是，无论科技如何发展，游击战的核心始终在于充分发挥人民群众的力量，结合灵活多变的战术，以及坚定的战斗意志，才能在高科技战争环境中争取胜利。不过，需要警惕的是，高科技的发展在为游击战带来新机遇的同时，也可能引发伦理和道德问题，以及对战争规模和破坏力的不可控影响。然而，高科技的应用也带来了更高的成本和技术门槛，对游击队的资源获取和技术人才储备提出了严峻挑战。当然文章中后面几种态势目前大多还处于理论或科幻阶段，但它们为我们思考未来游击战的发展提供了丰富的想象空间。

二、影响因素

游击战在不同阶段呈现不同态势，其背后的影响因素众多，从不同角度来看，战争的整体进程、敌我双方的实力对比、地理环境、民众支持以及国际局势等均起着关键作用，众多因素相互交织，共同塑造了游击战在不同阶段的不同态势。

（一）主观因素

1. 指挥统筹因素。指挥官所具备的决策能力、战略规划能力以及坚守目标的定力，乃是影响游击战态势的核心要素之一。《战争论》指出："什么样的人才适于被称为军事天才？这种人与其说是有创造精神的人，不如说是有钻研精神的人；与其说是单方面发展的人，不如说是全面发展的人；与其说是容易激动的人，不如说是头脑冷静的人。"一位优秀的指挥官，能够凭借其高瞻远瞩的战略眼光，精准地判断战场形势，制定出科学合理且具有前瞻性的战略规划。同时，在瞬息万变的战场环境中，指挥官还需当机立断，做出果断的决策，引领游击队伍朝着既定目标奋勇前进。他们坚定不移地坚守目标，不为短暂的困难和挫折所动摇，确保整个游击作战行动始终保持正确的方向。

2. 人员精神因素。《尉缭子》曰："凡战，以力久，以气胜。守则气不泄，战则胜。"其中涵盖了战士们的战斗意志、耐力与毅力以及积极乐观的心态，这些因素对于游击战的态势有着至关重要的影响。顽强的战斗意志能让战士们在面对敌人的强大压力时毫不退缩，勇往直前；坚韧的耐力与毅力使他们在艰苦的战斗环境中始终坚守，不畏艰难险阻；积极乐观的心态则能在困境中激发战士们的斗志，让他们始终保持高昂的士气，坚信最终的胜利必将属于自己。

3. 战术运用因素。《孙子兵法》曾说："故用兵之法，十则围之，五则攻之，倍则分之，敌则能战之，少则能逃之，不若则能避之。"战术的灵活性、学习创新能力以及经验的积累与传承，这些因素直接左右着游击战的具体态势。在游击作战中，灵活多变的战术是应对复杂战场形势的关键，战士们需要根据实际情况迅速调整战术，做到敌变我变，出其不意。同时，不断学习和创新战术，借鉴他人的成功经验，并结合自身实际进行优化和改进，将过往积累的宝贵经验传承下去，使整个游击队伍的战术水平不断提升。

4. 情报处理因素。准确的情报收集与有效的分析是决定游击战态势的关键一环，及时、准确且全面的情报，能够让游击队伍清晰地了解敌人的部署、行动意图和弱点，从而制订出有针对性的作战计划，而对情报进行深入、有效的分析，则能够帮助队伍从纷繁复杂的信息中筛选出有价值的内容，为决策提供可靠的依据，使游击作战更加有的放矢。

5. 应对变化因素。敏锐的洞察与准确的判断，在游击战态势的变化中发挥着决定性作用。《三略》曰："故用兵之法，无恃其不来，恃吾？有以待之；无恃其不攻，恃吾有所不可攻也。"在复杂多变的战场环境中，随时可能出现各种突发状况和意想不到的危机，具备强大的危机应对能力，能够让游击队伍在面临危机时迅速调整策略，化险为夷；敏锐的洞察力能够帮助战士们及时发现战场上潜在的危险和机会；准确的判断则能让他们在关键时刻做出明智的选择，从而牢牢把握战场的主动权。

6. 对高科技武器的了解与掌握因素。包含对高科技武器的熟悉程度、挖掘潜在功能的能力、快速学习操作的本领以及克服依赖心理的意识。在当今科技日新月异的时代，高科技武器在战争中的作用日益凸显，只有充分熟悉高科技武器的性能特点，深入挖掘其潜在功能，才能在战斗中最大限度地发挥其效能。同时，要具备快速学习操作高科技武器的能力，以适应不断变化的战场需求。此外，还需避免过度依赖高科技武器，保持灵活多变的作战思维。

7. 对高科技武器风险的评估与应对因素。在运用高科技武器开展游击作战的过程中，准确评估可能出现的潜在风险是至关重要的。例如，需要深入剖析高科技武器在使用过程中可能面临的技术故障问题，任何一个细微的零部件损坏或软件错误都可能导致整个武器系统的失效，影响作战效果甚至危及游击队员的生命安全。高科技武器往往依赖先进的信息系统进行操控和指挥，若信息安全防护措施不到位，造成信息泄露，敌方有可能获取关键的作战信息，从而对我方的战略部署和行动计划了如指掌，使游击作战陷入被动局面。高科技武器通常需要特殊的零部件、能源供应以及专业的维护人员，如果后勤保障体系无法及时满足这些需求，武器可能会因缺乏维修保养而性能下降，或因能源短缺而无法正常使用，将极大地削弱我方的战斗力。只有对高科技武器风险进行准确评估，并制定出相应的全面、科学且具有前瞻性的应对措施，才能够在风险来临时迅速做出反应，有效降低风险带来的损失。

（二）客观因素

1. 自然地理条件因素。在游击战的战略考量中，自然地理条件因素具有至关重要的地位，其中，山脉起伏纵横，不仅能够为游击队员提供天然的防御屏障，还能成为绝佳的观察点和伏击点；丛林的茂密植被为游击队提供理想的隐蔽之所，使敌人难以发现其踪迹；河流不仅是天然的地理分界线，其湍急的水流和多变的河道还能限制敌人的行动，为游击队的转移和突袭创造有利条件；土壤的松软程度直接关系到工事的构筑难度和稳定性，松软的土壤可能导致挖掘工事时的坍塌风险，而坚实的土壤则有利于建造坚固的防御工事；地下洞穴的分布情况也极为关键，分布广泛且结构复杂的地下洞穴可以作为游击队的藏身之处、物资储备点甚至临时指挥所；特殊的地理景观，如深邃险峻的峡谷，能够成为阻挡敌人追击的天然障碍，或是实施伏击的绝佳地点。特别是在城市环境中，街巷、建筑为游击战提供独特优势，纵横交错的街道是游击队员灵活转移的通道，让敌人难以捉摸行动轨迹；高大建筑物可作观察哨和狙击点，精准打击敌人；废弃工厂、仓库等是临时藏身处和物资储存点；地下管道系统可被利用，为游击队员提供秘密行动路线，出其不意攻击后迅速转移。总之，这些丰富多样的自然地理条件是影响游击战态势的关键因素，极大地左右着游击战的开展方式、隐蔽策略和机动性的发挥。

2. 气候与天文条件因素。气候与天文条件在游击战中扮演着不容忽视的角色，恶劣的气候条件，如狂风暴雨、暴雪严寒等，虽然会给游击队员的行动带来诸多困难，但也可以被巧妙利用来迷惑敌人、阻碍敌人的追击和侦察；而适宜的气候，如温和的天气和晴朗的星空，则有助于提高行动的效率和准确性。在冬季，寒冷的气温和厚厚的积雪可能会限制敌人的行动速度和装备性能，而游击队可以凭借对当地环境的熟悉更好地适应；夏季的高温和潮湿可能会给双方带来不同程度的体能消耗，但也可能为游击队的隐蔽和突袭创造机会；昼夜时段的变化同样重要，白天视野开阔有利于观察敌人的动向，但也增加了被发现的风险；夜晚黑暗则为游击队的秘密行动提供了掩护，使其能够更接近敌人而不被察觉；星座的位置在导航和定位方面也具有一定的参考价值，可帮助游击队员在没有现代导航设备的情况下准确判断方向和位置。

3. 交通与资源条件因素。交通与资源条件在游击战中是具有决定性影响的因素，道路的畅通情况直接关系到游击队的机动性和物资运输效率，若道路宽敞、平坦且畅通无阻，敌人的增援和物资补给将更为便捷，这对游击队构成威胁。反之，若道路崎岖狭窄、年久失修甚至被破坏，敌人的行动将受到限制，而游击队则可以利用熟悉地形的优势灵活穿插。交通设施的完善程度也至关重要，桥梁的存在与否、铁路的分布以及机场的位置等，都影响着双方的战略部署和行动能力。当地矿产资源的种类和分布对于游击队的武器制造和防御工事建设具有重要意义，丰富的矿产资源可以为制造简易武器和工具提供原材料，增强游击队的战斗力。水源更是生命之源，其分布和获取的难易程度直接决定了游击队和当地居民的生存条件，也影响着军队的驻扎和行动选择。

4. 灾害与环境条件因素。在游击战的考量中，灾害与环境条件因素是不可忽视的重要方面，自然灾害，如破坏力巨大的地震、来势汹汹的洪水等，常常以其不可预测的力量瞬间改变战场的态势。地震可能导致山体滑坡、道路阻塞，使双方的行动陷入困境；洪水则可能淹没大片地区，冲毁军事设施和补给线路；疫病的流行更是一种潜在的威胁，它不仅会削弱士兵的身体机能，降低战斗力，还可能在军队中迅速传播，引发恐慌和混乱。对自然灾害的预警能力至关重要，准确及时的预警能够为游击队争取宝贵的应对时间，提前做好防御和转移准备，而预警的缺失或延误则可能使游击队陷入被动。

5. 水源与矿产条件因素。水源与矿产条件在游击战中扮演着关键的角色，水源的分布和水质是决定游击队生存和行动能力的重要因素。充足且清洁的水源分布广泛，能够维持队员的身体健康和良好的战斗状态，如果水源稀缺或者受到污染，游击队将面临生存危机，战斗力也会大打折扣；某些矿产如金属矿，可为游击队提供制造武器和工具的原材料，有助于提升装备水平和自给能力；而对于敌方来说，控制重要的矿产资源产地可能成为其战略布局的一部分，以获取资源优势。因此，水源和矿产资源的分布情况对游击队的生存行动和敌方的战略布局都会产生一定的影响，从而间接地作用于游击战的态势。

6. 高科技武器获取因素。在现代游击战中，高科技武器的获取因素具有举足轻重的地位，获取高科技武器的难易程度直接关系到游击队的装备水平和作战效能。如果获取途径困难重重，游击队可能难以获得先进的武器装备，从而在与装备精良的敌方对抗时处于劣势。获取渠道的稳定性则关乎游击队能否持续获得武器供应以及相关的技术支持和维护，不稳定的渠道可能导致武器供应的中断，使游击队在关键时刻面临武器短缺的困境，稳定可靠的获取渠道能够为游击队提供持续的装备更新和技术升级，提升其在战场上的竞争力，这一因素在一定程度上决定着游击队的装备水平和作战能力。拥有先进的高科技武器，游击队能够更有效地实施精确打击、获取情报和进行防御，从而对游击战的态势产生积极影响，增加获得胜利的可能性。

7. 敌方高科技武器因素。在游击战的复杂格局中，敌方高科技武器因素是一个不容忽视的关键要素。敌方高科技武器的威慑力，往往通过其先进的技术性能、强大的杀伤力和广泛的覆盖范围而得以体现。例如，精确制导武器能够在远距离实现高精度打击，使我方的防御和隐藏变得更加困难；新型的侦察设备能够更敏锐地捕捉我方的行动迹象，极大地压缩活动空间。频繁更新的武器意味着敌方始终保持着技术优势，不断推出更具杀伤力和适应性的装备，这使得我方需要不断应对新的威胁和挑战，增加了作战的不确定性和复杂性。

8. 高科技武器环境适应因素。在游击战的背景下，高科技武器的环境适应因素具有决定性的意义，极端的温度、湿度、高海拔等环境条件可能导致武器的零部件损坏、性能下降甚至完全失效，效能发挥程度则取决于武器与当地环境的匹配度。例如，在丛林地区，武器的瞄准系统可能会受到植被的干扰；在沙漠环境中，沙尘可能会影响武器的机械结构和电子设备；复杂的电磁频谱可能会阻塞武器的通信频道、干扰导航系统，使武器的指挥控制和精确打击能力受到严重影响，这不仅会降低武器的作战效能，还可能导致误判和误操作，从而影响整个作战行动的效果和安全性。这些环境适应因素直接关系到高科技武器在游击战中的实际作用，进而对游击战的态势产生深远的影响。

9. 高科技武器支持条件因素。在游击战的情境中，高科技武器的支持条件因素对于其有效运用至关重要。武器的能源需求是首先需要考虑的问题，某些高科技武器可能需要大量的电力、燃料或特殊的能源供应，如果在作战区域无法及时、充足地获取这些能源，武器将无法正常运行，成为摆设。运输和携带的便利性也直接影响武器的实战应用，过于笨重、体积庞大或难以搬运的武器，在游击战这种灵活机动的作战形式中可能会成为负担，限制了游击队的行动速度和作战灵活性。先进的武器系统往往依赖高速、稳定的数据传输来实现精确控制和情报共享，如果当地的网络条件差，数据传输受阻或延迟，将严重影响武器的作战效果，甚至可能导致作战指令的延误和错误。这些条件综合起来，直接决定了高科技武器能否在游击战中发挥应有的作用，进而对游击战的态势产生重要影响。

（三）内部因素

1. 队伍管理因素。在游击战的复杂格局中，队伍组织管理因素起着举足轻重的作用，严格的组织纪律能够使队员们在面对复杂多变的战场形势时，迅速而准确地执行命令，避免出现混乱和无序的状况。在游击战中，队员们需要相互信任、密切配合，才能发挥出团队的最大力量。资源分配的合理性直接关系到队伍的战斗力和持续作战能力，使队伍在有限的条件下发挥出最大的效能。民主决策氛围的营造能够充分调动队员的积极性和创造性，让队员们参与决策过程，能够集思广益，制订出更符合实际情况、更具可行性的作战计划和策略。这些因素相互作用，会极大地影响游击战中队伍的行动效率和决策效果，从而对游击战的态势产生深远的作用。

2. 保障支持因素。在游击战的实施过程中，保障支持因素涵盖了多个关键方面。物资装备的储备和供应是基础中的基础，充足的武器弹药、食品药品以及其他必要物资的储备，能够保证队伍在长期的战斗中保持战斗力；稳定而及时的供应渠道则确保了物资能够源源不断地输送到前线，满足战斗的需要。高效的医疗团队、完善的医疗设施和充足的药品供应，能够及时救治伤员，减少伤亡，使队员们能够无后顾之忧地投入战斗。系统的军事技能培训、战略战术教育以及思想文化教育，能够提高队员的战斗素养和综合能力，使他们更好地适应战场环境，应对各种挑战。文化建设能够凝聚队伍的精神力量，培养共同的价值观和使命感，增强队伍的凝聚力和向心力，激发队员的战斗意志和奉献精神……良好的保障支持如同坚实的后盾，为游击战的顺利开展提供了全方位的保障，有助于稳定和优化游击战的态势。

3. 精神信念因素。在游击战的漫长征程中，精神信念因素宛如璀璨的明灯，照亮前行的道路。信仰与信念是游击队员内心深处的力量源泉，它赋予队员们为了正义和自由而战的坚定决心，当面临敌人的强大压力和重重困难时，信仰如同一股无形的力量，支撑着队员们勇往直前，永不退缩。团队凝聚力则是将个体紧密相连的精神纽带，在游击战中，队员们来自不同的背景，但共同的目标和相互的信任使他们凝聚成一个坚不可摧的整体。强大的精神信念能够极大地增强游击队员的战斗意志和决心，在物资匮乏、环境恶劣的情况下，精神的力量让他们能够克服身体的疲惫和心理的恐惧，即使身处绝境，也绝不放弃希望，始终坚信最终的胜利必将到来。

4. 持续学习因素。在瞬息万变的游击战战场上，持续学习因素发挥着至关重要的作用。高效的信息传递流通机制能够使游击队伍及时掌握敌人的动态、战场的变化以及友方的支援情况，从而迅速做出精准的决策和灵活的战术调整。在不断演进的战争环境中，固步自封意味着被淘汰，只有具备强烈的自我革新意识，敢于突破传统思维的束缚，勇于尝试新的战术和策略，才能适应复杂多变的战场形势。较高的文化素养使队员们能够更好地理解战争的本质、战略的意图以及战术的运用，从而在战斗中做出更明智的判断。建立分享高科技武器使用经验的机制至关重要，通过建立有效的经验分享平台，队员们可以相互交流在使用高科技武器过程中的心得和技巧，迅速提升整体的武器运用能力。

5. 高科技武器培训使用因素。在现代游击战中，高科技武器的培训使用因素成为决定战斗效能的关键环节之一，通过系统、全面且贴合实战的培训课程，队员们能够深入了解高科技武器的工作原理、操作技巧以及战术应用。这种培训不仅要涵盖理论知识，更要注重实际操作和模拟演练，让队员在真实的场景中积累经验，提高应对各种复杂情况的能力。只有当队员们能够熟练、高效地使用高科技武器时，才能在战斗中充分发挥其优势，实现战斗力的跃升，进而对游击战的态势产生积极而深远的影响，为取得最终的胜利创造有利条件。

6. 高科技武器维护技术因素。在游击战的激烈对抗中，高科技武器的维护技术因素具有决定性的意义。高科技武器往往会面临高强度的使用和各种恶劣环境的考验，如果没有及时有效的维护和简单维修，武器可能会出现故障、性能下降甚至完全失效，这将极大地影响游击队的战斗力，削弱其在战场上的优势，从而对游击战的实际作战效果和态势产生不利影响。拥有专业的技术人员是保障武器维护工作的核心，这些技术人员需要具备深厚的专业知识和丰富的实践经验，能够对高科技武器的复杂系统进行精细的检测、调试和修复。他们要熟悉武器的每一个零部件和工作流程，能够迅速准确地诊断出故障并采取有效的解决措施。

7. 高科技武器经验分享因素。在高科技武器广泛应用于游击战的背景下，建立有效的交流平台成为提升作战效能的关键环节。这样的交流平台应当具备便捷性、开放性和互动性，队员们能够随时随地分享使用高科技武器的宝贵经验和独特技巧。通过这种分享，队员们可以了解不同场景下武器的最佳使用方式、应对突发情况的巧妙策略以及如何充分发挥武器的潜在功能，这种相互学习的氛围能够激发队员们的创新思维，探索出更具适应性和高效性的武器运用模式。

8. 高科技武器资源储备因素。在游击战的紧张局势中，高科技武器资源储备是确保战斗胜利的重要保障。这里所指的资源储备不仅仅是武器本身的数量，还包括与之配套的关键零部件、弹药、能源供应以及维修工具等。只有在作战中拥有充足且全面的配套资源支持，高科技武器才能持续稳定地发挥其强大的作战效能。

9. 高科技武器整合协调因素。在现代游击战的复杂环境中，高科技武器的整合协调因素成为提升战斗力的关键所在。不同类型的高科技武器各自具有独特的性能和优势，如精确制导武器的高精度打击能力、电子战武器的干扰和压制能力、侦察卫星的情报获取能力等，然而，只有使这些武器装备相互配合、协同作战，才能发挥出它们的最大潜力，形成强大的综合战斗力。

10. 高科技武器保密措施因素。在高科技武器广泛应用于游击战的背景下，保密措施成为确保作战优势的关键环节。高科技武器相关的技术和信息涵盖了武器的设计原理、制造工艺、操作方法、性能参数等诸多核心内容，一旦这些关键信息被泄露，敌方将有可能采取针对性的反制措施，从而削弱我方的作战效能。确保武器相关技术和信息不被泄露，需要构建全方位、多层次的保密体系，这包括对参与武器研发、生产、使用的人员进行严格的背景审查和保密教育，限制相关信息的传播范围和访问权限，加强对存储和传输这些信息的设备和网络的安全防护，以及制定应对泄密事件的应急预案等。有效的保密工作能够保护游击队伍的核心战斗力，当敌人对我方的高科技武器一无所知时，我方在战斗中就能出其不意、攻其不备，充分发挥武器的优势，给敌人造成巨大的心理压力和实际损失，使敌人陷入被动防御的困境。如果保密工作出现漏洞，导致武器技术和信息泄露，我方将失去作战的主动权，甚至可能面临失败的危险。

（四）外部因素

1. 群众与友军支持因素。在游击战的复杂格局中，群众与友军的支持因素具有举足轻重的地位，当地群众的支持是游击战得以开展和持续的坚实基础。他们所提供的情报往往是最为及时和准确的，能够让游击队洞悉敌军的动向、部署和行动计划，从而抢占先机，做出明智的决策。物资援助更是游击战能够长期坚持的重要保障，从食物、药品到武器弹药，每一份物资都为游击队的生存和战斗注入了力量。群众的掩护则为游击队提供了安全的庇护所，使他们能够在敌人的眼皮底下隐匿行踪，避免被发现和围剿。与友军的协同配合情况同样至关重要，友军与游击队之间的密切协作能够实现力量的互补和整合，形成协同作战的强大合力。在战斗中，友军可以为游击队提供火力支援、掩护撤退，或者共同实施包围和歼灭敌军的行动，通过有效的协同配合，能够大大提高作战的效率和成功率，扩大游击战的影响力和战果。因此，群众与友军的支持是影响游击战态势的关键因素，决定着游击战能否在艰苦的条件下蓬勃发展，并最终实现战略目标。

2. 敌军基本状况因素。在游击战的战略考量中，敌军的基本状况是一个具有决定性影响的因素。敌军的作战策略反映了他们的军事思维和指挥风格，决定了其在战场上的行动模式和目标选择。如果敌军采取激进的进攻策略，游击队则需要更加注重防御和灵活转移。若敌军侧重于封锁和围困，游击队则要寻找突破点和补给通道。高强度、大规模的围剿会使游击队的活动空间受到极大压缩，资源获取变得困难，需要更加巧妙地运用战术和地形来躲避敌军的搜索和攻击。敌军的战术安排影响着战斗的具体形式和节奏，不同的战术组合可能给游击队带来不同程度的威胁和挑战。敌军内部的矛盾也是一个不可忽视的方面，派系斗争可能导致指挥混乱、行动不协调，从而削弱敌军的整体战斗力；士气低落则会影响士兵的战斗意志和执行力，使敌军在面对困难和挫折时更容易出现崩溃和退缩。准确把握敌军的基本状况，有助于游击队制定针对性的应对策略，合理分配资源，选择最佳的战斗时机和地点，从而对游击战的态势产生关键影响。

3. 国际形势与援助因素。在游击战的宏观格局中，国际形势与援助因素扮演着举足轻重的角色。国际社会的态度犹如风向标，直接影响着游击战的外部环境和资源获取。外部提供的物资和人员支援是游击战能够持续发展的重要支撑，物资方面，包括武器装备、医疗用品、食品补给等，能够有效提升游击队的战斗力和生存能力；人员支援方面，如军事顾问、技术专家、志愿战斗人员等的加入，可以带来先进的作战理念、技术知识和战斗经验，为游击队注入新的活力。国际舆论对游击战的评价和导向同样具有深远影响，积极的舆论评价能鼓舞游击队的士气，吸引更多的支持和资源；负面的舆论则可能导致内部信心动摇，外部援助减少。国际舆论还可能影响到其他国家和组织对游击战的参与程度和支持方式。国际方面的这些因素共同构建了游击战的外部环境和资源支持体系，为游击队的行动提供了必要的条件和机遇。准确把握国际形势的变化，积极争取有利的国际援助和舆论支持，能够有效地影响游击战的态势，为最终的胜利创造有利条件。

4. 军事同盟变化因素。在复杂多变的国际军事格局中，军事同盟关系的调整具有牵一发而动全身的影响力，对游击战的态势产生极大的冲击。国际军事同盟的变化往往伴随着各方力量的重新洗牌和战略布局的重大调整，当原本支持敌方的军事同盟出现裂痕或弱化时，敌方可能会失去重要的军事支持和资源保障，从而削弱其在游击战地区的军事优势，这为游击队提供了喘息的机会和发展的空间，使其能够更加主动地开展行动，扩大影响力。反之，如果新的军事同盟形成并加强了对敌方的支持，敌方可能会获得更多的先进武器装备、情报共享和军事指导，增强其围剿和打击游击队的能力，这将使游击队面临更加严峻的挑战和压力，需要重新评估局势，调整战略战术。此外，军事同盟的变化还可能导致地区局势的不稳定和冲突的升级，引发更多的外部势力介入。这不仅会改变游击战的规模和强度，还可能影响到其政治解决的前景和方式。

5. 经济因素。在游击战所牵涉的众多因素中，经济因素具有潜在而深远的影响力，外部对敌方实施的经济制裁和贸易封锁虽是一种非直接军事手段，但却能产生强大的战略效果。经济制裁通常包括限制贸易往来、冻结资产、禁止金融交易等措施，这会严重干扰敌方的经济运行；贸易封锁则切断了敌方获取关键物资和资源的渠道，阻碍其工业生产和商品流通。经济困境还可能引发国内的社会动荡、民众不满，分散敌方政府在军事行动上的精力和资源，使其难以全力应对游击战，这种间接的影响并非一蹴而就，而是一个逐渐累积和发酵的过程。

6. 技术因素。在现代战争的舞台上，技术因素已成为塑造游击战态势的关键因素之一。外部军事技术的扩散和交流情况如同一场无声的变革，悄然改变着敌我双方的军事技术水平和作战方式，军事技术的扩散使得先进的武器系统、通信设备、侦察手段等得以在更广泛的范围内传播，如果游击队能够获取并掌握这些新技术，将极大地提升作战能力和情报收集能力。外部军事技术的交流也促进了作战理念和战术的创新，新的作战方式可能应运而生，如网络战、无人机作战等，要求游击队员不断学习和适应，以充分发挥技术带来的优势，然而，对于敌方而言，同样可以通过技术获取提升自身的反游击能力。这就形成了一个动态的技术竞赛局面：谁能够更迅速地吸收和应用新技术，谁就更有可能在游击战中占据主动。

7. 文化因素。在游击战的复杂生态中，文化因素发挥着微妙而深刻的作用，文化的渗透与反渗透现象就像无形的思想交锋。外部势力可能试图通过文化传播来影响当地民众的价值观、世界观和政治观念，从而削弱对游击战的支持，而当地民众则会进行反渗透，坚守和弘扬自身的文化传统，增强对游击战的认同和拥护。积极的文化交流可以增进不同群体之间的理解与包容，为游击战争取更广泛的支持，但文化冲突也可能导致民众的思想分裂，一部分人会对游击战产生怀疑或抵触情绪。

8. 国际管控与政策因素。在当今全球化的背景下，国际管控与政策因素在高科技武器领域发挥着日益显著的作用，对游击战态势产生深远的影响。国际社会针对高科技武器的贸易和使用所制定的管控政策，形成了一道道严密的规范之网，严格的管控政策使得游击队获取高科技武器的渠道变得狭窄而艰难，可能面临着来自多个国家和国际组织的监管和审查，难以通过正常的贸易途径获得所需的武器装备。国际军控条约对高科技武器的限制进一步加大了获取的难度，限制了游击队可选择的武器范围。然而，这种管控并非绝对，政策的执行力度、各国之间的利益博弈以及国际局势的变化，都可能为游击队获取高科技武器留下一定的空间和机会。但总体而言，国际社会的管控政策在很大程度上影响着游击队获取高科技武器的可能性和方式，进而对游击战的战略规划、战术运用以及最终的态势产生重要作用。

9. 外部援助因素。在游击战的复杂格局中，外部势力提供高科技武器的意愿和能力成为影响战局的关键因素之一。外部势力的提供意愿往往受到其自身政治、战略和经济利益的驱动，如果他们认为支持游击队符合其地缘政治目标、对抗共同的敌人或者实现了某种战略平衡，可能会表现出强烈的援助意愿。然而，仅有意愿还不够，援助能力同样至关重要，这包括外部势力是否拥有充足的高科技武器库存、是否具备有效的运输和交付手段，以及是否能够在不引发国际社会强烈反对的情况下实现武器的提供。外部势力所提供的技术支持的稳定性直接关系到游击队能否真正有效地使用高科技武器，稳定的技术支持意味着及时的培训、持续的零部件供应、维修保障以及战术指导，如果技术支持不稳定，游击队即使获得了高科技武器，也可能由于操作不熟练、维护不当而无法充分发挥其效能，甚至可能因为武器故障而在战斗中陷入被动。

10. 周边武器扩散与情报因素。在游击战所处的复杂军事生态中，周边地区高科技武器的扩散情况犹如一颗潜在的重磅炸弹，可能剧烈地改变整体的军事平衡。当周边地区大量涌入先进的高科技武器时，无论是敌方获得还是友方实力提升，都将对游击队所处的战斗环境产生重大冲击。如果敌方获取了更多的高科技武器，其火力优势可能会急剧扩大，对游击队构成更严峻的威胁，压缩其活动空间和作战选择。如果友方或中立力量获得这些武器，可能会为游击队提供一定的战略缓冲和支援机会。因此，密切关注周边武器扩散情况和获取关键情报，对于游击队在高科技武器时代的生存和胜利至关重要。

总之，造成不同阶段游击战的不同态势的原因很多很复杂，这些因素相互作用、相互影响，形成了一个动态多变的环境。从战略战术的调整与变化，到敌我双方力量的此消彼长；从地理环境与地形地貌的差异，对游击战的开展方式产生的影响，到不同时期情报获取与传递手段的进步或局限；从民众支持程度的高低，所给予的资源和掩护的多寡，到后勤补给的稳定性与可持续性；从指挥将领的个人风格与决策能力，到参战人员的素质与训练水平等，共同塑造了不同阶段游击战的多样态势。因此，对于这种复杂的情况，需要根据实际情况随时研究总结，以便更好地理解和把握游击战的发展规律。

三、注意事项

不管是进攻阶段、相持阶段，还是防御阶段、反攻阶段以及相互转换中，游击战都需要注意一些关键问题或者重要事项。

(一)作战方面

1. 情报工作。在游击战的各个阶段转换期间，准确及时的情报犹如指引前行的明灯，其重要性不言而喻。正所谓"知彼知己，胜乃不殆；知天知地，胜乃可全"，全面且准确地收集、分析敌方情报，才能在游击战斗中做到知己知彼，百战不殆。

2. 战术运用。在瞬息万变的游击战战场上，根据战场形势的变化迅速调整战术和战略是生存和胜利的关键。安东·亨利·约米尼所著的《战争艺术》曰："战术就是在决定点上使用兵力的艺术，其目的就是要使他们在决定的时机、决定的地点上，发生决定性的作用。"要始终保持高度的灵活性和机动性，依据瞬息万变的战场形势，灵活调整用兵策略，在敌方兵力强大时，迅速分散，化整为零，以减少暴露和损失；而当发现敌方的薄弱环节时，则果断集中兵力，给予敌方致命一击。同时，要善于巧妙地利用地形地貌，如城市、山丘、丛林、河流等自然屏障，为自身的行动提供掩护，增加敌方攻击的难度，或者借助有利地形，出其不意地发起攻击。

3. 特殊作战技能培养。加强如爆破、暗杀、侦察、狙击等特殊技能的训练，以满足不同战斗场景的需求。爆破技能能够在关键时刻摧毁敌方的重要设施或阻碍敌方的行动；暗杀技能可用于消灭敌方的关键人物，打乱敌方的指挥系统；侦察技能有助于获取准确的情报，为作战决策提供依据；狙击技能则可以在远距离精准打击敌方重要目标，对敌方造成心理威慑等。对这些特殊技能的熟练掌握和运用，能够极大地提升游击战斗的效果和效率。

4. 先进武器装备运用。深入了解并合理运用先进武器装备，这是提升游击战作战效能的重要途径。例如便携式导弹，其具有轻便灵活、易于携带和操作的特点，能够对敌方的装甲车辆、工事等重要目标进行精确打击，从而有效削弱敌方的战斗力；高精度狙击枪能在远距离上对敌方关键人员进行精准狙杀，打乱敌方的指挥和部署；智能化通信设备可以实现更高效、更安全的信息传递和指挥协调，确保各游击小组之间的紧密配合，及时掌握战场动态。只有熟练掌握这些先进武器装备的性能和使用方法，并根据实际战斗情况合理运用，才能充分发挥其优势，取得战斗的胜利。

5. 应对新威胁。在当今复杂多变的战争环境中，需要有效应对诸如无人机侦察与攻击、电子战、网络攻击、生化武器等新兴作战手段带来的威胁。无人机侦察具有范围广、速度快、隐蔽性强等特点，对此要加强反侦察手段，利用地形和伪装来躲避无人机的监视，面对无人机的攻击，要建立有效的防空体系，运用干扰设备或武器进行反击。电子战可能会干扰我方的通信和导航系统，甚至引爆各种电子产品设备，必须强化电子防护能力，发展加密通信技术和备用导航手段。网络攻击可能导致我方作战系统瘫痪，所以要加强网络安全防护，建立严密的网络监控和防御机制。对于生化武器的威胁，要配备专业的检测和防护设备，加强人员的防护训练，制定应急预案以应对可能的生化袭击。

6. 研究敌方弱点。深入剖析敌方的薄弱环节，是制订科学合理作战计划的关键，这需要对敌方的军事力量、战略部署、后勤保障、内部矛盾等方面进行全面细致的研究。比如，敌方可能在某些地区的兵力部署较为薄弱，或者其后勤补给线路存在漏洞，又或者其内部存在指挥不协调、士气低落等问题。"攻敌之短，破敌之虚。"针对这些弱点，制订出具有针对性的作战计划，集中力量攻击敌方的薄弱之处，从而以最小的代价获取最大的战果。同时，要不断跟踪和更新对敌方弱点的研究，根据战场形势的变化及时调整作战计划，确保作战行动的有效性和灵活性。

（二）队伍建设方面

1. 纪律严明。保持内部严格的纪律，这是确保行动高度统一和高效执行的基石。"加强纪律性，革命无不胜。"严格的战场纪律要求游击队成员绝对服从指挥，不得擅自行动，确保整个队伍行动的协调一致和高效性。在游击战斗中，每一个决策、每一次行动都关乎着整个队伍的生死存亡和战斗的成败，严格的纪律要求队员们严格遵守上级的指挥命令，不得擅自行动；在行动中保持高度的协同性，按照预定的计划和分工紧密配合；严格遵守保密纪律，不泄露任何可能危及队伍安全和作战计划的信息。只有通过这种严格的纪律约束，才能使队伍在复杂多变的战斗环境中迅速、准确地执行任务，形成强大的战斗力。

2. 心理塑造。在复杂艰难且充满不确定性的战斗环境中，队员们需要坚定的信念作为精神支柱，坚信正义必将战胜邪恶，坚信最终的胜利属于自己。同时，要不断鼓舞队员们的斗志，让他们始终保持高昂的战斗热情和积极的战斗态度，不被困难和挫折打倒。增强队员们的韧性，使他们在面对长期的战斗压力、物资匮乏、人员伤亡等困境时，能够保持百折不挠的精神，不轻易放弃，坚持战斗到底。良好的心理素质还能帮助队员们在极端情况下保持冷静，做出正确的判断和决策。

3. 人才储备。"才者，德之资也；德者，才之帅也。"要建立完善的人才培养体系，从选拔、培训到实践锻炼，全方位提升队员的军事素养和战斗能力；注重培养具有创新思维和战略眼光的指挥人才，使其能够在复杂的战场形势下准确判断局势，制订出科学合理的作战计划；培养专业技能过硬的战斗骨干，如擅长爆破、通信、医疗等方面的人才；同时也要注重培养具备组织协调和团队管理能力的基层干部，确保队伍的稳定和团结。通过持续的人才培养和储备，为游击战斗的长期开展和队伍的不断发展壮大奠定坚实的基础。

4. 能力提升。"德不优者，不能怀远；才不大者，不能博见。"积极开展丰富多样的教育活动，全方位提升队员的思维能力、战术能力，尤其是创新能力和战斗能力，以促进其综合能力的全面发展。通过高强度的实战演练和模拟对抗，不断锤炼队员的综合技能，提高他们在激烈战斗中的应对能力和生存能力。

5. 内部团结。保持队伍内部的团结是游击战斗取得胜利的重要保障，要营造一个公平、公正、和谐的内部环境，让每一位队员都感受到尊重和关爱，加强队员之间的沟通与交流，促进彼此的了解和信任，消除可能存在的隔阂和矛盾。通过开展团队建设活动，增强队员的集体荣誉感和归属感，使整个队伍成为一个紧密团结、坚不可摧的战斗集体。

6. 文化适应。每个地区都有其独特的文化传统、价值观和社会规范，这些因素深深影响着当地民众的思维方式和行为习惯。游击队要深入了解当地文化，包括宗教信仰、节日庆典、礼仪习俗和家庭观念等各个方面，尊重当地的宗教活动和宗教信仰，不干涉和破坏宗教场所和宗教仪式，与民众建立起亲密关系，从而为游击战斗的开展赢得广泛的群众基础。

（三）外部支持与协调方面

1. 群众基础。紧密联系当地群众是游击战斗取得成功的关键所在。正所谓"得众者得国，失众者失国"，要始终秉持全心全意为老百姓服务的宗旨，深入了解群众的需求和诉求，积极为他们解决实际问题，通过为群众提供安全保障、改善生活条件、维护社会公平正义等方式，赢得他们的坚定支持和充分信任。只有得到群众的真心拥护，才能在人力方面获得源源不断的兵员补充，在物力方面获取粮食、药品、情报等多方面的有力帮助。同时，群众还能为游击队提供掩护和隐藏场所，使游击队在敌人的围剿中得以生存和发展。

2. 战略协调。在广阔的战斗区域内，不同地区、不同队伍之间保持密切的战略协调与沟通至关重要。要建立高效的信息共享机制，及时传递战场情报、作战经验和战略部署等重要信息，确保各方对整体局势有清晰准确的认识；通过定期的战略研讨和协同会议，共同制定统一有序的战略规划，明确各地区、各队伍在不同阶段的作战目标和任务，避免出现各自为战、重复行动或战略冲突的情况。在实际作战中，要根据战场形势的变化及时调整战略布局，实现协同高效的作战效果，形成强大的整体作战力量。

3. 与友军配合。要充分了解友军的作战特点、装备优势和战术风格，结合自身情况，制定出科学合理的协同作战方案。在战斗中，充分发挥各自的优势，例如游击队擅长灵活机动的游击战，友军可能具备强大的火力支援或正规作战能力，通过相互配合，形成强大的互补合力。同时，要加强平时的联合训练和演习，提高双方的默契程度和协同作战能力。

（四）资源保障方面

1. 后勤保障。"后勤保障是战争胜利的基石。"确保物资、弹药、医疗等后勤供应的稳定可靠是游击战斗得以持续进行的重要支撑。要建立完善的物资采购和储备体系，提前规划并储备足够的食品、衣物、帐篷等基本生活物资，以应对长期作战的需求。对于弹药的供应，要根据战斗的强度和频率，合理安排采购和运输，确保弹药的充足和及时补充。在医疗方面，配备齐全的医疗设备和药品，建立专业的医疗队伍，为受伤队员提供及时有效的救治。建立健全武器装备的维护保养机制，定期对武器进行检查、维修和保养，以延长武器的使用寿命，确保其在战斗中的可靠性和稳定性。

2. 交通与能源保障。切实保障交通线路的畅通无阻和能源供应的持续稳定对于游击战斗来说具有至关重要的意义。要加强对交通线路的侦察和监控，及时发现并排除道路上的障碍和危险，确保物资运输和人员转移的顺利进行，对于可能受到敌人破坏的交通枢纽和关键路段，要提前制定应急预案，准备好修复工具和材料，以便在遭受破坏后能够迅速恢复通行。在能源供应方面，要建立稳定的能源获取渠道，如燃油、电力等，保障营地的照明、通信设备和武器装备的正常运转，同时，探索和利用当地的可再生能源，如太阳能、风能等，提高能源供应的自主性和可持续性。

3. 资源开发利用。"战争是政治的延续，而资源是战争的命脉。"深度挖掘和合理利用当地资源是有效补充物资需求的重要途径。要对当地的自然资源进行详细的调查和评估，了解其分布和储量情况。在开发利用过程中，遵循可持续发展的原则，避免过度消耗资源，以免对当地生态环境造成破坏。

4. 先进技术与武器装备的更新与维护。积极获取先进的技术与武器装备，时刻关注国际军事技术发展的最新动态，通过多种合法有效的渠道，包括与外部合作、情报收集及对战场缴获的研究利用等，来充实自身的武器库。构建科学有效的维护体系是关键，应组建专业的维护团队，及时排查和解决潜在问题与故障隐患，确保装备在战斗中稳定可靠地发挥作用，提升战斗力。

（五）敌对方面

1. 敌方动态监控。要全方位、多角度地收集敌方的情报信息，包括其日常的巡逻路线、兵力部署的调整、军事设施的建设等行动变化；深入研究敌方的战略调整，如作战目标的转变、重点攻击区域的重新规划等；密切留意敌方新的作战手段的运用，例如新型武器的投入、战术策略的创新等；同时，也要洞察敌方内部存在的矛盾，如不同派系之间的利益冲突、上下级之间的指挥分歧等。通过对这些情况的持续监控和精准分析，及时掌握敌方的最新动态，为我方的决策和行动提供准确可靠的依据。

2. 敌方心理分析。深入了解敌方指挥层和士兵的心理状态、士气高低对于准确预测其下一步的行动意图具有重要意义。研究敌方指挥层的决策风格、性格特点以及面临压力时的反应模式，判断其在关键时刻可能做出的战略选择；关注敌方士兵的战斗意志、疲劳程度和对战争的态度，了解他们的心理需求和恐惧所在。通过对敌方心理的准确把握，推测出他们在不同情况下的行动倾向，提前做好应对准备，从而在战斗中占据先机。

3. 应对敌方策略。根据敌方策略的变化及时灵活地调整我方的应对策略和战术安排，是始终保持战略主动的关键所在。当敌方采取大规模进攻时，我方应迅速分散兵力，利用地形进行游击战，消耗敌方有生力量；若敌方加强防御，我方则寻找其防御漏洞，实施突袭或破坏其后勤补给线。面对敌方新的作战手段，要迅速研究其特点和弱点，制定相应的反制措施，确保始终能够掌握战斗的主动权，实现最终的胜利。

4. 应对敌方新型技术和武器。在现代战争中，敌方可能会不断推出新型技术和武器，这对游击战斗构成了巨大的挑战，因此，必须时刻保持警惕，密切关注敌方在技术和武器方面的发展动态。同时，积极开展技术创新和武器研发，以提高我方的反击能力，在敌方新型技术和武器面前保持足够的战斗力。

5. 反制敌方宣传。在激烈的战斗中，敌方往往会利用宣传手段来制造舆论压力，试图破坏我方的形象，动摇民众的信心。拿破仑·波拿巴曾说："战时宣传工作是战争的重要组成部分，是激发士气、凝聚民心、瓦解敌军的重要手段。"因此必须敏锐识破并坚决反驳敌方的虚假宣传，全力维护我方的良好形象和民众的坚定信心。通过积极主动的反制宣传，巩固我方的群众基础，为游击战斗营造良好的舆论环境，始终保持昂扬斗志。

（六）安全防范方面

1. 营地与根据地安全。大力加强营地和根据地的防御工事建设是保障我方人员和物资安全的重要举措，根据地形地貌和敌方可能的进攻方向，构筑坚固的碉堡、战壕、障碍物等防御设施，形成多层次、全方位的防御体系。合理设置警戒哨，明确哨位的职责和任务，安排经验丰富、警惕性高的人员担任警戒工作，确保能够及时发现敌方的动向。制定详细的应急响应预案，一旦遭遇敌方的突然袭击，能够迅速组织反击，有序地进行人员疏散和物资转移。同时，加强营地和根据地的内部管理，严格控制人员进出，防止敌方奸细混入。

2. 行动安全。在作战行动中，时刻注意隐蔽和伪装是保护自身安全、达成作战目标的关键。要充分利用地形地物，如山林、沟壑、建筑物等，进行隐藏和遮蔽，减少被敌方发现的风险，采取巧妙的伪装手段，使我方人员和装备与周围环境融为一体，迷惑敌方的侦察。在行动路线的选择上，避开敌方的重点监控区域，尽量选择较为隐蔽和安全的路径，严格控制行动中的声响和光亮，避免暴露行踪。同时，加强对行动人员的纪律教育，确保每个人都能严格遵守隐蔽和伪装的要求，不因为个人的疏忽而危及整个行动的安全。

3. 信息安全。建立健全信息保护机制对于确保我方通信和情报传递的安全至关重要。采用先进的加密技术对通信内容进行加密处理，使敌方即使截获我方的通信信号，也无法解读其中的信息；严格控制通信设备的使用权限，只允许经过授权的人员操作通信设备，防止信息泄露；定期对通信网络进行安全检测和维护，及时发现并排除潜在的安全隐患。在情报传递过程中，加强对信息工作人员的培训和管理，提高他们的保密意识和安全防范能力。

4. 人员身份安全。制定严格的身份保密制度，限制队员个人信息的传播范围，避免在不必要的场合暴露身份特征和相关信息，为队员提供有效的身份伪装手段，如化名、伪装身份背景等，使其在日常生活和行动中不易被敌方识破。在与外界接触时，保持高度警惕，避免因言行不慎而暴露身份。同时，建立应急处置机制，一旦有队员身份可能暴露，迅速采取转移、隐藏等措施，防止被敌方追捕和抓捕。

5. 预防内部出现叛徒和奸细。加强队伍内部的思想教育和审查工作对于维护队伍的纯洁性和战斗力至关重要。"堡垒最容易从内部攻破。"通过定期开展思想政治教育，强化队员的信仰和忠诚意识，使他们深刻认识到背叛行为的严重后果；建立严格的审查制度，对新加入的队员进行全面的背景调查和忠诚度评估。在日常管理中，密切关注队员的思想动态和行为表现，发现异常及时进行谈话和调查，对于可能出现的叛徒和奸细，要依法依规严肃处理，绝不姑息，同时向全体队员通报，以起到警示作用。

6. 保密与反间谍。《韩非子·说难》曰："夫事以密成，语以泄败。未必其身泄之也，而语及所匿之事，如此者身危。"要强化全体队员的保密意识，使其明白保密工作的重要性和泄密的严重危害。建立完善的保密制度，明确各类信息的保密级别和传播范围，规范文件资料的管理和使用。加强对重要场所和关键环节的监控和保卫，防止敌方间谍潜入窃取情报。定期开展反间谍排查工作，通过技术手段和人员调查相结合的方式，及时发现和清除潜在的敌方间谍。加强与友方情报机构的合作与交流，共享反间谍经验，共同应对敌方的间谍威胁。

（七）其他方面

1. 舆论宣传工作。要充分利用各种宣传渠道，如广播、传单、新媒体等，发布振奋人心的消息和英雄事迹，激发队员们的斗志和爱国热情，让他们坚信胜利必将属于我们。以确凿的事实和证据揭露敌方在战争中的残暴行为和罪行，引起民众的愤慨和对敌方的谴责，从而赢得更广泛的支持。在应对敌方宣传方面，要及时识破其谎言和误导，进行有针对性的反驳和澄清，维护我方的正面形象和舆论主导权。通过积极有效的舆论宣传，凝聚人心，增强我方的战斗意志和社会支持。

2. 法律与道德。在任何情况下，都要遵守国际法律法规和战争公约，不进行非法和不人道的行为，正所谓"君子爱财，取之有道；君子战敌，胜之有义。"尊重平民的生命和财产安全，不滥用武力，避免对无辜百姓造成伤害。在战斗中，秉持公正、公平、人道的原则，对待战俘要给予应有的待遇，不进行虐待和侮辱，以高尚的道德行为赢得民众的尊重和信任，树立良好的军队形象，使我方在道义上占据制高点，增强在国际社会中的合法性和影响力。

3. 对敌军俘虏处理。遵循人道主义原则妥善处理敌军俘虏，要确保他们的生命安全和基本人权，提供必要的医疗救助和生活保障，通过人性化的对待，消除俘虏的恐惧和抵触情绪，为获取有价值的情报创造条件。合理、人道的俘虏处理方式，既展示了我方的宽大和正义，又能为战斗的胜利获取有益的信息和支持。

4. 特殊情况应对。制定完善的应对方案，以有效处理如自然灾害、生化污染、文化遗产保护、非战斗人员疏散保护等特殊情况，是游击战斗中不可忽视的重要环节。对于自然灾害，如地震、洪水、飓风等，要提前建立预警机制，规划好应急避难场所，储备必要的救灾物资和设备，确保在灾害发生时能够迅速展开救援行动，保障队员和民众的生命安全。面对生化污染的威胁，配备专业的检测设备和防护用具，进行相关的培训和演练，以便在发生污染时能够迅速采取隔离、消毒、救治等措施，最大限度减少危害。在战斗区域内，若存在重要的文化遗产，要加强保护意识，制订专门的保护计划，避免因战斗而造成不可挽回的损失。当出现紧急情况需要疏散非战斗人员时，要规划合理的疏散路线，组织有序的疏散行动，提供必要的生活保障和安全保护，确保他们的生命和财产安全。

5. 战略联盟。有人说："独战难久存，联盟可御敌。战略联盟于军事，如利刃之合锋，可破万难。"在游击战斗中，积极寻求战略联盟是增强自身实力和扩大影响力的重要途径，要与具有共同目标和利益的其他武装力量、政治团体或地方势力建立紧密的合作关系，共同对抗共同的敌人。在建立战略联盟时，要充分沟通和协商，明确各方的权利和义务，制定统一的战略目标。通过整合各方的资源和优势，实现力量的互补和协同作战，提高整体的战斗能力和战略地位。同时，要保持联盟内部的团结和稳定，及时解决可能出现的矛盾和分歧，确保联盟的有效性和可持续性。

6. 国际合作。积极与国际救援组织开展合作，争取获取更多的援助和支持，对于游击战斗的顺利进行具有重要意义。通过与他们的合作，可以缓解我方在战斗中的压力，改善队员和民众的生活条件，增强应对困难的能力。同时，这种合作也有助于提升我方在国际社会中的形象和声誉，争取更多的国际支持和同情，正所谓"得道者多助，失道者寡助"。

由于战争环境的千变万化，游击战所需要注意的关键问题或者重要事项众多，此处仅粗浅罗列了一些，唯有根据实际情况，充分考虑并妥善处理好这些关键问题，游击战斗方可取得理想的效果。

第七章 现代战争中的战略游击战、
战役游击战与战术游击战

毛泽东说过:"抗日战争中,正规战争是主要的,游击战争是辅助的。这一点,我们已经正确地解决了。那末,游击战争就只有战术问题,为什么提起战略问题呢?如果我们是一个小国,游击战争只是在正规军的战役作战上起些近距离的直接的配合作用,那就当然只有战术问题,没有什么战略问题。又如果中国也像苏联那样的强大,敌人进来,很快就能赶出,或虽时间较久,但是被占地区不广,游击战争也只是一种战役的配合作用,当然也只有战术问题,没有什么战略问题。"①此说明游击战在不同国情下拥有不同的战略地位。他还说道:"游击战争战略问题的第二个问题,是和正规战争相配合的问题。……游击战争和正规战争的配合有三种:战略的、战役的和战斗的。"②由此明确了游击战与正规战争配合的不同层次和方式。在现代战争环境条件下,游击战也可分为三类,即战略游击战、战役游击战与战术游击战。战略游击战着眼于影响战争全局的战略层面,通过长期、大规模且具有深远影响的游击行动,打乱敌方的战略部署,动摇其战争根基。战役游击战侧重于在特定的战役范围内,配合主力部队的作战行动,以灵活多变的方式袭击敌方,干扰其战役计划的实施。而战术游击战则聚焦于具体的战斗场景,利用小规模、高效的游击战术,出其不意地打击敌人,为正面战场创造有利条件。这三类游击战相互配合、相互补充,共同构成了现代战争中独特且有效的作战形式。

一、类型特征

研究把握事物的类型特征有助于把握事物的本质。在军事领域,不同的作战

---

① 《毛泽东选集》第二卷,北京:人民出版社1991年版,第404页。
② 《毛泽东选集》第二卷,北京:人民出版社1991年版,第416页。

方式具有各自独特的类型特征，阵地战强调坚固的防线和有序的兵力部署，运动战注重部队的快速机动和灵活作战，游击战则以小股部队的灵活袭扰为主要特点，只有深入研究这些不同作战方式的类型特征，才能准确把握其本质，从而在实际作战中根据具体情况选择合适的作战方式，实现战略目标。

（一）战略游击战

战略游击战着眼于整个战争的宏观局势和长期目标，它通常超越了具体的战场和战斗，而是从国家、政治和战略层面来策划和执行，其目标往往是通过长期的、持续的游击行动，破坏敌方的战争潜力、政治体系和社会结构，从而影响战争的最终走向。例如，在长期的反侵略战争中，游击队可能会通过破坏敌方基础设施，如交通线、通信网络、能源设施等，来削弱敌方的战争支撑能力。同时，在政治上发动民众对敌方的反抗情绪，动摇敌方的统治基础，这种游击战需要有强大的政治领导和广泛的民众支持，以及对战争全局的深刻理解和长远规划。战略游击战正是将政治目标与军事行动紧密结合，以实现最终的战略胜利，其所包含的主要特征有：

1. 全局性：战略游击战着眼于战争的整体局势，从宏观角度审视敌我双方的力量对比、政治形势、经济状况以及社会环境等多个方面，它不仅仅关注军事斗争，更将政治、经济、外交等因素纳入考量，以制定全面、综合的作战策略。《寤言·迁都建藩议》曰："不谋万世者，不足谋一时；不谋全局者，不足谋一域。"战略游击战正是将各种政治、经济等手段与军事行动相结合，从全局出发谋求胜利。在抗日战争中，中国共产党领导的敌后抗日游击战，不仅在军事上打击日军，还通过政治宣传动员广大民众，开展减租减息等经济斗争，形成了全面抗战的局面。

2. 长期性：这毫无疑问是一场旷日持久、充满艰辛与挑战的斗争，或许会绵延跨越数年乃至数十年之久，它迫切需要坚定不移的信念以及坚韧不拔的毅力。就如在越南战争里，越共所开展的游击战历经多年，在丛林中与敌军周旋，以灵活多变的战术和顽强不屈的斗志，给美军造成了巨大的困扰，最终令美军深陷困境，难以自拔。这充分证明了战略游击战在长期斗争中所蕴含的强大力量和潜在价值。

3. 广泛性：战略游击战所产生的影响极为广泛，其涵盖的地域辽阔，可能纵贯多个地区乃至整个国家，其行动范畴不单局限于军事袭击，还囊括了政治宣传、民众动员、经济破坏等众多领域，从而构建起全方位的对抗格局。正如苏联卫国战争时期，游击队在广袤的敌后区域积极开展活动，他们不仅破坏德军的交通线路、袭击德军的据点，还同步开展反法西斯的宣传工作，广泛动员民众奋起抵抗德军，成功编织出一张广泛的抵抗网络。

4. 复杂性：战场环境呈现出丰富多样、错综复杂的态势，作战对象具备多元且复杂的特性，作战方式灵活多样、瞬息万变，在这样的情况下，制订作战计划必须全方位、综合性地权衡各类纷繁复杂的要素，诸如地理环境的差异、敌军的构成特点、武器装备的优劣、后勤补给的保障能力等。正如毛泽东在《中国革命战争的战略问题》中所说："指挥员的正确的部署来源于正确的决心，正确的决心来源于正确的判断，正确的判断来源于周到的和必要的侦察，和对于各种侦察材料的联贯起来的思索。"[1]只有如此周详地考虑，才能确保战略部署具备高度的科学性和有效性，从而在变幻莫测的战争局势中抢占先机、立于不败之地。

5. 主动性：在战争的推进过程中，应始终保持积极进取的姿态，主动而敏锐地探寻敌人的薄弱之处和破绽所在，勇敢果决地发动攻击。毛泽东在《论持久战》中提出："主动性，说的是军队行动的自由权，是用以区别于被迫处于不自由状态的。"[2]战争中的主动性至关重要，"没有预见就没有领导，没有领导就没有胜利"[3]。主动性意味着能够前瞻性地洞察战争的发展趋势，灵活地调整战略战术。在激烈的战斗中，要如同猎豹一般，敏锐地捕捉到敌人哪怕最细微的漏洞，然后以果敢决绝的勇气和迅疾如风的速度发起攻击，凭借着敏锐精准的洞察力和坚决果断的决策力，及时、准确地把握稍纵即逝的战机，以雷霆万钧之势迅速展开凌厉的攻击。

6. 人民性：战争的胜利从根本上而言，应高度依赖广大人民群众的坚决支持和积极广泛的参与。人民群众乃是战争力量的无尽源泉，为夺取最终的胜利提

---

① 《毛泽东选集》第一卷，北京：人民出版社1991年版，第179页。
② 《毛泽东选集》第二卷，北京：人民出版社1991年版，第487页。
③ 《毛泽东文集》第三卷，北京：人民出版社1996年版，第396页。

供了无可替代的坚实保障。正如毛泽东在《关心群众生活，注意工作方法》中所讲："真正的铜墙铁壁是什么？是群众，是千百万真心实意地拥护革命的群众。"①人民群众的力量犹如汪洋大海，深不可测且磅礴浩瀚，只要充分地发动并紧紧依靠人民群众，战争就拥有了坚不可摧的基础和源源不断的强大动力。

7. 融合性：务必将军事斗争与政治、经济、文化等众多领域的斗争进行深度且全面的有机融合，精心擘画出全方位、多层次的宏大斗争格局。在政治维度，全力以赴争取民心，使民众坚定地凝聚在正义的旗帜之下，形成强大的向心力和凝聚力；在经济范畴，通过灵活多样的策略巧妙削弱敌方的实力，精准切断其战争资源的供应链条，从根本上动摇敌方的战争基础；在文化领域，大力弘扬正义、鼓舞士气，激发民众和战士们的昂扬斗志和无畏勇气。正如恩格斯所言："当一个富有生命力的民族受外国侵略者压迫的时候，它就必须把自己的全部力量、自己的全部心血、自己的全部精力用来反对外来的敌人。"②各方面的力量相互紧密协同、有力促进，就会汇聚成一股汹涌澎湃、无坚不摧的强大合力。这种融合性的思维，恰如一盏明灯，在纷繁复杂、变幻莫测的斗争局势中指明了通向胜利的道路，使各个领域的斗争相互交融、互为支撑，共同有力地推动着胜利的稳健进程。

8. 逆转性：在特定的条件下，凭借持续不断的努力去积累小胜，逐步地、显著地扭转敌我力量的对比态势，从而实现战略形势的根本性逆转，这种逆转绝不是能够轻而易举、在短时间内达成的，而是在漫长且充满艰辛的斗争进程中，依靠坚定不移、百折不挠的坚韧意志，以及因时因势、灵活巧妙的多变策略，一点一滴地积累优势，最终才能够成功达成战略目标。

战略游击战的典型案例：美国现在在全球建军事基地、航母战斗群、太空装备武器等就是典型的战略游击战布局。美国在全球约80个国家和地区拥有超过750个军事基地，其中包括在日本、德国、韩国等重要战略要地的大型军事基地。其航母战斗群数量常年保持在11个左右，以"尼米兹"级和"福特"级航母为核心，配备各类先进的舰载机和护航舰艇。例如，部署在西太平洋地区的航母战

① 《毛泽东选集》第一卷，北京：人民出版社1991年版，第139页。
② 《马克思恩格斯全集》第18卷，北京：人民出版社1964年版，第630页。

斗群经常在日本横须贺、关岛等军事据点活动。在太空领域，美国投入巨额资金用于发展太空装备武器，据相关数据显示，其每年在太空军事项目上的花费高达数百亿美元。美国还计划组建太空军，并积极推进太空武器化，如部署反卫星武器、研发太空作战飞行器等。这种全方位、多层次的军事布局，具有明显的战略游击战特征，以一种看似分散却又紧密相连的方式，实现其全球战略目标，维护其霸主地位。

(二) 战役游击战

战役游击战侧重于在较大规模的战役层面发挥作用，它通常与正规军的战役行动相配合，通过游击作战来打乱敌方的战役部署，干扰敌方的作战节奏，为正规军创造有利的作战条件。例如，在某一地区的大规模战役中，游击队可以对敌方的后勤补给线进行袭击，阻止敌方增援部队的及时到达，或者在敌方侧翼和后方制造混乱，分散敌方的注意力和兵力。战役游击战需要对整个战役的局势有清晰的认识，并能够根据战役的发展和变化及时调整自己的行动策略。它是连接战略游击战和战术游击战的重要环节，既服务于战略目标，又为具体的战术行动提供指导和支持，其所包含的主要特征有：

1. 协同性：战役游击战并非孤立的作战形式，而是与正规军的战役行动紧密配合、相互呼应，同时也注重与自身不同层面的游击战相互协调。它与战略游击战、战术游击战之间存在着密切的关联与协调，共同为实现战役目标而努力。战役游击战与正规军在行动上达成协同一致，充分发挥各自的独特优势，方能让战役收获最佳成效。以解放战争中的辽沈战役为例，东北野战军的正规部队与当地的游击队紧密协作，游击队通过破坏敌军补给线、精准侦察敌军动向等有效方式，为正规军的作战行动提供了坚实有力的支持。而且，在各类游击战之间，也存在着协调互补，战略游击战着眼于全局战略层面，为战役游击战提供宏观指导；战术游击战侧重于具体战斗中的灵活应变，与战役游击战相互配合。例如，在抗日战争中，不同地区的战役游击战相互呼应，形成了强大的合力，有效地牵制和打击了日军。

2. 机动性：正如《兵录·战略》曰："兵之胜负，不在众寡，而在分合。"战役游击战正是谨遵这一原则，持续不断地变化作战方式，令敌军难以捉摸、防不胜防。在战争的进程中，局势瞬息万变，而战役游击战能够敏锐地捕捉到这些变化，并以极快的速度做出相应的调整，无论是在地形复杂的山区，还是在广袤无垠的平原，抑或在交通繁忙的城镇，都能展现其强大的适应性和机动性。

3. 关键性：在关键的时间、地点、环节和领域，战役游击战往往能够发挥至关重要的作用。它通过巧妙地打乱敌方的战略部署、坚决地切断补给线、有效地牵制敌军兵力等多种方式，不仅为正规军创造有利的战机，也为其他形式的游击战创造有利条件，进而直接左右战役的胜负走向。在第二次世界大战中的诺曼底登陆战役里，法国抵抗组织在德军后方积极开展游击活动，他们英勇无畏地破坏铁路、桥梁等重要交通设施，极大程度地牵制了德军的部分兵力，有效削弱了德军的防御力量和反应能力。正如朱可夫元帅所言："战争中，最关键的时刻往往只有几分钟。"法国抵抗组织善于抓住这些关键的几分钟，为盟军的登陆行动以及其他相关的游击行动顺利成功创造了极为有利的条件。这种在关键节点的出色表现，使得不同形式的战斗力量能够相互配合、协同作战，形成强大的战斗合力，为最终的胜利奠定了坚实基础。

4. 多样性：战役游击战在作战手段上展现出极为丰富多样的特质，袭击、伏击、破坏等多种方式灵活组合、有机融合，凭借巧妙运用袭击，出其不意地给予敌人有力打击；精心筹备伏击，给敌人造成沉重创伤；有的放矢地实施破坏，打乱敌人的部署与节奏。这些多样的作战手段彼此协同，以达成最优的作战成效，充分彰显战役游击战的独特优势。

5. 无序性：战役游击战的作战在时间、地点和方式上均毫无固定规律可言，它仿若一场变幻无常的风暴，令敌人难以预测和把控，作战时间或在白昼骄阳下，或在黑夜星辰中；作战地点或许是山林的幽深之处，或许是交通的关键要道，抑或敌军的核心腹地；作战方式更是毫无定式，随机应变，这种无序性致使敌人仿佛置身于茫茫迷雾之中，难以揣测我方的行动意图，进而陷入被动防御的艰难困境。毛泽东在其军事著作中指出："一切战争指导规律，依照历史的发展而发展，依照战争的发展而发展；一成不变的东西是没有的。"①这正说明了战役游击战无序性的本质，即根据战争的实际情况不断变化。

————————

① 《毛泽东选集》第一卷，北京：人民出版社 1991 年版，第 173～174 页。

6. 威慑性：战役游击战能够对敌人形成强有力的心理和战略上的双重威慑。在心理层面，让敌人时刻处于紧张和不安之中，担忧随时随地可能遭受攻击，从而士气低落、精神疲惫；在战略层面，使敌人不得不分散兵力，处处设防，打乱其原有战略部署，不敢轻易采取行动，这种威慑效果不仅限制了敌人的行动自由，更在一定程度上为我方争取到更多的战略主动和有利条件。

7. 速决性：战役游击战力求在较短的时间内达成作战目的，坚决避免陷入长时间的胶着状态。正所谓"兵贵神速"，在战争中，速度往往是决定胜负的关键因素之一。战役游击战强调以快打慢，其精髓在于出其不意，攻其不备，在瞬息万变的战场形势下，时机稍纵即逝，如果行动迟缓，就会让敌人有时间加强防御、组织反击，从而增加作战的难度和风险，而速决的战役游击战，则能够凭借快速的决策、高效的行动和灵活的战术安排，在敌人尚未反应过来之前，给予其致命一击。

8. 合作性：战役游击战不仅能够与友军的游击战相互配合，还能够与正规军的作战行动紧密衔接、相互支持。《孙子兵法·九地篇》有言："夫吴人与越人相恶也，当其同舟而济，遇风，其相救也如左右手。"强调了在特定条件下，即使相互敌对的双方也能合作。在战役游击战中，这种合作性体现在战略、战术以及情报等多个层面。在战略上，共同服务于整体的作战目标，形成相互呼应的态势；在战术上，根据各自的特点和优势，相互支援、互为补充，例如在友军游击战吸引敌军注意力时，发起突然袭击；在情报方面，实现信息共享和交流，为彼此的行动提供准确的依据。通过这种合作作战，发挥出整合的力量，使敌军顾此失彼，从而取得更大的战果。

战役游击战的典型案例：敌后抗日根据地的建设从全国来看是战略性的游击战，但具体到某个根据地或几个根据地又是战役性的游击战。在抗日战争时期，中国共产党领导的八路军、新四军等抗日武装在华北、华中、华南等地广泛建立敌后抗日根据地。以华北地区的晋察冀抗日根据地为例，它位于同蒲路以东，正太、石德路以北，张家口、多伦、宁城、锦州一线以南，东临渤海，面积达 80 多万平方千米，人口约 2500 万。在根据地内，军民实行民主政治，建立了各级抗日民主政权，开展减租减息运动，极大地调动了广大民众的抗日积极性。晋冀鲁豫抗日根据地，面积约 60 万平方千米，人口约 2550 万。根据地军民开展了大规模的生产运动，实现了粮食和物资的自给自足，有力地支持了长期的抗战。这些敌后抗日根据地的建立和发展，充分体现了战役游击战的灵活、分散、持久的特点，通过不断袭击敌人、破坏其交通线和补给线等方式，配合正面战场的作战，有效地牵制和消耗了大量敌军，打乱了敌人的战略部署，为夺取抗战胜利发挥了关键作用。

（三）战术游击战

战术游击战则聚焦于具体的战斗和战术行动，它以灵活多变、出其不意的方式打击敌人，追求在局部战斗中取得胜利或达成特定的战术目标。例如，在一次小规模的遭遇战中，游击队利用地形和环境优势，采取伏击、突袭等战术手段，迅速消灭敌方的小股部队，然后迅速撤离战场。战术游击战强调对战场环境的敏锐洞察和快速反应能力，以及对各种游击战术的熟练运用，它通常由小规模的游击部队执行，行动迅速、灵活，能够在短时间内给敌方造成损失。其所包含的主要特征有：

1. 灵活性：古罗马军事家韦格蒂乌斯说，"谁懂得灵活多变，谁就能获得胜利"。战术游击战的核心特质之一便是灵活性，它能够依据瞬息万变的战场形势，以极高的效率快速改变战术手段，无论是复杂多变的地形、恶劣极端的气候的变化，还是敌军出其不意的行动调整，都能即刻迅速且精准地做出相应的战术应对。在抗日战争中的百团大战中，八路军充分展现了这种灵活性，面对不同的战场情况，他们能够灵活运用多种战术。比如，在敌军运输线防守严密的区域，采用破袭战，破坏敌人的交通和补给线，打乱其战略部署；在敌军行军途中的险要地段，巧妙设下埋伏，运用伏击战，给予敌人沉重打击。这种灵活多变的战术运用，让八路军在战斗中始终掌握着主动，取得了显著战果，有效打击了敌人的嚣张气焰，为抗日战争的胜利做出了重要贡献。

2. 快捷性：战术游击战极为注重快捷性，决策和行动都必须迅速高效，在极短的时间内完成战术的精心制定和果断实施。战场局势变幻莫测，战机往往稍纵即逝，唯有以最快的速度对敌军发起出其不意的攻击，不给敌军丝毫反应的时间，才能占据主动，赢得优势。

3. 高效性：战术游击战的显著特点之一便是高效性，其核心在于以"四两拨千斤"般最小的代价获取最大的战果，这要求通过巧妙的战术运用和精准的打击，让每一次的战斗都能取得显著的效果，从而有效地削弱敌军的实力。朱可夫说过："战争中没有如果，只有结果。"这一观点深刻地揭示了战争的残酷性和结果导向的本质，而战术游击战正是追求这种高效的作战结果，以最小的代价获取最大的战略价值。

4. 隐蔽性：战术游击战高度注重隐蔽性，它善于巧妙地借助复杂多样的地形，如山峦、沟壑、丛林等，以及丰富多样的地物，如洞穴、巨石、土坡等，还有多变的环境，如恶劣的气候、昏暗的光线等，来实现自身的隐藏。正如《六韬·龙韬·军势》中所说："善者，隐于无形；智者，图于未兆。"例如在抗日战争中，八路军的游击队员们常常利用茂密的山林作为掩护。在一次战斗中，游击队员们提前侦察到日军的行军路线，他们迅速在山林中找到合适的隐藏点，利用树枝、树叶和草丛进行伪装。当日军大部队经过时，游击队员们悄悄地隐藏在山林中，就连日军的侦察兵都没有发现任何异常，而正是凭借出色的隐蔽，游击队员们得以在后续出其不意地对日军发起攻击，为战斗的胜利奠定了基础。

5. 突然性：战术游击战的突然性是其显著特点之一，游击队员们擅长出其不意地发动攻击，他们能够精准地把握时机，在敌人最意想不到的时刻展开迅猛的攻势。《孙子兵法》有言："攻其无备，出其不意。"例如在百团大战中，八路军在经过周密的侦察和部署后，选择在日军认为安全的铁路沿线突然发起猛烈攻击。在一个深夜，当日军还沉浸在梦乡中，放松警惕之时，八路军的游击队员们犹如神兵天降，迅速破坏铁路、炸毁桥梁，并对日军据点发起突袭。日军被这突如其来的攻击打得晕头转向，一时之间无法组织有效的抵抗。这次突然袭击不仅给日军造成了重大的人员和物资损失，更重要的是极大地打击了日军的嚣张气焰，让他们陷入了恐慌和混乱之中。游击队员们正是遵循这一原则，这种突然的袭击让敌人在毫无防备的情况下遭受沉重打击，使其陷入混乱和恐慌之中。突然性不仅体现在攻击的时间选择上，还包括攻击的地点和方式，他们可能会从敌人认为最安全的后方发起冲击，或者采用敌人从未预料到的独特战术手段。这种出其不意的作战方式，常常打乱敌人的战略部署，为游击战取得战斗胜利奠定基础。

6. 流动性：战术游击战的流动性是其重要特征之一，它不拘泥于固定在某一地点或区域进行作战，而是根据战场形势的变化迅速转移战场，如同水之灵动，无定形而能顺势流淌。正如《三十六计》所云："走为上计。"这种流动性使得敌人难以捉摸我方的行踪和作战意图。例如在解放战争时期，我军的游击部队常常在敌人的包围圈中灵活穿插，面对敌军的围追堵截，他们时而翻山越岭，时而迂回穿插，迅速改变作战地点，让敌人的部署屡屡落空。他们充分利用地形和交通条件，巧妙避开敌军的主力，在运动中寻找敌人的薄弱环节进行打击。有时，他们会沿着河流顺流而下，利用水流的速度摆脱敌人的追踪；有时，他们会在山林中穿梭，借助茂密的植被隐藏自己的行踪。这种灵活多变的流动战术，不仅有效地保存了有生力量，还让敌人陷入疲于奔命的困境，给敌人造成了极大的困扰。

7. 精准性：战术游击战在攻击目标的选择和打击时机的把握上力求精准，以最小的代价获取最大的战果，犹如射箭高手，瞄准时全神贯注，一击必中。《孙子兵法》有云："兵非贵益多也，惟无武进，足以并力、料敌、取人而已。"例如在抗美援朝战争中，朝鲜的游击队通过深入侦察，准确掌握了敌军的补给线路和重要据点。在一次袭击中，他们选择了敌军运输物资的关键节点作为攻击目标，并在敌军防守最松懈的夜晚发动突袭。这次精准的打击不仅切断了敌军的物资供应，还极大地扰乱了敌军的作战计划，为我军的正面战场创造了有利条件。这种精准的作战方式，充分体现了战术游击战的精髓，即以最小的代价实现最大的战略效果。

8. 多样性：战术游击战的多样性是其显著特点之一，作战手段丰富多样，不拘泥于某种固定的模式，恰似一个装满各式武器的宝库，能根据不同的战况灵活取用。在游击战中，不同的战斗场景、敌我双方的特点、地形地貌等因素构成了复杂的具体情况，游击队员们需要根据这些多样性的因素，综合运用各种战术手段，灵活地应对和处理各种局面，以达到战斗的目的。例如在抗日战争中，游击队员们有时采用地道战，在地下构建错综复杂的通道，出其不意地攻击敌人；有时展开地雷战，巧妙布置各种地雷，给敌人的行进造成巨大阻碍；有时又化整为零，分散在村庄和田野，对敌人进行袭扰；他们还会组织群众进行坚壁清野，让敌人得不到物资补给。这种多样性的作战手段，让敌人防不胜防，充分展现了游击战的灵活性和创造性。

9. 独立性：毛泽东同志说："我们是主张自力更生的。我们希望有外援，但是我们不能依赖它，我们依靠自己的努力，依靠全体军民的创造力。"①战术游击战在一定程度上具备较强的独立性，能够独立完成作战任务，不依赖大规模的支援和协同，犹如孤鹰翱翔于天际，凭借自身的力量和智慧搏击长空。比如在西南边境冲突中，游击小队深入敌后，在与大部队失去联系、没有后方支援的情况下，凭借队员们丰富的战斗经验、顽强的意志和对地形的熟悉，依然能够完成侦察、破坏敌人设施等重要任务。他们能够自主判断形势，灵活应对各种突发状况，利用有限的资源达成作战目标。这种独立性使游击战能够在复杂多变的战场环境中发挥独特的作用，成为战争中的一支奇兵。

10. 迷惑性：战术游击战的迷惑性是其重要策略之一，通过各种巧妙的手段制造假象，迷惑敌人，使其陷入判断失误的困境。正如《孙子兵法》所说："兵者，诡道也。故能而示之不能，用而示之不用，近而示之远，远而示之近。"比如在抗日战争时期，游击队伍会故意释放虚假的情报，让敌人误判我方的兵力部署和作战意图。他们可能在一个地区频繁活动，营造出要在此地展开大规模行动的假象，吸引敌人的注意力，而实际上真正的攻击目标在另一个方向，或者伪装成平民，混入敌人的控制区域，在收集情报的同时，让敌人难以分辨我方人员。在历史上的一些游击战争中，有队伍会故意留下一些看似重要但实则误导性的物品，诱导敌人做出错误的战略决策，有时会利用地形和天气条件，制造出各种声音和光影效果，让敌人误以为我方有大规模的行动，从而分散其兵力和注意力。这种迷惑性的战术使得敌人如同盲人摸象，难以准确把握我方的真实情况，为游击战的成功创造了有利条件。

战术游击战的典型案例：铁道游击队活跃于山东鲁南地区，主要在铁路沿线开展游击作战。他们以临城（今薛城）为中心，依靠当地群众的支持和掩护，凭借对当地地形和铁路线的了如指掌，采用灵活多变、出其不意的战术。他们经常在看似平静的时刻出其不意地袭击日军的铁路运输线。有时，他们会巧妙地伪装成铁路工人，在日军毫无防备的情况下发动突然袭击；有时则选择在月黑风高的夜间秘密行动，神不知鬼不觉地完成破坏任务后迅速撤离。在一次具有代表性的

---

① 《毛泽东选集》第三卷，北京：人民出版社 1991 年版，第 1016 页。

行动中，铁道游击队通过缜密的情报收集，得知一列满载日军重要物资的列车即将通过。他们提前在铁路的关键部位埋下威力巨大的炸药，当列车缓缓接近时果断引爆炸药，瞬间导致列车脱轨。队员们在爆炸的硝烟尚未散去时就迅速出击，以勇猛无畏的姿态消灭日军守卫，成功缴获了大量武器、弹药和粮食等。铁道游击队的这些战术游击行动，不仅给敌军造成了重大的物资损失和人员伤亡，有力地打击了敌军的嚣张气焰，还极大地扰乱了敌人的运输补给线。他们的英勇事迹和出色战术，为抗日战争的最终胜利做出了不可磨灭的重要贡献。

总之，战略游击战、战役游击战和战术游击战在现代战争中相互关联、相互配合。战略游击战为整个战争定下基调，战役游击战在战役层面协同作战，战术游击战则在具体战斗中发挥作用，三者共同构成了一个有机的游击战体系，为实现战争的最终胜利贡献力量。

二、区别联系

（一）三者的区别

1. 层次和范围具有明显差别。战略游击战处于最高层级的战略层面，所涉及的地域广袤无垠，时间跨度冗长持久，它是以宏观的战争全局为出发点，对战争的整体进程和发展方向进行全面规划和统筹布局。相比之下，战役游击战是在战役级别上运作，其作用范围相对局限，集中于特定的战役，对该战役的局势走向产生影响。而战术游击战则更侧重于具体的战斗或战术行动，所关注的是短期内、较小区域内的作战安排，具有较强的针对性和即时性。

2. 目标和所带来的影响各有侧重。战略游击战的目标通常是对敌方的整体战略予以强烈冲击，进而改变整个战争的态势乃至格局。例如，通过长时间、大范围、多方式的持续袭扰和破坏，使敌方的战略部署陷入混乱。战役游击战的核心目的在于为特定战役的胜利创造有利条件，其手段可能包括有效地牵制敌方兵力、秘密破坏敌方的补给线、扰乱敌方的情报传递等，以保障主要战役行动得以按计划推进。战术游击战主要致力于在具体的战斗中夺取局部优势，达成特定的战斗目标，例如出其不意地突袭敌方的关键据点、巧妙打乱敌方的作战节奏和部署等。

3. 组织架构与规模大小各异。战略游击战一般需要构建庞大且复杂的组织体系，同时进行大规模的资源统筹与协调，涵盖了多个地域的力量整合，不同武装分支之间的紧密协作，要求具备强有力且集中的指挥调度机制，以达成长期且宏观的战略目标。战役游击战的组织规模处于中等水平，它主要围绕特定战役的实际需求来布局，在既定的区域范围内灵活地配置资源和调配人员，旨在顺利完成战役层面设定的各项任务。而战术游击战的实施单位通常规模较小，可能仅仅是由少数人员组成的小分队，甚至是更小的作战单元，它们凭借高度的灵活性和机动性，能够快速响应并高效执行具体的战术行动。

4. 情报获取与传递方式略有分别。在当今信息化作战的大背景下，战略游击战或许更为侧重借助网络和卫星等先进技术来获取宏观层面的战略情报，通过此类手段，能够对敌方的战略部署和动向做出更为精准的判断，并且实施有效的干扰，以影响敌方的整体战略决策。战役游击战在信息化技术的有力支持下，可以更加精确地挑选作战时机和目标，显著提高作战效率，实现战役目标的精准达成。战术游击战则能够凭借先进的侦察设备和高效的通信工具，极大限度地优化小组之间的协同作战效果，这样一来，不仅能更好地实现战术配合，还能增强作战的突然性和灵活性，在局部战斗中取得优势。

5. 作战资源的调配方式截然不同。战略游击战为了达成长期的战略目标，往往需要大规模调配各类资源，涵盖了充足的人力、丰富的物力以及广泛的情报资源等，这种资源调配是一个庞大且持续的过程，需要进行全面规划和精细管理。与之相反，战役游击战和战术游击战所需的资源总量相对较少，然而，尽管资源数量有限，它们对资源高效利用的要求却更为严苛。在战役游击战中，需要精准地将有限资源投入关键节点，以确保对特定战役产生积极影响。战术游击战则更强调在瞬息万变的战斗环境中，以最小的资源消耗获取最大的战斗效果，实现资源利用效率的最大化。

6. 心理影响方面存在着显著区别。战略游击战在极为广阔的范畴内对敌方的军民心理施加作用，深度动摇其将战争持续下去的意志，这种影响具备全面性和长久性的特征，通过旷日持久的持续效应，逐步从根本上瓦解敌方的心理防线，使其在整体上对战争的前景产生怀疑和动摇。战役游击战则主要是在特定的战役区域范围内，向敌方施加心理上的压力，它侧重于在有限的作战空间内，有针对性地削弱敌方的战斗信念和决心，干扰其战略决策和行动部署。而战术游击战更多地是在局部战斗的具体情境中，给敌人造成直接且强烈的心理震慑。它依靠出其不意、迅猛凌厉的战术行动，让敌人在瞬间陷入恐惧和不安的状态，进而极大地影响其在战斗中的判断和反应能力，使其在局部战斗中失去优势。

7. 指挥体系呈现出明显差异。战略游击战通常由处于更高层级的指挥机构来进行全方位、综合性的统筹规划，此类指挥机构必须拥有广阔的视野和卓越的宏观战略眼光，能够精准把握战争的全局走向和长远发展趋势，同时具备果断、明智且富有前瞻性的决策能力，从而从宏观角度制定出长期且全面、系统的作战方略和战略布局。战役游击战的指挥相对集中在中层指挥机构，他们需将注意力重点聚焦于战役目标的达成，依据战役的整体规划和实际需求进行资源的合理调配以及战术的精心安排，确保战役能够严格按照预定的计划有序推进，实现既定的战役目标。战术游击战的指挥则展现出更为灵活多样的特点，基层指挥员能够根据复杂多变、瞬息万变的现场实际情况，迅速且有效地做出决策。他们需要具备极其敏锐的战场洞察力，能够精准捕捉到稍纵即逝的战机，还需拥有果敢坚毅的决断力，从而在关键时刻做出正确的判断和选择。

8. 协同配合方式有所不同。战略游击战有可能在战略层面为常规作战给予全方位且强有力的支持和策应，它通过在宏观上对敌方的战略布局进行干扰和破坏，为常规作战创造有利的战略环境，以实现整体作战目标。战役游击战能够在关键的战役当中与常规部队达成精妙的互补，它可以在特定战役的关键时刻，发挥自身灵活机动的特点，与常规部队相互配合，弥补常规作战的不足，共同攻克战役中的重点和难点。战术游击战则能够在具体的战斗场景中紧密配合常规作战行动，凭借其独特的作战方式和高度的灵活性，为常规作战增添更多的可能性，丰富作战手段，提升作战的多样性和灵活性，从而在局部战斗中取得更理想的效果。

9. 素质要求存在一定差异。战略游击战的参与者必须具备更为全面且深厚的战略素养，他们需要对战争的全局有清晰的认知和把握，能够准确预判局势的发展走向，同时要有坚定的意志和充分的心理准备，以应对长期作战所带来的各种挑战和压力。战役游击战人员需要深入熟悉特定战役的目标、任务以及所处的环境特点，不仅要掌握相关的战术技能，还应具备较强的协同作战能力，能够与其他作战力量紧密配合，形成合力，高效完成战役目标。战术游击战的执行者则要拥有极为敏锐的战场洞察力，能够在复杂多变的战场环境中迅速捕捉到关键信息和细微变化，并且，他们还需具备快速而果断的反应能力，在瞬间做出准确的判断和决策，从而及时有效地应对战场上的突发状况。

总之，战略游击战、战役游击战和战术游击战在现代战争中既有明确的区别，又相互关联、相互影响，共同构成了游击战这一作战形式的丰富内涵。

(二)三者的联系

1. 目标基本一致。不管是着眼于宏观层面的战略游击战，还是聚焦于特定战役的战役游击战，抑或侧重于具体战斗的战术游击战，它们最终的核心目标均是助力实现整体战争的胜利。这三种形式的游击战通过在不同层次和规模上积极展开各自独特的游击行动，以多元化的策略给敌方制造重重压力，持续有效地削弱敌方的力量，并与正规作战紧密配合、相辅相成。战略游击战从宏观战略的高度上精心谋划与布局，从而对战争的整体态势产生深远影响；战役游击战于特定的关键战役中发挥至关重要的作用，全力以赴为战役的胜利打造有利的条件和环境；战术游击战则在具体细微的战斗场景里灵活多变地主动出击，逐步实现局部战斗中的优势积累，尽管三者在表现形式和作用范围上存在差异，但始终都坚定不移地朝着共同的目标奋勇前行。

2. 相互配合紧密。这三者之间存在着密切的协作关系，能够相互配合。战略游击战能够为战役游击战和战术游击战提供具有前瞻性的指导以及坚实有力的支持，通过宏观层面的布局和谋划，为其营造出有利的战略态势，从而为后续的作战行动奠定基础。战役游击战在特定的战役过程中，不仅可以为战术游击战创造良好的实施条件，使其能够更好地发挥作用，还能够积极呼应并切实落实战略层面的意图，确保战役行动与整体战略方向保持一致。战术游击战的每一次成功实施，其所积累的成果和经验都能够汇聚起来，经过逐步的积累和传递，对战役层面乃至战略层面产生不可忽视的积极影响，推动整个战争局势朝着有利的方向发展。

3. 遵循游击原则。尽管战略游击战、战役游击战和战术游击战在规模和层次上存在显著差异，但它们都始终如一地遵循着一些至关重要的基本游击原则。

就作战地点的选择而言，会全方位综合考量众多因素，包括但不限于复杂多变的地形地貌、敌军的兵力分布及防御部署、当地的资源可获取性等，精心选取既能充分发挥自身优势又能有效限制敌方行动的关键区域。在作战时机的精准把握上，凭借敏锐的洞察力和精准的判断力，时刻关注敌方的一举一动，善于从敌方的日常行动、后勤补给、战略战术调整等方面敏锐捕捉其可能出现的疏漏和弱点，一旦发现有利时机，果断坚决地出击，力求以最小的代价获取最大的战果。在行动部署方面，强调迅速高效、有条不紊，通过预先的精心策划和充分准备，在行动开始时能够以雷霆万钧之势迅速展开，在最短的时间内形成有效的作战力量，达成出其不意、攻其不备的显著效果，而在完成作战任务后，能够有条不紊、快速有序地撤退。

4. 依赖民众支持。无论是宏观层面的战略游击战，还是聚焦于特定战役的战役游击战，抑或着眼于具体战斗的战术游击战，都极度需要当地民众在物资、情报等诸多方面提供的支持。民众的积极参与和坚定支持，始终是游击战能够取得胜利的至关重要的基础。

5. 作战特点相似。不管是战略游击战、战役游击战，还是战术游击战，都具备鲜明的灵活性、主动性、进攻性等特质。它们的组织架构通常颇为灵活，不被传统模式所局限，能够依据战场形势的细微变化乃至剧烈转折，迅速且有效地调整部署方案和行动模式，并且擅长深挖敌方的薄弱环节，精准捕捉稍纵即逝的有利时机，以令人意想不到的方式发起突然袭击。这种高度的灵活性使它们能在风云变幻的战场环境中应对自如，牢牢把控战斗的主导权。

6. 战术运用相通。某些具体的战术手段在不同层级的游击战中存在共通之处，比如袭击、伏击、破袭等战术，具有广泛的适用性。在战略层面的大规模游击行动里，其可以针对敌方的关键要害进行有力打击，从而对整个战争局势产生重大影响；在战役层面或战术性的小规模袭击中，同样能发挥显著作用，通过巧妙设伏、精准袭击或有针对性的破袭，干扰敌方行动节奏，为本方营造有利局面。这些战术手段会根据作战规模和具体目标的差异进行灵活调整与优化，其恰当运用是游击战能够获取成功的重要保障之一。

7. 素质要求共通。参与战略游击战、战役游击战以及战术游击战的人员，都需要具备一定水平的战斗技能，这些技能涵盖了武器的熟练使用、战斗策略的灵活运用以及在不同环境下的生存技巧等。同时，他们也都必须拥有无畏的勇气，在面对危险和困境时毫不退缩，坚定地执行战斗任务。此外，适应能力对于他们来说也至关重要，无论是恶劣的自然环境、复杂的战场局势还是物资匮乏的艰难状况，都要能够迅速适应并保持良好的战斗状态。应变能力同样不可或缺，当遭遇突发情况或计划有变时，能够冷静快速地做出恰当的反应，灵活调整作战策略，以应对各种不确定性。

8. 情报共享与协同。在情报工作的开展方面，战略游击战、战役游击战和战术游击战之间能够达成情报的共享和协同。战略游击战所获取的具有宏观视野和全局性质的情报，能够为战役游击战和战术游击战提供指导，这类宏观情报涵盖了敌方的整体战略布局、大规模军事调动的趋向以及重要资源的分配情况等，有助于下级作战单位把握整体局势，制订更为精准有效的作战计划。与此同时，战役游击战和战术游击战获取的具体而细致的情报，同样能为战略决策提供关键的补充和有力的验证，从而使整个情报体系更加完善和高效，为战争的胜利提供坚实的情报支撑。

9. 技术手段传承与发展。在当今复杂多变的现代战争环境中，一系列新的技术手段，例如先进的通信技术、高精度的侦察设备以及智能化的作战辅助系统等，在战略游击战、战役游击战和战术游击战之间能够实现相互借鉴和传承。当这些新的技术应用于某个特定层次的游击战并取得良好效果时，其成功经验和应用模式极有可能迅速地在其他层次的游击战中得到推广和应用。例如，战略游击战中运用的高效远程通信技术，能够保障大范围、跨区域的指挥协调，一旦其效果得到验证，这种技术很可能会被引入战役和战术游击战中，提升各级游击战的通信效率和指挥精度。同样，战役游击战中所采用的先进侦察设备，如果能够在特定战役中精准获取关键情报，那么其技术和应用方法也可能会被战略游击战所吸收，以优化战略布局。同时，也可能会被战术游击战所借鉴，以增强局部战斗中的态势感知能力。这种技术手段在不同层次游击战中的传承和发展，有助于提升整个游击作战体系的效能和战斗力。

10. 资源调配与统筹。尽管战略游击战、战役游击战和战术游击战三者在所需资源的规模和类型上存在一定的差异，但在资源调配这一方面，是能够进行全面且科学的统筹规划的，可根据战争所处的整体态势以及各方面的实际需求，综合考量各种因素，对人力、物力和财力等资源进行合理且精准的分配。在人力方面，根据不同层次游击战的任务特点和强度，调配具备相应技能和经验的人员；物力资源上，如武器装备、物资补给等，按照战斗的规模和性质进行有侧重的分配；财力资源则依据作战的重要性和紧急程度进行适度倾斜。通过这样精细而合理的统筹规划，最大限度地避免资源的浪费和错配，从而显著提高资源的利用效率，为各个层次的游击战提供坚实有力的保障，以推动战争朝着有利的方向发展。

11. 具有战略威慑作用。战略游击战、战役游击战和战术游击战共同构成的完整游击战体系，对敌方具备不可小觑的战略威慑作用，即便敌方在正面战场上暂时占据上风，拥有相对的军事优势，但也不得不始终保持高度的警惕，时刻担忧游击战在其后方和侧翼发起出其不意的袭击，这种潜在的威胁使得敌方需要分散大量的精力去加强后方和侧翼的防御，部署更多的兵力和资源来应对可能出现的游击行动。这不仅会在一定程度上削弱敌方在正面战场的投入和进攻力度，还会给敌方的战略决策和军事部署带来诸多困扰和限制，极大地影响其作战的信心和战略的推进。

12. 心理影响的层层叠加。不同层次的游击行动，能够在敌方军民的心理层面产生层层叠加的深刻影响。战略游击战凭借其宏观性和全局性的行动特点，将引发敌方对整个战争局势走向的深度担忧，这种担忧不仅仅局限于军事层面，还会延伸至政治、经济等多个领域，让敌方在战略决策上陷入犹豫不决和焦虑不安的状态。战役游击战则通过在特定区域的频繁活动和有效打击，显著增加了敌方在该区域的心理压力，使敌方在这一特定战场上时刻处于紧张和防备的状态，影响其作战的信心和行动的果断性。战术游击战侧重于在具体的战斗场景中展现出出其不意和灵活多变的特点，让敌方在每一次的具体交锋中都感受到直接的威胁，从而产生恐惧和不安的情绪。这种情绪在一次次的战斗中不断积累和强化，逐渐蔓延至整个部队。这三个层次的游击行动相互配合，从不同角度和层面共同作用，整体上逐步削弱敌方的战斗意志，为最终的胜利创造有利的心理条件。

13. 相互经验教训交流。在实际的作战过程中，不同层次的游击战所积累的丰富经验教训能够实现广泛且深入的相互交流和学习。战略层面能够全面、系统地总结战役和战术游击战中的成功经验以及所出现的失误，通过对这些经验和失误的深入剖析，从宏观角度出发，对整体的战略规划、资源分配以及行动方针进行富有针对性的调整和改进，从而使战略决策更加科学合理，更具前瞻性和适应性。战役和战术层面则可以积极借鉴战略层面的规划思路和策略，从战略的高度审视自身的行动，明确在整个战争格局中的位置和作用，将战略层面的宏观指导与自身的实际情况相结合，优化战役和战术的具体执行方案。同时，通过对战略规划的学习，增强自身在局部作战中的全局意识和协同能力，提高作战的效率和效果。这种多层次的经验教训交流机制，形成了一个不断优化和提升的循环，有力推动了游击战体系的完善和发展，为取得战争的最终胜利提供了有力的支持。

14. 三者可能相互转化。在特定的条件和环境下，战术游击战的持续成功有发展成为战役游击战的可能性。当战术游击战在多个局部区域取得显著成果，积累了足够的资源、经验和人员力量，并且敌方在该区域的防御出现漏洞或薄弱环节时，战术游击战就有可能升级为战役游击战。反之，战略形势的重大变化也极有可能导致战役或战术游击战的相应调整和改变。例如，当战略层面出现了新的威胁或机遇，或者战争的整体态势发生了根本性的转折，战役和战术游击战就需要根据新的战略要求重新规划行动目标、调整作战区域、改变作战方式，可能会从原本的进攻态势转为防御态势，或者从分散的小规模袭击转为集中的大规模突击，以适应战略形势的变化，为实现最终的战略目标服务。

15. 共同构成作战体系。战略游击战、战役游击战和战术游击战相互结合，共同构成了完整的游击战作战体系。它们在不同层次和范围内发挥作用，使游击战的作战形式更加丰富多样，增强了整体的作战效果。例如在抗日战争中，八路军、新四军深入敌后开展的游击战，就包含了战略、战役和战术等不同层次。在战略上，坚持持久战，将游击战提升到重要战略地位；在战役上，通过一系列游击战役打破敌人的"扫荡"和封锁；在战术上，创造了破袭战、地雷战、麻雀战、伏击战等多种灵活的战法，三者相互配合，为抗战胜利做出了重要贡献。

研究战略游击战、战役游击战、战术游击战的区别与联系具有多方面的重要意义，从军事理论角度来看，有助于丰富和完善军事战略战术体系，清晰地认识三者的差异和关联，为军事指挥者提供更全面、更精准的作战指导，使其在不同的战争态势和战场环境下，能够灵活选择和运用合适的游击战形式，以达到最佳的作战效果。在战争实践方面，明确三种游击战的特点和适用范围，能够使军队在战争中更好地协调配合，实现战略、战役和战术层面的有机统一，充分发挥游击战的优势，有效打击敌人，减少自身损失。对于国防建设而言，有助于合理配置军事资源，根据不同类型游击战的需求，有针对性地进行军事训练、装备研发和战略部署，增强国家的整体国防实力，提升应对各种安全威胁的能力。从历史研究角度出发，能够深入总结战争经验教训，通过对过去战争中各类游击战的分析，了解其成功与失败的原因，为未来的战争准备提供宝贵的参考和借鉴。在国际政治和军事交流中，有助于促进各国之间的相互理解和学习，共同提升应对现代战争和非传统安全威胁的能力。总之，深入研究战略游击战、战役游击战、战术游击战的区别与联系，对于推动军事科学的发展、提升国家的军事能力、维护国家安全和世界和平都具有极其重要的意义。

三、作战方式

研究战略游击战、战役游击战、战术游击战就不得不深入且全面地研究其作战方式，作战方式犹如三者的灵魂所在，直接决定着它们在战争中的表现，只有透彻理解并剖析不同层次游击战的作战方式，才能真正把握其精髓和核心要义。这种研究不仅有助于在理论上构建完整的游击战体系，更能在实战中为制定有效的作战策略提供坚实的依据，从而充分发挥游击战的独特优势，实现战争目标。现代战争中战略游击战、战役游击战、战术游击战的作战方式通常包括以下几种。

（一）战略游击战方面

1. 经济干扰：以全面且系统的策略，从多个维度和层面，深入且坚决地对敌方的经济体系实施强有力的破坏行动，不单单是集中强大的力量对其处于核心地位的金融机构展开一轮又一轮猛烈且极具针对性、策略性的攻击，还通过精准的谋划和高效的执行，对那些支撑着敌方经济命脉、具有关键作用的重要产业设施，进行全方位、无死角的打击。这种破坏不仅导致敌方经济运行机制陷入混乱，生产链条出现断裂，贸易往来遭受重创，而且严重扰乱了其经济原本正常、平稳、有序的运行秩序，使得敌方在资源调配、物资供应、财政收支等方面面临巨大困境，为我方在军事对抗中赢得战略优势创造了有利条件。

2. 文化渗透：采取广泛而深入、持久的方式，全面传播我方具有独特魅力和先进理念的文化价值观，借助各种媒体渠道、交流活动以及文化产品，以润物细无声般的巧妙手段，深刻且持久地影响敌方民众的思想观念、价值取向和审美标准，从文化的根源深处、内涵本质等深层次层面，逐步瓦解敌方内部原本紧密的凝聚力，打破其民众对自身固有文化和体制的坚定认同，引发思想上的混乱和价值观念的动摇，从而在精神层面削弱敌方的抵抗意志和团结力量。

3. 外交施压：积极主动、富有前瞻性地通过与全球范围内众多具有影响力的国家建立紧密且稳固、坚实且可靠的联盟关系，或者开展深入且全面、广泛且多元的合作，在政治立场、经济往来、军事交流等多个重要领域达成共识，形成统一战线，共同对敌方构建起一张强大而严密、无所不在的外交包围网络，迫使敌方在国际舞台上陷入孤立无援的境地，进一步削弱其在军事对抗中的综合实力和战略选择空间。

4. 资源争夺：以坚决果断、雷厉风行的姿态，全力抢占敌方那些对战争胜负和国家发展具有至关重要作用的重要战略资源，诸如蕴藏丰富且价值极高的珍贵稀有矿产，以及维持生命和生产所不可或缺的水资源等。综合运用军事力量、经济手段以及外交策略等多种方式，全方位、多层次地限制敌方的资源获取途径，不仅在资源产地进行严密控制，阻断运输线路，还通过国际制裁等手段，使其在资源供应方面深陷严重短缺的艰难困境。这种资源争夺策略能够极大地削弱敌方在战争中的物资保障能力，限制其工业生产和军事装备制造，严重阻碍其后续发展潜力，为我方在战争的长期博弈中建立起显著的优势。

5. 网络攻击：巧妙而精准地利用当今世界先进且复杂的网络技术手段，对敌方高度依赖的信息系统发起具有强烈针对性和巨大破坏性的攻击行动。通过植入病毒、发动黑客攻击、实施数据窃取和篡改等手段，严重破坏敌方指挥控制体系的高效稳定运作，使其下达指令和指挥调度出现混乱与延误。同时，干扰和阻断敌方情报传递渠道，导致敌方在瞬息万变的战场上无法做出迅速且正确的决策，从而为我方在激烈的战斗中赢得宝贵的时机，创造出有利于我方的战略态势。

6. 策反统战：凭借敏锐的洞察力和精准的分析能力，准确识别敌方阵营中那些立场不够坚定、态度有所动摇的分子，有计划、有条理、有策略地对其展开全方位的策反工作，通过秘密接触、利益诱惑、心理攻势等多种手段，积极争取敌方内部原本持支持态度的力量转变立场，或者努力争取那些保持中立的群体倒向我方。借助有效的宣传渠道和深入人心的沟通方式，向他们传播我方的理念和主张，展示我方的优势和前景，从而扩大我方的影响力和感召力，从敌方内部逐步瓦解其抵抗的意志，为我方最终的胜利奠定坚实的基础。

7. 破坏袭扰：持续不断且持之以恒地针对敌方的重要基础设施，诸如维系其军事行动和社会运转的交通线、作为信息传递关键节点的通信枢纽、保障生产生活的能源供应设施等，展开长期性、系统性的破坏行动和频繁干扰，以突袭、爆破、干扰信号等方式，打乱敌方既定的战略部署和资源的合理有效调配，给敌方造成巨大的困扰和阻碍。

8. 政治宣传：通过全方位、多角度的宣传手段，大力宣扬我方行动的正义性以及敌方行为的不义之处，利用媒体、舆论、外交等渠道，深刻动摇敌方军民的战斗信心和对其政府的信任，积极争取国际社会对我方的广泛支持，为我方创造有利的政治环境和舆论氛围。

9. 情报到位：精心构建起覆盖范围广泛、触角深入的情报网络，综合运用人力情报、技术情报等多种手段，全面收集敌方的战略情报，包括军事部署、政治动向、经济状况等关键信息，对收集到的情报进行深入分析和准确评估，为我方的战略决策提供科学、可靠的依据，并凭借高效安全的传递渠道，将具有重大价值的重要情报及时、准确地传递给上级指挥机构，助力我方制定出更具针对性和前瞻性的战略方针。

10. 建立根据地：在敌占区或边缘地区，经过精心谋划和艰苦努力，建立起坚如磐石般稳固的根据地，将其打造成为我方军队养精蓄锐、补充物资装备和进行军事训练的重要场所，为持续作战提供有力保障。与此同时，这里也充当着发动广大群众、组织各方力量的关键基地，通过宣传教育、政策引导等方式，激发群众的爱国热情和参与意识，动员他们投身到反抗敌方的斗争中来，从而不断壮大我方的力量，巩固和拓展根据地的范围，形成对敌方的有力威慑和有效对抗。

（二）战役游击战方面

1. 游击侦察：在战役所涉及的广阔区域内，神不知鬼不觉地展开隐蔽且高效的侦察活动，侦察人员凭借出色的伪装技巧、对地形的熟悉以及灵活多变的行动策略，悄无声息地获取敌方至关重要的兵力部署、详细周密的行动计划、武器装备配置等关键情报。这些情报经过精心梳理和准确分析，能够为我方制定精确的战役决策提供坚实有力的支持，使我方得以在战场上洞察先机，把握战局的走向，做出最明智的战略部署。

2. 敌后渗透：精心挑选小股训练有素、装备精良且具备超强战斗素养的精锐力量，悄无声息地深入敌方的大后方，对敌方的指挥中枢、通信节点等关键部位发起出其不意的致命攻击，通过破坏敌方的指挥系统，造成其指挥混乱、指令传达不畅；摧毁通信设施，阻断其信息交流，从内部瓦解敌方的战斗体系，打乱其作战节奏，为正面战场的胜利创造极为有利的条件。

3. 空中打击：充分发挥灵活性和机动性，巧妙地使用轻便易携、操作便捷的便携式防空武器，在复杂多变的战场环境中，对敌方肆意横行的低空飞行器展开坚决有力的打击。通过这种出其不意的攻击，有效干扰敌方的空中支援行动，使其无法顺利为地面部队提供火力支援；同时阻碍敌方的侦察活动，使其难以获取我方的准确情报，为我方地面作战创造相对有利的条件，提升我方在战场上的生存和作战能力。

4. 电子干扰：充分运用先进的电子设备和精湛的技术手段，对敌方的通信和雷达系统进行有针对性、高强度的干扰。通过释放强大的电磁脉冲、发送虚假的信号指令等方式，打乱敌方通信频道的正常频率，使敌方的信息传递出现混乱、延误甚至中断；干扰敌方雷达的正常探测和识别功能，使其无法准确获取战场态势和我方的军事部署，从根本上破坏敌方的战场感知能力，让敌方陷入"睁眼瞎"的困境，无法做出及时准确的决策，为我方的军事行动提供掩护和保障，争取更大的战略主动。

5. 游击佯动：精心策划并巧妙实施一系列精心设计的策略，制造出看似真实的虚假行动迹象，通过布置伪装的军事设施、模拟部队的调动、释放虚假的情报等手段，给敌方制造出一系列错综复杂的假象，使其陷入迷惑和猜疑之中，从而诱导敌方做出错误的判断和不合理的部署，分散其兵力和资源，打乱其战略计划和战术安排，为我方真正的军事行动创造出其不意的效果，实现以巧制胜、以智取胜的战略目标，在战场上占据有利的地位。

6. 袭击后勤补给：制订精密的作战计划，以果敢决绝的行动切断敌方至关重要的物资运输通道，通过爆破桥梁、毁坏道路、伏击运输车队等手段，让敌方的物资运输陷入瘫痪。同时，秘密潜入敌方的补给仓库所在地，实施精准破坏，烧毁物资、炸毁仓库设施，使其补给仓库无法正常运作。这一系列的袭击行动将极大地削弱敌方的持续作战能力和战斗意志，为我方赢得战役的胜利奠定坚实的基础。

7. 牵制兵力部署：在战役进展的关键节点，精心策划并果断实施一系列巧妙的游击行动，以灵活多变的战术、神出鬼没的行动吸引敌方的高度关注和警惕，通过在敌方防线的侧翼或后方制造小规模但具有威胁性的攻击，让敌方不得不分散兵力应对，这种分散使得敌方无法集中优势力量进行重点防御或进攻，为我方主力部队创造出更为有利的作战条件，推动战役朝着有利于我方的方向发展。

8. 特种作战：精心挑选训练有素的特种作战人员，使其肩负起执行诸如暗杀敌方重要指挥官、爆破关键设施等高度危险且具有决定性影响的特殊任务。在周密的策划和精准的情报支持下，特种作战人员凭借出色的个人技能、无畏的勇气和卓越的团队协作，悄无声息地接近目标，通过精准的狙击、秘密的潜入或突袭，成功暗杀敌方在战场上具有关键决策和指挥能力的重要指挥官，使敌方指挥系统陷入混乱。同时，利用先进的爆破技术和专业的装备，对敌方关键设施，如弹药库、发电站、桥梁等进行毁灭性的爆破，严重影响敌方的军事行动能力和后勤保障能力，极大地影响战役的进程和最终走向。

9. 配合主力作战：在主力部队发起进攻或进行防御的关键时刻，灵活机动的游击部队迅速响应，从侧翼或后方展开积极主动的游击袭扰。他们利用地形的掩护和出其不意的战术，对敌方的防线进行突然袭击，时而发起短促而猛烈的火力攻击，时而进行快速的穿插破坏，使敌方在应对主力部队的正面压力时，还要分心应对来自侧翼或后方的威胁。这种全方位的袭扰打乱了敌方精心布置的军事部署，造成敌方兵力调配的混乱和指挥的失调，迫使敌方分散兵力应对多个方向的攻击，从而减轻主力部队所面临的抵抗压力，为主力部队的进攻创造突破的机会，或为主力部队的防御提供更稳固的防线支持，确保主力部队作战行动的顺利进行。

（三）战术游击战方面

1. 袭击战：战术游击战中的袭击战，是一种充分利用敌方疏漏和麻痹心理，出其不意实施突然且猛烈攻击的巧妙战法。作战人员需时刻保持高度的警觉和敏锐的洞察力，准确捕捉稍纵即逝的战机，在敌方尚未觉察、毫无防备之时，以迅猛的冲锋、精准的火力打击和高效的协同作战，给予敌方沉重的打击。这种战法不仅要求行动的突然性和爆发力，更注重对敌方心理防线的冲击，使其陷入惊慌失措、混乱无序的状态。

2. 伏击战：伏击战作为战术游击战中袭击运动之敌的有效战法，分为待伏和诱伏两种形式。待伏强调作战人员精心选择有利地形，巧妙进行兵力部署和伪装，等待敌人进入预设的伏击圈。而诱伏则通过巧妙设局，以小股力量诱使敌人进入预设的陷阱。无论是哪种形式，都要求作战部队具备高度的秘密隐蔽能力，在敌人毫无察觉的情况下突然发起雷霆般的攻击，以集中的优势兵力和强大的火力，迅速消灭敌人，实现火速歼敌的目标。完成作战任务后，必须迅速而果断地撤离战场，做到快打快撤，不给敌人留下任何反击和追击的机会。

3. 破击战：破击战是一种以破坏敌人重要军事目标为核心目的的独特战法，其目标通常针对敌人的交通运输线，通过破坏铁路、公路、桥梁等设施，阻断敌人的兵力和物资运输；针对后方补给系统，袭击仓库、补给车队，使敌人前线部队陷入物资匮乏的困境；针对指挥通信系统，干扰或摧毁其通信设备和指挥枢纽，导致敌人指挥失灵；针对重要技术兵器基地，如兵工厂、弹药库等，实施爆破和破坏，削弱敌人的武器装备供应能力等。这种战法旨在从根本上打乱敌人的军事部署和作战节奏，为我方的战略和战术行动创造有利条件。

4. 袭扰战：袭扰战是一种将游击队的灵活机动性、民兵的本土熟悉优势以及广大群众的积极参与紧密结合的独特战法。在这种战法中，游击队凭借出色的战斗素养和敏捷身手，神出鬼没地出现在敌人周围，进行突然袭击；民兵则利用对当地地形地貌的深入了解，巧妙设伏，给敌人以出其不意的打击；广大群众也积极参与其中，通过传递情报、设置障碍、制造噪声等各种手段，从各个方面对敌人进行干扰。这种全方位、多层次的袭扰，让敌人时刻处于高度紧张和不安之中，极大地削弱了敌人的战斗力和士气。

5. 地雷战：地雷战是以地雷这种威力巨大而又便于布设的武器为主要手段来杀伤敌人的巧妙战法。地雷的种类繁多，有触发式、遥控式、定时式等，可根据不同的战场环境和作战需求进行灵活布置。在实际战斗中，地雷通常与地道战、麻雀战等战法紧密结合，相互配合，在敌人可能经过的道路、山口、桥梁等地埋设地雷，给敌人的行军造成巨大阻碍和伤亡。同时，利用地道的隐蔽性，秘密布设和操控地雷，增强地雷战的突然性和有效性，而麻雀战的灵活特点，则能为地雷的布设和引爆创造有利条件，让敌人防不胜防，陷入地雷的恐怖阴影之中。

6. 地道战：地道战是依托精心构筑的地道工程来有力打击敌人的有效战法。地道内部结构复杂，设有众多出入口、休息室、储藏室、射击孔等，形成了一个地下防御和攻击网络。在战斗中，通常与火力战、地雷战、麻雀战等多种战法相结合，当敌人来袭时，我方可以从地道中的射击孔向敌人开火，实施火力打击。同时，在地道内预先埋设地雷，在敌人进入特定区域时引爆，给敌人造成重大伤亡；利用地道的隐蔽通道，我方人员可以像麻雀一样灵活出击，袭击敌人后迅速撤回地道，让敌人摸不着头脑。这种多种战法的有机结合，使地道战发挥出强大的战斗效能，让敌人在我方的地下防线面前束手无策。

7. 麻雀战：麻雀战是一种以小群兵力分散实施的独特阻击行动。作战人员如同灵活敏捷的麻雀一般，三五成群，分散在广阔的战场区域，他们凭借对地形的熟悉和出色的隐蔽技巧，时而出现在敌人面前，给予突然一击；时而迅速消失在山林沟壑之间，让敌人难以捉摸。在战斗中，他们忽聚忽散，瞬间形成集中的火力打击，给敌人造成杀伤；又瞬间分散开来，让敌人的反击无从下手。通过这种灵活机动的战术，不断地杀伤、消耗敌人的有生力量，同时以神出鬼没的行动迷惑敌人，扰乱敌人的作战部署和判断，使其陷入紧张和焦虑之中，无法有效地组织进攻或防御。

8. 围困战：围困战是针对孤立驻守之敌所采取的一种有效作战方式，通过精心部署兵力，构筑严密的封锁线，彻底切断守敌与外部的一切联系通道，包括交通线、通信线路等，断绝敌人的物资供应，使其无法获得武器弹药、粮食药品等生存和作战必需的物资。随着时间的推移，敌人逐渐陷入弹尽粮绝、士气低落的困境。在围困过程中，还会结合心理战，向被围困的敌人宣传我方的政策和优势,进一步瓦解敌人的抵抗意志。敌人在内外交困的绝境中,要么选择投降,要么在突围中被歼灭。

9. 陷阱战:陷阱战是一种巧妙利用地形和敌人行动规律,在敌方可能经过的道路或区域精心设置各类陷阱的战术手段,这些陷阱形式多样,有的布满尖锐的刺钉,能刺伤敌人的脚部和腿部;有的是深挖的大坑,使敌人跌入其中难以自拔;有的设置了触发式的机关,一旦敌人触发,便会遭受巨大的伤害。这些精心布置的陷阱,给敌方的行进造成严重的阻碍,不仅能够造成敌方人员的直接伤亡,还能打乱敌人的行军节奏和作战计划,让敌人在前进的道路上时刻提心吊胆,消耗其精力和士气,为我方的后续作战创造有利条件。

以上只是一些常见的作战方式,实际战斗中会根据具体的战场环境、敌我力量对比等因素进行灵活选择和运用。但在高科技、先进武器装备的影响下,战略游击战、战役游击战和战术游击战的作战方式必然会发生重大变化,限于篇幅,此处不再赘述,详情可参见后面各章介绍。

第八章　现代战争中游击战优劣势及作战方案

深入研究优势劣势及其相互转化过程，是在复杂多变的局势中取得成功的关键所在。通过严谨的研究，我们能够精准地洞察自身所拥有的显著优势，同时也能敏锐地察觉到潜在的劣势，深刻理解优势和劣势并非一成不变的，它们在特定的条件下能够相互转化。毛泽东曾说："矛盾着的双方，依据一定的条件，各向着其相反的方面转化。"①他还指出："在一定的条件下，坏的东西可以引出好的结果，好的东西也可以引出坏的结果。"②当环境、策略或者外部因素发生变化时，原本的优势可能会逐渐弱化甚至成为劣势，而曾经的劣势也有可能转化为强大的优势。正是基于这种全面且深刻的认知，我们才能够巧妙地发扬长处，避开短处，充分发挥优势的最大效能，同时积极采取措施改善劣势，甚至将其转化为新的竞争优势，最终都是为了能够准确地确定合适的战略战术，从而为在充满挑战和不确定性的战场上取得辉煌胜利打下无比坚实的基础。

一、优势劣势及相互转化

（一）游击战在现代战争中的优势

1. 灵活机动巧应对。游击战具备高度的灵活性和机动性，能根据战场形势迅速调整作战策略和位置。毛泽东就曾指出："在军事战略方面，是战略统一下的独立自主的游击战争，基本上是游击战，但不放松有利条件下的运动战。"③此话生动地体现了游击战的精髓。例如，在阿富汗战争中，塔利班武装常常利用阿

---

① 《毛泽东选集》第一卷，北京：人民出版社1991年版，第327页。
② 《毛泽东文集》第七卷，北京：人民出版社1999年版，第238页。
③ 《毛泽东选集》第二卷，北京：人民出版社1991年版，第763页。

富汗多山且地形复杂的特点，神出鬼没，他们有时化整为零，分散在山谷和洞穴之中；有时又迅速集结，对美军和阿富汗政府军的据点发动突然袭击，在2001年的"森蚺行动"中，塔利班武装巧妙地避开美军的正面围剿，通过在山区的灵活转移，给美军的清剿行动造成了极大阻碍。

2. 成本低廉效益高。与大规模的正规战争相比，游击战所需的资源和成本相对较低，它不需要耗费巨资去购置大量的重型武器装备，也无须构建庞大的后勤保障体系。游击战强调的是充分利用现有的资源和条件，灵活应对，以最小的投入获取最大的战果。朱德元帅曾说："有什么枪打什么仗，对什么敌人打什么仗，在什么时间地点打什么时间地点的仗。"①这一理念精准地概括了游击战在资源利用和战术选择上的灵活性。在伊拉克战争中，反美武装展现了游击战成本低效益高的显著特点，他们巧妙地利用简易爆炸装置(IED)和小规模的袭击，给美军造成了重大的伤亡和经济损失。像在费卢杰战役中，反美武装凭借少量自制武器和简单的战术，让拥有先进装备和强大武力的美军付出了高昂的代价，反美武装就地取材，自制简易爆炸装置，将其布置在美军经常出没的道路和区域，给美军的巡逻队和运输车队造成了巨大的威胁。他们还会选择在美军防备薄弱的时刻和地点发动突然袭击，然后迅速撤离，不与美军进行正面的大规模对抗，从而有效地保存了自己的有生力量。这种以小博大的作战方式，让反美武装在资源匮乏的情况下，依然能够对强大的美军形成有效的抵抗和打击，充分体现了游击战成本低但效果显著的优势。

3. 情报获取较容易。游击队通常与当地民众关系密切，能够更容易获取有关敌方的准确情报，当地民众会主动为游击队提供敌方的行动、兵力部署等关键情报。在越南战争中，越共游击队凭借着在当地的深厚根基，能够及时掌握美军的动向，例如，在"春节攻势"中，越共游击队依靠准确的情报，对美军和南越军队的多个重要据点同时发动袭击，取得了显著的战果。

4. 心理战术屈敌兵。心理战在战争中往往能起到意想不到的效果，它直击敌人的精神防线，削弱其战斗意志。在车臣战争中，车臣武装的游击战策略让俄罗斯军队长期处于高度紧张的状态，车臣武装分子频繁地在城市中展开突然袭

---

① 《朱德军事文选》，北京：解放军出版社1997年版，第527页。

击,他们神出鬼没,行动迅速,常常在俄军毫无防备之时发动攻击,然后又以极快的速度消失在人群中,这种难以捉摸的作战方式使得俄军士兵时刻紧绷神经,无法预测下一次袭击何时何地会到来。

5. 复杂地形亦驰骋。在山地、丛林、城市等复杂地形或环境中,游击战能够充分发挥其独特的优势,复杂的地形和特殊的环境为游击战提供了天然的掩护和隐蔽条件,使其能更有效地躲避敌方的侦察与攻击,并出其不意地给敌人以致命打击。

6. 非对称战显奇能。游击战具备强大的非对称作战能力,使实力较弱的一方能够以小博大,运用巧妙的战术和策略对强大的敌人予以有效打击,这种非对称作战并非单纯的力量博弈,更是一种智慧与策略的较量。《尉缭子》曰:"战权在乎道之所极,有者无之,无者有之,安所信之。"灵活多变的游击战术,使其在实力悬殊的对抗中找到了生存和反击的空间,从而在一定程度上影响了战争局势。

7. 政治影响展锋芒。游击战的存在和持续抵抗往往能够在政治层面产生显著的影响力,一方面,它可以引起国际社会对冲突地区的高度关注。例如,在南斯拉夫内战期间,科索沃解放军的游击战行动吸引了全球媒体的目光,国际社会对科索沃地区的人权状况和冲突局势进行了广泛报道和讨论。另一方面,游击战能够展示抵抗一方的坚定决心和斗争意志,利于在政治谈判中争取更有利的地位和条件。

(二)游击战在现代战争中的劣势

1. 人员素质的参差不齐。俗话说:"精兵一人,可当十用;弱卒十人,不若一强。"参与游击战的人员通常缺乏系统、专业和全面的军事训练,与正规军相比,他们在军事理论知识、战术技能掌握、战场纪律遵守以及协同作战能力等方面存在明显的不足。例如,在应对复杂的战场局势时,可能无法准确判断形势、迅速做出合理的决策,而且,由于训练水平有限,在武器操作的熟练程度、射击精度以及战术动作的规范性上都有所欠缺,这在一定程度上影响了作战效果。此外,游击队员的心理素质可能不够稳定,长期处于紧张、危险的战斗环境中,容易出现焦虑、恐惧等情绪。

2. 武器装备的简单落后。游击战一方往往难以获得先进和充足的武器装备,现代战争中,高科技武器如精确制导武器、先进的侦察设备、高性能的通信系统等发挥着关键作用,然而,游击队通常只能依赖于较为简单、老旧甚至自制的武器,如简易的枪支、土制炸弹等,这种武器装备的差距导致游击队在火力、射程、精度和打击效果等方面远远落后于敌方。例如,在面对敌方拥有强大空中优势和远程打击能力时,游击队缺乏有效的防空和反制手段。同时,武器装备的不足也限制了游击队的作战范围和持续作战能力,使其在面对敌方的大规模进攻或围剿时处于被动地位。

3. 战略战术的素养短板。游击战的参与者在战略战术素养方面往往存在不足,与经过严格军事训练和系统战略战术教育的正规军相比,游击队员通常缺乏全面深入的军事理论知识和战略眼光。在战略层面,他们可能难以准确把握战争的整体局势和发展趋势,无法制订出具有长远眼光和全局规划的战略目标和行动计划,这可能导致游击战在某些情况下无法与更大规模的战争行动有效配合,无法对整个战争格局产生决定性的影响。在战术执行上,游击队员可能在战斗指挥、协同作战、战场应变等方面表现出一定的局限性。例如,在复杂多变的战场环境中,可能无法迅速、准确地做出决策,无法有效地组织和协调各战斗小组之间的行动,从而影响战斗效果。此外,由于缺乏系统的战术训练,在运用战术手段时可能不够灵活多样,容易陷入模式化和套路化,被敌方熟悉和破解。比如,在进行伏击、突袭等战术行动时,如果不能根据实际情况灵活调整战术细节,就可能被敌方识破并反制。这些战略战术素养上的不足,在一定程度上限制了游击战在现代战争中的作用发挥和效果达成。但需要指出的是,游击战在特定的条件和环境下,通过不断的实践和经验总结,其战略战术水平也能够得到一定的提升。

4. 情报获取处理的困境。现代战争中,敌方的情报侦察和反侦察手段日益先进,使得游击战一方获取有价值情报的难度增加,若依赖不准确或过时的情报行动,可能陷入敌方的陷阱,导致作战失败,而且,对复杂情报的分析和处理能力要求较高,游击队在这方面可能相对薄弱,无法充分挖掘情报的潜在价值。

5. 资源补给的艰难滞碍。常言道"巧妇难为无米之炊",对于游击战而言,资源匮乏与补给困难始终如影随形。在游击战的战场上,资金的严重短缺往往使得作战行动处处受限；武器装备方面，与正规军相比，游击队常常处于明显的劣势，缺乏先进的武器系统，多数情况下只能依靠简易武器或是通过艰难缴获而来的装备勉强支撑；物资供应更是捉襟见肘，难以获得充足的弹药、食物、药品等必需品。在现代战争的大背景下，对技术装备的依赖程度与日俱增，而游击队在这方面却举步维艰。他们或许只能凭借相对落后的装备去对抗拥有高性能通信设备和强大火力的敌人，在火力强度和作战效能上的差距不言而喻。再者，游击队的补给线通常极为脆弱，容易遭到敌方的针对性攻击和破坏，一旦补给线被切断，物资供应中断，就会对游击队的持续作战能力造成毁灭性的打击，使他们陷入弹尽粮绝的困境，极大地影响着战斗的进程和结果。

6. 作战规模的影响受限。游击战大多以小规模、分散的形式展开，难以像正规军那样集中庞大的兵力进行大规模的战略决战，这就决定了游击战在短时间内很难对敌方的整体战略布局产生根本性的改变。虽然游击战可以在局部地区给敌人制造麻烦，但由于其作战规模较小，无法迅速决定战争的胜负走向，而且，由于作战规模小，很多人对游击战的认识存在局限性。在国际舞台上，游击战的影响力相对有限，难以像大规模战役那样引起广泛的关注，这使得游击队在争取外部支持和资源援助方面面临着巨大的挑战，难以获得足够广泛的支持。然而，随着时代的发展和信息传播的加速，这种状况正在逐步得到扭转，如今，通过各种媒体渠道，游击战的事迹和价值逐渐被更多人所了解，其在国际舞台上的影响力也在慢慢提升。

7. 民众支持的摇摆不定。"得民心者得民力，得民力者得胜利。"游击战在很大程度上依赖于当地民众的支持，民众可以为游击队提供情报、物资、掩护等重要帮助。然而，这种支持并非绝对稳定，长期的战争会给民众带来沉重的负担，生活变得困苦不堪，基础设施遭到严重破坏，在这种情况下，部分民众可能会产生不满和抵触情绪。此外，敌方往往会采取各种手段来削弱民众对游击队的支持，他们可能通过宣传、安抚等策略，向民众灌输对游击队不利的观念，试图瓦解游击队的群众基础。正如"失民心者失天下"，游击战同样如此，一旦失去了民众的支持，游击队将面临孤立无援的困境，生存和发展受到严重威胁。

8. 人道法律的约束羁绊。在现代社会，战争行为受到更严格的国际人道法和舆论监督，在游击战中，由于战斗人员与平民难以清晰区分，这就增加了平民伤亡和财产损失的风险，一旦出现这种情况，就会引发国际社会的谴责和法律追究。同时，敌方可能会利用这一问题进行舆论宣传，大肆抹黑游击队的形象，从而削弱游击队的合法性和道义支持，游击队在作战过程中必须时刻警惕这一问题，既要努力保护平民的生命和财产安全，又要避免被敌方抓住把柄进行攻击，这对于游击队来说是一个极为严峻的挑战，需要在战争的残酷现实与道德法律的约束之间寻找平衡。

9. 敌方反制的应对难题。敌方通常会针对游击战的特点制定专门的反制策略。正如《孙子兵法》所说："敌逸能劳之，饱能饥之，安能动之。""先为不可胜，以待敌之可胜。"敌方会采取多种手段来应对游击战，他们可能会加强军事据点的防御，设置坚固的工事、增加兵力部署，使游击队难以攻克；增加巡逻和监控力度，利用现代监控技术、无人机侦察等高科技手段，对游击队的活动进行严密监视；卫星通信干扰等手段也会被运用，对游击队的隐蔽性和行动自由构成巨大威胁；敌方还可能通过心理战等方式，试图瓦解游击队的斗志。面对敌方的这些反制策略，游击队需要不断调整战术，寻找应对之策，以保持自身的战斗力和生存能力。

游击战在现代战争中具有不可忽视的作用，尤其在大仗打不起来、小仗不断的情况下，可以预判的是游击战会成为现代或未来战争的主要形式，它是弱小一方对抗强大敌人的有效手段，能够在敌强我弱的情况下，通过灵活的战术和顽强的斗争，消耗敌人的力量，为最终的胜利创造条件。游击战的发展趋势将与科技的进步和战争形态的变化紧密相关。随着信息技术的发展，网络游击战、信息游击战等新形式将不断涌现，同时，游击战也需要在国际法和道德准则的框架内进行，以确保其正义性和合法性。在未来的战争中，只有充分了解敌我双方的情况，掌握战争的规律和趋势，灵活运用游击战的策略和战术，才能在复杂多变的战争环境中立于不败之地。

(三)优势劣势相互转化

游击战是以袭击为主要手段的一种非对称作战方式，具有高度的机动性、灵活性、主动性、进攻性和速决性等特点。在现代战争中，游击战的优势和劣势可能会在以下情况下相互转化。

1. 科技浪潮翻涌下的发展影响。在现代战争的大背景下，科技的迅猛发展对游击战产生了深远的影响，技术的进步促使武器装备不断朝着小型化、集成化、低成本化和信息化的方向迈进，这一变革使得游击一方能够以相对较低的成本和更便捷的方式获取并运用先进武器，这些先进武器的轻便易携和操作简便性，极大地提升了游击战的战术技术层次，让原本在武器装备方面处于劣势的游击队有了更强大的火力和作战能力。然而，科技是一把双刃剑，随着卫星侦察技术的日益精进、无人机巡查的广泛应用以及移动通信技术的不断升级，原本凭借地理环境和隐蔽战术得以藏身的游击战，可能会在这些高科技侦察手段面前无所遁形，敌人能够更精准地定位游击队员的位置，追踪武器的藏匿点，从而使游击战的隐蔽性这一传统优势荡然无存，甚至转化为易被发现和攻击的劣势。

2. 作战维度拓展中的空间转移。随着时代的变迁，游击战的作战空间也发生了显著的转变，曾经在农村地区活跃的游击战，由于现代社会的发展，其作用日渐式微。而城市化进程的加速，大幅提高了城市的规模和复杂性，大型城市圈如雨后春笋般涌现，城市圈内密集的建筑布局、庞大的人口数量以及错综复杂的交通网络，为游击战创造了新的有利条件，城市丰富的资源使其成为最佳的资源附着体，也逐渐成为游击战的主要战场，城市中的高楼大厦、地下通道和狭窄街巷等，都为游击队提供了众多的隐蔽点和伏击位置。但城市作战并非一帆风顺，如果游击队无法在城市中建立有效的补给渠道，获取足够的物资支持和人员增援，那么他们可能会陷入弹尽粮绝、孤立无援的困境，原本城市作战所带来的地理和资源优势，将迅速转化为无法持续作战的劣势，严重威胁游击队的生存和战斗能力。

3. 信息网络交织里的情报支持。在当今的地区冲突中，情报信息的获取和运用对于战争的走向起着至关重要的作用，当防守一方拥有全面且高效的情报信息体系支持时，便能在战场上占据主动。一方面，电子侦察机、无人侦察机、战场监视飞机以及高空侦察卫星等先进设备，能够对战场形势进行实时、全方位的监控，不放过任何一个细微的变化。"星链"技术的应用则为战场通信提供了强大而稳定的保障，确保信息的快速传递和共享。另一方面，社交网络、自媒体平台和普及的手机通信软件，使得大量关于敌军部队行动的视频和图片能够被迅速上传至网络，从而形成了相对单向的信息透明局面，这种信息优势使防守方能够提前洞察敌军的动向，制订出精准的作战计划，有效地迟滞敌军的进攻，甚至将对手拖入持久的消耗战，实现以弱胜强的战略目标。但倘若情报信息被敌方成功获取、破译或干扰，游击队将面临巨大的危机，敌军可以根据获取的情报实施有针对性的打击和围剿，导致游击队遭受重大损失，原本赖以生存的情报优势瞬间化为劣势，使游击队在战场上陷入极度被动的境地。

4. 战略布局谋划时的战术应用。在战争的动态演进过程中，游击队所采用的战略战术必须紧跟形势不断调整和改进，倘若游击队能够巧妙且灵活地运用诸如伏击、袭击、破坏等多样化的战术手段，便能出其不意地对敌人实施有效打击。如毛泽东同志说的："在敌深入进攻条件下，必须部署足够力量于外线，方能配合内线主力作战，增加敌人困难，减少自己困难，造成有利于持久战之军事政治形势。"①例如，精心策划的伏击战能在敌人毫无防备的情况下给予其重创，突然发起的袭击能打乱敌人的部署，有针对性的破坏行动能削弱敌人的后勤保障和作战能力。通过这些战术的精准运用，游击队可以在敌强我弱的情况下扭转局势，将原本的劣势转化为优势。然而，如果游击队的战略战术选择不当，未能充分考虑敌我双方的实力对比、战场环境以及情报信息等关键因素，就可能导致行动失败。例如，盲目地发动大规模正面攻击可能使游击队遭受巨大损失，不合理的兵力部署可能会被敌人各个击破。这种情况下，即使游击队原本在某些方面具有一定的优势，也会由于战略战术的失误而丧失殆尽。

5. 民众意愿导向下的支持配合。游击战的成功与否很大程度上取决于是否能够获得民众的坚定支持与紧密配合。当游击队得到民众的广泛拥护时，其所能获取的助力是多方面的，民众不仅能够为游击队提供必需的物资供应，确保游击队在艰苦的战斗环境中维持生存和战斗力，还能凭借对当地地形和人情的熟悉，为游击队传递及时准确的情报，让游击队能够提前洞悉敌人的动向，制订出更具针对性的作战计划。同时，民众还可以直接参与到抵抗行动中来，通过各种非暴力的方式，如示威游行、罢工等，分散敌人的注意力和资源，间接为游击队的战斗创造有利条件。但如果游击队失去了民众的支持，其处境将会变得极为艰难，民众可能不再愿意提供物资和情报帮助，甚至可能向敌人告密，使游击队的行动

---

① 《毛泽东文集》第二卷，北京：人民出版社 1993 年版，第 97 页。

处处受限，在这种情况下，游击队将陷入孤立无援的境地，曾经依靠民众支持所建立起来的优势也会迅速消失，转化为无法持续作战的劣势。

6. 国际风云变幻间的外交形势。在复杂多变的国际环境中，国际社会对于战争的态度以及外交斡旋的结果，对游击战的发展态势有着不容忽视的影响。如果国际舆论倾向于支持游击队一方，那么就会形成一股强大的道义力量，各国可能会通过外交渠道对敌方施加巨大的压力，迫使敌方在军事行动上不得不有所收敛，比如国际社会可能会对敌方实施经济制裁，限制其武器进口和资源获取，或者通过外交声明和谴责，迫使敌方重新审视其军事策略。在这种情况下，游击战所面临的军事压力会明显减轻，原本处于劣势的游击队能够获得更多的喘息和发展机会，从而有可能将劣势转化为优势。然而，如果国际形势对游击方不利，敌方获得了更多的外部支持和丰富的资源，比如其他国家向敌方提供先进的武器装备、资金援助或者军事顾问等，那么游击战将会面临更为严峻的挑战，敌方可能会凭借这些外部支持加大对游击队的围剿力度，使游击队在战斗中面临更大的困难，原本所具有的优势也可能因此被逐渐削弱，甚至丧失。

7. 经济架构支撑下的资源保障。在游击战中，稳定的经济来源和充足的物资资源是支撑战斗行动持续进行的关键因素，当游击方具备这一条件时，就能够为战斗行动提供坚实的后盾，有了稳定的资金流入，游击队就可以采购先进的武器装备，提升自身的火力和防御能力；充足的物资资源能够确保队员们的基本生活需求得到满足，维持良好的体能和精神状态，还可以投入资源用于人员的培训，提高队员们的战斗技能和战术素养，使整个队伍的作战能力得到显著增强，这样一来，原本在资源方面存在的劣势得以逐步改善，进而转化为战场上的优势。然而，一旦游击方的经济来源被切断，物资供应的渠道也受到阻碍，情况就会急转直下，缺乏资金购买必要的装备和物资，队员们的训练就会受到影响，战斗力随之下降，长期的资源匮乏可能导致游击队陷入困境，无法有效地开展战斗行动，甚至难以维持生存，曾经在资源保障上建立起来的优势也会瞬间崩塌，转化为严重的劣势。

8. 组织纪律构建中的团结协同。对于一支游击队而言，团结一心且纪律严明是其能够高效执行作战计划、保持强大战斗力的核心要素。当队伍内部紧密团结，并且严格遵守组织纪律时，队员们能够明确各自的职责和任务，在战斗中紧密配合，迅速而准确地执行上级的指令，这种高度的协同作战能力能够使游击队在面对复杂的战场环境时保持高昂的斗志和强大的战斗力，从而在战斗中取得优势。但倘若游击队内部出现分歧、分裂或者纪律涣散的状况，队伍的凝聚力将被严重削弱，队员之间可能会因为意见不合而发生冲突，导致指挥系统混乱，作战计划无法顺利实施，在这种情况下，游击队很可能在战斗中出现失误，行动失败的风险大幅增加，原本良好的组织优势也会迅速转变为劣势。相反，当游击队能够及时发现并解决内部存在的问题，消除分歧，重新凝聚力量，强化组织纪律，那么就能够恢复队伍的战斗力，使原本的劣势重新转化为优势。

9. 自然生态变迁中的地理条件。在游击战中，复杂的地形和恶劣的气候条件常常能成为游击队的天然庇护所和防御壁垒。例如，崇山峻岭、茂密森林、幽深峡谷等复杂地形为游击队提供了众多的隐藏地点和迂回空间，使敌方难以展开大规模的搜索和进攻；恶劣的气候条件，如暴雨、狂风、大雾等，能够降低敌方的侦察和打击效果，为游击队的行动提供掩护，这些自然因素使得游击队能够出其不意地发动袭击，然后迅速消失在茫茫自然之中，让敌方难以捉摸和应对，从而构建起强大的防御优势。但倘若遭遇极端自然灾害，如长时间的洪涝导致道路淹没、行动受阻，干旱造成水源短缺、生存艰难等，就会对游击队的生存和行动产生严重影响，食物和水源的匮乏可能导致队员身体虚弱，行动能力下降；被破坏的地形和环境也可能使原本熟悉的隐藏和撤退路线变得不再可行，极大地限制了游击队的活动范围和作战能力，原本赖以生存的自然环境优势此时就可能转化为制约发展的劣势。

10. 文化氛围浸染下的心理因素。对于游击队来说，如果其所秉持的理念和价值观与当地文化深度融合，且符合民众的内心诉求，就能够激发起民众强烈的认同感和抵抗意志，这种文化和心理上的共鸣会使民众自愿参与抵抗行动，为游击队提供人力、物力和情报支持，民众对游击队的信任和拥护会成为一种强大的精神支柱，鼓舞队员们勇往直前，坚定地与敌人战斗，从而形成一种难以被摧毁的精神优势。然而，敌方可能会利用各种手段进行文化渗透和心理战，通过宣传虚假信息、散布谣言、制造恐慌等方式，试图扭曲游击队的形象和理念，动摇民众和游击队员的信念，如果这种渗透和心理战取得成效，民众的支持可能会减弱，游击队员可能会产生自我怀疑和动摇，内部的团结和士气受到打击，原本强大的文化和心理优势可能会逐渐丧失，甚至引发内部的矛盾和混乱，严重削弱游击队的战斗力。

11. 军事变革进程中的新型力量。在当今的战争形态中，网络战、信息战等新型作战力量的出现为游击战带来了新的机遇和挑战。例如，游击队若能熟练且巧妙地利用网络平台进行宣传，就能够广泛传播自己的主张和行动成果，赢得更多的同情和支持。通过网络进行情报收集，可以更快速、全面地获取敌方的动态和弱点，为作战决策提供依据，同时，对敌方的信息系统发起攻击，能够造成敌方指挥混乱、通信中断，从而有效地削弱敌方的作战能力，增强自身在战斗中的主动性。但是，如果敌方在网络和信息领域拥有绝对的技术优势和资源投入，对游击队实施严密的网络封锁和信息反制，可能通过监控网络活动追踪游击队的行踪，甚至植入恶意软件破坏游击队的信息系统，这样一来，游击队在网络和信息方面的劣势就会凸显，不仅无法充分发挥新型作战力量的作用，还可能因为信息泄露和通信受阻而陷入被动局面。

12. 战后秩序重塑时的发展需求。在一场战争持续一段时间后，民众的关注点往往会从战争的当前局势转向战后的重建和生活的恢复上。民众对于和平、稳定以及正常社会秩序的渴望程度，直接影响着他们对游击战的支持力度。如果游击队能够敏锐地察觉到这一点，并提出一套切实可行、详细全面的战后重建方案，涵盖基础设施修复、经济复苏、社会秩序重建等各个方面，向民众展示对未来的清晰规划和美好愿景，那么就能够赢得民众更坚定、更持久的支持，这种强大的民意支持将转化为游击队的显著优势，为其提供源源不断的人力、物力和情报资源，增强其在战争中的韧性和战斗力。反之，如果游击队对民众的这一迫切需求置之不理，无法给出令人信服的战后重建蓝图，那么就可能会失去民心，原本因民众支持而形成的优势也会随之转为劣势，使游击队在战争中陷入被动。

13. 军事思想革新中的理论创新。在现代战争不断变化和演进的背景下，游击队的军事理论和战术创新能力成为决定其生死存亡的关键因素。当游击队能够积极拥抱变化，不断探索和创新军事理论，勇于尝试新的战术手段，并将其与实际作战环境相结合，就能够敏锐地捕捉到战争形态的微妙变化，提前做出适应性调整。例如，利用新兴技术发展非对称作战策略，融合多兵种协同作战等，从而始终保持在战争中的主动性，出其不意地打击敌人，掌控战争的节奏和走向。但如果游击队在军事理论和战术上固步自封，满足于过去的经验和成功，不能及时跟上战争形态的快速演变，对新的战争技术和战术趋势视而不见，仍然坚持原有的、可能已经过时的作战方式，那么就很可能在战场上遭遇挫折，敌方会利用其战术的陈旧和僵化，采取针对性的反制措施，导致游击队原有的作战方式失效，优势逐渐消失，甚至陷入被动挨打的危险境地。

14. 统帅决策权衡下的指挥能力。在游击战这种复杂且充满不确定性的战争形式中，领导人的决策与指挥能力往往起着决定性的作用。一个具有英明果断品质和富有战略眼光的领导人，能够在瞬息万变的局势中迅速做出准确判断，敏锐地捕捉到稍纵即逝的机会，通过其卓越的领导才能和清晰的战略思维，合理调配资源，灵活运用战术，激发队员的斗志，带领游击队在看似无望的困境中破局而出，将劣势转化为优势，创造出以弱胜强的奇迹。相反，如果领导人在决策时犹豫不决，缺乏果断性，或者在指挥作战时出现失误和不当，做出错误的战略判断和战术安排，就可能导致原本有利的战场局势急转直下，队员们可能会因为指挥混乱而失去方向，作战行动失去协调性和有效性，进而使游击队遭受重大损失，优势尽失，陷入极度危险的境地。

15. 国际关系联动中的外部援助。在游击战中，外部力量的援助与合作往往能够对局势产生重大影响。当游击队得到外部力量诸如先进的武器装备、专业的军事训练、充足的资金支持等有力援助时，其整体实力会得到大幅提升，新的武器装备能够增强游击队的火力和作战能力，专业的军事训练可以提高队员的战斗素质和战术水平，资金支持则能保障后勤供应和战略行动的开展，从而有效地改善原本存在的劣势，提升在战场上的竞争力和生存能力。然而，如果这种外部援助突然中断，或者在合作过程中出现不可调和的矛盾和冲突，游击队可能会面临严峻的困境，原本依赖外部援助建立起来的优势会迅速消失。更糟糕的是，合作矛盾可能会引发内部的信任危机和资源分配问题，进一步削弱游击队的战斗力，使其在面对敌方时陷入艰难的处境。

总的来说，在现代战争中，游击战的优势和劣势并不是绝对的，而是相对的，并且可以相互转化。优势和劣势转化是一个动态复杂的过程，受到多种因素的交织影响，需要根据战争的实际情况，灵活运用各种战术和策略，以达到最终的胜利。

二、作战方案

结合现代战争环境的深刻变化，我们需深入剖析自身的优势与劣势在相互转化过程中的具体情况，在充分了解这一动态变化的基础上，审慎选择战略、战役、战术游击战等不同的作战类型，只有如此，我们才有可能制订出较为可靠、周全且细密的作战方案或计划。正如毛泽东所说："游击战争要取得胜利，是不能离开它的计划性的。乱干一场的想法，只是玩弄游击战争，或者是游击战争的外行。不论是整个游击区的行动或是单个游击部队或游击兵团的行动，事先都应有尽可能的严密的计划，这就是一切行动的预先准备工作。"①比如全面且精准地评估现代战争环境的各项要素，包括但不限于地理、气候、政治、经济、科技等方面的新特点和新趋势，对自身的军事力量进行细致入微的分析，明确优势所在，如先进的武器装备、高素质的作战人员、高效的指挥系统等，也要清醒认识到可能存在的劣势，例如后勤保障的压力、情报获取的难度等。研究优势与劣势相互转化的机制和条件，制定相应的应对策略，以确保在不同的战争态势下能够灵活调整；根据战争目标和实际情况，综合权衡选择最适合的作战类型，明确每种类型的运用场景和预期效果，围绕选定的作战类型，制定详细的作战方案，包括兵力部署、作战流程、协同配合、后勤保障、应急预案等各个方面，确保方案具有高度的可行性和适应性等。

(一)制定游击战方案需要综合考虑的重点内容

1. 侦察与反侦察

(1)深入了解敌方可能运用的卫星侦察、无人机侦察、电子监听等高科技侦察手段至关重要。在应对策略方面，积极采用先进的伪装技术，如光学伪装、热成像伪装等，使我方目标在敌方侦察设备中呈现出与实际情况不符的影像，从而降低被发现的风险。配备电磁屏蔽设备，有效阻挡敌方电子监听设备对我方电磁信号的捕捉；运用干扰装置，对敌方的侦察信号进行干扰，扰乱其侦察效果；充

---

① 《毛泽东选集》第二卷，北京：人民出版社 1991 年版，第 414 页。

分利用复杂的地形，如山谷、丛林等，以及建筑物或地下设施，为我方人员和装备提供天然的遮蔽，躲避敌方的侦察。

（2）有效管理我方的电磁频谱使用是确保行动安全的关键环节，严格规范电磁频谱的分配和使用，避免无序的频谱发射导致被敌方通过频谱监测发现我方的行动和部署。同时，深入研究和掌握敌方的电磁频谱特征，包括频率范围、信号强度、调制方式等，以此为基础进行有针对性的干扰和对抗，通过发射干扰信号，扰乱敌方的电磁通信，使其侦察和指挥系统陷入混乱，为我方争取有利的作战条件。

（3）密切关注敌方卫星的运行轨道和功能具有重要的战略意义。一方面，积极发展对敌方卫星进行干扰或破坏的技术手段，如发射高能激光、电磁脉冲等，使敌方卫星暂时或永久性失效，削弱其侦察和通信能力。另一方面，巧妙利用民用卫星资源，在获取情报的同时，采用加密和信号伪装等技术手段隐藏我方卫星通信信号，降低被敌方侦测和破解的可能性，保障我方通信的安全性和保密性。

2. 作战环境与手段

（1）采用非对称作战思维是应对敌方优势装备的有效策略。深入研究敌方的作战体系，寻找其薄弱环节，如后勤补给线、指挥通信的关键节点等，集中力量进行精准打击，充分发挥本土优势，包括对地理环境的熟悉、民众的支持以及丰富的资源等，利用地形的复杂性和民众的情报网络，获取敌方的行动信息，提前设伏，打乱敌方的作战部署。同时，借助本土的资源，迅速补充和修复我方的装备和设施，保持持续作战的能力。

（2）在城市作战环境中，高楼大厦、地下通道和狭窄街巷等地理条件为作战提供了丰富的可能性。如《孙子兵法》曰："善守者，藏于九地之下；善攻者，动于九天之上。"充分利用高楼大厦的复杂结构进行隐蔽，部署狙击手或观察哨，获取广阔的视野并对敌方进行出其不意的打击。地下通道则可作为人员和物资的秘密运输通道，也可作为临时的藏身之所，以便在关键时刻发起突袭。狭窄街巷能够限制敌方大型装备的行动，为我方提供近战和游击战的优势。此外，熟悉城市的基础设施，如电力、供水和交通系统，必要时，巧妙地利用这些设施可以为我方创造有利条件，例如切断敌方的电力供应，使其指挥和通信系统陷入瘫痪；破坏供水系统，干扰敌方的正常生活和作战补给；通过控制交通系统，阻碍敌方的兵力调动和物资运输。

（3）若作战区域跨越多个地理区域或涉及不同社会文化背景，复杂的情况对作战的协调和适应能力提出了更高的要求，应提前深入了解各地区的地理特点、气候条件、社会文化习俗等方面的差异，制订相应的作战计划和策略；与当地的政府、民众建立良好的关系，争取他们的支持和协助；加强与其他地区游击力量的沟通和协同，建立统一的指挥和协调机制，确保在作战中能够密切配合，形成合力；通过共享情报、资源和作战经验，提高整体的作战效能，共同应对敌方的威胁。

（4）当作战区域靠近水域时，敌方的水下侦察和攻击手段，如潜艇、水下无人设备等，构成了潜在的威胁，为此，必须高度重视水下作战，加强对敌方水下装备的监测和预警能力，部署先进的声呐系统、反潜设备等，及时发现敌方的水下活动。同时，积极发展水下游击能力，如运用小型潜水设备，组织特种作战人员进行突袭，破坏敌方的水下设施，如港口的防御设施、敌方潜艇的停泊点等。此外，加强对水下作战人员的训练，提高他们在复杂水下环境中的作战技能和应变能力，确保在水下作战中能够有效地应对敌方的挑战，保障我方在水域附近的作战安全和胜利。

3. 武器与技术运用

（1）深入研究有效的反无人机战术已成为当务之急。电子干扰是一种重要手段，通过发射特定频率的电磁波，扰乱敌方无人机的通信和导航系统，使其失去控制或无法正常传输数据。激光武器则凭借其高精度和高能量的特点，能够迅速摧毁敌方无人机。此外，设置陷阱也是可行的策略，例如利用假目标吸引敌方无人机进入预设的伏击区域，再进行打击，在无人化装备对抗方面，针对敌方的无人化战车、机器人等装备，必须深入研究克制它们的战术和技术手段，分析其行动模式、弱点以及可能的故障点，制定针对性的攻击策略。

（2）面对敌方精确制导武器的威胁，我们需要采取一系列有效的应对措施。首先，要避免在容易被敌方锁定的开阔地带集结和行动，因为这样极易成为敌方精确打击的目标，取而代之的是建立多个分散的隐蔽据点，这些据点应具备良好的伪装和防护能力，能够有效地躲避敌方的侦察，这样即使一处据点受到打击，也能最大限度地减少因一处被打击而造成的重大损失。同时，深入研究敌方精确制导武器的工作原理和弱点至关重要，了解其制导方式、信号特征以及可能存在的误差范围，从而寻找有效的应对方法。例如，可以通过干扰其制导信号、设置假目标误导等方式降低其打击精度和效果。

（3）在现代战争中，人工智能自主武器的出现带来了新的挑战，我们必须高度警惕敌方使用具有自主决策能力的武器系统，这类武器可能具备独立的目标识别、攻击判断和执行能力，其自主性和复杂性增加了作战的不确定性和风险性。因此，深入研究应对此类武器的方法和策略刻不容缓，我们需要分析其可能的工作模式、决策逻辑和弱点，探索干扰其自主决策机制，破坏其传感器或通信系统的手段，同时，加强我方的防御体系，提高对这类武器的监测和预警能力，以便在其发动攻击前做好充分的应对准备。

（4）特种装备与技术的运用在游击战中具有关键作用。《孙膑兵法·月战》曰："甲坚兵利，车固马良，畜积给足，士卒殷轸，此军之大资也。"为作战人员配备先进的便携式防空、反坦克武器，能够在遭遇敌方空中和地面装甲力量时，有效地进行自卫和反击，这些武器应具备轻便、易于操作和强大威力的特点，使我方在灵活机动的作战中具备足够的火力。此外，无人机的运用也具有重要意义，运用无人机进行侦察，可以获取敌方的部署、行动等关键情报，为我方的决策提供准确的信息支持；利用无人机进行小规模攻击，能够出其不意地打击敌方的关键目标，打乱其作战节奏；在运用无人机时，要注重其隐蔽性和安全性，防止被敌方反制。

（5）在当今信息时代，人工智能技术为游击战的情报分析和决策提供了强大的支持。通过运用人工智能技术分析大量的情报数据，能够快速筛选出有价值的信息，发现敌方的行动规律、弱点和战略意图，从而为游击战的决策提供更准确、更及时的依据。然而，我们也要警惕敌方利用人工智能进行反游击策略，敌方可能利用人工智能分析我方的行动模式、通信规律等，从而制定针对性的打击和封锁措施。因此，我们在运用人工智能技术的同时，要不断加强信息安全防护，采用加密技术、多渠道通信等手段，防止情报泄露，并且要不断更新和优化我方的人工智能算法，提高其适应性和抗干扰能力，以应对敌方可能的反制手段。

（6）在当今科技飞速发展的时代，利用虚拟现实和模拟训练技术对于提升游击队员的作战能力具有重要意义。通过构建高度逼真的虚拟战场环境和复杂多变的战斗场景，游击队员能够在近似实战的环境中进行训练，这种训练方式能够最大限度地还原真实战场中的各种因素，包括地形地貌、敌方武器装备的性能和战术、战场的声音和光线变化等。在虚拟现实训练中，游击队员可以身临其境地体验各种战斗情况，如遭遇敌方突袭、在恶劣天气条件下作战、执行夜间任务等，通过反复的模拟训练，队员们能够逐渐熟悉并适应这些复杂情况，提高应对突发状况的反应速度和决策能力。模拟训练技术还能够根据不同的作战需求和可能出现的战场变化，设置多样化的训练科目和任务，队员们可以在模拟中练习团队协作、战术配合、武器操作等关键技能，并且能够及时发现自身存在的问题和不足之处，有针对性地进行改进和提高。此外，这种训练方式还能够在保证安全的前提下，让游击队员接触一些在实际训练中难以实现或具有较高风险的场景，从而拓宽他们的作战经验和视野。最终，游击队员在面对实战时，能够更加从容自信地应对各种复杂且严峻的挑战，为取得战斗的胜利奠定坚实的基础。

4. 网络与信息支撑

（1）在现代战争中，建立安全的网络通信渠道至关重要。我们应采用先进的加密技术对通信内容进行全方位的保护，确保信息在传输过程中的机密性、完整性和可用性，加密算法应具备高强度和抗破解能力，以应对敌方可能的密码分析手段。与此同时，主动对敌方的网络系统进行有针对性的攻击和干扰，通过发送大量的虚假信息或恶意代码，扰乱敌方的网络通信，使其指挥系统陷入混乱，从而削弱敌方的作战效能。但在实施攻击的同时，也要时刻保持高度警惕，严密防范敌方的网络攻击，构建多层次的网络防御体系，包括防火墙、入侵检测系统、防病毒软件等，及时发现并阻止敌方的攻击行为。此外，充分利用社交媒体等广泛传播的渠道，精心策划并传播有利于我方的信息，这些信息应具有真实性、说服力和感染力，能够引发公众的共鸣和支持，从而影响舆论走向，为我方的作战行动创造有利的社会环境和舆论氛围。

（2）作战数据在战争中扮演着举足轻重的角色，加强对其的安全保护是确保战争胜利的关键环节之一。建立严格的数据管理制度和访问权限控制，确保只有授权人员才能够接触和处理敏感数据，采用数据加密、备份和恢复技术，防止数据在存储和传输过程中泄露，对所有涉及作战数据的操作进行详细的记录和审计，以便及时发现异常活动。同时，在缴获敌方数据时，必须保持谨慎的态度进行深入分析和利用，组织专业的情报分析人员，运用先进的数据分析工具和技术，对缴获的数据进行筛选、验证和解读。当然，要警惕敌方故意设置的数据陷阱，如虚假情报、误导性信息等，在利用敌方数据时，进行多源交叉验证和逻辑推理，确保所采用的数据真实可靠，避免因误判而给我方作战带来不利影响。

5. 军民融合与支持

（1）在游击战中，积极争取当地民众的全方位支持并促使其广泛参与，具有至关重要的意义。"民之所欲，天必从之。"当地民众对周边地形地貌了如指掌，对本地社会情况洞若观火，能够为我方源源不断地提供极具价值的情报；他们能够及时且精准地传递敌方的兵力部署详情、行动路线规划等关键信息，助力我方未雨绸缪，提前筹谋应对策略；民众还能为我方源源不断地供应物资补给，涵盖食物、药品、燃料等各类必需品，为我方的持续作战提供坚实保障；民众能够为我方作战人员提供可靠的掩护，借助他们的住所、农田等场所巧妙地隐藏我方人员和装备，成功躲避敌方地毯式的搜索和猛烈的攻击。

（2）尊重当地的文化和宗教信仰是赢得民众支持、确保游击战顺利进行的关键。不同地区有着独特的文化传统和宗教习俗，对这些元素的忽视或冒犯可能会引发民众的不满和抵触，从而失去民众的支持。我们必须深入了解当地的文化内涵和宗教信仰的核心要义，避免因言行不当或行动失误而引发文化冲突。在制订作战计划和执行任务时，应充分考虑当地文化和宗教的因素，不破坏与文化和宗教相关的场所和物品，积极与当地的宗教领袖和文化代表进行沟通和交流，听取他们的意见和建议，建立良好的合作关系，通过尊重和包容当地的文化和宗教信仰，消除民众的疑虑和担忧，赢得他们的信任和支持，避免内部矛盾的产生，从而形成强大的统一战线，共同对抗敌方。

6. 资源保障与管理

（1）在游击战中，能源与资源的可持续性是确保战斗能够长期持续进行的关

键因素之一。必须精心规划长期的能源和资源获取方案，以应对可能出现的各种
情况，建立多样化的能源获取渠道至关重要，不仅要依靠传统的能源供应方式，
还应积极开发和利用可再生能源，如太阳能、风能、水能等，减少对常规能源供
应的过度依赖。同时，对能源的使用进行合理规划，根据战斗的实际需求和优先
级，科学分配能源，避免不必要的浪费；对于资源的获取和管理，要建立有效的
供应链和储备机制，确保在困难时期仍有足够的物资支持作战行动；加强对资源
的回收和再利用，提高资源的利用效率，以延长资源的供应周期。通过这些举
措，避免因资源枯竭而使游击战陷入困境，为最终的胜利奠定坚实的物质基础。

（2）在复杂的战争局势中，作好金融战的应对准备不容忽视。敌方很可能通
过各种金融手段对我方的经济进行猛烈打击，从而影响物资供应和资金筹集，给
游击活动带来巨大阻碍。因此，我们必须提前制定周全的应对策略，以保障游击
活动所需的资金支持。深入研究敌方可能采用的金融攻击方式，如货币操纵、贸
易制裁、金融市场干扰等，建立相应的预警机制和风险评估体系，加强自身金融
体系的稳定性和抗风险能力，优化货币政策，加强外汇储备管理，确保金融市场
的正常运转。同时，拓展多元化的资金筹集渠道，包括国内外的合法捐赠、金融
合作等，以保障物资供应的资金充足。此外，还要加强金融监管，防范内部的金
融腐败和风险，确保每一笔资金都能合理、有效地用于游击活动，为战争的胜利
提供持续而有力的经济支持。

7. 法律与道德考量

（1）在开展游击行动的过程中，确保其严格符合国际法和道德准则是维护自
身正义形象、赢得国际支持的根本要求。任何违反国际法和道德规范的行为都可
能被敌方利用，成为攻击我方的借口，从而严重影响我方在国际社会中的声誉和
形象。因此，在制定游击战略和执行具体行动时，必须对每一个决策和行动进行
审慎评估，确保其不涉及对平民的故意伤害、对非军事目标的肆意破坏以及使用
被国际法禁止的武器和手段；尊重敌方战俘的基本人权，按照国际公约给予他们
应有的待遇，通过始终坚守国际法和道德准则，展现我方行动的正义性和合法
性，使敌方无法在舆论和法理上占据优势，为游击行动争取更广泛的国际理解和
支持。

（2）鉴于国际法和战争规则处于不断发展和变化之中，密切关注其最新动态对于保障游击行动在合法框架内进行具有关键意义。及时了解国际社会在战争行为规范方面的新规定、新解释以及相关判例的变化，能够使我们准确把握合法与非法的界限，避免因无知或疏忽而导致游击行动被国际社会谴责。建立专门的法律研究团队，持续跟踪国际法和战争规则的演变，为游击决策提供及时、准确的法律建议。定期对游击队员进行法律培训，使其明白在行动中应遵守的法律底线和责任义务。在复杂多变的战争环境中，只有时刻保持对国际法和战争规则的敏锐洞察，并将其切实贯彻到每一次游击行动中，才能确保我方始终占据法律和道义的制高点，维护自身的合法性和权威性，为最终的胜利创造有利的国际舆论环境。

8. 作战思维与策略

（1）非对称作战思维在游击战争中具有至关重要的地位。面对敌方强大的优势装备和成熟的作战方式，我们不能盲目硬拼，而应通过深入研究和精准分析，敏锐地寻找其弱点并予以坚决打击。敌方或许拥有先进的武器和高效的作战体系，但他们往往对当地的文化、社会情况缺乏深入了解，这正是我们可以充分利用的突破口。发挥我方的本土优势，熟悉当地的地形地貌、风土人情，借助民众的支持和掩护，巧妙地隐藏自身行踪，出其不意地发动攻击，利用复杂的地理环境，如山林、沟壑等，设置陷阱和伏击圈，使敌方的先进装备无法施展其优势，同时，深入挖掘当地文化和社会特点，制定具有针对性的心理战术，扰乱敌方军心，削弱其战斗意志，如《孙子兵法·兵势篇》曰："战势不过奇正，奇正之变，不可胜穷也。"

（2）在涉及范围广泛的作战环境中，跨区域协同作战的能力成为决定胜负的关键因素之一。若作战区域跨越多个地理区域，或是涵盖了不同的社会文化背景，就必须提前做好全面而细致的协调和适应准备，这包括对各个地区的地理特点、气候条件、资源分布等进行详尽的研究和分析，制定相应的作战策略和物资保障计划。与其他地区的游击力量保持紧密且良好的沟通和协同更是重中之重，应建立高效的信息共享机制，确保各方能够及时传递情报，交流作战经验和心得，通过定期的会议、培训和联合演练，增强彼此的信任和默契，形成强大的合力，在面对共同的敌人时，能够统一指挥、协同作战，发挥各自的优势，相互支援和配合，实现战略目标的一致性和行动的协调性。

（3）制定灵活多变、富有弹性的战术方案是游击作战取得成功的重要保障。这包括设计多种独具特色的袭击方式，如夜间突袭、奇袭、诱敌深入等，充分利用敌方的疏忽和弱点，给予其沉重打击。同时，精心规划撤退和掩护计划，确保在行动不利时能够迅速、安全地撤离战场，减少人员伤亡和装备损失。应根据瞬息万变的战场实际情况，灵活选择和及时调整战术方案，在制定战术时，充分预估敌军可能的应对措施，并准备相应的反制策略，通过对敌军作战风格和指挥习惯的研究，提前预判其可能的反应，制定多套应对方案，做到有备无患。这种前瞻性和全面性的战术规划，能够使我方在复杂的战斗中始终掌握主动。

（4）派遣经过严格训练、装备精良的特种作战小组执行高价值目标的袭击任务，能够对敌方的关键节点造成重大打击，与常规的游击战相互配合，进而形成多层次的强大打击力量。特种作战小组具备出色的战斗技能、卓越的适应能力和高度的协同能力，能够在复杂和危险的环境中迅速而精准地完成任务。他们可以针对敌方的指挥中心、重要补给线、关键军事设施等高价值目标展开突袭，打乱敌方的战略部署和作战节奏。在与常规游击战的配合中，特种作战小组的行动可以为常规游击力量创造有利的作战条件，吸引敌方注意力，分散其兵力和资源。同时，常规游击力量可以为特种作战小组提供情报支持、掩护和佯攻，增强袭击行动的成功率和隐蔽性。通过这种有机结合，形成从点到面、从局部到整体的全方位打击体系，使敌方陷入多线作战、顾此失彼的困境。

（5）做好全面而深入的风险评估与应对是确保游击作战行动成功的重要前提。"凡事预则立，不预则废。"在行动之前，必须对可能面临的各种风险进行细致入微的分析和评估，这包括对敌方的军事力量、情报能力、反应速度、地形环境、气候条件以及内部可能出现的失误和意外等多方面因素进行综合考量。根据评估结果，制定详尽且切实可行的应对措施。例如，针对敌方强大的军事反击，提前规划好撤退路线和隐藏地点，准备好充足的防御武器和装备；对于恶劣的自然环境，配备相应的防护用品和适应装备；对于可能出现的情报泄露，建立应急的通信加密和变更机制。同时，建立风险监控机制，在行动过程中持续监测风险因素的变化，及时调整应对策略，确保行动始终在可控的风险范围内进行。

（6）在每一次行动结束后，及时且深入地进行总结复盘是不断优化和提升作战效果的关键环节。全面回顾行动的整个过程，包括前期的策划准备、行动中的执行情况以及最终的成果和损失，客观分析行动中各项策略和措施的有效性，找出成功的经验和存在的不足之处；将取得的成果进行系统整理和提炼，形成可复制和可推广的模式和方法，应用于后续的计划制定中；对于暴露出来的问题，深入剖析其根源，制定针对性的改进措施和解决方案。通过不断地总结复盘，积累经验教训，调整战略战术，提升团队的作战能力和协同效率，使每一次的行动都能够比上一次更加成熟、高效，逐步实现游击作战效果的持续优化和提升。

9. 人员与组织管理

（1）在游击作战中，明确具体且切实可行的战术目标是行动成功的首要前提，这需要综合考虑敌我双方的力量对比、战场形势以及战略需求等多方面因素。在目标确定后，进行详尽而细致的战场侦察至关重要，通过各种手段，如实地勘察、情报收集、无人机侦察等，全面了解战场的地形地貌、敌军的兵力部署、武器装备配置以及周边的环境特点等信息，基于侦察结果，精心选择有利于我方作战的地点。同时，对参与作战的人员进行合理分工与编组，根据个人的技能、特长和经验，将其分配到最适合的岗位，以充分发挥每个人的优势。此外，做好人员和装备的伪装工作不容忽视，利用迷彩服、伪装网及与环境相似的涂料等手段，使我方人员和装备在外观上与周围环境融为一体，最大限度地降低被敌军发现的风险。

（2）时机的把握在游击作战中往往起着决定性的作用。选择敌军警惕性较低或防御相对薄弱的时刻发动攻击，能够显著提高作战的成功率和效果，这需要对敌军的活动规律、作息时间以及心理状态进行深入研究和分析，时刻关注敌军的动态，根据准确及时的情报信息，灵活调整攻击的时间和方式，当敌军因疲劳、换防或其他原因导致警惕性下降时，果断出击，给予其突然打击。同时，要保持高度的灵活性和应变能力，一旦情况发生变化，如敌军加强了防御或出现了意外情况，能够迅速调整作战计划，避免陷入被动局面。

（3）建立一个分散但高效的指挥体系对于游击作战的顺利开展至关重要。《孙子兵法》云："凡兵有走者、有驰者、有陷者、有崩者、有乱者、有北者。凡此六者，非天地之灾，将之过也。"由于游击作战的特点是分散行动、灵活机动，各游击小组需要在一定程度上具备自主决策和独立行动的能力，做到"将能而君不御者胜"。在这种指挥体系中，上级指挥部门负责制定总体战略和作战方针，为各小组提供必要的情报支持和资源保障。而各游击小组则根据自身所处的具体环境和实际情况，在不违背总体战略的前提下，自主决定作战的具体方式和时机，为了确保各小组之间的协调配合，可建立有效的信息沟通机制，使各小组能够及时分享情报、经验和战况，相互支援和协同作战。通过这种分散但高效的指挥体系，既能充分发挥各游击小组的主动性和创造性，又能保持整体作战的统一性和协调性，从而提高整个游击作战的效率和效果。

（4）在游击作战中，建立安全高效的通信系统是确保各作战单元紧密协同、指挥顺畅的关键要素，这一通信系统应当具备强大的抗干扰能力，能够在复杂的电磁环境和敌方的通信干扰下保持稳定运行，采用加密技术对通信内容进行保护，防止敌方截获和破译我方的情报信息。同时，配备多种通信手段，如卫星通信、短波通信、无线电台通信等，以应对不同的作战场景和突发情况。此外，做好应急通信预案也是必不可少的，预先设想可能出现的通信故障，如通信设备损坏、通信线路中断、电磁干扰严重等，并制定相应的解决方案。例如，准备备用通信设备和应急电源，设定特定的紧急通信频道和暗号，组织通信人员进行应急演练，确保在通信出现问题时能够迅速切换到备用方案，保持指挥的连续性和作战的协同性。

（5）在现代战争快速发展的背景下，关注其新的发展动态和趋势对于不断调整和创新游击战术具有极其重要的意义。《孙子兵法》曰："故善动敌者，形之，敌必从之；予之，敌必取之。以利动之，以卒待之。"随着科技的进步，战争的形式和手段发生了深刻的变化，如信息化作战、无人化装备的广泛应用、太空和网络空间成为新的作战领域等，我们必须敏锐地捕捉这些变化，深入研究其对游击作战的影响，并据此对传统的游击战术进行调整和创新。例如，针对敌方的信息化侦察手段，发展更加先进的反侦察技术和伪装方法；利用无人化装备的特点，研究相应的干扰和破坏策略；在网络空间开展信息战，干扰敌方的指挥系统和情报网络。同时，不断探索新的作战方式和手段，如利用民用无人机进行侦察和骚扰，通过社交媒体进行情报收集等。只有紧跟时代步伐，不断适应战争的新变化，持续创新游击战术，才能在现代战争中保持优势，实现游击作战的最大效果。

10. 心理战与舆论引导

（1）在游击作战中，针对敌方士兵展开有效的心理战是一项具有重要战略意义的举措。"用兵之道，攻心为上，攻城为下。心战为上，兵战为下。"通过多样化的手段，如宣传、喊话等方式，对敌方士兵的心理防线进行冲击，从而削弱其战斗意志。精心策划宣传内容，揭露敌方战争的非正义性和其可能面临的失败结局，让敌方士兵对自身参与战争的合理性产生怀疑，利用喊话的方式，传达我方的和平意愿以及对敌方士兵放下武器的宽容政策，在其内心播下动摇和不安的种子。同时，宣传我方的胜利成果和英勇事迹，对比之下凸显敌方的劣势和困境，进一步打击敌方士兵的信心。通过持续且有针对性的心理攻势，使敌方士兵产生恐惧、焦虑、疲惫等负面情绪，降低其作战的积极性和主动性。

（2）积极主动地引导国际和国内舆论对于塑造我方在战争中的正义、英勇形象至关重要。"得道者多助，失道者寡助。"在国际舞台上，通过各种渠道，如新闻发布会、外交声明、社交媒体等，清晰而有力地阐述我方作战的正义性和必要性，展示我方为维护和平、保护人民所做出的努力和牺牲，让国际社会充分了解我方的立场和行动。在国内，加强宣传教育，激发民众的爱国热情和团结精神，形成强大的民族凝聚力，通过宣传我方战士的英勇事迹和崇高精神，树立榜样的力量，鼓舞全体人民坚定支持战争的正义事业。

（3）密切关注国际形势的变化是在游击战争中争取有利条件的重要前提。时刻留意国际关系的动态、各国的政治立场以及地区冲突的发展趋势，准确判断国际社会对我方战争的态度和可能的支持方向，积极争取国际社会的同情和支持，向世界展示我方遭受的不公正待遇和为了自卫而战的坚定决心。与外部力量建立广泛而紧密的联系，拓展国际合作的渠道，与友好国家和国际组织保持密切沟通，寻求必要的物资援助，包括武器装备、医疗用品、食品等，以保障游击作战的持续进行。

11. 战场与医疗保障

（1）在游击作战的复杂环境中，建立一个高效且运转流畅的战场医疗救援体系是保障队员生命安全、维持战斗力的关键所在，这一体系应涵盖从现场急救到后续治疗的全过程，确保受伤队员能够在最短的时间内得到及时有效的救治。首先，要在前线设立急救站点，配备经过专业训练的医疗人员和基本的急救设备与药品，能够在第一时间对伤员进行止血、包扎、固定等初步处理，稳定伤情。同时，建立完善的救助机制，利用各种交通工具，如担架、救护车、直升机等，迅速将重伤员转移到后方的医疗营地进行进一步治疗。此外，做好医疗物资的储备和管理工作至关重要，根据作战规模和可能的伤情预估，提前储备充足的药品、医疗器械、血浆等物资，并建立严格的物资管理制度，确保物资的合理分配和有效利用，定期对医疗物资进行盘点和补充，防止出现短缺的情况。

（2）在现代战争中，做好应对敌方可能使用生化武器的充分防护准备是保障我方人员安全和作战顺利进行的重要任务。配备先进、灵敏的检测设备，能够及时发现空气、土壤或水源中可能存在的生化污染物，为采取防护措施争取宝贵的时间，同时，为队员配备高质量的防护装备，如防护服、防毒面具、防护手套等，确保身体各部位得到有效防护。加强队员的生化防护训练更是提高应对能力的核心环节，通过系统的培训，让队员熟悉生化武器的特点、危害方式和传播途径，掌握正确使用防护装备的方法和技能；进行模拟演练，让队员在逼真的生化威胁环境中掌握应对策略，提高心理适应能力和应急反应速度；定期组织防护知识的更新和复习，确保队员始终保持高度的警惕性和应对能力，以有效应对敌方可能发动的生化攻击。

上述仅为主要因素，说一漏万，只要综合考虑以上思路和因素，并结合具体的作战区域和敌我双方的实际情况，才能制订出灵活、多变且适应现代战争环境的游击战计划和方案。

（二）制定游击战方案时需要注意的关键步骤

1. 战略游击战方案的一些关键步骤

（1）深入了解战场环境。对作战区域的地理、地形、气候等自然条件进行全面深入勘察至关重要，需细致调查山脉走向与高度、河流流速与宽度、森林分布与密度、道路状况与通行能力等，准确把握这些要素，能利用地形优势实现隐蔽、突袭和撤退。深入研究当地社会、经济和文化情况也具有战略意义，了解民众生活方式、社会结构、经济活动、文化传统和信仰，能判断民众态度和支持程度。争取民众支持合作是游击战成功的关键，与民众建立良好关系，可获情报支持，民众能提供物资、掩护甚至参战，还能为根据地建设提供后方保障。

（2）明确战略目标。确定清晰、可行且契合总体战略的具体目标是战略游击战成功的关键。精准设定对敌方有实质性打击影响的目标，如破坏通信枢纽、电力站、武器研发基地等关键设施，能削弱敌方指挥协调、作战效能和持续作战潜力；通过袭击、伏击消灭有生力量和摧毁重要装备，可削弱敌方军事力量，改变战场力量对比；扰乱补给线，致敌方物资短缺、士气低落，制约其行动。设定目标要确保可实现性，充分考虑自身资源和能力，包括人员、武器、情报获取和后勤保障等，目标过于宏大则难实现，会致损失挫折、削弱士气；目标过于保守则无效，不利战局发展，要在重要性与可实现性间平衡，与资源能力匹配，制定合理有效的目标。

（3）分析敌我力量对比。全面深入评估敌方军事力量是制定有效战略游击战计划的基础。要详细考察敌方规模建制、武器装备先进程度与数量、作战能力高低及战术特点，了解其先进武器系统及运用策略，分析作战人员训练水平、经验和协同能力，研究其惯用战术，是倾向正面进攻、特种作战还是防御坚守。同时，客观清晰了解自身优势和劣势也很重要，盘点人员数量，明确是否有数量优势或特定领域的短缺；评估武器装备的性能、数量和维护状况，判断能否满足作战需求，有无需补充或升级的关键装备；考量作战人员训练水平，包括实战训练、专业技能培训和极端环境适应能力；战斗意志，如对胜利的信念等。基于全面客观分析，精准寻找敌方弱点，确定自身攻击重点，集中有限资源打击关键部位，实现以小博大、以弱胜强，改变战场态势，为胜利创造条件。

（4）组织和训练游击队伍。选拔勇敢、机智、有丰富战斗经验和坚定信念的人员组成游击队伍是成功的基础，勇敢使队员面对危险不退缩，机智助其在复杂环境迅速正确决策，丰富战斗经验应对突发减少损失，坚定信念支撑他们在困苦中奋进。选拔时，严格考核筛选，全面评估综合素质潜力，确保入选者具有优秀特质。对入选队员进行严格军事训练是提升战斗力的关键，武器使用训练要让队员熟练掌握步枪、手枪、手榴弹等轻型武器，提高射击精度和效率；战术技巧涵盖伏击、突袭、游击战原则方法，以灵活应敌；侦察与反侦察训练增强获取情报和避免暴露能力；野外生存训练教会队员在恶劣环境如何找食物、水源、建庇护所。训练中强调团队协作和纪律的重要性，确保队员服从指挥不擅自行动，保持队伍凝聚力战斗力。

（5）情报收集与分析。建立广泛高效的情报收集网络对战略游击战成功至关重要，此网络应涵盖多渠道并整合资源。当地民众是重要情报源，其熟悉风土人情和地形地貌，能敏锐观察敌方日常情况，与民众紧密联系，鼓励提供信息，可获大量有价值线索；安插卧底深入敌阵营是获取核心情报的关键；同时组建侦察小组，配备先进设备技术，定期或不定期侦察敌方活动区域，获取直观资料，利用电子监听、卫星图像分析等手段拓宽收集范围和深度。对收集的情报及时、准确深入分析是转化为作战决策依据的关键，需专业知识丰富的分析人员，用科学方法工具，对海量信息筛选、整理和评估：先甄别真实性可靠性，排除虚假误导信息；综合分析筛选后的情报，找到关联趋势，解读敌方意图部署；结合我方目标和能力，评估影响价值，为决策提供依据。

（6）灵活的战术运用。多样化战术是战略游击战核心策略，突袭战术出其不意快速猛击，达成目标迅速撤离；伏击战术选有利地形设埋伏，集中火力杀伤敌人；骚扰战术频繁小规模持续攻击，干扰敌方，破坏其节奏和心理；破坏战术针对敌方关键设施、交通线和补给仓库予以破坏，削弱其作战和持续能力等，灵活运用这些战术，让敌方难测我方行动和攻击方向，处处被动。

（7）后勤保障与补给。建立隐蔽补给基地是游击队伍持续作战的重要支撑，选址要在敌方难以发现攻击处，如深山洞穴、人迹罕至山谷或伪装地下工事。基地内分类储存充足的武器弹药以满足战斗需求，储备干粮、罐头等丰富食物确保队员能量供应，准备齐全医疗用品为伤员救治，同时加强基地防御保密，严格限制知情人。确保补给线路安全畅通是后勤保障的关键，应确保补给安全及时送达，维持队伍战斗力和生存力。

（8）宣传与心理攻势。精心策划组织宣传活动，全面深入生动传达游击行动的正义必要，赢得民众支持参与。宣传阐述我方初衷，即反抗压迫、捍卫正义、保民安全与主权尊严，以真实案例故事，展现敌方的侵略残暴，让民众知晓游击队是和平自由之军。

（9）与外部力量的协调。与其他友军或外部支援力量保持紧密且有效的联系和协调，对于游击作战的成功至关重要，积极与其他友军建立常态化的沟通机制，通过定期的会议、情报共享平台等方式，交流作战经验、情报信息和战略规划，明确彼此的作战任务和责任区域，避免出现行动冲突和资源浪费。同时，全力争取外部支援力量的物资援助，包括武器装备、弹药补给、医疗物资和食品等，以补充和增强本方的作战实力。获取来自外部的情报支持，了解敌方的整体战略布局、最新军事动向和潜在威胁，为本方的决策提供更全面的信息依据。在战略层面上，与外部力量共同制订协同作战计划，相互配合，形成合力，实现对敌方的多方位打击，从而提高作战的效率和效果。

（10）不断评估与调整。在激烈的作战过程中，持续且深入地对计划的执行效果进行客观、准确的评估是保证游击作战灵活性和适应性的关键，通过实时收集战场数据、分析战斗成果、倾听一线队员的反馈等方式，全面了解计划在实际执行中所遇到的问题和取得的成效。评估我方战术是否有效地达成了预定目标，是否对敌方造成了预期的打击，以及我方在作战过程中所遭受的损失和面临的困难。根据实际情况的变化和评估结果，迅速且果断地调整战略和战术，以适应不断变化的战争形势，当敌方的兵力部署、作战策略发生重大改变时，我方应及时调整作战重点和方向；当我方在战斗中发现新的机会或优势时，要迅速抓住并扩大战果；当遇到未曾预料到的困难和挑战时，要迅速制定应对方案，改变战术手段。通过不断的调整和优化，使我方的作战行动始终能够适应战场的变化，保持主动地位，最终实现战略目标。

（11）利用网络与信息技术。当今数字化时代，借助互联网和社交媒体收集情报、传达我方信息和影响舆论成为游击作战的重要手段，广泛浏览公开信息、军事论坛、社交群组，获取敌方人员动态、军事部署、后勤补给等情报；用社交媒体传播正义主张、战斗成果和英勇事迹，塑造正面形象，争取国内外同情支持，影响舆论，创有利环境；精心策划网络宣传，激发爱国热情，动员更多力量参与。对敌方网络系统进行针对性攻击干扰，打乱其作战部署，破坏指挥控制体系，使敌方通信瘫痪、指挥混乱，削弱作战能力。

（12）伪装与隐蔽。游击队员要具备高超的伪装技巧，从服装、装备到行动方式都要精心设计，服装的颜色、款式和材质应与周边的自然景观相匹配，如在山林中采用绿色、棕色的迷彩服，在荒漠地区则选择黄色、灰色的伪装服；装备的外观也应进行相应的伪装处理，减少反光和突出部分，避免暴露目标。在行动方式上，要模仿当地居民的日常行为模式，如行走姿势、劳作动作等，使敌方难以从人群中分辨出游击队员。

建立隐藏的营地和据点是保障游击队员安全和维持战斗力的重要措施，选择地形复杂、植被茂密、人迹罕至的地方作为营地和据点的位置，利用天然的山洞、峡谷、密林等进行掩护；对营地和据点进行精心的伪装，搭建与周围环境相似的遮蔽物，设置迷惑敌方的假目标；加强对营地和据点周边的警戒和监控，布置观察哨和预警装置，确保不被敌方发现，为游击作战提供稳定的后方支持。

（13）反侦察与反追踪。对游击队员进行系统全面的反侦察能力培训至关重要，让队员们熟悉敌方可能采用的各种侦察手段，如卫星侦察、无人机侦察、地面侦察队等，学会识别这些侦察手段的特征和迹象，针对不同的侦察手段，教授相应的应对措施。培养队员的敏锐观察力和快速反应能力，在发现敌方侦察迹象时能够迅速采取隐蔽、转移等行动，避免被敌方发现。

消除行动痕迹是防止敌方追踪的关键环节。在行动结束后，仔细清理现场留下的脚印、物品、血迹、气味等明显痕迹；对经过的道路进行伪装和恢复，使其看起来与未经过时一样；处理好废弃物和战斗遗留物，避免被敌方发现并据此追踪我方的行动路线；通过严格的行动纪律和规范的操作流程，确保每一次行动都能做到不留痕迹，让敌方难以追踪和围剿，保障游击队员的安全和行动的保密性。

（14）分化敌方阵营。巧妙地利用敌方内部存在的各种矛盾和分歧，展开全方位的政治和心理攻势，以达到促使部分敌方人员倒戈或消极作战的目的。深入研究敌方阵营的政治结构、派系关系、利益冲突等方面的情况，找准其内部的脆弱点和矛盾焦点，通过散发宣传材料、广播喊话等方式，向敌方人员揭示其参与的战争的非正义性和可能面临的失败结局，从思想上动摇他们的战斗信念。针对敌方内部的不同群体，制定有针对性的劝降和策反策略，对那些受到不公正待遇、对战争心存疑虑的人员，给予他们优待和承诺，吸引他们奔向我方。同时，制造和传播敌方内部的负面消息和谣言，进一步加剧其内部的猜疑和混乱，破坏敌方的团结和士气。

（15）保护重要人员和资源。在战略游击战中，确定关键人物和重要资源并采取特殊保护措施，对促进战斗胜利至关重要。关键人物如卓越将领、核心技术专家、有影响力的政治领袖等，他们对战略决策、技术支持和政治引领作用重大；重要资源包括武器工厂、弹药库、情报中心、医疗设施，是维持战斗力和生存能力的基础。时刻高度警惕，严密防范敌方打击破坏我方核心力量，加强情报收集分析，提前获取敌方计划意图，调整防御策略部署；建立快速反应机制，发现攻击迹象迅速反击撤离；定期评估改进保护措施，依实际情况和敌方手段变化完善体系，保核心力量安全，支撑长期作战。

（16）进行战后总结与经验积累。每次战斗或行动结束，及时全面深入总结反思是提升游击作战能力的关键。组织参战人员详细汇报交流，分享战斗经验，包括战术执行、协同配合、敌方反应应对。客观分析战斗结果，对比预期与实际，找成功失败因素，成功经验深挖有效策略、创新方法和团队协作亮点，总结可复制推广模式；失败教训剖析原因，如情报不准、战术不当、指挥协调不畅，找根源和改进方向。将经验教训迅速准确传到其他游击小组，促整体能力提升。

总之，成功的战略游击战方案需要综合考虑众多因素，并且在实践中不断优化和完善，以适应复杂多变的战争局势。

2. 战役游击战方案的一些关键步骤

（1）明确战役背景和目标。深入全面地探究整个战役所处的宏观局势，全方位、多维度地掌握敌我双方的总体力量对比情况，清晰准确地洞悉双方长远且深层次的战略意图，实时精准地把握瞬息万变、错综复杂的战场态势。明确而具体地设定战役游击战在整体战役中的精确目标，例如通过有效的战术行动有力牵制敌方庞大的兵力，有针对性且精准地破坏对敌方至关重要的设施，巧妙策划并实施行动打乱敌方精心部署的作战安排等。

（2）精细的战场分析。对预定的游击作战区域展开全面、细致、深入且周密的侦察，详尽无遗地摸查包括地形地貌的起伏特点、道路网络的分布走向、植被覆盖的疏密程度等在内的自然环境要素，深入透彻地研究敌方在该区域的兵力分布详细状况、防御工事的坚固程度与架构布局以及补给节点的具体位置和运作方式等。

（3）组建灵活高效的游击部队。精心选拔具备卓越非凡战斗技能、超强适应能力和坚定不移战斗意志的人员。依据具体的任务需求和队员的专长特点，遵循科学合理的原则进行分组，确保各小组既能独立自主、出色高效地执行任务，又能在关键时刻密切无间、协同一致地相互配合。

（4）制定多样化的战术策略。一方面精心设计多种灵活多变、出其不意的袭击战术，如在夜幕掩护下展开夜间突袭，利用敌方警惕性降低的时机给予致命打击；精心策划伏击战术，选择有利地形设下埋伏，以逸待劳给予敌方沉重打击；巧妙运用佯攻战术，制造假象迷惑敌方，分散其注意力和兵力部署，使敌方难以捉摸我方的真实意图和主攻方向，通过这些战术的综合运用和灵活切换，让敌方始终处于高度紧张和被动应对的状态，难以准确预测我方的下一步行动。另一方面提前规划周全的撤退和转移路线。在确定撤退路线时，充分考虑地形的复杂性、敌方的可能封锁点以及我方的隐蔽需求。选择多条备用路线，以应对突发情况，确保路线能够避开敌方的主要监控区域和火力范围，利用自然屏障和隐蔽通道，为我方的撤离提供掩护。在完成任务后，能够迅速按照预定路线有序撤离，避免被敌方追击和包围，而在遭遇强敌时，能够果断放弃当前行动，借助事先规划好的安全转移路线，迅速转移至安全区域，保存实力，以待时机再次出击。

（5）情报工作的强化。一方面建立一个广泛且多层次的情报收集网络，充分整合各种资源。积极争取当地居民的支持和合作，他们熟悉当地的情况，能够提供有关敌方日常活动和兵力调动的宝贵线索；安排训练有素的潜伏人员深入敌方内部，获取核心机密和关键情报；充分运用先进的技术侦察手段，如卫星监测、电子监听、无人机侦察等，从多个角度收集情报信息，通过这种全方位的情报收集网络，确保对敌方的一举一动了如指掌。另一方面设立专门的情报分析小组，由经验丰富、思维敏锐的专业人员组成，他们能够对收集到的海量情报进行及时、准确和深入的处理和解读。运用科学的分析方法和工具，筛选出有价值的信息，排除干扰和虚假情报，通过对情报的综合分析，洞察敌方的战略意图、战术部署和行动规律，为作战决策提供精确可靠的依据。同时，根据情报的变化和新的发现，及时调整和完善分析结果，为指挥官提供最新、最准确的情报支持，确保作战决策的科学性和有效性。

（6）后勤保障规划。拥有稳定的物资补给来源和安全可靠的渠道，是保障游击作战顺利进行的基础。在可能的情况下，尽量依靠当地丰富的资源，如当地的农产品、自制的简易武器等，减少对外来补给的依赖。同时，开辟秘密的补给线，通过地下通道、特殊的运输路线或者与当地友好势力的合作，确保物资能够在不被敌方发现的情况下顺利送达，加强对补给线的保护和监控，防止敌方的破坏和拦截。合理分配和携带武器弹药、食品、药品等关键物资，根据作战任务的性质、持续时间和队员的数量进行精确计算和科学安排，优先保障武器弹药的充足供应，以维持战斗力；合理携带易于保存和携带的食品，满足队员在艰苦环境下的基本能量需求；配备适量的常用药品和急救用品，以应对可能的伤病情况；在携带物资时，要充分考虑队员的负重能力和行动的灵活性，避免因物资过重影响行动速度和效率。通过科学合理的物资规划，确保游击队伍在战斗中始终具备充足的物资支持，保持良好的战斗状态。

（7）心理战和宣传策略。积极主动地向当地民众深入、广泛且生动形象地宣传我方的正义性和作战目的，是赢得民众衷心支持的重要手段。通过组织群众集会、发放宣传资料、开展文艺演出等形式，让民众充分了解我方作战是为了保卫家园、维护和平、保障他们的根本利益，讲述我方队员的英勇事迹和牺牲精神，激发民众的爱国情感和民族自豪感。对敌方展开针对性强、形式多样的心理干扰行动，是削弱其战斗意志的有效策略，利用广播喊话、散发传单、投放宣传品等方式，揭露敌方战争的非正义性和必然失败的结局，让敌方士兵对自己的行为产生怀疑和动摇；宣传我方的强大实力和胜利成果，在敌方心中制造恐惧和不安；针对敌方士兵的心理弱点，如思乡情绪、对战争的恐惧等，发动情感攻势，瓦解其战斗意志，使其丧失战斗的信心和勇气。

（8）应急预案的制定。充分考虑到在战斗过程中可能出现的各种意外情况，如部队不幸被包围、机密情报意外泄露、关键装备突然损坏等，制定详尽且切实可行的应急处置方案。对于部队被包围的情况，预先规划突围路线和备用集合点，组织队员进行突围训练，配备必要的突围装备和武器；针对情报泄露这一严重问题，制定紧急的情报调整和反侦察措施，迅速更换通信密码和联络方式，对可能的泄密人员进行排查和处理；当关键装备受损时，建立快速抢修机制，配备备用零部件和维修工具，培训队员掌握基本的维修技能，确保装备能够在最短时间内恢复使用。同时，定期进行应急预案的演练和评估，根据实际情况不断完善和更新方案，确保在遇到紧急情况时能够迅速、有效地做出反应，最大限度地减少损失，保障部队的安全和任务的完成。

（9）实战演练与调整。在正式行动之前，组织开展具有针对性和逼真度的实战演练，以全面检验和完善既定计划，通过模拟真实的战斗场景，让参与行动的人员熟悉作战流程、战术安排和协同配合方式，在演练中设置各种可能出现的突发状况，考验队员的应对能力和决策水平。根据演练的实际结果以及新获取的关键情报，对原有的计划进行严谨、细致且必要的调整和优化，如果演练中发现某些战术执行不畅，及时改进战术细节；若新情报显示敌方的部署发生变化，相应地调整攻击重点和兵力分配。确保计划能够适应不断变化的战场形势，提高行动的成功率和安全性。

（10）利用特殊地形和气候。深入分析作战区域内的特殊地形，例如地势险峻的峡谷可用于设伏和阻断敌方行进；隐秘的山洞能作为临时的藏身和物资储备之所；危险的沼泽能够成为阻碍敌方追击的天然屏障。充分研究这些地形的特点和利用价值，可将其巧妙转化为我方隐藏、伏击和防御的有利场所。密切关注当地的气候特点，如漫长的雨季会导致道路泥泞、河水上涨，影响敌方的行动速度和装备使用，我方则可以趁机展开突袭；大风天气有利于掩盖我方行动的声响，增强行动的隐蔽性；合理安排作战行动的时间和方式，充分利用气候条件来干扰敌方的行动部署，同时为自身创造更好的隐蔽和作战机会。

（11）交通和通信枢纽的破坏。精准确定敌方至关重要的交通和通信枢纽，比如具有战略意义的桥梁，是敌方物资运输和兵力调动的关键通道；铁路线承担着大量物资和人员的运输任务；通信基站则是敌方信息传递和指挥协调的核心节点，对这些目标进行全面深入的侦察和分析，之后制订详尽、精确且高效的破坏计划。采用合适的手段和工具，如炸药爆破、电子干扰等，以切断敌方的物资运输线路和信息传递渠道，在破坏行动中，要精心选择时机，确保最大的破坏效果，同时尽量减少我方的损失和暴露风险，通过对敌方交通和通信枢纽的有效破坏，打乱敌方的作战节奏和部署，为我方争取战略主动。

（12）敌后渗透与破坏。精心组织训练有素、装备精良且具备出色战斗素养的精锐小分队，执行高风险的敌后渗透任务。在渗透过程中，小队成员需凭借卓越的侦察与反侦察能力、灵活多变的战术运用以及顽强的意志，穿越敌方防线，悄无声息地深入敌后。针对敌方的指挥中心，实施情报窃取、关键人员暗杀或通信设施破坏等行动，以打乱敌方的指挥系统，使其陷入混乱；对于敌方的弹药库，采用爆破等手段，摧毁敌方的弹药储备，削弱其持续作战能力；针对后勤仓库，实施纵火、物资劫掠或破坏等行动，切断敌方的物资供应，给敌方造成后勤保障上的巨大困难。通过对这些关键目标的有效破坏和扰乱，从内部瓦解敌方的战斗体系，为正面战场创造有利条件。

（13）人员和装备的伪装。对游击队员进行全方位的外观伪装，从服装、发型到配饰，都力求使其在行动中与当地居民的形象高度相似，融入当地环境，减少因外貌差异而被发现的风险，队员的行为举止也需模仿当地居民的习惯，避免因异常举动引起敌方怀疑。同时，教授队员在不同场景下迅速转换伪装形象的技巧，以应对复杂多变的战场环境。对武器装备进行精心的伪装处理，采用与周围环境相近的颜色和材质进行涂装，使其在森林中能与植被融为一体，在沙漠中能与沙地色调一致，从而在各色环境中不易被敌方察觉；对于大型装备，如车辆、火炮等，利用伪装网、树枝、草叶等进行遮盖和伪装，改变其外形轮廓，降低被敌方侦察设备发现的概率。通过有效的人员和装备伪装，提高我方在敌后行动的隐蔽性和生存能力。

（14）灵活的指挥体系。建立一个既分散又高度协调且高效运作的指挥体系，是确保游击作战顺利进行的重要保障，在这一体系中，权力适度下放，各游击小组在一定程度上拥有相对独立的决策权。当部分联络因敌方干扰或其他不可抗力因素中断时，各游击小组能够依据总体战略目标和既定的作战原则，结合当地实际情况，自主做出明智的决策并果断采取行动。同时，为了保持行动的一致性和协调性，定期进行信息汇总和战略调整，确保各小组的行动始终与整体战略方向保持一致，实现分散指挥与集中控制的有机结合，最大程度地发挥游击作战的灵活性和适应性。

（15）资源的合理分配与节约。对有限的资源进行精确的计算和科学合理的分配，是保障在漫长的战役期间能够持续作战的关键。详细评估各种资源的需求，包括武器弹药、食品药品、燃料能源等，根据作战任务的优先级、持续时间和难度，精准地将资源分配到各个游击小组和作战环节，对于关键任务和紧急情况，给予适当的资源倾斜，确保重点目标的达成。在整个作战过程中，应大力提倡节约弹药、物资的理念，避免任何不必要的浪费，加强队员的培训，使其熟练掌握武器装备的正确使用方法，提高射击精度，减少弹药的盲目消耗；对物资的使用进行严格管理和监督，杜绝浪费现象的发生。

（16）战后的隐蔽与休整。完成一次艰苦的游击行动后，必须迅速而有序地转移到事先规划好的安全且隐蔽的地点进行休整和恢复，这些地点应具备良好的防御条件、充足的水源和食物供应，以及便于观察和预警的地形优势。在转移过程中，采取严格的保密和伪装措施，防止被敌方追踪和发现。到达休整地点后，及时对人员的伤亡情况进行统计和救治，补充新的兵员以恢复战斗力。同时，迅速补充消耗的物资和弹药，对武器装备进行维修和保养，为下一次行动作好充分的准备。利用休整期，总结上一次行动的经验教训，对队员进行针对性的培训和战术改进，提升队伍的整体素质和作战能力，以更加饱满的精神和充足的准备迎接新的战斗任务。

总之，制订成功的战役游击战计划需要充分考虑各种因素，不限于上述因素，并根据实际情况不断调整和完善，以达到出其不意、克敌制胜的效果。

3. 战术游击战方案的一些关键步骤

（1）明确具体战术目标。确定每次游击行动所要达成的目标，这些目标应当是清晰、具体且可衡量的。例如，将摧毁特定的敌方重要设施作为目标，这些设施可能是敌方的通信基站、弹药库或能源供应站，其被摧毁将对敌方的作战能力造成显著的下降；或者将俘获关键人员设定为目标，这些人员可能掌握着敌方的核心机密、战略部署或重要技术，其被俘获将为我方获取关键情报和打乱敌方指挥系统创造有利条件；再者，将获取重要情报确定为目标，如敌方的作战计划、兵力部署、武器研发进展等，此类情报对于我方制定针对性的战略和战术具有不可估量的价值。通过设定这样明确且具有战略意义的目标，可为游击行动提供清晰的方向和重点，确保行动的有效性和成果的可衡量性。

（2）详细的战场侦察。对即将开展游击行动的局部区域进行全面、细致且深入的侦察工作，不放过任何一个细节，仔细勘察地形的起伏状况，包括山坡的坡度、山谷的深度和走向，这对于规划行动路线和选择有利的战斗位置至关重要；详尽了解植被的分布情况，如密林的密度、草丛的高度和分布范围，以便利用植被进行隐蔽和伪装；准确掌握建筑物的位置、结构和功能，判断其是否可以作为我方的临时据点或观察哨；深入研究敌军的巡逻路线和规律，包括巡逻的时间间隔、路线的固定程度和可能的变化因素；清晰了解岗哨的设置位置、观察范围和警惕程度，寻找其可能存在的盲区和漏洞；全面掌握敌军的武器装备配置，包括武器的类型、性能和数量，评估我方与之对抗的优势和劣势；同时，分析敌军可能的反应模式，预测在我方行动后敌军的应对策略和行动方向，为我方制定灵活多变的作战计划提供依据。

（3）选择合适的作战地点。精心挑选最有利于我方开展游击行动的地点，如茂密幽深的森林内部、地势险要的山谷隘口或者建筑物密集交错的区域。在密林深处，密集的树木和复杂的地形能够为我方提供天然的掩护，使敌军难以发现我方的行踪；山谷隘口凭借其狭窄的通道和两侧的高地，有利于我方设伏和实施突然的攻击；建筑物密集区则可以利用房屋和街道的布局，为我方提供众多的隐藏点和迂回空间，确保所选的作战地点不仅能够为我方提供有效的掩护，还能够创造出其不意的攻击角度。例如，从高处俯瞰敌军的行进路线，或是利用建筑物的拐角和通道形成交叉火力点，使我方在攻击时能够最大限度地发挥优势，同时减少自身暴露在敌军火力下的风险。通过巧妙选择作战地点，为游击行动的成功实施奠定坚实的基础。

（4）人员分工与编组。根据队员各自独特的技能和特长，进行科学合理的任务分配，明确每个人在战斗中的角色。例如，选拔身手敏捷、勇敢无畏且近战能力强的队员担任突击手，负责在战斗中冲锋陷阵，迅速突破敌方防线；挑选射击精准、具备良好耐心和隐蔽能力的队员作为狙击手，在远处为团队提供精准的火力支援和掩护；指定熟悉爆破技术、胆大心细的队员担任爆破手，负责摧毁敌方的重要设施或障碍物；选派观察力敏锐、行动敏捷且具备出色侦察能力的队员充当侦察员，提前获取敌方的情报和动向。明确各小组之间紧密的协同配合方式，制定详细的行动流程和协作规则。比如，在进攻时，突击小组与爆破小组如何紧密衔接，确保爆破任务的顺利完成；在防守时，侦察小组如何及时向其他小组传递情报，实现有效的防御部署；同时，建立高效、明确且不易被敌方识破的信号联络方法，包括手势、暗号、特殊的声音或灯光信号等，确保在战斗中各小组之间能够迅速、准确地传递信息，实现无缝协同作战，发挥团队的最大战斗力。

（5）灵活的具体战术。精心设计多种多样的具体战术，以应对复杂多变的战场形势。比如，采用正面突击战术时，集中优势兵力，以强大的火力和勇猛的冲锋直接冲击敌方的防线；运用迂回包抄战术，派遣部分兵力绕到敌方侧翼或后方，对其形成包围之势，打敌人一个措手不及；实施声东击西战术，制造虚假的攻击方向吸引敌方注意力，然后主力部队从另一侧发起突然袭击。

（6）武器与装备选择。依据具体的任务需求和复杂的作战环境，审慎地选择轻便灵活、易于携带且在近战和突袭中具有优势的武器装备。例如，在近距离战斗中，选择冲锋枪、手枪等便于快速射击和操作的武器；在需要精确打击的情况下，配备狙击步枪；对于需要突破障碍物或摧毁敌方设施的任务，准备适量的炸药和爆破装置；同时，考虑到行动的机动性和隐蔽性，选择重量轻、体积小的装备，如便携式通信设备、轻型防护用具等。高度重视武器装备的维护和保养工作，确保其始终处于良好的运行状态。在行动前，对武器进行严格的检查和调试，及时发现并排除可能存在的故障；建立完善的弹药供应体系，根据任务的规模和预计的战斗强度，提前准备充足的弹药，并合理分配和携带。在战斗过程中，合理使用弹药，避免浪费，同时及时补充弹药，以保证持续的战斗力。通过精心选择和妥善管理武器装备，为游击行动的成功提供有力的物资保障。

（7）时间与时机把握。谨慎地选择敌军警惕性相对较低或者防御较为薄弱的特定时间来发动攻击，以增加攻击的成功率和减少我方的损失。例如，在夜间，敌军的视线受到限制，巡逻和监控力度可能减弱，这为我方提供了更好的隐蔽和突袭条件；清晨时分，敌军可能处于精神较为松弛和尚未完全进入战斗状态的时候，我方的突然袭击能够打其一个措手不及；而在恶劣天气条件下，如暴雨、大雾等，敌军的侦察和作战能力会受到极大影响，我方可以利用这种时机出其不意地发动攻击。通过精准把握这些时间点，我方能够在敌方防备最松懈的时候给予其沉重打击。

（8）撤退与掩护计划。精心规划安全且快捷的撤退路线，确保在完成攻击或面临不利局面时，我方人员能够迅速、有序地撤离战场，这条路线应尽量避开敌军的主要防御区域和可能的封锁点，利用地形的掩护和自然屏障，减少被敌军发现和追击的风险。同时，安排经验丰富、战斗力强的专人负责掩护撤退，他们要具备出色的射击能力和勇敢的战斗精神，能够有效地阻击敌军的追击，为大部队的撤离争取时间。提前设立应急接应点和备用撤退路线，以应对可能出现的突发情况，应急接应点应位于相对隐蔽且易于防守的位置，可以为撤退的人员提供暂时的休整和补给；备用撤退路线则是在主撤退路线被敌军封锁或出现其他不可预见的障碍时的替代选择，同样需要进行详细的规划和侦察，确保其可行性和安全性。通过完善的撤退与掩护计划，最大限度地保障我方人员的生命安全，保存有生力量，为后续的战斗做好准备。

（9）情报支持与更新。建立一套高效、实时的情报收集和传递机制，确保在行动前和行动进行的过程中，能够及时、准确地获取最新的情报信息，通过各种渠道，如侦察人员、当地民众、电子监听设备等，广泛收集有关敌军的兵力部署、武器装备、行动计划等关键情报，同时，利用先进的通信技术和加密手段，迅速将收集到的情报传递给指挥中心和作战人员，使他们能够在第一时间了解战场的最新态势。高度重视根据新获取的情报对战术计划进行动态调整，当情报显示敌军的部署发生变化、增援部队即将到达或者出现其他影响战斗进程的因素时，能够迅速做出反应，灵活调整战术安排，这种调整可包括改变攻击目标、调整兵力分配、提前或推迟行动时间等，以适应不断变化的战场形势，确保我方的战术始终具有针对性和有效性，提高战斗的成功率和减少不必要的损失。

（10）训练与演练。有计划地组织队员开展具有针对性的战术训练和模拟演练，以提升队员在实战中的应对能力和团队之间的默契程度。例如，进行模拟的突击训练，让队员熟悉在不同环境下迅速突破敌方防线的技巧和流程；开展伏击演练，培养队员在隐蔽状态下准确把握时机、协同攻击的能力；进行侦察与反侦察的训练，提高队员在获取情报的同时避免被敌方发现的技能，通过反复的模拟演练，队员们能够在实战中迅速、准确地执行战术命令，提高团队整体的作战效率。对每次演练中暴露出的问题进行全面、深入的总结和分析，针对这些问题，制定切实可行的改进方案，并在后续的训练中加以强化和检验，不断优化团队的作战能力，确保在真正的战斗中能够发挥出最佳水平。

（11）风险评估与应对。对行动中可能面临的各种风险进行全面、细致的评估，不放过任何一个潜在的威胁，详细分析敌军增援的可能性，包括增援的兵力规模、到达时间和可能的行进路线；深入研究我方陷入包围的风险，如敌方的兵力分布、包围圈的形成速度以及我方的突围难度。同时，考虑其他可能出现的风险，如情报失误、天气突变对行动的影响等。根据风险评估的结果，制定一系列相应的应对措施。

（12）战后总结与改进。在行动结束后的第一时间，对整个行动过程进行全面、系统的总结复盘，详细分析行动中的每一个环节，包括战术的执行情况、团队的协作效果、情报的准确性等。对于成功的部分，深入挖掘其中的关键因素和有效策略，同时，也要坦诚地面对行动中的不足之处。将总结复盘得出的成果和经验教训，切实应用于后续的战术游击战计划制订中。通过不断的总结、改进和优化，持续提升我方的作战能力和战术水平，使每一次的行动都能够比上一次更加高效、更加成功，最终实现战略目标。

战略、战役、战术以及游击战的计划和方案需要考虑的内容繁多，这里仅直列其要。需要指出的是，这三者之间并非孤立存在，而是相互联系、相互影响、辩证统一的有机整体。战略层面的规划为战役和战术的制定提供了宏观的指导方向；战役的布局和执行则是对战略目标的阶段性推进，同时也为战术的运用设定了具体的场景；而战术的灵活实施是实现战役目标的关键手段，其成果也会反过来影响战略和战役的走向。游击战作为一种特殊的作战形式，在特定的条件下能够对整体的战略、战役和战术产生独特的影响，它们相互交织、相互作用，共同构成了一套复杂而精妙的军事行动体系，其方案也必然应以独特的面貌呈现。

第九章 现代战争中游击战与国家、国际关系

孙子曰："兵者，国之大事，死生之地，存亡之道，不可不察也。"在现代战争中，游击战对一个国家有着举足轻重的作用和影响。在弱小国家面对强大国家的军事压力时，游击战能够以其灵活性和隐蔽性，有效地牵制和消耗强敌，为自身争取生存和发展的空间。当强大国之间相互对抗时，游击战可以作为一种辅助手段，在局部地区发挥关键作用，影响战争的走向。而在弱小国之间或大弱国与小强国的较量中，游击战同样能够凭借其独特的优势，出其不意地给予对手打击，成为决定胜负的重要因素之一。

一、游击战对国家的作用和影响

（一）国家主权方面

1. 抵御外敌时的关键作用。俾斯麦曾说："真理永远只在大炮的射程之内。""国家的安全绝不能寄托在他人的恩赐之上，历史总是在军刀上前进的，这个世界本就弱肉强食，要生存要尊严，就必须要战争，任何天下的问题都只能靠铁与血才能改变。"在敌强我弱的严峻局势下，游击战凭借其独特的灵活性和分散性战术，成为一道坚实的防线，它能够巧妙地避开敌方的主力锋芒，以出其不意的方式对敌人进行袭击和骚扰，有效地消耗敌方的人力、物力和精力，极大地延缓了敌方进攻的迅猛步伐，这种战术为国家赢得了极为宝贵的防御时间，使得国家能够有充足的时机来组织和筹备更为全面的防御战略。同时，游击战所创造的战略空间，为国家争取到了调整军事部署、加强防御工事建设以及储备战略资源的机会，从而在抵御外敌入侵的战争中占据更为有利的地位。例如，在抗日战争时期，中国共产党领导的八路军、新四军在敌后开展的游击战，有效地牵制了大量

日军，为正面战场减轻了压力。

2. 增强国家民族认同感。游击队员们怀着对国家主权和领土完整的坚定信念，英勇无畏地投身战斗，他们舍生忘死的精神成为国家和民族的精神旗帜，深深激发了广大民众内心深处的爱国热情，这种热情如同熊熊烈火，迅速蔓延开来，使得全体国民在捍卫国家尊严和领土完整的道路上紧密团结，万众一心。民族凝聚力得到空前加强，认同感愈发深厚，每一个国民都将捍卫国家主权视为自己的神圣使命，坚定不移地守护着祖国的每一寸土地和每一份尊严。

（二）国内政治方面

1. 作为反抗压迫的有力手段。当国内存在着不公平的政治压迫时，游击战无疑成为民众表达内心不满和奋起反抗的有效途径。"哪里有压迫，哪里就有反抗。"它犹如一股汹涌澎湃的力量，使得被压迫的声音得以放大和传播，这种力量迫使统治阶级不得不正视民众的诉求，深刻反思现行政策的不合理之处，并做出相应的调整，以平息民众的愤怒，维护社会的稳定。例如，在俄国十月革命前，工人和农民通过游击战的形式反抗沙皇的专制统治，最终推动了俄国政治的变革。

2. 促进政治制度的调整与完善。在游击战的漫长进程中，现行政治制度所存在的种种缺陷和不足被无情地暴露出来，这不仅让社会各界清晰地认识到制度改革的紧迫性，也为政治制度的变革指明了方向。为了适应社会发展的新需求，政治制度必须经历一系列的调整和完善，以更加公平、高效和民主的姿态回应民众的期待，推动国家的政治生活朝着更加健康、稳定的方向发展。

3. 对社会进步的推动作用。游击战的烽火激发了民众对民主、平等、自由的强烈追求，这种追求犹如春风吹过大地，促使社会在政治、经济、文化等多个领域展开全面而深刻的改革。在政治方面，推动了权力的制衡与监督机制的建立，保障公民的基本权利；在经济领域，促进了资源的公平分配和经济结构的优化调整；在文化层面，鼓励了思想的解放和创新，培育了开放包容的社会氛围。总之，游击战成为推动社会全面进步的强大动力，为国家的发展开辟了崭新的道路。

（三）精神力量方面

1. 激发民众爱国情怀与团结精神。游击战的每一次来之不易的胜利以及坚韧不拔的抗争精神，犹如璀璨的星光，在黑暗中为本国军民指明了方向，让他们真切地看到了抵抗外敌的希望之光和强大力量，这种力量如同一股无形的洪流，极大地激发了他们内心的斗志和无畏的勇气，使他们怀揣着必胜的信念，毫不退缩地投身于战斗之中。特别是那些游击队员们可歌可泣的英勇事迹，宛如激昂的战歌，深深触动着民众内心最柔软的角落，唤醒了他们沉睡已久的爱国情感。这种情感如同炽热的火焰，迅速燃烧蔓延，将每一个个体的心紧密相连，使大家万众一心、众志成城，共同汇聚成一股坚不可摧的力量，抵御外敌的侵略。正如皮埃尔·顾拜旦所说："一个民族，老当益壮的人多，那个民族一定强；一个民族，未老先衰的人多，那个民族一定弱。"比如在抗日战争时期，中国的游击队在艰苦的条件下不断袭扰日军，他们的英勇表现极大地激发了全国民众的爱国情怀，大家纷纷团结起来，有钱出钱，有力出力，共同为抗击日本侵略者贡献力量。

2. 对敌方造成心理压力。游击队员如同暗夜中的幽灵，神出鬼没地进行袭击和骚扰，让敌方始终如同惊弓之鸟，处于高度紧张和恐惧的状态。他们永远不知道下一次袭击会在何时何地发生，这种不确定性如同一把达摩克利斯之剑，时刻悬在敌方的头顶，使其心理负担不断加重。长时间的高度戒备和对未知的恐惧，严重影响了敌方的战斗效率和士气，他们的精神逐渐被消磨，信心逐渐被击溃，最终陷入一种无法自拔的心理困境。就像阿富汗的游击队对抗强大的苏军时，频繁而突然的袭击让苏军时刻处于紧张状态，士气受到极大影响。

（四）经济资源方面

1. 保护国内经济资源。在战争或冲突的艰难时期，游击战发挥着至关重要的作用，通过灵活多变的战术和巧妙的布局，游击战能够对重要的经济资源进行严密的守护和巧妙的隐藏，使其免受敌方的贪婪掠夺和肆意破坏。例如，对于关乎国家经济命脉的矿山，游击队能够组织有效的防御，确保矿产资源不被敌方侵占；对于广袤的农田，他们能够采取措施保障农作物的正常耕种和收获，为民众提供基本的粮食供应；对于工厂等工业设施，他们能够制订精密的保护计划，使生产设备和技术得以保存。通过这些努力，确保国家在战后拥有充足的经济资源，能够迅速恢复经济生产，重建经济体系。比如在二战期间，法国的游击队对本国的一些重要工厂进行了秘密保护，使其在战后能够迅速恢复生产，为国家经济的复苏奠定了基础。

2. 干扰敌方经济运作。游击战不仅是军事上的斗争，更是经济战场上的有力武器，通过有针对性地破坏敌方的运输线路、仓库、金融系统等，能够打乱其物资供应的节奏和经济秩序，使其在经济上捉襟见肘，难以维持长期的战争消耗，极大地降低了敌方持续作战的能力，为本方最终的胜利创造了有利条件。

（五）军事战略方面

1. 牵制敌方主力部队。游击战凭借其灵活多变的特点，能够在敌后有效地分散敌方的注意力和兵力，敌方为了应对游击队神出鬼没的袭击，不得不将原本集中的兵力进行分散部署，从而陷入多线作战的困境，这种分散部署使得敌方无法将全部力量集中于正面战场，大大减轻了正面战场正规军所面临的压力。例如，二战期间，苏联的游击队在德军后方频繁活动，牵制了大量德军兵力，为苏军在正面战场的反攻创造了机会。

2. 情报收集与传递。游击队员凭借对当地环境的熟悉和民众的坚定支持，能够深入敌方控制的区域，他们巧妙地利用自身的优势，积极搜集敌军的关键情报，通过各种秘密渠道及时将这些重要情报传递给本方指挥部。这些准确而及时的情报成为制定战略决策的重要依据，为战争的走向提供了关键的指导。比如在越南战争中，越南的游击队员为越共提供了大量关于美军的情报，使得越共能够做出有效的战略决策。

3. 开辟新的战场。在敌方意料之外的地区开展游击活动，犹如在平静的湖面投入一颗巨石，瞬间打乱了敌方精心策划的战略部署，敌方不得不匆忙调动兵力进行应对，从而陷入被动的局面。这种出其不意的战术为本方创造了更多的战略机会，使战争的局势朝着有利于本方的方向发展。比如在抗日战争中，八路军在华北地区广泛开展游击战争，开辟了众多敌后抗日根据地，打乱了日军的战略计划。

4. 建立战略缓冲地带。通过游击战对一些具有战略意义的关键地理区域进行控制，从而形成一道天然的屏障，这一战略缓冲地带能够有效地减缓敌方的进攻速度，为本方的防御体系争取到更多的时间和空间。例如，在朝鲜战争中，志愿军通过在某些区域的游击作战，建立了一定的缓冲区域，有效地抵御了美军的进攻。

（六）文化守护方面

1. 传承文化根脉。在充满艰辛与挑战的恶劣战争环境中，人们始终坚守着民族文化的根脉，他们借助口口相传这一古老而朴素的方式，将民族的悠久历史、传统习俗、坚定的信仰和核心价值观代代相传。例如，在南斯拉夫抵抗纳粹德国的游击战中，民间歌手通过传唱英雄事迹，传承了民族的勇敢和坚韧精神。

2. 保护文化遗产。有人曾说："一个民族的文化如果被摧毁了，这个民族就失去了灵魂。在战争中，我们必须竭尽全力保护文化遗产，因为它们是我们民族的瑰宝。"游击队员深知文化遗产是民族精神的象征和历史的见证，他们毅然决然地采取各种有效措施，对历史建筑、珍贵的文物古迹等文化遗产进行全力保护，这种保护行动不仅是对历史的尊重，更是为国家和民族保留了珍贵的文化记忆和精神家园。比如在阿富汗的战争中，当地的游击队努力保护了许多古老的清真寺和历史遗迹，使其在战火中得以幸存。

（七）资源利用方面

1. 就地取材进行战斗。在激烈对抗中，充分利用当地丰富的自然资源成为游击队员生存和战斗的关键，正如《孙子兵法》曰："取用于国，因粮于敌，故军食可足也。"广袤的山林提供了天然的隐蔽场所，复杂的地形让游击队员能够巧妙地躲避敌人的追捕和攻击；蜿蜒的河流不仅成为阻挡敌军前进的天然屏障，还能为游击队员提供水源和运输通道；当地丰富的木材、石材等材料被巧妙地运用，制造出简易却实用的武器和坚固的防御工事。这些就地取材的举措极大地提高了自身的生存能力和战斗实力，使游击队员能够在艰苦的环境中与敌人展开顽强的斗争。例如，在我国的抗日战争中，游击队员利用山区的木材制造土枪土炮，凭借河流的险阻抵御日军的进攻，有效地打击了敌人。

2. 开展技术创新。在充满挑战的游击战环境中，为了更好地适应战斗需求，一系列实用的科技发明应运而生并迅速传播。例如，简易通信技术不断改进，使得游击队员能够在复杂的地形中保持有效的联络；自制武器的创新层出不穷，从土制炸弹到简易的弓箭，无不展现出民众的智慧和创造力，为战斗的胜利增添了有力的砝码。比如在阿富汗的游击战中，游击队员利用废旧汽车零件制造简易的爆炸装置，给敌军造成了巨大的威胁。

（八）人才教培方面

1. 培养军事人才。游击战那血与火的实战锻炼，犹如一座锤炼英雄的熔炉，为国家孕育出了一批批具备丰富战斗经验、灵活应变能力和顽强不屈意志的军事人才。他们在艰苦卓绝的战斗中，积累了宝贵的实战经验，深知战场的瞬息万变，能够迅速做出准确的判断和果断的决策；他们拥有灵活应变的智慧，能够根据不同的战况调整战术，化险为夷；他们还具备钢铁般的顽强意志，无论面对怎样的艰难险阻，都绝不退缩。这些军事人才成为国家军事建设和发展的中流砥柱，推动国家军事力量不断发展壮大。

2. 普及军事教育。通过游击战的生动实践，民众在参与或目睹游击战的过程中，了解了战争的基本原理、武器的使用方法以及战术的运用策略，这种普及教育不仅提高了全民的国防意识，让每个人都深刻认识到国家安全的重要性，更显著提升了全民的军事素养。当国家面临威胁时，每一个民众都能够迅速响应，为国防安全贡献自己的力量。比如在二战时期的苏联，广泛开展的游击战使得民众普遍掌握了一定的军事技能，为保卫祖国发挥了重要作用。

（九）社会稳定方面

1. 维持社会秩序。在战争或动荡的艰难时期，社会秩序往往面临巨大的挑战和冲击，此时，游击队伍挺身而出，成为协助地方政府维护社会治安的重要力量。他们凭借对当地情况的熟悉和高度的警觉性，严厉打击各类犯罪活动，无论是趁火打劫的盗窃行为，还是危害民众生命安全的暴力犯罪，都逃不过游击队伍的严密监控和坚决打击，通过他们的努力，民众的生命和财产安全得到了有力的保障，社会的基本稳定得以维持。例如，在中东某些地区的战乱时期，当地的游击队伍积极参与治安维护，有效地遏制了犯罪活动的蔓延，为民众创造了相对稳定的生活环境。

2. 保障基本民生。在极端艰难的环境中，游击队伍始终将民众的基本生活需求放在心头，他们积极为民众提供必要的生活物资，从食物、饮用水到保暖的衣物，努力确保每一个人都能获得生存的基本保障。同时，在医疗资源匮乏的情况下，他们想方设法组织医疗救助行动，为受伤和患病的民众提供救治。此外，还积极组织生产自救活动，鼓励民众依靠自身的力量开展农业生产、手工业制作等，以增加物资供应，提高自给自足的能力。通过这些努力，使民众在困境中依然能够维持基本的生活，保持对未来的希望。

（十）外交连纵方面

1. 争取国际舆论支持。"战争是政治的延续，而政治又是经济的集中表现，同时，政治和经济还通过外交来反映和实现。"即便处于极端困难的逆境之中，游击队的英勇抵抗，犹如一面鲜明的旗帜，向世界充分展示了国家和民族不屈不挠的精神脊梁，这种顽强的抗争精神，在国际舞台上赢得了广泛的尊重和钦佩，从而形成了有利于本国的国际舆论环境，让世界听到了他们的声音，看到了他们的苦难与坚持，这不仅为国家争取到了更多的国际资源，如物资援助、技术支持和人道关怀，还为国家创造了更多的国际合作机会，使国家在困境中能够获得外部的助力，共同应对挑战。例如，巴勒斯坦人民经过长期的抵抗斗争，通过游击战的形式展现了他们对家园的坚守，赢得了国际社会的广泛同情和支持，为其争取到了更多的国际援助和合作机会。

2. 影响敌方联盟关系。游击战的存在和持续抵抗，让敌方的盟友清晰地看到了本次战争行为的不正义性和所面临的艰难困境，他们开始重新审视自身的立场和利益，对继续支持这样一场充满争议和困难的战争产生怀疑，这种动摇甚至可能促使联盟内部出现分歧和矛盾，各方在利益分配、战略目标等问题上产生冲突，从而削弱了敌方联盟的团结和战斗力，为战争的局势带来了微妙而重要的变化。比如在阿富汗战争中，美军及其盟友在面对阿富汗游击队的长期抵抗时，其联盟内部在战略决策和资源投入等方面出现了明显的分歧和矛盾，导致战斗力大幅下降。

二、游击战对国际关系的作用和影响

（一）影响地区和平稳定

1. 改变地区冲突的走向。游击战的出现往往使地区冲突的局势变得更加复杂和难以预测，它打破了传统军事对抗的模式，以非对称的方式对敌方造成持续的压力。例如，在中东地区，一些武装组织的游击战术使得地区冲突长期化、复杂化，各方势力难以通过常规手段实现彻底的胜利，从而促使冲突各方重新思考解决问题的方式和策略。游击战常常利用地形和民众支持，采取突袭、伏击等手段，使得正规军难以捉摸其行动规律，导致战争的进程和结果充满变数。

2. 对周边国家安全与发展的影响。游击战可能会跨越国界，对周边国家的安全构成直接威胁，跨境的游击活动可能导致周边国家、地区的动荡，影响其国内的经济发展和社会稳定。同时，为了应对可能的威胁，周边国家不得不加强军事部署，增加国防开支。此外，游击战争引发的难民潮可能会涌入周边国家，给这些国家带来巨大的经济和社会负担。例如，叙利亚内战中的游击行动导致大量难民逃往周边的土耳其、黎巴嫩等国，这些国家不仅要承担安置难民的巨大费用，还面临着治安、就业、公共服务等多方面的压力，对其国内的发展造成了严重阻碍。

3. 增加地区冲突解决的复杂性。游击战的特点使得冲突解决变得异常艰难，游击组织通常分散、灵活，缺乏明确的层级结构和指挥中心，这使得通过谈判和协商达成和平协议变得困难重重，而且，游击组织的诉求往往多样化且复杂，涉及政治、经济、民族等多个方面，增加了各方达成妥协的难度。此外，外部势力的介入也会使局势变得更加复杂，不同的外部势力可能支持不同的派别，导致冲突难以平息。

4. 影响地区资源的分配和利用。游击战争会导致地区资源大量向军事领域倾斜，减少了用于经济发展和民生改善的投入，从而影响了地区的经济发展和基础设施建设。同时，为了支持战争，可能会过度开采和消耗自然资源，对环境造成破坏。例如在伊拉克，长期的游击和反恐战争使得国家财政资源大量用于军事行动，而教育、医疗等民生领域的投入相对不足，影响了社会的整体发展。

（二）国际政治格局重塑

1. 为弱小国家提供战略选择。在国际政治舞台上，强国往往凭借其强大的军事和经济实力占据主导地位，然而，游击战的出现为弱小国家提供了一种非对称的战略选择，使其能够在面对强大敌人时不至于毫无还手之力，通过灵活运用游击战术，弱小国家可以有效地抵抗外部侵略，维护自身的主权和利益，从而在一定程度上改变国际政治中强者通吃的局面。例如，越南在对抗美国的战争中，采用游击战术，使美国强大的军事力量难以发挥优势，最终迫使美国不得不重新考虑其在东南亚的战略布局，越南也因此在国际上赢得了一定的尊重。

2. 推动国际秩序的调整与变革。长期而广泛的游击战争可能会暴露出现有国际秩序和规则在处理此类冲突时的不足和缺陷，国际社会为了寻求和平与稳定，可能会被迫对现有的国际秩序进行调整和改革，建立更加公正、合理的国际规则和机制，以更好地预防和解决游击战争等非传统安全威胁。比如，在中东地区，长期的游击战争和动荡局势促使国际社会重新审视和调整对该地区的政策和干预方式，推动了相关国际组织和大国在解决地区冲突方面的合作机制的变革。

3. 影响大国之间的竞争与合作。大国在全球范围内追求自身的战略利益和影响力，游击战争的爆发和发展可能会影响大国在相关地区的利益布局，从而导致大国之间的关系发生变化，在某些情况下，大国可能会因为共同的利益而合作，共同应对游击战争带来的挑战；而在另一些情况下，大国可能会因为在支持不同的派别或在解决问题的方式上存在分歧，而产生竞争和对抗。例如，在阿富汗战争中，美国及其北约盟友与俄罗斯在支持阿富汗政府和反政府武装的问题上存在不同立场，这在一定程度上影响了双方的关系。

4. 促进新兴力量的崛起。游击战争往往会造成地区的动荡和权力真空，为新兴政治、军事力量的崛起提供了机会。这些新兴力量可能会在战争中积累经验、壮大实力，并在战后的政治格局中占据重要地位。比如，在利比亚内战中，一些原本不太起眼的地方武装力量在战争中逐渐壮大，成为影响该国政治走向的重要因素。

5. 改变国际政治的权力结构。有人说："战争可以造就一时的霸主，却也能重塑整个世界的秩序。"大规模或具有重要影响力的游击战争可能会打破原有的国际政治权力平衡，原本强大的国家可能因为陷入游击战争的泥潭而实力受损，其他国家则可能趁机崛起，从而改变国际政治中的权力分配格局。例如，美国在伊拉克和阿富汗的长期战争消耗了大量资源，相对削弱了其在全球的影响力，而俄罗斯等国家则在这一时期获得了更多的发展机遇，国际政治权力结构出现了一定程度的调整。

(三) 国际社会协作加强

1. 导致人道主义危机与国际援助行动。长期的游击战争往往伴随着严重的人道主义危机，包括平民伤亡、流离失所、基础设施破坏和粮食短缺等问题，这些危机引起了国际社会的广泛关注和同情，促使各国和国际组织纷纷采取援助行动，提供食品、药品、帐篷等物资援助，以及医疗、教育和重建等方面的支持。例如，在叙利亚的游击战争中，大量平民在战火中丧生，无数家庭被迫逃离家园。国际社会纷纷伸出援手，联合国及其下属机构积极组织物资调配，多个国家的非政府组织派遣医疗团队前往救助，为当地民众提供了基本的生活保障和医疗服务。

2. 促进国际间的反恐与安全合作。一些游击组织可能与恐怖主义存在联系，或者其行动方式具有恐怖主义的特征，这对国际安全构成了严重威胁。为了打击恐怖主义和维护地区及全球的安全稳定，各国加强了在反恐和安全领域的合作，共享情报、开展联合行动，共同应对这一共同的敌人。

3. 影响国际关系中的话语权与规则制定。在解决游击战争相关问题的过程中，不同国家的影响力和话语权会发生变化，一些在解决冲突中发挥重要作用的国家可能会在国际关系中获得更多的话语权和影响力，从而能够参与和主导相关规则的制定，而那些在冲突中处于被动或被指责的国家，则可能会失去部分话语权和影响力。例如，在处理阿富汗的游击战争问题时，美国因其长期的军事介入和未能有效解决问题而受到国际社会的批评，其在相关国际事务中的话语权受到一定程度的削弱。相反，一些积极推动和平解决冲突、提供人道主义援助的国家，如挪威和瑞士，在国际舞台上的影响力逐渐提升，为相关规则的制定贡献了更多的力量。

4. 引发国际舆论的关注和干涉。游击战争的残酷性和破坏性容易引发国际媒体的广泛报道和公众的强烈关注，国际舆论的压力可能促使相关各方采取更加积极的措施来解决冲突，推动和平进程。同时，国际舆论也可能对某些国家的行为进行监督和批评，迫使其调整政策。比如，在巴勒斯坦地区的游击冲突中，国际媒体的持续报道和公众的抗议活动，使得以色列在处理与巴勒斯坦的关系时不得不考虑国际舆论的影响。国际社会的强烈谴责和舆论压力，推动以色列重新审视其军事行动的合理性和合法性，并促使其在一定程度上采取较为克制的措施，以避免进一步激化矛盾。

5. 推动国际法和国际准则的发展。游击战争中出现的一系列问题，如平民保护、战俘待遇、武器使用等，促使国际社会对现有的国际法和国际准则进行反思和完善，新的国际公约和规则的制定，旨在更好地规范战争行为，保护各方的合法权益。例如，针对游击战争中平民遭受伤害的情况，国际社会进一步强调了平民在战争中的不可侵犯性，并制定了更加严格的保护措施和责任追究机制。在处理阿富汗和伊拉克等地的游击战争时，国际社会发现原有的国际法在应对现代游击战争中的一些特殊情况时存在不足，于是推动了相关国际公约的修订和补充，明确了对游击战士身份的认定标准，以及对使用简易爆炸装置等非常规武器的限制和规范，以减少战争中的无辜伤亡和违反人道的行为。

(四) 全球经济贸易波动

1. 影响国际贸易和投资。冲突地区的不稳定局势会使企业减少在该地区的贸易和投资活动。例如，在某些非洲国家，持续的游击冲突导致当地的商业环境急剧恶化，许多外国企业纷纷撤离，原本的贸易渠道被切断，投资项目停滞不前。这不仅直接冲击了当地的经济发展，使其失去了大量的就业机会和技术引进，还削弱了其在全球贸易体系中的地位，导致出口减少，进口依赖度增加，贸易逆差不断扩大。

2. 增加全球能源市场的波动。一些资源丰富的地区发生游击战，可能导致能源供应的不稳定，进而影响全球能源价格。比如中东地区的游击战，使该地区的石油产量大幅波动，国际油价随之起伏不定，这种价格波动不仅增加了企业的生产成本，影响了消费者的能源消费，还对各国的经济增长和通货膨胀产生了连锁反应。油价的飙升可能导致运输成本上升，推动物价上涨，抑制消费需求，从而拖累经济增长；而油价的暴跌则可能使能源出口国的收入锐减，引发财政危机和货币贬值。

3. 加重全球经济负担。国际社会为应对游击战带来的危机和后果，需要投入大量的资金和资源，这包括提供人道主义援助、军事干预的费用以及战后重建的支出等。例如，为了应对叙利亚内战引发的人道主义灾难，国际社会投入了巨额的资金用于食品、医疗和难民安置等方面。但这些支出并没有直接促进经济的生产和发展，反而在一定程度上加重了各国的财政负担，影响了全球经济的整体复苏。军事干预还可能导致军费开支的增加，挤占了原本用于教育、科研和基础设施建设等领域的资源，削弱了经济的长期发展潜力。

4. 影响全球供应链。游击战可能破坏交通、通信等基础设施，导致原材料和产品的运输受阻，影响全球产业链的正常运转。现代全球经济高度依赖高效的供应链，而游击战争的破坏使得供应链的关键环节出现中断。比如在一些东南亚国家，游击活动对港口和铁路的袭击，导致货物积压，生产所需的原材料无法及时供应，成品无法按时交付，这不仅影响了相关企业的生产和利润，还波及上下游产业链中的众多企业，引发全球范围内的产业波动。

(五) 民族文化交融隐患

1. 阻碍文化交流与传播。游击战争常常导致地区局势动荡不安，人们的生命和财产安全受到威胁，这使得正常的文化交流活动难以开展。例如，在某些战乱地区，原本计划举办的文化展览、艺术演出等活动不得不取消，学术交流和文化合作项目也无法推进，不同地区和民族之间的文化相互了解和学习的机会减少。此外，战争带来的恐惧和不确定性也会让人们对外部文化产生排斥和警惕心理，进一步阻碍了文化的交流与融合。

2. 加剧民族隔阂与对立。游击战争往往与民族、宗教等问题交织在一起，容易加深不同民族之间的误解和仇恨。在战争中，各方为了争夺资源和地盘，可能会将民族差异作为攻击对方的借口，强化民族对立情绪。例如，在一些多民族国家，游击战争可能引发民族之间的大规模冲突，导致长期的敌对状态，使得民族融合变得更加困难，这种民族隔阂不仅影响了当下的社会稳定，也为未来的和平与发展埋下了隐患。当然也有分析人士认为："战争如同风暴，虽能摧毁旧的秩序，却也能播撒新的种子，让不同的文化在碰撞中交融，让各异的民族在冲突后融合。"

3. 破坏文化遗产和传统。游击战争中的轰炸、抢掠等行为会对历史文化遗产造成不可挽回的损失，文化遗产是一个民族和地区的记忆和精神象征，它们的破坏意味着文化传承的中断。比如，许多古老的建筑、寺庙、图书馆等在战争中被摧毁，珍贵的文物被掠夺或毁坏，这些损失不仅是物质上的，更是精神和文化上的重创。同时，战争的动荡也可能导致传统文化的传承者流离失所，传统技艺和习俗无法传承，使得民族文化的多样性受到威胁。

4. 影响教育和人才培养。游击战争会破坏教育基础设施，学校被炸毁、教师流失，学生无法正常上学，教育的中断使得年轻一代失去了获取知识和技能的机会，影响了人才的培养。例如，在一些战乱地区，大量儿童失学，无法接受良好的教育，这将导致他们在未来的就业和社会发展中处于劣势。此外，战争带来的心理创伤也会影响学生的学习积极性和学习效果，阻碍了人才的成长和发展。

（六）军事战略战术更新

1. 推动军事技术的发展。为了应对游击战，各国加大在侦察、监控、精确打击等方面的技术研发，游击战通常在复杂的地形和环境中展开，具有高度的隐蔽性和机动性，这使得传统的军事侦察和打击手段难以奏效，因此，各国纷纷投入大量资源研发新型技术。例如，无人机技术在反恐和反游击战中得到广泛应用，其凭借出色的续航能力和灵活的侦察视角，能够长时间对目标区域进行监控，为作战部队提供实时准确的情报，大大提高了作战效能。此外，先进的卫星通信技术使得战场信息的传递更加迅速和稳定，确保指挥系统能够及时掌握游击战的动态，做出精准的决策。

2. 改变作战理念和模式。游击战促使正规军更加注重灵活作战、非对称作战和军民融合的作战方式，游击战的特点是分散、灵活、出其不意，正规军若采用传统的大规模兵团作战模式往往难以应对。例如，美国在阿富汗和伊拉克的战争中，面对当地游击队的频繁袭击，逐渐意识到大规模军事行动的局限性，不断调整作战策略，他们更加注重小分队的灵活部署，加强与当地民众的沟通与合作，通过获取民众的支持来获取情报，以适应游击战的特点，减少了自身的伤亡和损失。

3. 促进军事理论的创新。游击战作为一种独特的战争形式，其出现对传统的军事理论提出了挑战，促使军事学者和将领们深入思考战争的本质、规律以及应对策略。中国的游击战理论在革命战争中不断发展完善，形成了一套具有特色的军事思想。例如"敌进我退，敌驻我扰，敌疲我打，敌退我追"的十六字诀，充分体现了灵活机动、以弱胜强的战略智慧，为世界军事理论的发展贡献了宝贵的经验。

4. 影响军队的训练和装备。军队需要加强在城市、山地等复杂环境下的训练，并配备适应游击战的装备。例如，某军队针对本地区的游击战，在城市巷战训练中，着重训练士兵在狭窄街道和密集建筑区域的搜索、突袭和防御能力，提升其在复杂建筑环境中的战斗技巧和应变能力，山地作战训练则强化了士兵的攀爬、越野和在高海拔地区的生存能力。为有效应对游击战，军队更新了一系列轻便灵活、适合近战的武器装备，如紧凑型冲锋枪和便携式火箭筒等，大力研发适应复杂地形的先进交通工具，如具有强大越野能力的装甲车和直升机，显著提高了军队在游击战环境中的机动性和作战效率。

5. 引发国际军事合作与交流。游击战是一个全球性的问题，不同国家在应对过程中面临着相似的挑战和困难，因此国际间的合作与交流显得极为重要。例如，北约成员国之间在反恐和反游击战领域的合作不断深化和拓展，他们定期举行联合训练和演习，在这些活动中，各国军队充分分享实战经验、深入交流战术技巧，并共同研究和制定应对游击战的协同作战方案。此外，各国还积极构建和完善高效的情报共享机制，及时传递有关游击组织的活动信息、武器装备情况以及人员构成等重要情报，极大地提高了各国协同作战的能力和应对突发游击战事件的快速反应水平，有力地维护了地区和世界的和平与稳定。

(七)全球治理体系重建

1. 挑战现有治理机制。游击战引发的复杂问题暴露了现有全球治理机制在解决地区冲突、维护和平方面的不足。游击战通常具有地方性、分散性和隐蔽性等特点，使得现有的以国家为主要行为体、以国际法和国际组织为主要手段的治理机制难以有效应对。例如在一些非洲国家的内部冲突中，国际社会虽然进行了干预，但由于对当地的政治、社会和文化背景了解不足，以及在资源调配和协调行动方面存在困难，干预效果不佳。此外，游击战可能涉及多个利益相关方，包括地方武装、恐怖组织、跨国犯罪集团等，现有治理机制在协调各方利益和采取统一行动方面面临巨大挑战。

2. 促进多边机制的完善。游击战常促使国际组织和多边机制在处理类似问题时进行改革和完善。例如，联合国安理会在处理一些与游击战争相关的冲突时，不断改进决策程序，加强与地区组织的合作，提高维和行动的效率和效果。同时，其他国际组织如世界银行、国际货币基金组织等也在加大对受游击战争影响地区的经济援助和发展支持，以从根本上解决冲突产生的根源。

3. 推动非政府组织的参与。游击战导致的人道主义问题吸引了大量非政府组织的关注和参与，在救援、调解等方面发挥了一定作用。红十字会等组织在冲突地区积极开展人道救援工作，为受伤平民提供医疗救助，为流离失所者提供食物、住所和基本生活用品。此外，一些非政府组织还积极参与冲突的调解和和平建设工作，通过与各方进行对话和协商，推动和平协议的达成。例如，在一些地区的游击战争中，非政府组织通过组织和平论坛、开展民间交流活动等方式，促进敌对双方的相互理解和信任，为和平解决冲突创造有利条件。

4. 引发对国际正义和公平的思考。在处理游击战相关问题时，如何确保公平正义，尊重各国主权和人民的权益，成为全球治理体系面临的重要课题。国际社会对某些国家在处理地区冲突时的双重标准提出质疑和批评，一些大国可能出于自身利益的考虑，对不同地区的游击战争采取不同的态度和政策，这种做法不仅损害了国际正义和公平的原则，也加剧了地区的紧张局势和冲突的复杂性。例如，在某些中东地区的冲突中，外部势力的干预和不公平的政策导致冲突长期难以解决，引发了国际社会对其行为的强烈谴责。

5. 影响全球治理的理念和原则。游击战往往是由于贫困、社会不公、政治压迫等深层次问题引发的，因此，全球治理体系需要更加注重从根源上解决问题。例如，国际社会加大对贫困地区的发展援助，推动教育、医疗、就业等领域的发展，提高当地人民的生活水平，减少社会不满和冲突的诱因。同时，倡导通过和平谈判、斡旋等方式解决争端，避免冲突的升级和扩大。

三、国际环境对游击战的作用和影响

(一)外部支持制约方面

1. 他国提供的物资、情报和技术援助。一些国家可能出于自身战略利益或政治考量，向进行游击战的一方提供武器装备、粮食药品等物资支持，或者共享情报信息、提供先进的技术指导，从而增强其作战能力和持久力。例如，在某些地区冲突中，周边国家为了维护自身在该地区的影响力，会向游击组织提供资金、武器和训练，帮助他们对抗当地政府或其他势力。这种外部支持可能改变游击战的力量对比和发展态势。比如在阿富汗的长期冲突中，周边一些国家向不同的武装组织提供了各种形式的支持，使得游击战的局势更加复杂和持久。

2. 面临的国际压力与制裁。如果游击战被认为违反了国际准则或损害了其他国家的利益，可能会面临国际社会的谴责、经济制裁甚至军事干预，限制其活动范围和资源获取。比如，某些国家的游击行动被指责为恐怖主义行为，从而引发国际社会的一致反对和制裁，使其在国际上陷入孤立，难以获得外部支持。像一些极端组织的游击活动，由于其手段残忍、攻击目标不分军民，遭到了国际社会的强烈谴责和制裁，极大地限制了其活动和发展。

3. 国际舆论对游击战合法性的评判。国际舆论对于游击战的性质和合法性存在不同看法，这会影响到其在国际上获得的支持或反对程度，某些情况下，国际舆论可能更倾向于支持被视为争取民族自决或反抗压迫的游击行动；而在另一些情况下，可能将其视为破坏和平与稳定的暴力行为，国际舆论的倾向往往会影响各国政府的态度和决策。例如，巴勒斯坦地区的一些游击组织在争取民族权利的过程中，其行动在国际舆论中引发了不同的评价，有的认为是正义的抗争，有的则认为是暴力冲突。

(二)国际法则遵循方面

1. 游击战在国际法中的地位与争议。国际法对于游击战的定义、参与者的权利和义务等方面存在模糊和争议，这使得游击战的合法性在不同情况下有不同的解读。例如，对于游击队员是否应被视为合法战斗人员，以及在何种条件下的

游击行动被视为合法自卫等问题，国际法尚未给出明确一致的标准。在一些案例中，对于游击队员在战斗中的身份认定和权利保障存在很大的争议，导致在法律适用上的不确定性，这种不确定性使得游击战在国际法的框架下常常处于一种模糊的地位。有些情况下，游击队员可能被视为非正规军，其权利和待遇得不到充分保障；而在另一些情况下，他们又可能被当作恐怖分子或非法战斗人员受到严厉打击。此外，关于游击战中使用的武器、战术以及目标选择等方面，国际法也缺乏明确而具体的规范，进一步加剧了对游击战合法性的争议。

2. 平衡作战策略与国际规则的难题。在进行游击战的过程中，需要在实现战略目标的同时，尽量遵守国际规则，避免过度使用暴力或侵犯平民权利，以免引发国际社会的强烈谴责。例如，在攻击敌方目标时，应尽量避免造成无辜平民的伤亡和民用设施的破坏，否则可能会被国际社会视为违反人道主义原则。像在一些冲突中，由于游击行动造成了大量平民伤亡，引发了国际人权组织的强烈抗议和调查。游击战由于其特殊的作战形式和环境，往往面临着在实现军事目标和遵守国际规则之间寻找平衡的难题，一方面，游击队员需要采取灵活多变的战术来对抗强大的敌人；另一方面，他们又必须时刻注意遵守国际人道主义原则，保护平民生命和财产安全。然而，在实际作战中，情况往往复杂多变，要做到这一点并非易事，一旦出现违反国际规则的行为，不仅会引起国际社会的强烈谴责，还可能导致更多的外部干预和制裁，给游击战带来更大的困难。

3. 避免国际社会的过度指责与孤立。遵守国际法和国际准则有助于减少国际社会的负面评价，避免被过度指责和孤立，为自身争取更有利的国际环境，如果游击战一方被国际社会广泛指责和孤立，可能会面临更大的压力，包括外交上的困境和资源获取的困难。比如，某些被国际社会认定为极端组织的游击势力，由于其行为严重违反国际法和人道主义原则，遭到了各国的联合打击和制裁，生存空间受到极大压缩。对于进行游击战的一方来说，获得国际社会的理解和支持至关重要，通过遵守国际法和国际准则，可以树立良好的形象，争取国际舆论的同情和支持。相反，如果被国际社会视为违反法律和道德规范的一方，将会面临来自各方的巨大压力，外交上，可能会遭到其他国家的断绝往来或外交施压；经济上，可能会受到贸易制裁和资源封锁；军事上，可能会面临多国联合的军事打击。这些都将使游击战的开展变得更加艰难，甚至可能导致最终的失败。

（三）全球形势变化方面

1. 利用国际资源与战略机遇。全球政治经济形势的变化可能带来新的资源和机会，例如国际援助的增加、某些大国战略重心的转移等，游击战一方可以借此增强自身实力。比如，当国际社会对某个地区的关注度提高，可能会带来更多的人道主义援助和发展项目，游击组织可以通过参与或影响这些项目，获取资源并扩大自身影响力。在一些发展中国家的内部冲突中，随着国际社会对该地区发展问题的重视，游击组织可能会通过参与相关的项目，获取资金和物资支持，同时提升自身的形象和影响力。

2. 把握国际关系紧张或缓和的局势。国际关系的紧张可能导致外部支持的增加或减少，而缓和的局势可能为通过和平谈判解决问题提供契机，游击战需要根据这些变化调整策略，在国际关系紧张时，可能会有更多外部势力介入并提供支持；而在缓和时期，通过政治途径解决冲突的可能性增加，游击组织需要相应调整其军事和政治策略。例如，在美苏冷战时期，一些地区的游击组织得到了美苏双方的暗中支持；而在冷战结束后，国际形势缓和，更多的冲突通过和平谈判得以解决。

3. 调整战略以适应国际形势的发展。例如在国际形势有利于通过政治手段解决问题时，可适当减少军事行动，加强政治协商；在形势不利时，则采取更灵活的游击战术，保存实力；当国际社会对和平解决冲突的呼声较高时，游击组织可以积极参与谈判，展示和平解决的诚意；而当面临强大的军事压力时，则可以分散力量，采用隐蔽和突袭等战术。比如在一些国家的内战中，游击组织会根据国际形势的变化，灵活调整自己的战略，有时与政府进行和谈，有时则加强军事行动。

（四）地缘政治博弈方面

1. 周边国家的态度和行动。周边国家基于自身利益和地缘政治考虑，对游击活动可能采取支持、反对或中立的态度，他们的军事部署、外交斡旋或经济援助等行动，都会直接或间接影响游击战的发展。例如，某些周边国家可能担心游击活动蔓延到本国境内，从而采取军事打击的手段，这是出于对自身国家安全和边境稳定的担忧，通过加强边境管控、部署军事力量等方式，试图阻止游击活动的扩散。而另一些国家可能希望借助游击组织来削弱敌对国家的实力，从而提供各种支持，包括武器装备、资金援助、训练场地等，这种支持旨在实现自身在地区的政治、经济或地缘战略目标。

2. 大国的战略博弈。大国在地区或全球范围内的战略竞争和博弈，可能将游击战纳入其战略考量，他们可能通过支持或打压某一方，来实现自身的政治、经济或军事目标。比如在中东地区，大国为了争夺能源资源和地缘政治影响力，会对当地的游击组织采取不同的态度和策略，从而影响地区局势的发展。大国可能会根据自身与相关国家的关系、能源需求以及全球战略布局，选择支持或反对特定的游击组织，有时大国会通过提供军事援助、情报支持等手段增强其所支持的一方的实力；有时则会通过外交施压、经济制裁等方式打压另一方，以实现地区力量的平衡或自身利益的最大化。

3. 区域组织的作用。区域组织如东盟、欧盟等，可能通过外交协调、经济合作或军事干预等方式，对游击战所在地区施加影响，推动和平解决或维持地区稳定。例如，欧盟可能通过提供经济援助和发展项目，来促进冲突地区的和平与稳定，从而减少游击活动的发生，这种方式旨在从根源上解决导致游击活动产生的贫困、社会不公等问题，为和平创造条件。同时，区域组织也可能通过外交斡旋，推动冲突各方进行和平谈判，制定解决方案，在某些情况下，如果局势严重失控，区域组织可能会在联合国授权下进行军事干预，以恢复地区的和平与秩序。

(五)文化意识作用方面

1. 国际社会的文化影响。游击战所代表的文化、价值观和意识形态，在国际社会中的认同程度会极大地影响其获得的支持力度。例如，某些基于民族文化和传统的游击运动，因其致力于保护和传承独特的民族文化，可能在国际上获得文化上的同情和支持。这些支持不仅体现在舆论上的声援，还可能包括物质和技术方面的援助，为游击运动的持续发展提供了一定的外部助力。

2. 宗教因素的影响。宗教信仰在一些地区的游击活动中可能起到关键作用，宗教的教义、仪式和信仰体系常常成为游击组织凝聚成员、激发斗志的重要精神源泉。然而，国际社会对相关宗教教义和实践的理解和态度，也会间接影响对游击战的看法。例如，某些宗教极端组织的游击活动，由于其对宗教教义的极端解读和暴力行为，严重违背了和平、正义和人道主义原则，引发了国际社会的广泛担忧和反对，这种反对不仅来自对暴力行为本身的谴责，还源于对宗教被滥用和扭曲的不满。

3. 意识形态的传播与影响。特定的意识形态如共产主义、民族主义等，通过国际传播和交流，可能吸引大量的外部同情者和支持者，为游击战提供强大的思想和舆论上的支持。比如在一些国家的民族解放运动中，民族主义意识形态的广泛传播激发了国内外民众的爱国热情和民族自豪感，这种情感共鸣使得人们纷纷为游击组织提供物资、资金和情报等支持，为其提供了强大的精神动力和物质保障。同时，共产主义意识形态所倡导的平等、公正和社会变革的理念，也在一些游击运动中产生了深远的影响，吸引了众多志同道合者投身于追求社会变革的斗争中。

（六）跨国犯罪关联方面

1. 资金来源的交叉。游击活动有时会与跨国犯罪和恐怖组织在资金获取方面存在交叉。例如，通过走私、贩毒、绑架勒索等非法手段筹集资金的行为屡见不鲜，这种资金来源的交叉不仅使游击战的性质变得更加复杂，因为其资金的非法性和不稳定性，可能导致游击行动的目标和策略发生扭曲。同时，也加大了国际打击的难度，因为资金的流动往往跨越多个国家和地区，追踪和切断资金链需要各国之间高度的协作和情报共享，而这在实践中往往面临诸多障碍。

2. 人员流动与融合。一些游击组织的成员可能会参与跨国犯罪或恐怖活动，或者与其他犯罪组织相互融合。在人员流动方面，游击组织成员可能因各种原因，如经济利益、意识形态转变等，投身于跨国犯罪或恐怖活动。在融合过程中，他们共享资源和技术，包括武器装备、情报网络、作战经验等，这使得游击战与犯罪、恐怖主义之间的界限变得模糊，给国际社会的识别、打击和防范带来极大的困扰。

3. 国际反恐合作的影响。国际社会的反恐行动可能会对游击战产生间接影响，一方面，国际反恐力量的加强，包括军事打击、情报合作、金融制裁等手段，可能会对那些与恐怖组织关系密切的游击组织造成沉重打击，削弱其战斗力和影响力。另一方面，也可能导致一些游击组织为了避免被打击而改变策略或寻求新的支持，他们可能会调整作战方式，或者寻求新的资金和武器来源，从而给国际反恐和打击犯罪带来新的挑战。

（七）科技信息影响方面

1. 挑战。在科技信息时代，游击战面临着诸多挑战。首先是信息安全风险，信息获取、传输和存储变得便捷，但同时也面临黑客攻击、数据泄露等威胁，这严重影响了游击战的保密性与行动安全。敌方监控手段不断增强，如电子与通信监控、网络监控以及生物识别系统的应用，使得游击方的行动更容易暴露，增加了作战难度和风险。其次是技术差距压力，发达国家在科技领域的优势为其带来了先进的侦察、监测和打击技术，而相对落后的游击方在面对敌方高科技武器和情报手段时，往往处于劣势，难以有效应对和抵抗。此外，舆论信息战也是一个重大挑战，随着互联网和社交媒体的普及，舆论和信息战的重要性日益凸显，敌方可能凭借信息优势进行舆论宣传和心理战，影响民众对游击方的支持，而游击方在信息传播和舆论引导方面可能相对薄弱，难以有效发声和争取支持。

2. 机遇。科技信息的发展也为游击战带来了机遇，一方面，情报与通信能力得到显著提升，通过卫星图像、无人机侦察、大数据分析等先进技术，增强了情报收集与分析能力，同时利用加密通信和网络通信改善了内部通信状况，大大提高了指挥的及时性、准确性与协同作战能力。另一方面，作战方式得以创新，网络战与电子战的开展能够干扰或破坏敌方信息与电子设备系统，借助现代科技还能探索新的作战方式，如城市、海上、信息甚至未来可能的空中游击战等。此外，互联网和社交媒体为游击方提供了更广阔的宣传平台，能够传播理念、诉求与行动成果，从而争取国内外民众的理解、支持和同情，有效提升影响力，为游击行动创造更有利的条件。

总之，在科技信息快速发展的背景下，进行游击战的一方需充分认识这些影响，加强技术学习应用，培养专业人才，优化战略战术，同时遵循国际法和道德准则，避免冲突升级与人道危机。

四、国家正确运用游击战开展国际斗争

在现代战争中，国家正确运用游击战开展各种国际斗争，能为国家赢得更好的发展环境和更大的发展空间。

(一)战略目标的定位与确立

1. 基于国家整体战略确定游击战的定位。配合正规战或独立发挥作用：游击战应根据国家在战争中的整体战略布局，灵活选择与正规战协同作战或单独行动，在敌我力量悬殊时，游击战可以作为辅助手段，分散敌方注意力，为正规战创造有利条件；当正规战面临困境或需要特定突破时，游击战能够独立展开，对敌方关键节点进行袭击，打乱其部署。

根据国际形势变化灵活调整目标任务：密切关注国际形势的动态演变，如国际关系的重组、地区冲突的升级或缓和、新兴势力的崛起等，根据这些变化及时调整游击战的规模、范围和重点目标，确保其始终符合国家利益和战略需求。

考虑国家的长远发展战略需求：不仅着眼于当前战争的胜负，更要从国家长远发展的角度出发，通过游击战，为国家在战后的经济重建、政治地位提升、国际影响力扩大等方面奠定基础，实现军事斗争与国家可持续发展的有机结合。

2. 明确具体作战目标。军事目标：比如破坏敌方设施，包括军事基地、通信枢纽、后勤补给线等关键设施，削弱敌方的作战能力和持续作战的物质基础；袭击重要据点，对敌方具有战略意义的指挥中心、弹药库、机场等进行突然袭击，打乱其军事指挥和部署，牵制敌方战斗力量，通过游击活动，迫使敌方分散兵力进行围剿，从而减轻正面战场的压力，为正规军的战略行动创造机会。

政治目标：动摇敌方统治，针对敌方政府的核心机构和决策层进行情报收集和破坏活动，削弱其统治的稳定性和权威性。影响民众信心，通过揭露敌方战争罪行、宣传我方正义立场，降低敌方民众对政府战争决策的支持度，引发内部矛盾和社会动荡。破坏敌方政治宣传体系，干扰敌方的宣传渠道，如广播、电视、网络等，传播真实信息，打破敌方的舆论垄断。争取国际政治支持，向国际社会展示我方的正义性和战争的必要性，争取更多国家在政治上的同情和支持，形成有利的国际政治环境。

经济目标：干扰敌方资源供应，截断敌方的能源、原材料等战略资源的运输通道，使其工业生产和军事行动陷入资源短缺的困境。破坏产业链，针对敌方关键产业的供应链进行破坏，如制造业的零部件供应等，打乱其经济运行的节奏。保护本国经济体系，加强对本国重要经济部门的防护，建立战时经济调控机制，确保在战争期间经济的基本运转和稳定发展。

文化目标：削弱敌方文化影响力，抵制敌方文化的渗透和扩张，减少其文化产品在国际市场的份额，降低其文化在全球范围内的吸引力。保护本国文化，在战争期间加强对本国历史文化遗产的保护，防止其受到战火的破坏。传播本国文化价值观，通过各种渠道向国际社会传播本国的文化价值观，增进国际社会对本国文化的理解和认同。提升文化软实力，借助战争中的文化表现，如文艺作品、媒体宣传等，展示本国文化的魅力和活力，提升在国际文化领域的影响力。

金融目标：扰乱敌方金融秩序，制造金融恐慌，打击敌方货币信用，揭露敌方货币的潜在风险，降低国际市场对其货币的信任度，影响其国际贸易和金融交易；阻碍敌方资金流动，限制敌方资金在国内外的自由流动，冻结其海外资产，切断其融资渠道；维护本国金融稳定，加强金融监管，稳定本国货币汇率，保障金融机构的正常运转，防范敌方的金融攻击。

科技信息目标：窃取敌方关键科技信息，通过间谍活动、网络攻击等手段获取敌方在军事、工业等领域的核心技术和研究成果。破坏敌方信息系统，对敌方的军事通信网络、指挥控制系统、情报数据库等进行破坏和干扰，使其信息化作战能力瘫痪。干扰敌方科技研发，对敌方的科研机构、实验室进行破坏，阻止其新科技的研发进程。加速本国科技发展，将获取的敌方科技信息用于本国的研发工作，同时加大对本国科技研发的投入，提升科技水平。

能源目标：破坏敌方能源设施，包括油田、炼油厂、核电站等，使其能源生产陷入停滞。控制关键能源通道，占领或封锁敌方的能源运输通道，如石油管道、海上运输线等，切断其能源输入。影响敌方能源供应，通过市场手段、外交压力等方式，减少敌方能源的进口和储备，造成能源短缺。保障本国能源安全，加强本国能源基础设施的防护，开发多元化的能源供应渠道，确保在战争期间能源的稳定供应。

太空目标：干扰敌方太空设施，利用电子干扰、激光武器等手段，破坏敌方的卫星通信、导航和侦察系统，削弱其太空作战能力。争夺太空资源控制权，对月球、小行星等太空资源的开发权和控制权展开争夺，为国家未来的发展储备战略资源。拓展本国太空发展空间，加快本国太空技术的研发和应用，建立太空军事力量，提升在太空领域的地位和影响力。

(二) 作战力量的组建与训练

1. 人员选拔与招募。从各行各业选拔勇敢且技艺精湛的人员：不仅要从军队中精挑细选具备丰富战斗经验的士兵，还需从民间广泛招募来自不同行业的杰出人才。比如，精通信息网络的专家能够在网络游击战中发挥关键作用，有效干扰敌方的信息系统；熟悉文化政治的学者能精准把握敌方文化政治的弱点，制定针对性的文化政治攻击策略；深谙金融能源的专业人士则能在金融和能源领域的游击战中，对敌方的经济命脉实施精准打击。这些人员凭借其在特定领域的深厚知识和敏锐洞察力，能够在相应的游击战场景中迅速找到敌方的破绽，发挥出独特而显著的优势。

吸引具有特殊技能的人才加入：积极招募具备爆破、通信、医疗、黑客技术等特殊技能的专业人才至关重要，擅长爆破的专业人员能够运用其精湛的技术，有效摧毁敌方重要的军事设施、交通枢纽等关键目标，从而极大地削弱敌方的作战能力；精通通信技术的专家可以建立起高效且安全的游击队内部通信网络，确保信息的及时传递和指令的准确执行，为作战行动提供有力的技术保障；拥有高超黑客技术的人员则能够突破敌方的网络防线，获取重要情报或对敌方的网络系统进行破坏，为游击战创造有利条件。

注重人员的政治觉悟和忠诚度：在选拔和招募过程中，人员的政治觉悟和忠诚度应置于考察的首要位置，要重点甄别那些对国家怀有深厚感情、对战争的正义性抱有坚定信念，并愿意为国家利益毫不犹豫地奉献和牺牲的人员。只有具备高度政治觉悟和绝对忠诚度的人员，才能够在艰苦卓绝、充满诱惑和威胁的游击战环境中，始终坚守使命，不被敌方的威逼利诱所动摇，坚决捍卫国家的利益和尊严。

考察人员的适应能力和应变能力：精心挑选那些能够在瞬息万变的环境中迅速适应各种恶劣条件和复杂情况的人员，他们需要具备在物资极度匮乏、敌我力量悬殊的困境下，依然能够保持冷静和坚定，灵活应对突发状况的能力，无论是战场形势的突然逆转，还是遭遇意想不到的困难和挑战，他们都能够随机应变，迅速制定并调整出切实可行的作战策略，从而确保游击战的持续推进和最终胜利。

2. 针对性训练。战斗技能提升：包括但不限于提高攻击精准度、精湛的文宣技巧、熟练的武器装备操作等方面的训练，通过严格的训练，游击队员能够熟练掌握各种先进的技术武器，在战斗中准确有效地打击敌人。在攻击精准度的训练中，队员们要学会在各种复杂环境下精确瞄准目标，以最小的代价取得最大的战果；文宣技巧的训练则教会队员如何运用文字、语言和各种宣传手段，激发民众的支持，打击敌方的士气；武器装备操作的训练要求队员们对各类武器了如指掌，能够在实战中迅速、准确地使用。

生存与隐蔽能力培养：全面教导队员在野外极端条件下获取食物、水源的有效方法，以及搭建简易但安全的庇护所的技能，同时，培养队员利用自然环境进行巧妙伪装和完美隐藏的能力，使其能够在敌方的严密搜索下依然不被发现，这不仅包括对地形地貌的熟悉和利用，还涉及对动植物习性的了解，以更好地融入自然环境，实现有效的隐蔽。

心理抗压训练：通过精心设计的模拟极端战斗场景和高压环境，让队员们身临其境，真切感受战争的残酷和紧张，培养队员在面对生死考验、巨大困境和长期紧张局势时，始终保持冷静、坚定和乐观的积极心态；帮助他们克服恐惧、焦虑和压力，防止出现心理崩溃和决策失误，确保在最艰难的时刻也能做出明智的选择和行动。

各领域专业知识培训：根据队员的背景和具体任务需求，量身定制开展具有针对性的专业知识培训，对于来自工业领域的队员，进行军工制造和破坏的深入培训，使他们了解敌方工业设施的弱点和关键部位，能够有效地实施破坏行动；对来自金融行业的队员，给予金融战的策略指导，教授他们如何分析金融市场、操纵资金流向、打击敌方金融体系等专业技能。

国际法和战争规则培训：使队员全面了解国际战争法规和人道主义原则，明确在作战过程中的行为边界和责任义务，确保他们在激烈的战斗中依然能够严格遵守法律，始终维护国家的正义形象。同时，通过培训让队员们知晓如何避免因违反法律而给国家带来国际舆论压力和法律责任，以合法、合规的方式进行战斗。

团队协作与沟通训练：通过丰富多彩的团队建设活动和高度逼真的模拟任务，逐步培养队员之间的默契和绝对信任。与此同时，加强沟通技巧的训练，包括语言表达、非语言信号的运用、信息的快速准确传递等，确保在复杂多变、充满干扰的战斗环境中，队员们能够准确、迅速地传递关键信息，实现高效的沟通与协作。

3. 建立有效的指挥与协调机制。确保指令的准确传达与执行：精心搭建一个高效、有序的指挥层级和通信系统，明确各级指挥人员的具体职责和权力范围，采用先进的加密通信手段和多元化的信息传递方式，构建起一个严密、可靠的信息网络，以此保证上级的指令能够准确无误、迅速及时地传达至每一位游击队员，并得到坚决、有力的执行。在这个过程中，要不断优化通信技术，提高信息传递的效率和安全性，确保指令的完整性和准确性。

灵活应对各种突发情况：制定详尽周全、切实可行的应急预案和灵活敏捷的决策流程，赋予基层指挥员一定程度的随机处置权，使队伍在遭遇意外情况时，能够迅速做出反应，果断调整作战计划，灵活应对，避免因繁琐的请示汇报流程而错失宝贵的战机，通过常态化的应急演练，提高队伍的应变能力和决策速度，确保在复杂多变的战场环境中始终掌握主动。

实现跨区域、跨领域的协同作战：建立起区域之间以及不同作战领域(如陆地、海洋、网络等)之间紧密无间的协调机制，彻底打破地域和专业的限制与壁垒，实现资源的优化共享和行动的高度配合。例如，当陆地游击战与海洋游击战需要相互支援时，能够迅速、顺畅地协调行动，形成强大的合力，发挥出整体作战效能。通过定期的联合演练和协同训练，加强不同区域和领域之间的磨合与协作，提高协同作战的能力和水平。

建立高效的情报共享机制：全力确保各级指挥机构和作战单元能够随时随地获取最新、最准确的情报信息，同时，要求他们将自身获取的情报及时、全面地上传共享，实现情报的快速流通和综合利用，通过建立统一的情报平台和数据分析系统，对情报进行深度挖掘和分析，为作战决策提供科学、有力的支持，使作战行动更加精准、高效。

(三)情报信息的支持与保障

1. 构建情报网络。依靠民众提供线索：积极发动广大民众投身于情报收集工作，通过广泛且深入的宣传教育活动，增强民众对国家安全重要性的认识，使其明白个人在维护国家安全中的责任与义务。设立切实有效的奖励机制，激发民众的积极性，鼓励他们主动且勇敢地提供有关敌方的各类线索，如敌方人员的活动规律、物资运输的路线和时间等。同时，为民众提供安全可靠的情报传递渠道，并确保其身份和提供的信息得到严格保密，消除民众的后顾之忧。

利用技术手段获取情报：充分运用卫星侦察、无人机监测、电子监听、网络监控等先进且多样化的技术手段，实现对敌方全方位、多层次的情报收集。卫星侦察能够提供宏观的战略情报，洞察敌方的整体军事部署和重要设施分布；无人机监测则可以灵活获取局部地区的实时动态，包括敌军的行动轨迹和战术布置；电子监听能够截获敌方的通信内容，揭示其作战指令和内部交流；网络监控则有助于掌握敌方在网络空间的活动，包括信息传播、网络攻击准备等。

与国际情报机构合作：主动与友好国家和国际组织的情报机构建立紧密且互信的合作关系，通过定期的情报交流会议、联合行动等方式，实现情报资源的共享和分析成果的交换。在合作中，尊重各方的利益和主权，遵循保密原则，确保共享的情报得到妥善使用和保护。借助这种合作，获取更广泛、更深入、更准确的情报支持，拓展情报来源的渠道和范围。

发展情报人员和间谍网络：精心培养和选拔具备出色专业素养、坚定意志和应变能力的情报人员，并将其秘密派遣潜入敌方内部，在敌方内部逐步建立起严密且高效的间谍网络，通过各种手段获取敌方的核心机密，如战略决策的制定过程、高级领导层的意向、关键武器研发计划等。同时，不断优化间谍网络的运作机制，加强对间谍的保护和支持，确保其在危险环境中能够安全有效地执行任务。

2. 情报分析与决策。准确判断敌方动向和弱点：面对收集到的海量且繁杂的情报，运用先进的数据分析技术和专业情报分析人员丰富的经验进行精细的筛选、整合与深入分析。综合运用大数据分析、模式识别、人工智能辅助等手段，结合专业人员对敌方军事、政治、经济等领域的深刻理解和敏锐洞察力，准确判断敌方的军事行动意图、政治策略的调整方向、经济运行的态势等关键信息。进行风险评估和预警，对获取的各类情报进行全面、系统的风险评估，深入分析我方行动可能面临的各种风险和不利因素。通过全面而深入的分析，精准找出敌方的薄弱环节和潜在威胁，为制定有效的作战策略提供各种支持。

及时调整作战计划：根据精准的情报分析结果，迅速且灵活地对游击战的作战目标、行动路线、战术安排等关键要素进行及时调整和优化，确保作战计划能够紧密贴合敌方的实际情况和动态变化，始终保持高度的针对性和有效性。在调整过程中，应充分考虑各种可能的变数和风险，制定多套备选方案，以应对不同的战场形势，使我方的作战行动能够始终占据主动，实现作战效果的最大化。

预测敌方可能的反击：通过对敌方行动模式的深入研究，包括其在以往战争和冲突中的作战策略、应对反击的方式；对决策习惯的细致分析，了解其领导层的决策风格和偏好；结合对当前敌方态势的全面把握，运用模拟推演、情景构建等科学方法，提前预测敌方可能采取的反击手段和应对策略。基于这些预测，全面做好充分的防御准备，合理调配资源，制定针对性的反制措施，确保我方在敌方反击时能够迅速做出有效应对，减少损失并保持作战优势。

（四）武器物资的武装与筹备

1. 选择适合游击战的各种装备。攻击军事、科技、太空等目标的武器：在选择用于攻击军事、科技和太空目标的武器时，轻便高效是关键考量因素，便携式导弹和狙击步枪因其便于游击队员携带和迅速展开攻击的特性，成为有效的打击工具，这些武器能够在出其不意的时刻对敌方军事目标实施精准而致命的打击；电子干扰设备则具备干扰敌方通信和雷达系统的能力，通过扰乱其信息传输和目标侦测，使敌方作战指挥陷入混乱，为我方创造有利战机；卫星干扰装置能够破坏敌方的卫星通信和导航，严重削弱其依赖信息化的作战能力，让敌方在战场上失去精准的定位和高效的指挥协调，从而为游击作战营造出有利的条件。

攻击文化、政治、金融、能源等目标的武器：针对文化、政治、金融和能源等非传统军事领域的目标，网络攻击工具发挥着重要作用，它们可以瞄准敌方的文化传播平台和政府网站，通过植入病毒、篡改信息等手段，扰乱其文化和政治宣传，削弱敌方的意识形态影响力；舆论宣传设备如广播车和移动宣传站，能够深入敌方控制区域，传播我方的观点和主张，影响敌方民众的认知和态度，从而在心理层面上对敌方造成冲击；在金融领域，采用金融欺诈手段，包括对敌方金融系统进行网络攻击、制造虚假金融信息等，能够引发市场恐慌，冲击敌方金融市场的稳定，间接削弱敌方的经济实力和战争支持能力。

研发新型游击作战专用装备：为了适应游击战的特殊需求，投入充足资源研发创新装备势在必行，可折叠式无人机具有体积小、便于携带和隐藏的特点，能够在不被敌方察觉的情况下执行侦察和攻击任务，为游击队员提供实时准确的情报支持，并对敌方目标进行出其不意的打击；隐形侦察和窃听设备则能让游击队员更隐蔽地获取情报，大大降低被发现的风险，使我方能够在敌方毫无察觉的情况下洞悉其战略布局和行动计划；对现有装备进行改装和优化，根据游击战的实际需求，对现有的常规武器装备进行有针对性的改装，从而增强其在游击战中的持续作战能力和战场适应性。

2. 物资保障策略。本地资源的开发与利用：在作战区域内，充分挖掘和利用本地资源是保障游击战顺利进行的重要举措。当地的矿产资源如铁矿、铜矿等可以用来制造简易但实用的武器，木材可以用于搭建防御工事和制作简易的作战工具。同时，充分利用当地的农产品，如粮食、蔬菜等以及水源，确保游击队员的基本生活需求得到满足。通过合理开发和利用本地资源，不仅能够减少对外部物资供应的依赖，还能降低物资运输过程中的风险和成本。

秘密供应链的建立：为了确保物资的安全运输和供应，建立多条秘密的物资运输通道至关重要，这些通道需要精心规划，避开敌方的监控和封锁，选择地形复杂、敌方防守薄弱的路线。与可靠且忠诚的供应商和运输团队建立紧密合作关系，他们不仅要熟悉运输路线，还要具备应对突发情况的能力，在运输过程中，采用分散运输、伪装运输等方式，降低物资被敌方发现和拦截的概率。同时，采用分散存储的策略，将物资分别存放在多个隐蔽地点，防止物资被敌方一次性发现和摧毁，确保在部分存储点被破坏的情况下，仍能有足够的物资支持游击战的持续进行。

物资储备与分配的优化：根据作战计划和队员的实际需求，科学合理地储备各类物资是保障作战顺利进行的基础，建立完善的物资储备管理系统，实时监控物资的库存情况，及时补充短缺物资。同时，建立灵活高效的分配机制，根据作战任务的优先级、作战区域的紧急程度以及队员的实际需求，精准调配物资，优先保障关键作战区域和紧急任务的物资供应，确保物资能够在最需要的时间和地点发挥最大作用，提高物资的利用效率和作战效能。

建立物资回收和再利用机制：在游击战中，资源的节约和循环利用至关重要，鼓励游击队员在战斗中积极回收可利用的物资，如武器零部件、未使用完的弹药、可用的装备等；设立专门的回收站点，对回收的物资进行分类、整理和评估；建立专业的维修和再加工团队，对回收物资进行修复和再加工，使其重新投入使用，通过建立完善的物资回收和再利用机制，提高资源的循环利用效率，减少对外部供应的依赖，增强游击战的可持续性和自给自足能力。

（五）国际力量的合作与协调

1. 争取国际盟友的支持与援助。获得武器、物资和技术支持：积极主动地与友好国家和具有影响力的国际组织展开深入且坦诚的沟通与交流，阐述我方在游击战中的战略需求和面临的实际困难，以争取获得他们在武器装备、物资供应和技术领域的有力支持。如先进的加密通信系统和远程通信终端，以保障游击队伍在复杂环境下的信息传递高效且安全；获取侦察装备，如高精度的无人机侦察系统和便携式雷达设备，提升我方的战场态势感知能力等，从而全面提升游击战的作战能力和保障水平。

协同作战行动：与国际盟友共同精心制订详尽且具有可操作性的协同作战计划，明确界定各方在行动中的具体任务和应承担的责任。比如，在联合行动中，我方凭借对当地地形和民情的熟悉，负责在地面展开灵活多变的游击骚扰，打乱敌方的部署和节奏；盟友则凭借其强大的空中力量和先进的情报收集能力，为我方提供及时准确的空中支援和全面深入的情报支持，从而形成对敌方的全方位、多层次的强大压力，实现作战效果的最大化。

共享情报和资源：搭建一个安全可靠、高效便捷的情报共享平台，通过加密技术和严格的访问权限控制，确保与盟友之间能够及时、顺畅地交流有关敌方的关键情报，这包括敌方的最新军事部署、战略意图的变化、核心领导层的动态等重要信息。同时，在物资储备和资源利用方面，与盟友实现开放共享，例如互相调配急需的医疗物资、共享稀缺的战略资源等，以实现资源的优化配置和高效利用，避免资源的浪费和重复投入，提高整体作战效能。

开展联合军事演习和训练：定期与国际盟友共同组织和实施联合军事演习和训练活动，通过模拟真实的战场环境和复杂的作战任务，让双方的部队在实战化的演练中相互磨合、相互学习。在这个过程中，深入检验和完善双方的指挥系统，使其能够在复杂多变的战场形势下迅速、准确地做出决策和下达指令；优化作战流程，减少不必要的环节和延误，提高作战行动的敏捷性和效率；同时，增强彼此之间的信任和默契，培养在战场上无须言语就能心领神会的协同能力，为在实际战斗中的紧密配合奠定坚实基础。

2. 遵循国际法和国际准则。确保游击战的合法性和正义性：在游击战的策划、筹备和执行的全过程中，坚定不移地严格遵守国际法和国际准则，确保每一项作战行动都有明确的合法依据和正义基础，符合国际社会普遍认可的道德和法律标准。在行动中，始终尊重平民的生命权、财产权和基本人权，坚决避免对无辜民众造成任何形式的直接或间接伤害。通过严谨的行动规范和纪律约束，维护国家在国际社会中的良好形象和声誉，展示我方作为负责任大国的担当和风范。

应对国际舆论压力和法律挑战：组建一支专业、高效、反应迅速的舆论应对和法律团队，密切关注国际舆论动态，及时察觉并回应国际社会对我方游击战行动的质疑、指责和误解。运用专业的法律知识和丰富的实战经验，通过合法、透明的途径维护我方的合法权益。针对敌方可能的不实指控和恶意诽谤，迅速收集证据，以强有力的法律手段进行反驳和澄清，为游击战创造一个公平、公正、有利的国际舆论环境，确保我方的行动得到客观、准确的理解和评价。

积极参与国际规则制定和维护：以积极主动的姿态参与国际规则的制定和完善工作，充分发挥自身的影响力和建设性作用，推动建立一个更加公平、合理、包容的国际秩序，使其能够充分反映广大发展中国家的利益诉求和关切。通过积极参与国际规则的塑造和维护，为游击战赢得更广泛的国际合法性和道义支持，为国家的发展和安全创造有利的外部条件。

（六）战况策略的评估与调整

1. 对游击战效果进行全面评估。战果统计与分析：对游击战中所取得的成果进行详尽而准确的统计，涵盖军事、政治、经济、文化等多个领域。军事方面，仔细记录摧毁的敌方军事设施数量、类型及重要程度，俘虏的敌方人员数量、军衔及所属部队，缴获的武器装备种类和数量等；政治层面，评估对敌方政府统治稳定性的冲击，敌方内部政治分歧的加剧程度等；经济方面，精确核算对敌方经济造成的损失额度，包括关键产业的受损情况、贸易中断带来的影响等；文化方面，衡量对敌方文化宣传和价值观传播的干扰效果，对这些丰富的数据进行深入的剖析和综合研究，以准确评估游击战对敌方实力的削弱程度，明确其在战略、战术层面上对战争局势产生的直接和间接影响，为后续的战略决策提供坚实的数据支撑。

对国际斗争形势的影响评估：深入剖析游击战如何微妙地改变了国际政治力量的对比和地缘政治格局。研究我方在国际舞台上的地位和影响力是否因游击战的成功而显著提升，例如在国际组织中的话语权是否增强，与其他国家的合作机会是否增多。同时，密切关注国际盟友和敌对势力对我方态度和策略的转变，比如盟友是否提供了更多实质性的支持，敌对势力是否调整了对抗的方式和强度。通过对这些变化的精准评估，为国家在国际事务中的战略定位和策略选择提供明智的指导，通过对各国主流媒体、社交媒体、专业评论机构等多渠道的信息收集和分析，评估我方是否在国际社会中成功树立了正义、勇敢和坚定的形象，还是可能面临负面的评价和指责，通过这样的评估，为国家在战后的外交策略调整和国际形象修复提供有针对性的建议。

身体损失和消耗评估：全面而系统地核算在游击战中我方所付出的各种代价，包括人员伤亡的具体情况，如伤亡人员的年龄、性别、籍贯分布，以及伤亡发生的战斗场景和原因分析。物资损耗方面，详细统计武器装备的损毁和消耗数量、各类物资的使用和剩余情况；经济成本则涵盖战争期间的直接军费支出、对国内经济发展的拖累、资源的过度消耗等；对这些损失进行综合评估，分析其对国家后续发展可能带来的潜在影响，如劳动力市场的结构变化、经济增长的放缓、资源短缺的压力等，并判断这些损失是否在国家可承受的范围之内，为战后的恢复和发展规划提供重要依据。

2. 总结经验教训并调整策略。改进作战方法：依据游击战中的实际战况，全面总结出切实有效的战术和行动模式，对于那些在实战中表现出色的战术，如特定环境下的袭击时机选择、情报收集与利用的高效方式等，作进一步的优化和标准化；对存在明显不足和风险的作战方法进行深刻反思和大胆创新；加强对情报收集工作的改进，提升其准确性和及时性，确保作战决策基于最新、最可靠的信息；注重队伍在复杂多变环境中的适应性训练，增强其在恶劣条件下的生存和作战能力，以应对未来可能更加艰巨的战斗任务。

优化人员和资源配置：根据对游击战战果和损失的全面评估，对游击队伍的人员结构和资源分配进行科学合理的重新调整。选拔和任用在战斗中表现卓越的人员，将他们安排到关键的领导和作战岗位，充分发挥其经验和才能。对于那些在游击战中表现不佳的人员，通过培训、转岗或其他适当方式进行合理安置。在资源分配方面，基于对战争形势的预测和国家战略需求，精准分配武器装备、物资补给和资金支持，向具有战略重要性和作战急需的方向倾斜，提高资源的利用效率和作战效能，为国家的军事力量建设和战略布局提供有力保障。

为未来可能的斗争作好准备：以本次游击战的经验和教训为基础，运用前瞻性的思维和科学的预测方法，展望未来战争的发展趋势和可能面临的挑战，提前制定全面而灵活的应对方案和战略规划，涵盖军事战略、战术创新、技术研发、人才培养等多个领域；加强军事训练的针对性和实战化程度，培养具备高素质和创新能力的军事人才；加大在技术研发方面的投入，推动武器装备的更新换代和信息化建设；强化情报收集和分析能力，构建更加高效、准确的情报网络。通过这些积极的准备措施，全面提升国家在未来战争中的应对能力和战略储备，确保在复杂多变的国际形势下始终能够维护国家的主权和安全。

加强战后重建和恢复工作：在战争结束后的第一时间，迅速将工作重心从战争状态转移到国内的重建和恢复上来，立即启动对受损基础设施的修复工程，包括交通设施、能源供应系统、通信网络等，确保国民经济的正常运转和人民生活的基本需求得到满足；全力恢复经济生产，制定和实施一系列促进产业复苏、就业增加、市场稳定的政策措施，重振国内经济的活力和竞争力；重建社会秩序，加强法治建设，打击犯罪活动，维护社会的公平正义和稳定和谐；充分利用战争中积累的经验、技术和资源，推动国家在和平时期的发展和进步。

游击战在现代战争中具有不可替代的战略价值，它能以较小的代价牵制和消耗敌方的大量资源，为国家争取战略主动。从国家层面看，面对强大的外敌或不对称的军事压力，游击战可成为有效的抵抗手段，为国家争取时间和空间，维护主权和尊严。在国际舞台上，游击战能成为弱小国家或力量对抗强权的策略选择，打破传统军事力量对比的格局，引发国际社会对正义与公平的关注。当然将游击战提升至国家国际战略高度可能一些人员不认可，但实际上游击战已经也必将成为影响国家国际战略走向的关键因素，为维护和平、正义和国家利益发挥独特而重要的作用。

第十章　现代战争中智能化与游击战

在现代战争中，智能化与游击战的关系愈发紧密愈发重要。当智能化的强大技术力量融入游击战的精妙战略战术思维，必将为现代及未来的战争形态带来全新的变革和突破，这种结合，既彰显了传统作战智慧在现代科技助力下的新活力，也预示着战争发展中创新与应变策略的无限可能。《智能化战争》一书指出："人工智能 AI 虽然是战争体系的一个局部，但由于其'类脑'功能和'超越人类极限'的能力越来越强，必将主宰未来战争全局。"

一、智能化对游击战的主要消极影响

在当今时代，智能化的浪潮以不可阻挡之势汹涌而来，深刻地重塑着战争的形态与格局，曾经在历史长河中绽放出璀璨光芒、发挥过重大作用的游击战，也不可避免地遭受智能化的强烈冲击。游击战，作为一种非常规作战方式，以其高度的灵活性、机动性和顽强的生命力著称于世，然而，随着智能化技术在军事领域的广泛应用，从侦察探测到武器装备，从指挥决策到作战行动，每一个环节都发生了翻天覆地的变化，这无疑给游击战带来了前所未有的挑战。

(一) 智能化侦察手段的革新

卫星侦察与图像识别技术：在当今时代，卫星侦察技术已然取得了突破性的进展，具备了超乎寻常的高分辨率以及全天候不间断的观测能力，其能够清晰且细腻地捕捉到地表极为细微的变化，哪怕是隐匿于山林之间的微小异动也难逃其"法眼"，而与之相辅相成的图像识别技术更是强大到令人惊叹，它能够以超乎想象的速度和精准度，迅速分析处理海量的卫星图像，凭借先进的算法和强大的计算能力，精准无误地识别出潜在的游击目标，使得游击战长期以来赖以生存的隐蔽环境受到了前所未有的巨大威胁。

大数据分析与情报收集：随着信息技术的飞速发展，数据的产生和收集呈现出爆炸式增长的态势，通过整合来自各种各样渠道的海量数据，涵盖了通信记录、网络活动、金融交易等诸多方面，利用当下最为先进的算法进行深度分析，能够抽丝剥茧般地勾勒出与游击战相关的人员活动模式和错综复杂的联系网络，这无疑极大地削弱了游击战在情报方面的保密性，让游击队伍的行动轨迹和组织架构在大数据的"显微镜"下无所遁形。正如英国军事理论家利德尔·哈特曾指出的："在战争中，胜利通常属于那些能够更准确地预测和适应变化的一方。"

对游击战隐蔽性的全方位挑战：《孙子兵法·虚实篇》指出："故形兵之极，至于无形。无形，则深间不能窥，智者不能谋。"但智能化侦察手段的出现，不仅仅是在空间上实现了无死角的监控，更是在时间维度上达成了持续不断的追踪，无论是广袤的荒野，还是幽深的山谷，抑或人迹罕至的丛林，都难以成为游击队伍完全不被察觉的藏身之所。行动时机的选择也变得愈发艰难，每一次的出击都仿佛在与高科技的"天眼"进行一场惊心动魄的博弈，严重影响了游击战所依赖的隐蔽性和突然性，使其在敌人的严密监视下举步维艰。

（二）智能化武器装备的变革

精确制导武器的发展：精确制导武器作为现代战争的"利剑"，具备了令人瞩目的高精度、超远射程以及强大无比的杀伤力，无论是威力惊人的导弹，还是威力巨大的炸弹，都能在卫星导航、激光制导等尖端技术的有力支持下，如同长了眼睛一般准确无误地命中目标，即便是在游击战中那些分散且机动性极强的目标，精确制导武器也能凭借其卓越的性能实现有效的打击。这无疑极大地降低了游击队伍在战场上的生存概率，使得他们在面对敌人的攻击时，很难凭借灵活的战术和地形优势来躲避致命的打击。

无人作战平台的应用：无人机、无人战车等无人作战平台如雨后春笋般涌现，成为现代战争的新宠儿，它们能够在不危及人员生命的情况下，勇猛地深入危险重重的区域执行侦察和打击任务，这些无人作战平台不受人体生理极限的束缚，能够不知疲倦地长时间持续作战，无论是在恶劣的环境中，还是在复杂的战场局势下，都能够坚守岗位。这对于游击战的活动范围和行动自由构成了极为严重的限制，使得游击队伍在选择作战区域和行动路线时，不得不面临更多的困难和挑战。

传统游击战术的被动变革：智能化武器装备的高精度和高效能，宛如一股强大的洪流，迫使游击战不得不放弃以往长期依赖地形和环境进行近距离突袭的传统战术。为了在强敌面前求得生存，游击战不得不转向更加分散、更加隐蔽的作战方式，然而，这种转变并非一帆风顺，它增加了组织和协调的难度，需要游击队伍具备更高的指挥艺术和更紧密的团队协作，否则很容易在敌人的强大压力下陷入混乱和被动。

（三）智能化指挥系统的构建

信息快速传递与决策支持：在当今高度信息化的时代，借助高速且稳定的通信网络以及先进无比的信息处理技术，智能化指挥系统就像"中枢神经"展现出令人惊叹的强大功能。有现代军事爱好者说："在现代战争中，指挥系统必须不断适应新的技术和战术挑战，如同变色龙适应环境一般，否则将被迅速淘汰。"它能够在瞬息之间实现战场信息的实时共享和快速传递，确保指挥决策能够以超乎想象的速度在最短时间内做出，这种高效的决策机制对于向来强调灵活应变的游击战而言，无疑是增加了巨大的应对难度，因为游击战的决策过程相对而言较为缓慢，往往依赖于基层指挥员的现场判断和有限的信息传递，难以与智能化指挥系统的闪电般速度相抗衡。

战场态势感知的实时性：通过巧妙地整合来自卫星、无人机、传感器等多元化信息源所提供的海量数据，智能化指挥系统能够为作战部队实时呈现一幅全方位、多层次、细致入微的战场态势图，这使得正规作战部队如同拥有了"千里眼"一般，迅速而精准地洞察游击战的一举一动和战略动向，并能够在第一时间做出迅速而有效的反应。在这样的强大监控之下，游击战所倚重的突然性和机动性便难以充分发挥，如同被困在无形的牢笼之中，难以施展拳脚。

对游击战组织架构的冲击：智能化指挥系统的高效运作，离不开高度集中和规范化的组织架构作为支撑，在这种严密的体系中，信息传递顺畅，指令执行坚决，各部门之间协同紧密。然而，相比之下，游击战通常呈现出组织较为松散的特点，指挥层级相对简单，缺乏像正规部队那样的高度集中和规范，当面对智能化指挥系统所带来的强大压力时，游击战的组织架构很可能会出现混乱和失调的状况，导致指挥失灵、行动受阻，从而在战场上陷入极为不利的境地。正如军事爱好者所说："智能化如同一把利刃，划破了传统游击战组织架构的宁静。在这变革的十字路口，要么勇敢地踏上智能重构之路，要么在历史的尘埃中黯然退场。"

（四）情报分析手段的精细化

大数据分析与预测：在信息爆炸的时代，利用强大的大数据技术，对海量的历史数据以及实时产生的动态数据进行深度挖掘和全面分析，已经成为军事领域的一项关键能力。通过这种强大的分析手段，能够精准地预测出游击战可能的行动方向、时间节点和具体地点，这使得正规作战部队能够提前做好充分的防范和有力的打击准备，如同张开了一张无形的大网，等待着游击队的"自投罗网"。

对游击战活动规律的洞察：通过长期的坚持不懈的数据积累和细致入微的分析研究，能够逐渐揭示出游击战的内在活动规律，例如其补给周期、人员流动的模式以及行动的习惯偏好等，基于这些深刻的洞察，敌方便能够有针对性地制定出一系列行之有效的反制策略，从而进一步压缩游击战的生存空间。

压缩游击战的活动空间：高效的情报分析如同给正规作战部队配备了一把精准的"钥匙"，使其能够对游击战的活动区域进行更加严密的封锁和全方位的监控，这种严密的管控极大地限制了游击战的活动范围，使其难以在广阔的战场上自由穿插和灵活转移。游击战曾经所依赖的广阔空间和复杂地形，在高效情报分析面前，逐渐失去了其作为屏障和优势的作用。

（五）智能化后勤保障的优势

精准物资配送：在现代战争中，依靠先进且精确的定位技术以及高效的物流技术，智能化后勤保障系统展现出了无与伦比的精准配送能力，它能够像精准的导航仪一样，确保物资在准确的时间被送达需要的地点，满足作战部队的各种物资需求，这一优势使得正规作战部队能够持续保持长时间的高强度作战能力，无论是在激烈的战斗前线，还是在艰苦的持久战中，都能得到充足的物资支持。然而，游击战由于其自身资源获取渠道的狭窄和困难，往往难以获得稳定且充足的物资供应，在面对正规部队源源不断的物资支援时，游击战很难与之进行长期的对抗，物资的匮乏逐渐成为制约其作战能力和持续发展的关键因素。

快速装备维修与补充：有句名言，"装备维修是战斗力的倍增器"。借助智能诊断和远程维修等前沿技术，当作战装备受到损伤时，能够迅速而准确地诊断出问题所在，并及时采取有效的修复措施，或者快速更换关键部件，使受损的装备能够在最短的时间内恢复战斗力，确保正规作战部队的作战效能不受影响。相比之下，对于装备来源相对有限、维修条件简陋的游击队来说，装备的损耗往往难以得到及时有效的补充，随着战斗的持续进行，装备的老化和损坏不断积累，战斗力会不可避免地逐渐削弱，使其在与装备精良、保障有力的正规部队对抗中处于更加不利的地位。

优化资源配置：通过强大的数据分析和精确的模拟预测，智能化后勤保障系统能够实现资源的最优配置，它能够精准地计算出不同作战区域、不同作战阶段对各类资源的需求，从而合理分配物资、人力和财力等资源，避免出现浪费和短缺的情况，这种科学合理的资源配置方式使得正规作战部队的作战效能获得了最大程度的发挥，每一份资源都能在最需要的地方发挥出最大的作用。而游击战在资源利用方面，通常由于缺乏先进的技术手段和科学的管理方法，往往较为粗放和低效，难以在资源竞争的激烈战场上占据优势，进一步加大了与正规部队之间的差距。

（六）智能化心理战的运用

精准信息推送：在当今数字化时代，利用大数据的深度挖掘和人工智能的精准分析技术，能够实现针对游击队员和支持游击战的民众进行高度精准的信息推送，通过对个人偏好、行为模式和心理特征的深入研究，传播有利于本方的宣传内容，这些精心订制的信息能够巧妙地渗透到目标受众的思维中，逐渐动摇对方的战斗意志和民众对游击战的坚定支持，从内部瓦解他们的心理防线。

虚拟现实与仿真技术：借助令人惊叹的虚拟现实和仿真技术，能够为对方模拟出逼真至极的战争场景和令人胆寒的后果，通过沉浸式的体验，让对方仿佛亲身经历战争的残酷和恐怖，给其心理造成巨大的压力和深深的恐惧，这种心理冲击直接影响到对方的作战决心和行动选择，使其在面对战斗时犹豫不决，甚至产生逃避的念头，从而有效地削弱了他们的战斗效能。

网络舆论操控：艾森豪威尔说："在宣传上花一个美元等于在国防上花五个美元。"拿破仑也说："报纸一张，犹联军一队也。"在信息传播迅速的网络时代，掌控网络舆论成为一种强大的心理战手段，通过精心策划和有组织的行动，制造出有利于本方的舆论氛围，大肆诋毁和抹黑游击战，利用虚假信息、谣言传播和负面宣传等手段，破坏游击战在公众心目中的形象和声誉，削弱其在国内外的支持度。在舆论的压力下，游击战可能会面临内部的信任危机和外部的孤立无援，在战争中处于更加艰难的境地。

尽管智能化给游击战带来了诸多消极影响，但游击战的精髓在于人民的支持和灵活多变的战术运用，只要能顺应时代变化，不断创新和调整，在智能化的战争环境中，游击战依然可以找到新的生存空间和作战方式，继续在保卫国家、争取自由的斗争中发挥独特的作用。

二、智能化对游击战的主要积极影响

当智能化的时代巨轮以风驰电掣之势滚滚向前，整个世界都在经历着一场前所未有的深刻变革，战争，这个人类社会中最为激烈的冲突形式，自然也无法置身事外。曾经在漫长的历史舞台上大放异彩，以灵活多变和顽强不屈著称的游击战，在智能化的汹涌浪潮冲击下，并非仅仅面临着艰难的挑战，同样随着智能化技术如雨后春笋般在军事领域的广泛应用，从高效精准的侦察探测到先进强大的武器装备，从科学智能的指挥决策到快速灵活的作战行动，每一个环节都在发生着翻天覆地的变化，这无疑为游击战带来了全新的发展契机。

(一)信息获取与传递的便利

加密通信技术的应用：加密通信技术宛如为游击队伍精心构建了一道坚不可摧的无形安全屏障。通过复杂且不断演进更新的加密算法，将至关重要的情报和精确无误的指令严密地保护起来，使其如同被深藏在一个无法被轻易触及的保险箱中，即使敌方竭尽全力截获了通信内容，也如同面对着一道难以逾越、错综复杂的谜题，几乎毫无破解的可能。这不仅为信息的机密性提供了万无一失的保障，更使得游击队伍内部的交流如同在一条畅通无阻的高速公路上飞速行驶，指令能够以风驰电掣般的速度迅速而又准确无误地传达至每一个战斗单元，确保整个队伍的协同作战能力和高效执行力。

更广泛的情报来源：在智能化浪潮汹涌澎湃的当今时代，信息的海洋浩瀚无垠、无边无际。互联网所蕴含的海量数据，如同一个巨大的知识宝库，蕴含着无穷无尽的信息；社交媒体上瞬息万变的实时动态，犹如一面反映社会万象的镜子，提供了丰富多样的线索；民用监测设备在广泛区域内的分布，如同无数双敏锐的眼睛，时刻关注着周围的一举一动，所有这些都成为游击队伍取之不尽、用之不竭的情报宝库。他们能够以非凡的智慧和敏锐的洞察力，从这些看似寻常普通的渠道中，精心挖掘出对作战具有决定性意义的关键线索，无论是敌方神出鬼没的兵力部署，还是错综复杂的后勤补给细节，乃至敌方高层讳莫如深的决策动向，都能够被其一一洞察，为游击战的胜利奠定坚实的基础。

游击战战略战术决策的升华：丰富而又精准无误的信息如同为游击队伍点亮了一盏盏指路明灯，凭借着对战场全貌细致入微、清晰透彻的认知，他们能够以敏锐无比的洞察力，精准地捕捉到敌我力量此消彼长的微妙变化，从而准确无误地把握稍纵即逝的时机，灵活巧妙地调整战略方向，如同一位技艺高超的舵手，在波涛汹涌的战争海洋中驾驭着战船，以最小的代价换取最为辉煌的胜利，展现出游击战的智慧和力量。

（二）非对称作战手段的丰富

网络攻击与信息干扰：在当今数字化的战争舞台上，网络空间已然成为游击队伍开辟的一块崭新战场，他们能够以精湛的技术手段，如同幽灵般对敌方的关键网络系统发起出其不意的攻击，这种攻击能够引发敌方指挥系统的混乱不堪，导致通信的突然中断，以及珍贵情报的意外泄露，这为游击行动创造了千载难逢的绝佳机会，使其能够在敌方陷入混乱之时，如同猎豹般迅速出击，给予敌人致命的一击。

利用智能设备进行误导：智能设备在游击队伍的手中成为一件精妙绝伦的工具，借助无人机灵活自如的飞行特性和虚拟定位软件天衣无缝的精妙伪装，其能够制造出真假难辨、扑朔迷离的目标和行动迹象。如《三十六计·声东击西》所述："示之以动，利其静而有主，益动而巽。"这些精心设计的假象能够轻而易举地诱使敌方做出错误的判断和部署，如同被引入迷宫的旅人，迷失方向，从而打乱敌方精心策划的战略布局，为自身争取到更多的主动，掌握战争的节奏和主动权，展现出游击战术的灵活多变和创新精神。

增强了游击战的反击能力：这些独具匠心、创新非凡的非对称作战手段，犹如为游击队伍注入了一股强大无比的反击力量。《盐铁论·险固》曰："有备则制人，无备则制于人。"即使面对装备精良、训练有素、看似不可战胜的强敌，他们也能够凭借着过人的智慧和先进的技术，给予敌方意想不到、防不胜防的沉重打击，做到"凡与敌战，若陷在危亡之地，当激励将士决死而战，不可怀生，则胜"（《百战奇略·死战》）。这种反击能力不仅捍卫了游击队伍的生存空间，更坚定了他们顽强不屈的战斗意志，使其在逆境中依然能够绽放出璀璨的光芒，书写属于自己的战争传奇。

（三）武器装备的小型化与便携化

轻便智能武器的出现：在科技日新月异的当今时代，轻便智能武器犹如闪耀的新星般崭露头角，成为游击队员们的得力助手。这些武器蕴含着令人惊叹的巨大威力，仿佛是隐藏在袖中的致命暗器：微型导弹，虽体积微小却具备精确打击的能力，能在关键时刻给予敌人致命一击；手持式无人机，轻巧易携却拥有敏锐的侦察和攻击能力，如同游击队员手中的"天眼"和"利剑"。它们易于携带和隐藏，使得游击队员能够在出其不意的瞬间发动雷霆万钧的致命攻击，让敌方在毫无防备之下遭受意想不到的惨重损失，充分展现了游击战的灵活与突然性。

个人防护装备的改进：智能化的个人防护装备恰似为游击队员披上了一层坚不可摧的"魔法铠甲"，不仅在重量上更加轻便舒适，极大地减轻了游击队员在行动中的负担，还采用了前沿的先进材料和尖端技术，从具备卓越防弹性能的新型防弹衣，到能够有效抵御各种冲击和伤害的高科技头盔，每一件装备都如同守护天使一般，为游击队员提供了可靠的生命保障，这使得他们在危机四伏、险象环生的战斗环境中能够更加从容不迫地应对敌人的攻击，减少伤亡的风险，增强了游击队伍持续作战的能力和信心。

提升了游击战的机动性和生存能力：小型化和便携化的武器装备无疑为游击队伍插上了腾飞的翅膀，极大地提高了他们的机动性。正如伏龙芝说的："任何战术都只适用于一定的历史阶段；如果武器改进了，技术有了新的进步，那么军事组织的形式、军队指挥的方法也会随之改变。"游击队员们能够身轻如燕地迅速穿越错综复杂的地形，无论是崇山峻岭、茂密丛林还是狭窄街巷，都能如履平地，他们能够在敌人意想不到的地方宛如幽灵般悄然出现并展开疾风骤雨般的攻击，然后又能在转瞬间消失得无影无踪，如同融入了茫茫山林或隐匿于市井的喧嚣之中，这种神出鬼没的战术让敌人难以捉摸，疲于奔命，充分发挥了游击战以巧制胜、以灵活求生存的独特优势。

（四）智能伪装与隐藏技术的发展

自适应伪装材料：《三十六计》曰："宁伪作不知不为，不伪作假知妄为。"自适应伪装材料的诞生仿佛是大自然赋予人类的神奇魔法，它具备超乎寻常的敏锐感知能力，能够像最灵敏的触角一样，精准地捕捉到周围环境每一个细微的变化，能在瞬间做出迅速而又恰到好处的相应调整，这使得游击队员和他们的装备能够天衣无缝地完美融入周围的自然景观之中，宛如变色龙一般，在敌人的眼皮底下隐匿于无形，让敌方的侦察手段如同盲人摸象，难以察觉。

虚拟隐藏手段：虚拟现实和增强现实技术的兴起为游击队伍打开了一扇充满无限可能的新的隐藏之门，通过精心制造逼真得令人难以分辨真假的虚拟影像，他们能够在敌方的眼前巧妙地布下重重迷雾，让真实的目标如同隐身于虚幻的海市蜃楼之中，消失在虚假的幻象背后，从而成功地避开敌方的侦察和攻击，使敌人陷入真假难辨的困境，为游击行动创造了绝佳的隐蔽条件和出其不意的攻击机会。

反侦察智能设备：专门研发的反侦察智能设备如同警惕性极高的哨兵，时刻保持着高度的警觉，不放过敌方侦察手段的任何一点蛛丝马迹，一旦察觉到敌方探测信号的微弱波动，便能在第一时间迅速发出尖锐的警报，并精准地指导游击队员采取行之有效的隐藏措施，无论是迅速寻找掩体，还是改变行动路线，都能够确保游击队伍的安全和隐蔽，使其在敌人的严密侦察下依然能够安然无恙，继续执行战斗任务。

（五）智能化训练与模拟系统的应用

个性化训练方案：智能化系统宛如一位极具洞察力和贴心关怀的导师，能够深入细致地了解每一位游击队员的独特禀赋和特质，它不仅能精准地评估他们的身体素质，包括力量、耐力、敏捷度等各项指标，还能准确把握其技能水平的高低，无论是射击的精准度、格斗的技巧还是战术的运用能力，甚至连队员的心理特质，如抗压能力、应变能力和决策风格，都能被清晰洞察。基于这些全面而深入的了解，智能化系统为每一位队员量身定制出独一无二、精准适配的个性化训练计划，这种极具针对性的训练方式，如同为每一颗种子提供了最适宜其生长的土壤和养分，能够最大限度地激发和发挥队员的潜在能力，让他们在最短的时间内实现跨越式的成长，迅速锤炼成为英勇无畏、技艺精湛的优秀战士，为游击战的胜利增添强大的力量。

实战模拟演练：借助令人惊叹的虚拟现实和高度仿真技术，游击队员仿佛瞬间被传送至硝烟弥漫、生死一线的真实战场之中，他们能够身临其境地感受到枪林弹雨带来的极度紧张氛围，亲身经历各种错综复杂、瞬息万变的战斗场景，在这逼真的模拟环境中，队员们不断磨砺自己冷静应对、果断决策的能力，在真正面对敌人时能够从容不迫、英勇善战。

战术分析与优化：对模拟训练和实战中产生的海量数据进行深入挖掘和全面分析，就如同在浩如烟海的数据海洋中精心寻找那些珍贵无比的珍珠，通过运用先进的算法和模型，对不同战术在各种场景下的成效进行精确评估，敏锐地发现潜在的问题和不足之处，基于这些精准的诊断，能够及时、果断地调整和优化战术策略，从而在战斗中发挥出最大的威力，确保游击战的胜利。

（六）智能医疗保障的支持

远程医疗诊断：在先进通信技术的有力支撑下，游击队员在受伤的危急时刻能够迅速而及时地与后方的医疗专家建立起远程连线，医疗专家仿佛拥有了千里眼和顺风耳，即使身处远方，也能够通过清晰的视频画面、详细的图像资料等丰富信息，对伤员的伤情进行全面而准确的初步诊断。

便携医疗设备："救死扶伤，乃战争中之要务。"智能化的便携医疗设备就像一个个小巧而强大的生命守护精灵，它们体积虽小，却蕴含着强大的功能，能够快速而精准地检测伤员的生命体征，无论是心跳的频率、血压的高低还是呼吸的状况，都能被清晰掌握。同时，还具备进行简单而有效的伤口处理和急救治疗的能力。

医疗大数据应用：通过对以往丰富的医疗数据进行深入分析和系统总结，能够如同未卜先知的智者，精准地预测可能出现的伤病类型和治疗需求，基于这些前瞻性的洞察，提前做好充足的药品和医疗物资的储备工作，确保在关键时刻，无论是稀缺的特效药品还是急需的医疗器材，都能够迅速、充足地供应到位。

(七) 智能化后勤资源的管理

精准物资预测：在当今智能化时代，利用强大的大数据分析和精妙的智能算法，如同拥有了未卜先知的能力，准确而深入地预测游击队伍在各种复杂多变的作战环境和艰巨繁重的任务下的物资需求，无论是维持生命的食品、救死扶伤的药品，还是决定战斗胜负的弹药等关键物资，都能被精确计算和预估，从而实现物资的精准调配和高效供应，避免了物资的浪费和短缺，确保了游击队伍在任何情况下都能得到充足且恰当的物资支持。

高效物流配送：智能化的物流系统犹如一位智慧超群的导航者，能够根据复杂多变的地形、难以预测的天气等众多因素，巧妙地优化配送路线，确保物资能够以风驰电掣的速度在最短时间内送达指定地点，如同及时雨般满足游击队伍的迫切需求。同时，能够及时敏锐地处理运输过程中的各种突发情况，无论是道路受阻、车辆故障还是遭遇敌方干扰，都能迅速做出应对，保证后勤补给的稳定性和可靠性，为游击战斗的持续进行提供坚实的后盾。

资源回收与再利用："没有垃圾，只有放错地方的资源。"智能化技术成为游击队伍手中的一把神奇钥匙，帮助他们更好地对废旧物资进行全面而精细的回收和再利用，通过先进的检测和分析手段，能够准确识别出废旧物资中仍具有价值的部分，减少对外部资源的依赖。这种资源的最大化利用方式，如同在贫瘠的土地上挖掘出无尽的财富，不仅节约了宝贵的资源，还增强了游击队伍的自给自足能力和持续作战的韧性。

(八) 智能地理信息分析预测

地形地貌分析：《孙子兵法·地形篇》曰："夫地形者，兵之助也。料敌制胜，计险厄远近，上将之道也。知此而用战者必胜，不知此而用战者必败。"在当今先进的科技浪潮中，利用高精度的地理信息系统和清晰详尽的卫星图像，能够对作战区域的地形地貌展开犹如解剖般的详细分析，每一座山峰的高度和坡度、每一条山谷的走向和深度、每一片森林的分布和密度，都能被精确测量和描绘。这为游击队伍精心选择最佳的隐藏地点提供了科学依据，使他们能够如同隐身于山林中的精灵，让敌人难以察觉，同时，也为规划出最具优势的进攻路线和防御位置指明了方向，如同在复杂的迷宫中找到了通往胜利的捷径，让游击行动更加出其不意、攻其不备。

气候环境预测：通过巧妙地结合丰富的气象数据和精妙的智能算法，能够准确地预测作战区域瞬息万变的气候变化，无论是狂风骤雨的突袭、温度的剧烈波动，还是湿度的悄然变化，都能被提前洞察。这一强大的能力帮助游击队伍未雨绸缪，提前做好充足的应对准备，无论是调整作战计划以避开恶劣天气的影响，还是利用特殊气候条件创造出有利于自身的战斗机会，都能使他们在复杂多变的气候环境中始终保持主动，合理安排作战行动，确保战斗的顺利进行和胜利的最终实现。

资源分布评估：对作战区域内的自然资源分布进行深入而全面的分析，就如同展开一幅详细的生存地图，精准地掌握水源的位置和流量、食物来源的种类和丰富程度等关键信息，为游击队伍的生存和补给提供了不可或缺的重要参考，这使得他们在艰苦的环境中能够更加有效地提高自给自足的能力，在资源匮乏的情况下依然能够顽强生存，为持续战斗提供坚实的物质基础。

(九)智能战术平台协同共享

实时信息共享：美国陆军四星上将斯坦利·麦克里斯特尔指出："在伊拉克战争等现代军事行动中，传统的层级式指挥结构难以应对复杂多变的战场环境，需要建立一种更加灵活、信息共享更加充分的作战体系，让基层部队能够及时获取和分享信息，快速做出决策并采取行动。"精心构建的智能战术平台，仿佛在游击队员之间搭建了一座无形的信息桥梁，使他们能够在瞬息万变的战场环境中实时共享至关重要的战场信息，无论是敌方兵力的精确位置、神秘莫测的行动轨迹，还是友方队伍的勇敢进击、灵活转移，都能在第一时间被每一位队员所知晓，这种实时的信息共享如同为每一位战士点亮了一盏明灯，使他们能够在黑暗中清晰地看到战场的全貌，如同一个高度协调的整体，发挥出强大的战斗力量。

任务分配与调整：智能算法这一强大的智慧引擎，能够根据瞬息万变的战场态势和队员们各自独特的能力特点，自动且精准地分配和灵活调整作战任务。它如同一位高明的指挥家，能够巧妙地将每一位队员安排在最适合他们的位置上，发挥出最大的效能。同时，根据战斗的发展和变化，及时对任务进行优化和调整，确保任务执行的效率和准确性始终保持在高位，使游击队伍能够在复杂多变的战斗中迅速适应，始终保持着强大的战斗力。

协同决策支持：为游击队伍的协同决策提供了智能化的深度分析和宝贵建议，就如同为他们配备了一位睿智的军师，在错综复杂、瞬息万变的战场环境中，帮助队员们迅速理清头绪，拨开迷雾，通过对海量数据的快速处理和精准分析，提供出多种可行的决策方案和应对策略，让队员们能够在最短的时间内做出一致且有效的决策，这种智能化的支持如同为战斗的指挥注入了智慧的力量，使游击队伍在面对艰难抉择时能够果断行动，准确把握战机，赢得战斗的主动权。

（十）智能能源的管理利用

可再生能源利用：在智能技术的引领下，游击队伍能够巧妙而充分地利用太阳能、风能等取之不尽、用之不竭的可再生能源，通过先进的太阳能收集装置和高效的风力发电设备，将大自然赋予的清洁能源转化为宝贵的电力，这些电力如同生命的源泉，为游击队伍至关重要的通信设备提供持续稳定的信号支持，确保信息的畅通无阻；为威力强大的武器装备注入源源不断的能量，使其在战斗中发挥出最大的威力。这种对可再生能源的充分利用，极大地减少了对传统能源的依赖，降低了因能源获取困难而带来的风险，使游击队伍在能源供应方面更加自主和灵活。

能源存储优化：借助智能电池管理系统这一高科技的利器，能够显著提高能源存储设备的性能和使用寿命。该系统如同一位精明的管家，对电池的充电和放电过程进行精确控制，避免过度充电和过度放电对电池造成的损害，从而延长电池的使用寿命。同时，智能地优化电池的能量分配，确保在关键时刻能够提供足够的电力支持，即便在没有外部能源供应的艰难情况下，依然能够保障游击队伍维持一定的作战能力，为战斗的持续进行提供可靠的能源后盾，使游击队伍在能源短缺的困境中依然能够坚守阵地、奋勇作战。

在新的时代背景下，游击战完全可以充分利用智能化的优势，不断开拓创新、与时俱进，通过巧妙地融合先进的技术与传统的游击战术，游击武装能够在复杂多变、充满挑战的战争环境中更加游刃有余地作战，无论是借助智能化的通信技术实现高效协同，还是利用智能化的情报分析系统精准掌握敌军动态，抑或运用智能化的小型武器装备提升自身火力，都将为游击战注入新的活力，继续发挥其独特的战略战术价值。

三、智能化与游击战相互促进

在当今风云变幻的战争格局下，智能化与游击战，看似处于不同的发展维度，却在时代的浪潮中逐渐显现出相互交织、相互促进的奇妙关系，智能化以其强大的科技力量重塑战争的形态，而游击战凭借灵活机动的特性在历史的长河中经久不衰，当两者相遇，一场充满挑战与机遇的融合之旅就此开启。

(一) 推动战术创新

在当今智能化时代，游击战的战术得以实现前所未有的创新与发展，将智能化技术的独特优势与游击战的固有灵活性精妙融合，催生出一系列新颖的游击战术。通过运用先进的人工智能辅助决策系统，对海量的战场数据进行即时且精准的分析，游击队伍能够以超乎以往的精准度来选定攻击目标，这一过程不仅考虑到敌方的兵力部署、武器装备等常规因素，还能纳入天气变化、地形地貌等细微但关键的变量，从而确保每一次攻击都能达到出其不意、攻其不备的效果。在规划撤退路线方面，借助智能化技术，游击队伍能够综合评估各方因素，预测敌方可能的追击路径，从而设计出最为安全、高效的撤退路线，最大限度地减少人员伤亡和装备损失。

同时，对于战斗时机的把握也能因智能化技术而更加精准，系统能够实时监测敌方的行动态势、兵力调动以及物资补给情况，当敌方出现破绽或疲态时，及时向游击队伍发出警报，为发动突然袭击提供绝佳的时机。智能化技术在游击战术中的应用案例更是层出不穷。例如，小巧灵活且难以察觉的无人机，已成为游击作战中的得力侦察与突袭工具。凭借其先进的摄像和传感设备，无人机能够在不被敌方察觉的情况下深入敌方阵地，获取详尽且实时的情报信息，为游击队伍的决策提供关键依据。不仅如此,经过改装或加载武器系统的无人机,还能对敌方的关键目标实施突然而致命的打击,让敌方防不胜防。

此外,智能通信设备的应用确保了游击队伍在分散行动时仍能保持紧密协同,通过高度加密的通信频道和高效的数据传输技术,即使队员分布在不同的地理位置,也能实现信息的即时共享和指令的准确传达,这使得游击队伍在行动上犹如一个紧密结合的整体,极大地提高了作战效率和协同能力。

智能化技术的融入从根本上改变了游击战的面貌,促使战争理念发生深刻变革。游击战不再仅仅依赖于对地形的熟悉和人力的优势,而是更加注重对信息的全面获取与深度利用,技术装备的合理运用成为决定战斗胜负的关键因素之一,而战术的灵活多变也不再仅仅局限于传统的战术模式,而是要紧跟技术发展的步伐,不断创新和优化,这一转变标志着战争从传统的力量对抗逐步向智慧较量的全新阶段迈进。

(二)促进技术普及

游击战因其独特的作战特点和需求,对智能化技术产生了强烈的依赖,从而有力地推动了民用技术向军事应用的快速转化。

以民用无人机技术为例,原本用于航拍、物流配送等民用领域的无人机,经过针对性的改进和优化,具备了更强大的侦察能力、续航能力和武器搭载能力,被广泛应用于游击作战中的侦察、攻击和监视等重要任务,这种转化不仅提升了游击队伍的作战效能,还为相关技术的发展提供了新的应用场景和发展方向。同时,游击战的广泛存在和其对智能化技术的积极运用,使得这些技术得以在更为广泛的地区和环境中传播和应用,无论是在山区、丛林还是城市等不同的作战环境中,智能化技术都能根据实际需求进行调整和适应,从而不断扩大其应用范围,这不仅增强了游击队伍在各种复杂环境下的作战能力,也间接地促进了技术在更广泛领域的普及和发展。

在游击战的实战应用中,智能化技术不断受到来自真实战场的严格检验和巨大挑战。为了适应游击战中瞬息万变的局势、复杂恶劣的环境以及敌方的反制手段,相关技术必须不断改进和升级。技术开发者们需要致力于提高技术的稳定性,确保在各种极端条件下仍能正常运行;增强技术的可靠性,减少故障和失误的发生概率；提升技术的适应性，使其能够快速适应不同的战场需求和作战环境。这种持续的改进和升级过程不仅推动了智能化技术在军事领域的发展，也为其在民用领域的应用提供了更先进、更可靠的技术支持。

(三) 影响战略格局

智能化游击战对地区冲突的影响：在错综复杂的地区冲突中，智能化游击战正以一种前所未有的方式打破传统军事力量的平衡架构。处于相对弱势的一方，凭借智能化技术，得以在力量悬殊的对抗中觅得生机，他们能够充分利用智能设备的精准性、信息传递的高效性以及战术部署的隐蔽性，对强大的对手展开出其不意的牵制和具有实质效果的打击，这种非对称的作战模式，极大地增加了冲突的变数和不确定性，进而深刻影响着冲突的演进方向以及最终的结局。军事专家金一南曾表示："人工智能是今天战争的决定性因素。如今高科技渗入战争，作战模式已发生天翻地覆的变化。"

在国际政治博弈中的作用：智能化游击战已悄然成为国际政治博弈中一张至关重要的底牌，各方势力依据自身的战略考量和政治目标，或是积极支持特定地区的智能化游击战，以此作为实现自身地缘政治利益的有力手段；或是采取遏制策略，防止其对自身利益造成损害。这种支持或遏制的选择，往往取决于各国对地区影响力的争夺、资源的掌控以及战略布局的需要，通过操控智能化游击战这一变量，各国在国际政治舞台上展开了一场复杂而微妙的较量。

改变传统战争与和平的边界：埃隆·马斯克预言："未来对我们最大的危险是人工智能进入战场将带来毁灭性影响。"智能化游击战因其独特的隐蔽性和难以预测的不确定性，使得战争与和平之间那原本清晰的界限逐渐变得模糊不清，在看似和平的时期，智能化技术的暗中角力和小规模的游击式攻击可能在暗处悄然持续。这些隐蔽的活动不仅干扰着正常的国际关系秩序，更对地区的稳定造成了深远且持久的冲击，它们如同潜伏在平静水面下的暗流，随时可能掀起惊涛骇浪，使国际社会陷入紧张与不安之中。

(四) 塑造军事文化

勇敢与智慧并重的价值观：《鬼谷子》曰："潜谋于无形，常胜于不争？不

327

费。"在智能化游击战的时代背景下，对战士的要求已不再局限于单纯的勇敢无畏。如今，他们不仅需要拥有冲锋陷阵的英勇胆识，更要具备运用智能技术和精妙策略的高超智慧，这种全新的军事文化将勇敢与智慧紧密融合，强调二者缺一不可，只有智勇双全的战士，才能在瞬息万变、科技主导的现代战争中洞察先机、克敌制胜，从而适应战争形态的演变，成为保卫国家和人民的钢铁脊梁。

技术崇拜与创新精神：对智能化技术的高度依赖和熟练运用，催生了一种独特的文化现象——对技术的尊崇。在游击作战中，每一项新技术的应用、每一种新方法的探索，都可能成为决定胜负的关键因素。因此，游击队伍始终保持着对前沿科技的敏锐感知，不断追求创新，积极探索将新技术融入作战策略的途径。这种对技术的不懈追求和勇于创新的精神，推动着军事技术的快速发展，也为战争的形式和结果带来了更多的可能性。

团队协作与信息共享意识：在智能化的作战环境下，游击作战对于团队成员之间的紧密协作和信息的实时、高效共享提出了更高的要求，每一个决策的制定、每一次行动的执行，都依赖于团队成员之间的无缝配合。信息的快速传递和准确理解，成为战斗中至关重要的环节。这种强烈的需求促使形成了一种强调合作、鼓励开放交流的军事文化。在这种文化的引领下，战士们深知团结一心、信息共通的力量，从而能够在复杂多变的战场上迅速做出反应，实现作战效能的最大化。

（五）带动经济发展

军工产业的刺激：为了切实满足智能化游击战的多元化需求，军工产业不得不加大在研发方面的投入力度，全力推动相关前沿技术的突破以及先进装备的大规模生产，这一系列举措不仅直接刺激了经济的显著增长，还产生了广泛的辐射效应。军工产业犹如一台强大的引擎，其蓬勃发展带动了上下游产业链的协同繁荣，从原材料供应到零部件制造，从技术研发到售后服务，整个产业链条都因军工产业的活跃而焕发出勃勃生机，创造了众多的经济增长点和就业岗位。

新兴产业的崛起：智能化技术在游击战中的广泛应用，犹如一阵春风，催生了诸如无人机制造、智能通信、网络安全等新兴产业的迅速崛起，这些新兴产业凭借其创新的技术和广阔的市场前景，为经济发展注入了源源不断的新鲜动力。

无人机制造产业凭借其高效的侦察与打击能力，在智能化游击战中占据重要地位，进而吸引了大量的投资和人才，推动了产业的规模化发展。智能通信产业为作战中的信息传递提供了稳定、快速的保障，促使其不断进行技术升级和创新，拓宽了应用领域和市场空间。网络安全产业则在保护军事信息安全的同时，也为其他领域的信息防护提供技术支持和服务，成为经济增长的新亮点。这些新兴产业不仅为经济发展注入了强大活力，还创造了数量可观的高质量就业机会，为社会的稳定和繁荣做出了积极贡献。

基础设施建设的需求：为了给智能化游击战提供坚实有力的支撑，确保通信的畅通无阻和交通的便捷高效等基础设施的完备成为当务之急，这必然会促使加大对相关领域的投资力度，全力推动基础设施的不断完善和优化升级。大规模的投资不仅会带动基础设施建设行业的蓬勃发展，还将拉动相关产业的繁荣，从建筑材料的生产到工程设备的制造，从技术服务的提供到劳动力市场的活跃，一系列相关产业都将在这一进程中受益，形成一个相互促进、协同发展的良好经济生态。

（六）共筑国防安全

全民国防意识的增强：智能化游击战的悄然存在，犹如一记警钟，使广大民众更加敏锐地意识到战争威胁无处不在，这种切身体会促使全民国防意识的显著增强，社会各界也纷纷将目光聚焦于国家安全这一重大议题上，民众不再将国防视为政府的专属职责，而是以更加积极主动的姿态参与到国防建设的各项事务中来，从关心国防政策的制定到支持国防科研项目，从参与国防教育活动到投身国防志愿者服务，全民形成了一股强大的合力，共同筑牢国家安全的坚固防线。

人才培养方向的转变：随着对具备智能化技术和军事素养的综合性人才的渴求，传统的教育体系不得不顺应时代潮流，及时调整人才培养的方向和重点。各级各类教育机构纷纷开设与之相关的课程和专业，致力于培养既精通前沿智能化技术，又深谙军事战略战术的复合型人才。这种转变不仅丰富了教育的内涵和形式，更为国家的未来发展储备了宝贵的人才资源，使教育与国家战略需求紧密结合，为实现国家的长治久安和繁荣昌盛奠定了坚实的人才基础。

社会对科技与军事关系的重新审视：智能化游击战的迅猛发展，犹如一面镜子，促使社会各界重新审慎思考科技在军事领域的应用以及由此带来的一系列深远影响，这种反思推动社会形成一种更加理性、更加平衡的科技军事观。一方面，充分认识到科技在提升军事效能、保障国家安全方面的重要作用；另一方面，也高度警惕科技滥用可能带来的伦理道德风险和社会动荡，从而在追求军事进步的同时，注重人文关怀和社会的可持续发展，努力寻求科技与军事、人类与社会之间的和谐共生之道。

（七）改变战争伦理

责任界定的复杂性：在智能化游击战这一崭新的战争形态中，由于技术所具有的自主性以及内在的不确定性，对于战争行为责任的清晰界定陷入了前所未有的复杂困境。例如，自主武器系统凭借其预设的算法和独立的决策能力进行运作，一旦其决策和行动引发了不可预测的后果，要确切地归咎责任往往变得极为棘手。究竟是归咎于武器的研发者、使用者，还是技术本身的缺陷？这种模糊性不仅挑战了传统的责任归属原则，也为战争中的正义追求蒙上了一层阴影。

平民保护的挑战：随着新技术在智能化游击战中的广泛应用，误判的可能性显著增加，平民伤亡的风险也随之攀升，这无疑给平民保护带来了全新的、严峻的伦理难题。先进的侦察技术可能因误判而将平民目标误认作军事目标，智能武器的精确打击也可能因情报失误而殃及无辜，在这种复杂的战争环境下，如何确保平民的生命安全，如何在追求军事目标的同时坚守人道主义原则，成为亟待解决的紧迫问题。

道德约束的强化需求：有人说，"智能武器的出现，将改变战争的伦理和道德边界，我们必须提前思考和应对"。面对智能化游击战这一全新的战争形式，社会迫切需要重新审慎思考并大力强化战争伦理和道德约束，传统的战争道德规范在新技术的冲击下已显得力不从心，必须根据新的战争特点和技术发展，制定更为严格、更具适应性的伦理准则，这不仅要求明确战争行为的合法性边界，更要确保其符合基本的人道原则，只有强化道德约束，才能在战争的残酷现实中坚守人性的底线，维护人类的尊严和价值。

（八）促进国际规则制定

共同应对威胁：有人说，"在智能化时代，我们也必须为智能武器的研发、使用等制定严格的国际规则，以避免其成为破坏世界和平的新威胁"。智能化游击战所具有的跨国性和全球性影响，宛如一股无形的力量，迫使各国摒弃分歧，加强合作，携手共同应对潜在的安全威胁。这种威胁不再局限于个别国家或地区，而是跨越国界，对全球的和平带来共同的挑战。各国认识到，单打独斗难以有效应对智能化游击战带来的威胁，只有通过紧密的国际合作，整合资源，共享情报，才能形成强大的合力，筑牢全球安全的防线。

法规制定的紧迫性：为了对智能化游击战的行为进行有效的规范和约束，国际社会面临着加快制定相关法律法规的紧迫任务。在这个信息快速传播、技术日新月异的时代，战争的形式和手段不断演变，现有的法律法规已难以完全涵盖智能化游击战所带来的诸多新问题。因此，需要迅速制定一套明确、详尽且具有前瞻性的法律法规，清晰界定战争行为的合法边界和行为准则，为各国的军事行动提供明确的指导和约束，以避免战争的无序和失控。

协调与监督机制：为了确保各国切实遵守共同制定的法规，维护国际和平与安全，建立一个高效、权威的国际协调和监督机制显得至关重要。"国际规则是智能化战争的'红绿灯'，没有规则的指引，智能化军事技术的发展将陷入混乱，各国之间的军事竞争也将失去底线，最终受害的将是全人类"，有人如是说。这一机制应具备强大的协调能力，能够化解各国在法规执行过程中的分歧和冲突，促进合作与共识的形成。同时，通过严格的监督手段，对各国的军事行动进行实时监控和评估，及时发现并纠正违规行为，以保障法规的权威性和有效性。只有建立健全这样的协调与监督机制，才能使国际法真正发挥作用，为全球的和平与稳定提供坚实的法律保障。

（九）推动军事理论研究深化

新的战争模式探讨：智能化游击战的出现，犹如一颗投入军事理论研究领域的巨石，激起了千层巨浪，为其提供了全新的、富有挑战性的课题以及珍贵的实践样本，这促使众多学者和专家以更加敏锐的视角，对其特点、内在规律以及精妙的战略战术展开全方位的探讨。他们不仅要剖析智能化技术如何赋予游击战更高的灵活性和精准性，还要研究这种新型作战模式在不同地理环境、政治局势和文化背景下的适应性和变化。通过对这些方面的深入挖掘，努力揭示智能化游击战背后隐藏的深层逻辑和发展趋势。

理论与实践的互动：在军事领域，实践中的经验宛如一把不断磨砺的利剑，持续丰富和修正着军事理论的内涵和外延，而与此同时，不断发展和完善的军事理论又如一座明亮的灯塔，为智能化游击战的实践指明方向，提供源源不断的创新思路和方法指导。实践中的每一次成功与失败，都成为理论升华的基石；而理论的每一次突破和创新，又为实践的进一步发展注入了强大的动力。这种良性的互动循环，使得军事理论与实践相互促进、共同发展，不断推动智能化游击战向着更高水平迈进。

跨学科研究的融合：智能化游击战的研究不再局限于传统的军事学科范畴，而是广泛涉及信息技术、心理学、社会学等众多学科领域的交叉融合。信息技术为作战提供了强大的支撑和保障，使情报收集、指挥控制等环节实现了质的飞跃；心理学的应用有助于深入了解敌方和我方人员的心理状态，从而制定更具针对性的心理战策略；社会学的研究则能够揭示战争对社会结构、文化传统和民众行为的影响。这种多学科的融合，如同无数条溪流汇聚成江河，极大地推动军事理论研究向更广泛、更深入的未知领域拓展，为解决复杂的军事问题提供了多元化的视角和综合性的解决方案。

(十)加速军事资源全球配置

资源流动的加速：智能化游击战对于先进技术和精良装备的迫切需求，如同强大的引力场，促使军事资源在全球范围内以前所未有的速度进行更广泛、更深入的流动和配置。信息的快速传播和全球化的贸易体系，使得技术、人才、资金等关键资源能够迅速跨越国界，汇聚到最需要的地方。各国为了在智能化游击战中占据优势，纷纷打破地域限制，积极参与全球军事资源的竞争与合作，从而加速了资源的优化整合和高效利用。

战略资源的竞争：在这个充满挑战的时代，关键的智能化技术和稀缺的军事资源已成为各国激烈竞争的焦点，这些宝贵的资源如同王冠上的宝石，决定着国家在军事领域的地位和影响力。拥有先进的智能化技术，就意味着在战争中拥有更敏锐的感知能力、更精确的打击手段和更高效的指挥系统；而掌握稀缺的资源，如特种材料、高端芯片等，则能够保障武器装备的性能和质量。这种竞争态势不仅重塑了全球军事资源的分布格局，也促使各国加大在科研创新和资源开发方面的投入。

资源依赖与风险：在追求军事优势的过程中，对外部资源的过度依赖可能会带来一系列潜在的风险，如贸易争端、自然灾害或政治冲突，都可能导致军事资源的供应受阻，进而影响国家的军事行动和战略部署，这种不确定性促使各国在资源保障方面积极寻求多元化的渠道和自主化的发展路径。通过加强国内资源的开发和利用，提升自主创新能力，建立稳固的供应链体系，各国努力降低对外部资源的依赖程度，以增强在复杂多变的国际环境中的应对能力和战略自主性。

总之，智能化与游击战相互促进，犹如战争舞台上的一场精彩合奏，智能化为游击战带来了新的活力与机遇，使其在现代战争中依然能够绽放光彩；而游击战也为智能化的发展提供了独特的实践场景和创新思路。在未来的战争风云中，两者将继续携手共进，不断探索新的可能，为保卫和平、守护正义贡献独特的力量，书写属于这个时代甚至未来时代的战争传奇。

四、智能化武器对抗中的游击战

在当今这个智能化武器对抗的复杂局面中，战争的形态已然发生了翻天覆地的变化，高度精准、威力巨大的智能化武器以其惊人的破坏力和高效的作战能力，成为现代战争舞台上的主角。然而，看似传统的游击战理念和策略却在此时出人意料地展现出强大的适应性，承载着历史的智慧与沉淀的游击战，以其灵活机动、出其不意的特性，在这场充满科技感的武器对抗中悄然崛起，它并非是对过去的简单重复，而是在新的战争环境下不断融合、创新与发展。当智能化武器的强大火力与精确打击如暴风骤雨般相互对抗时，游击战以其独特的方式巧妙应对，在战争的迷雾中穿梭，寻找着敌人武器和战略战术的弱点，为自己赢得生存空间，也为战争的走向注入新的不确定性。

（一）分散部署与灵活转移

在智能武器激烈角逐的战场上，科学合理的分散部署具有举足轻重的地位。尽管德国军事家克劳塞维茨曾指出："战略上最重要而又最简单的准则是集中兵力。"然而，在某些特定的作战情境下，将智能武器系统分散配置于不同的地理位置，无疑是明智之举，这样的布局能够显著降低被敌方一次性集中火力予以摧毁的风险，从而避免因关键武器系统的瞬间覆灭而导致整体作战能力骤然崩溃。以当下的军事实践为例，不少先进的智能导弹系统便明智地采用了分散部署的策略，其目的正是为了规避被敌方集中打击，进而保障自身的战斗力得以存续。与此同时，实现智能武器位置的灵活快速转移乃是掌控战场主动权的关键所在。这种灵活转移的能力，能够让我方在复杂多变的战争局势中，始终保持主动出击的态势，及时应对敌方的战术变化，出其不意地给予敌方致命打击，从而牢牢把握战争的主导权。

（二）精心伪装与巧妙隐蔽

在智能武器激烈对抗的场景之中，充分借助自然条件对智能武器进行精心的伪装，能够极大幅度地降低被敌方侦察发现的可能性。正如英国军事家富勒所言："最聪明的隐蔽方法是让敌人以为你在别处。"在现代军事行动的实际案例中，通过巧妙绝伦的伪装手段，众多重要的智能武器设施成功地避开了敌方的严密侦察。此外，精心构筑具备出色隐蔽性能的工事和设施，用于存放和使用智能武器，这一举措同样不可或缺。这些工事不仅需要拥有强大的防护能力，能够抵御敌方可能发动的各类攻击，而且在外观设计上，应当与周围的环境达到高度的融合统一，如此一来，便能最大限度地减少被敌方发现的风险，为智能武器的安全提供坚实的保障。例如，通过在工事表面覆盖与周边地貌相似的植被，或者将工事的外形设计成与自然地形相仿的形状，使其在敌方的侦察手段下难以被察觉，这种精心设计的隐蔽措施，能够有效地保护智能武器系统，使其在关键时刻发挥出其不意的作战效能。

（三）情报收集与突然袭击

在智能武器激烈对抗的复杂局势中，构建起全面、高效且精准的情报收集网络，对于成功施行游击战法具有决定性的意义。诚如美国军事家巴顿所讲："战争中没有什么比准确的情报更重要。"为了达成这一目标，必须综合运用包括卫星侦察、无人机侦察、电子监听等在内的多元化手段，从全方位、多角度去获取敌方智能武器的部署详情、行动规律以及作战计划等核心关键信息。在成功获取精确情报的基础之上，精心挑选敌方智能武器防御相对薄弱之处，发起突然而又猛烈的攻击行动。这种突袭务必具备高速、强力以及精确打击的强大能力，力求在最为短暂的时间之内，给予敌方智能武器系统以毁灭性的沉重打击，从而彻底打乱敌方的战略部署和作战节奏。值得注意的是，这种突然袭击不仅需要强大的攻击力，还需要出色的协同能力，各作战单位要紧密配合，确保攻击的突然性和连贯性，不给敌方任何喘息和反击的机会。同时，要做好后续的防御和撤退计划，以应对敌方可能的反击和报复。

（四）多向攻击与策略佯攻

在智能武器对抗的硝烟弥漫的战场上，从多个方向对敌方发起攻击，能够让敌方智能武器难以准确判断主攻方向和重点防御区域。通过在多个方向上灵活地调度兵力和协同作战，有效地分散敌方的防御力量，从而为真正的主攻方向营造出极为有利的条件。精心策划并果断实施佯攻行动，无疑是迷惑敌方的高效手段，通过巧妙安排的佯攻，成功吸引敌方的注意力和防御资源，使其陷入误判的困境，进而为真正的攻击创造绝佳的机会。在实施多向攻击和佯攻时，需要精确的计划和高度的协同，各攻击方向要保持良好的沟通和配合，佯攻要逼真到足以让敌方信以为真，而主攻则要在关键时刻发挥出最大的威力，一举突破敌方的防线，实现作战目标。此外，还需要根据战场的实时变化，灵活调整攻击策略，确保始终掌握战场的主动权。

（五）精准干扰与有效破坏

在智能武器激烈对抗的残酷情境中，灵活巧妙地运用电子干扰手段，乃是干扰敌方智能武器正常运作的核心关键所在。正如美国军事家约翰·博伊德所阐述："战争的本质是打乱敌人的节奏，让他们无法有效地做出反应。"因此，针对敌方智能武器的核心环节展开精准的干扰行动，能够显著地降低其作战效能，通过发射特定频率的电磁脉冲，干扰敌方智能武器的通信和控制系统，使其在关键时刻出现指令延误、目标识别错误等问题。此外，积极采取网络攻击、特种作战等多元化的作战方式，对敌方的后勤保障线、情报支持系统等关键环节予以破坏性的沉重打击，使敌方的后勤补给陷入瘫痪状态，物资无法及时送达前线，从而削弱其持续作战的能力。同时，对敌方情报网络的破坏，会使其陷入信息盲区，无法准确掌握战场态势，做出有效的决策和指挥。在实施精准干扰与有效破坏的过程中，需要高度的技术支持和精准的情报保障，不仅要充分了解敌方智能武器的技术特点和薄弱环节，还需实时掌握敌方后勤和情报系统的运行状况，以便选择最佳的攻击时机和方式，实现作战效果的最大化。

（六）科学补给与及时维护

在智能武器对抗所营造的紧张局势之下，构建一套灵活且高效的补给和维护体系，毫无疑问是保障智能武器得以持续发挥强大作用的重要基础。这意味着在实际操作中，需要灵活地调整补给路线和方式，最大限度地避免被敌方察觉和破坏，采用小规模、分散且隐蔽的游击战式的补给和维护方式，无疑是明智之举；合理规划补给物资的储备和分配，确保在关键时刻智能武器能够获得充足的能源、弹药和零部件支持；为了实现科学补给与及时维护的目标，还需要建立高效的物流管理系统和智能化的维护监控平台；通过大数据分析和智能算法，预测武器的维护需求和物资的消耗情况，提前作好准备，以应对瞬息万变的战场形势。

（七）联合作战与协同配合

智能武器与常规武器紧密协同配合，乃是充分发挥整体作战效能的关键之所在。智能武器凭借其高精度、高速度和强大的信息化能力，能在战场上发挥独特的作用，然而，若要实现最佳的作战效果，就必须与常规武器相互补充、协同作战。常规武器在某些特定场景下具备的稳定性和可靠性，能与智能武器形成优势互补。例如，在攻坚作战中，常规武器可以进行火力压制，为智能武器的精确打击创造条件；而在大范围侦察和目标定位方面，智能武器则能发挥其技术优势，为常规武器提供准确的目标信息。

（八）战术创新与随机应变

在智能武器对抗不断变化、充满变数的过程中，持续创新游击战法是适应复杂多变的战场环境和应对敌方战术变化的必然要求。朱可夫元帅曾经讲过："战争的艺术在于比敌人更快地适应变化。"结合智能武器的独特特点和卓越性能，积极探索全新的作战方式和策略，成为获取胜利的关键，智能武器的出现为游击战带来了新的机遇和挑战。例如，利用智能武器的远程精确打击能力，可以实施更加隐蔽、高效的突袭；借助其强大的信息收集和分析能力，能更准确地判断敌方的行动意图和部署。基于这些特点，可创新出诸如分布式游击、网络游击等新的作战模式。

（九）战略欺骗与战术误导

在智能武器对抗的激烈角逐中，战略战术欺骗和误导作为一种高级的战斗手段，发挥着至关重要的作用。例如，故意泄露一些看似重要但实则极具误导性的情报，诱使敌方将宝贵的资源投入到错误的方向，从而分散其注意力和力量，或者巧妙地展示一些伪装的智能武器项目，吸引敌方的高度关注和大量资源，进而为我方真正的战略攻击重点创造极为有利的条件。这种高深的战术需要经过精心的策划和高度的保密措施，只有这样，才能达到出其不意、攻其不备的绝佳效果。在实施战略欺骗和误导时，需要充分考虑敌方的情报收集能力和分析手段，制定具有针对性的策略，要善于利用各种信息传播渠道，包括网络、媒体等，营造逼真的假象，还需要在战术执行过程中保持高度的一致性和连贯性，避免因细节疏漏而被敌方识破，从而确保战略欺骗和误导能够发挥最大的效能。

智能化武器对抗中的游击战，是传统与现代的激烈碰撞，也是智慧与科技的精彩较量。尽管面临诸多困难，但游击战凭借其顽强的生命力和独特的战术优势，在智能化武器的风暴中努力寻找着生存空间，而智能化武器的不断发展，也促使游击战不断创新和进化。在未来的战争舞台上，两者的巧妙结合将持续演绎，为战争史书写新的篇章，也让我们更加深刻地认识到战争的复杂性与多样性。

五、游击战要提高应对智能化的能力

如今，科技的发展如日中天，智能化的浪潮以雷霆万钧之势奔涌而来，对战争的各个层面产生了深刻影响。游击战，这一有着深厚历史底蕴且充满智慧的作战方式，在智能化的时代洪流中遭遇了前所未有的严峻挑战，游击战迫切需要提升应对智能化的能力，方能在波谲云诡的战争局势中站稳脚跟，继续绽放独特的光彩。

(一)加强信息伪装与反侦察能力

1. 电磁频谱管控与信号伪装：在当今高度信息化的战争环境中，严格控制自身电磁频谱的发射成为至关重要的任务。游击队伍需以严谨的态度和精准的手段，对每一次电磁频谱的发射进行精心管理，避免被敌方敏锐的监测系统所捕捉和定位。同时，积极采用先进且高效的信号伪装技术，让敌方难以捉摸。

2. 利用地理环境进行信息隐藏：充分发挥大自然赋予的优势，将复杂多样的山脉、广袤无垠的森林、幽深神秘的洞穴等地理环境巧妙地转化为信息隐藏的天然屏障，精心隐藏通信设备于山林之间、洞穴之内，使其避开敌方的侦测视线。合理安排人员活动，使其与自然环境融为一体，利用山脉的褶皱、森林的枝叶来阻挡敌方强大的电磁信号探测，最大限度地减少被发现的风险，让游击行动在敌方的眼皮底下悄然进行。

3. 发展新型反侦察技术手段：为了在智能化的战争浪潮中站稳脚跟，必须投入充足的资金对量子通信技术、人工智能加密技术等新型反侦察技术进行研发与应用。量子通信技术凭借其独特的量子纠缠特性，为信息传递提供了几乎无法被破解的加密保障；人工智能加密技术则能够根据瞬息万变的战场态势和敌方的侦察手段，实时调整加密策略，如同一位智慧超群的卫士，时刻守护着信息的安全。通过积极探索和应用这些前沿技术，不断提高信息防护的能力和水平，从而有效应对敌方智能化的侦察手段，确保我方在信息战场上始终占据主动。

(二)创新战术以应对智能化武器威胁

分散与聚合的灵活运用：在面对智能化武器那精确无误且威力巨大的打击时，游击队伍需展现出如同水流般灵活多变的战术策略，将队伍巧妙地分散成多个小巧灵活的小单元，如同繁星散布于夜空，降低了被敌方一次性毁灭性消灭的巨大风险。每个小单元都能够独立行动，在广阔的战场上寻找生存和发展的空间。然而，分散并非目的，而是手段，当战斗的时机成熟，根据瞬息万变的战斗需要，这些分散的小单元又能够如同江河汇聚一般，迅速而有序地聚合形成强大无比的战斗力，以雷霆万钧之势，对敌方实施出其不意的猛烈攻击。

非对称作战的新思路：在与装备精良、智能化程度高的敌方作战时，避免盲目地与敌方的智能化武器进行正面的硬碰硬较量，应积极寻找其潜在的弱点和不易察觉的漏洞。例如，将目光转向敌方那看似坚不可摧的后勤补给线，如同斩断其生命线，使其陷入物资匮乏的困境；或者瞄准敌方至关重要的信息节点，如同击中其大脑中枢，打乱其作战的节奏和精心部署的战略规划。通过这种避实就虚、攻其不备的非对称作战思路，如同在巨石下找到撬动的支点，以小博大，以巧取胜，让敌方的智能化优势在我方的巧妙战术面前失去锋芒。

诱骗与干扰智能化武器的策略：为了削弱敌方智能化武器的强大威力，通过精心设置虚假的目标、释放巧妙设计的干扰信号等手段，诱使那些高度依赖精确判断的智能化武器陷入误判的陷阱，让其迷失方向，浪费宝贵的弹药和资源；释放强大的电子干扰设备，干扰敌方武器的制导系统，如同给其戴上了一副扭曲的眼镜，降低其武器的精度和效能。通过这些巧妙的诱骗与干扰策略，如同给敌方的智能化武器套上了无形的枷锁，使其在战场上失去往日的威风，为游击队伍创造有利的作战条件。

(三)优化组织架构适应智能化指挥需求

扁平化指挥体系的建立：有人认为，"现代战争是体系与体系的对抗，而组织架构是构建作战体系的骨骼和脉络。一个科学、高效的组织架构能够将各种作战力量、装备和资源有机整合，发挥出最大的作战效能"。在应对智能化战争的挑战中，游击队伍需要果断地构建扁平化的指挥体系，让指挥的脉络更加清晰简洁。大幅减少层层叠叠的指挥层级，提高信息传递的速度和效率。这种指挥方式的变革，极大地增强了指挥的灵活性和及时性，让游击队伍能够如同敏捷的猎豹，在瞬息万变的战场局势中迅速做出反应，抓住稍纵即逝的战机，实现高效的作战指挥。

培养多能型游击队员：为了在智能化的战场上立于不败之地，每位队员不能仅仅局限于单一的战斗技能，而是要成为全能的多面手。他们不仅要精通射击、格斗等传统战斗技巧，还要熟悉通信技术，能够在复杂的电磁环境中完成信息传递；熟练掌握侦察手段，敏锐地洞察敌人的一举一动；了解后勤保障的关键环节，确保物资的合理分配和持续供应。这样，在不同的作战环境和艰巨的任务中，队员们能够迅速、自如地转换角色，如同万能的工具，在需要的时刻发挥出关键作用，从而显著提高队伍的整体作战能力。

强化组织的协同与沟通能力："信息化战争时代，组织架构的扁平化和网络化是提升军队反应速度和作战能力的关键。减少指挥层级，实现信息的快速流通和共享，才能在瞬息万变的战场上占据主动。"建立一套高效运转、如同精密机械般的协同机制和畅通无阻、如同高速公路般的沟通渠道，对于游击队伍来说至关重要，这能够确保各个分散的作战单元如同紧密咬合的齿轮，密切配合、无缝衔接，实现信息的实时共享和高效交流。通过定期组织实战化的演练和针对性的培训，队员们在模拟的战斗场景中不断磨合、锤炼，提高彼此的默契程度和协同作战水平，如同经过反复排练的乐团，在真正的战斗中能够奏响和谐、激昂的胜利乐章，发挥出强大的整体战斗力。

（四）强化情报收集与分析能力

建立多元化情报网络：在当今复杂多变的战争环境中，游击队伍必须积极构建一个多元化的情报网络，如同编织一张严密而广阔的信息大网，将人力情报的敏锐洞察力、技术情报的精确性以及开源情报的丰富性等多种情报来源巧妙整合。人力情报人员如同潜伏在暗处的触角，能够深入敌后获取第一手的关键信息；技术情报手段如先进的卫星监测和电子监听设备，能够从广阔的空间和电磁频谱中捕捉细微的信号；开源情报则从公开的信息渠道，如互联网、媒体报道中挖掘出有价值的线索。通过这种全方位、多层次的情报收集网络，及时、准确地获取来自各个方向、各个层面的情报信息，为游击作战提供全面而可靠的决策依据。

情报分析专业化：为了从海量的情报数据中提炼出真正有价值的内容，培养专业的情报分析人员成为当务之急，这些专业人员不仅要具备深厚的情报分析理论知识，还要熟练掌握先进的数据分析工具和复杂的算法。通过他们的专业努力，为游击队伍提供精准、深入的情报分析成果，帮助决策层做出明智、果断的战略决策。

情报共享与反馈机制：建立一个高效便捷的情报共享平台，使各个分散的作战单元能够在第一时间获取和共享宝贵的情报成果，无论是身处前线的战斗小组，还是负责后勤保障的后方团队，都能够通过这个平台迅速了解到最新的情报动态。同时，构建完善的情报反馈机制，根据实战效果对情报收集和分析工作进行持续不断的优化和改进，及时发现问题、总结经验，调整情报收集的方向和重点，完善分析方法和流程，确保情报工作始终能够紧密围绕实战需求，为游击作战提供最有力的支持和保障。

（五）构建智能化后勤保障体系

智能物资管理系统：借助物联网和大数据等前沿技术的强大力量，构建起一套高度智能化的物资管理系统，通过物联网的传感器和标签，能够对每一件物资进行实时监控，精确掌握其位置、状态和数量变化。大数据技术则如同智慧的大脑，对海量的物资数据进行分析和预测，实现精准的调配和优化库存。

快速维修与补给能力：为了确保武器装备在战斗中的持续战斗力，配备智能化的维修工具和先进设备至关重要，这些工具和设备如同医术高超的医生，能够快速诊断出装备的故障，并提供高效的维修解决方案。同时，建立起一套敏捷灵活的快速补给机制，利用无人机的快速灵活、无人车的强大运载能力等智能化运输工具，突破地形和环境的限制，在最短的时间内将急需的物资准确无误地投送到指定地点，为前线作战提供及时有力的支持，确保战斗力量不会因为物资短缺而受到削弱。

能源可持续供应：在充满挑战的作战环境中，发展可再生能源和便携式能源装置成为保障能源供应的关键举措，积极探索太阳能、风能等可再生能源的利用方式，研发轻便高效的便携式能源装置，通过这些努力，为游击作战提供稳定可靠的动力支持，使队伍能够在任何艰难的条件下都能保持强大的战斗力。

（六）开展智能化心理战防御与反击

美国陆军协会陆战研究所发布的报告《影响力机器——让自动化信息作战成为战略制胜机制》认为，自动化信息作战在战略层面上的影响力远胜于人工智能技术在其他领域的应用。它可以在机器学习的辅助下利用其情感、偏见筛选、锁定那些心理最易受到影响的目标受众，然后将定制的"精神弹药"快速密集地"射向"目标群体，达到影响其心理、操纵其认知的目的。因此，开展智能化心理战防御与反击十分紧迫而重要。

心理防御训练：在智能化战争的无形硝烟中，对游击队员进行全面而深入的心理抗压训练是筑牢心理防线的基石。通过一系列精心设计的训练课程和模拟场景，培养队员们坚韧的心理素质和强大的内心力量，让他们在面对敌方智能化心理攻击时，如同屹立不倒的礁石，能够抵御住压力的冲击，保持清醒的头脑和坚定的信念。

舆论引导与反制：在信息传播飞速的时代，充分利用社交媒体、网络平台等广泛的渠道，成为游击队伍掌握舆论战场主动权的关键。积极传播真实、客观、正面的信息，以事实为依据，用真相击破敌方精心编织的谎言，让广大民众能够清晰地了解事实的真相。同时，敏锐地揭露敌方的虚假宣传和恶意谣言，通过主动的舆论引导和有力的反制措施，牢牢掌握舆论的主动权，为游击行动营造有利的社会氛围和民众支持。

文化渗透抵御：在多元文化交织的背景下，强化自身的文化认同和价值观，深入挖掘和传承自身独特的文化传统，成为抵御敌方文化渗透的强大武器。各级队员不为外界的干扰和诱惑所动，始终保持高昂的斗志和坚定的信念。

（七）推动智能化技术的自主研发与应用

为了在智能化技术的浪潮中占据一席之地，组建专门的技术研发小组成为当务之急。汇聚各领域的专业人才，包括信息技术专家、工程技术人员、军事战略研究者等，组成一支富有创新精神和实践能力的强大团队。集中优势力量，针对游击战的特殊需求和作战环境，开展深入的研究和探索，致力于开发轻便灵活、易于操作、适应复杂地形和战斗场景的智能侦察设备，能够在不被察觉的情况下获取关键情报；研制简易高效的通信干扰装置，有效切断敌方的信息传递，为游击作战创造有利条件。

技术转化与应用：将科研成果迅速而有效地转化为实际应用，是提升游击队伍战斗力的关键环节。正如恩格斯所说："社会一旦有技术上的需要，则这种需要就会比十所大学更能把科学推向前进。"[1]游击战的需求成为推动技术发展的强大动力，应建立高效的转化机制和应用推广体系，确保新的智能化工具能够在最

---

① 《马克思恩格斯全集》第39卷，北京：人民出版社1974年版，第198页。

短的时间内装备到游击队伍中；通过实战化的训练和模拟演练，让队员们熟练掌握和运用这些新技术、新装备，充分发挥其效能；不断根据实际作战效果进行优化和改进，使其与游击战术紧密结合，形成强大的战斗合力，实现作战效能的显著提升，为赢得战争的胜利提供坚实的技术保障。

安全防护与保密：在充满竞争和挑战的研发和应用过程中，应高度重视技术的安全防护和保密工作。建立严格的安全管理制度和保密机制，对研发过程中的关键技术、数据信息进行严格的加密和保护。加强网络安全防护，防范敌方的网络攻击和信息窃取。同时，对参与研发和应用的人员进行保密教育和管理，确保每一个环节都不出现安全漏洞。通过全方位的安全防护和保密措施，保障智能化技术的研发和应用工作顺利进行，为游击队伍的作战行动提供可靠的技术支持。

（八）加强与外部力量的合作与交流

与民间技术团队合作：在科技飞速发展的时代，积极借助民间强大的科技力量，如同引入一股清泉，为游击队伍注入新的活力和智慧。与专业的科研机构紧密合作，他们深厚的学术研究底蕴和前沿的技术探索能够为游击战提供创新的思路和解决方案。与高科技企业携手共进，利用其先进的研发能力和快速的技术转化能力，获取最新的技术支持和实用的创新工具。通过深度合作，使游击队伍能够站在科技的前沿，迅速提升自身的智能化应对能力，如同装上了强劲的引擎，在智能化战争的赛道上加速奔跑。

国际交流与学习：跨越国界和地域的限制，与其他开展游击战或具有相关丰富经验的组织展开广泛而深入的交流与学习，分享彼此在应对智能化挑战过程中的宝贵经验和深刻教训，从他们的成功案例中汲取智慧，从失败的经历中吸取教训，避免重蹈覆辙。通过这种国际间的交流与学习，拓展视野，增长见识，游击队伍能在智能化战争的挑战中博采众长，不断进步。

争取民众支持：坚定不移地加强与当地民众的紧密联系和深度合作，通过积极的宣传和实际行动，赢得民众的衷心支持和信任，使民众成为游击队伍的坚强后盾。民众身处社会的各个角落，如同无处不在的眼睛和耳朵，能够为游击战提供关于敌方活动的珍贵线索。同时，他们还能在物资供应、情报传递等方面提供不可或缺的帮助。

总之，游击战若要在智能化的战争大环境中牢牢占据一席之地并持续发挥关键作用，就务必以积极进取的姿态提高应对智能化的能力，通过持续学习先进技术、大胆创新战术、强化协同配合，实现自身的蜕变与升华。在未来的战争舞台上，游击战必将以崭新的风貌，为实现正义与和平的崇高目标持续贡献强大力量。

综上所述，在智能化时代，游击战面临严峻挑战与机遇，必须不断适应和创新。智能化技术改变了战争形态与规则，侦察手段智能化使敌方获取情报更迅速精确，削弱了游击战的隐蔽性；武器装备智能化增强打击精度和威力，对游击战防御反击构成威胁；指挥系统智能化提升协同效率，要求游击战调整组织指挥系统。为此，游击战需在战术运用上创新，利用信息传播特点通过网络等渠道干扰敌方判断，行动方式上注重分散聚合快速转换攻击敌方关键节点。同时加强对智能化技术的研究应用，用加密技术保障通信机密，研发对抗侦察手段，借助大数据和人工智能优化作战部署。人员培养也至关重要，游击队员要具备更高信息化素养和技术操作能力，熟练运用智能化设备。总之，游击战不能守旧，要不断探索把握智能化战争规律，以创新求发展。正如毛泽东所言："战争的规律——这是任何指导战争的人不能不研究和不能不解决的问题。"①

---

① 《毛泽东选集》第一卷，北京：人民出版社 1991 年版，第 170 页。

第十一章　现代战争中游击战与持久战

　　游击战与持久战是两种具有极其重要战略意义的作战方式和战争策略。

　　游击战作为一种灵活多变、以小博大且极具创造性的作战形式，往往能够在敌强我弱的艰难处境中，卓有成效地打击敌人，并出色地保存自身实力。毛泽东同志曾深刻指出："游击战争是什么呢？它就是在落后的国家中，在半殖民地的大国中，在长时期内，人民武装队伍为了战胜武装的敌人、创造自己的阵地所必须依靠的因而也是最好的斗争形式。"①游击战正是凭借对地形的熟稔、民众的鼎力支持以及出其不意的精妙战术，在充满不确定性的战争环境中给敌人制造重重困扰和巨大消耗。

　　持久战则是建立在对战争形势全面且深入的分析以及高瞻远瞩的长远规划之上，充分权衡敌我双方的综合实力、战争潜力以及复杂多变的国际形势等诸多因素，精心制定的一种长期作战策略。中国的抗日战争无疑是持久战的经典范例，在敌强我弱的严峻形势下，中国人民坚定地坚持长期抗战，最终取得了辉煌的胜利。当时，中国以广袤无垠的国土和众多的人口为坚实基础，通过空间换取宝贵的时间，持续消耗日军的有生力量，同时积极致力于发展自身的工业和军事力量，为最终的战略反攻奠定了坚实根基。

一、游击战与持久战的关系

　　实践充分证明，游击战与持久战之间存在着紧密且深刻的关联。持久战的核心目标在于通过长期的作战过程，逐步消耗敌人的力量，持续积累自身优势，从而最终赢得胜利。而游击战凭借其分散、灵活、出其不意的显著特性，能够有效地牵制敌人，扰乱敌人的战略部署，大量消耗敌人的资源和精力。持久战的战略

---

　　①　《毛泽东选集》第二卷，北京：人民出版社 1991 年版，第 609 页。

布局中蕴含着游击战的灵活战术，游击战借此为持久战争取到了宝贵的战略布局与资源积累所需的时间和空间。同时，游击战也在持久战的大框架下不断适应复杂多变的战争环境、持续完善自身，进而显著提升战斗能力和作战艺术。二者相辅相成，互为支撑，游击战是持久战得以有效实施的关键手段，持久战为游击战提供了明确的战略指引和坚实的战略支撑。

（一）区别与联系

1. 作战规模和范围的差异。游击战往往聚焦于局部地区或特定的狭小区域展开行动，其作战规模通常相对较小，所涉及的范围存在明显的局限性，这种作战方式常常集中于特定的地理区域，如山脉、丛林、乡村等，以小规模的战斗单位为主要力量。相比之下，持久战则是在更为广阔的地域和多层次的层面上全面铺开，其涵盖范围囊括了整个战争的宏观全局以及各个细微的方面。持久战需要调动国家的全方位资源，涉及军事、政治、经济、外交等多个领域，其作战区域可能跨越多个省份、国家甚至大洲。

2. 时间跨度和阶段性目标的不同。游击战的时间跨度可能相对较短，但其行动节奏紧凑，会高频次地发动出其不意的突袭和具有骚扰性的攻击，其阶段性目标侧重于对敌人具体行动的干扰破坏以及关键设施的摧毁，通过这些短促而频繁的行动，打乱敌人的部署，削弱其局部力量。而持久战的时间跨度较长，需要经历漫长的岁月，其阶段性目标更为宏观和深远，旨在逐步改变敌我双方的力量对比态势，这并非一蹴而就，而是通过一系列长期的战略布局和持续的资源积累来实现。

3. 战略侧重点及战术运用的区别。游击战侧重于巧妙利用独特的地形优势、广泛获取民众的坚定支持等因素，灵活采取突袭、伏击等战术手段，其作战策略强调以巧取胜，利用敌人的弱点和疏漏，迅速出击后马上撤离，以达到消耗敌人、保存自身的目的。而持久战则更注重国家综合国力的全面比拼，包括工业生产能力、资源储备、人力资源等方面，同时，也极为重视战略资源的合理调配以及长远而全面的战略规划。持久战需要从宏观层面统筹军事、政治、经济等多方面的力量，形成一个相互支持、协同发展的整体战略体系。

4. 相互联系与相互转化的可能性。毛泽东说："事物发展的根本原因，不是在事物的外部而是在事物的内部，在于事物内部的矛盾性。任何事物内部都有这种矛盾性，因此引起了事物的运动和发展。事物内部的这种矛盾性是事物发展的根本原因，一事物和他事物的互相联系和互相影响则是事物发展的第二位的原因。"①在特定的战争情境下，游击战具备发展壮大成为大规模持久作战的潜力，当游击战在局部地区取得显著成效，积累了足够的力量和资源，并且获得了更广泛的民众支持和战略空间时，有可能逐渐扩大规模，演变成对敌人具有全面威胁的持久作战。反之，持久战中也常常包含众多局部的游击战，在持久战的总体战略框架下，通过在不同区域开展灵活多变的游击战，能够有效地消耗敌人的力量，打乱其战略部署，为持久战的最终胜利创造有利条件。当战争形势发生重大转变，如敌我力量对比发生根本性变化、国际局势出现新的动态等；游击战与持久战之间可以实现相互转化，这种转化并非随意发生，而是基于对战争形势的准确判断和战略决策的及时调整。

（二）个性与共性

1. 游击战的独特特点和适用情境。游击战具有高度的机动性、灵活性和隐蔽性，其机动性体现在能够迅速转移战场，在不同地点对敌人实施打击，让敌人难以捉摸我方的行动轨迹；灵活性则表现为能够根据瞬息万变的战场形势，随时调整作战策略和战术安排，不拘泥于固定的模式；隐蔽性使得游击队能够在敌人眼皮底下行动而不被轻易察觉，有效保存自身实力。这种作战方式尤其适用于敌强我弱、地形复杂且民众基础好的情境。在敌强我弱的情况下，游击队尽量避免与敌人正面硬拼，通过灵活出击寻找敌人的薄弱环节；复杂的地形为游击队提供了天然的掩护和屏障，便于其隐藏和转移；良好的民众基础则为游击队提供了情报支持、物资补给以及人员补充等重要保障，使游击队能够在艰苦的环境中生存并发展。

2. 持久战的普遍特征和战略意义。持久战具有长期性、艰巨性和战略性的显著特点，长期性意味着战争不是在短期内能够结束的，需要经历漫长的时间跨度，在这期间，双方的力量对比和战争态势可能会多次发生变化；艰巨性表现为

① 《毛泽东选集》第一卷，北京：人民出版社 1991 年版，第 301 页。

战争过程中会面临诸多困难和挑战，如资源短缺、人员伤亡、民众压力等，需要有坚定的意志和顽强的毅力才能坚持下去；战略性则强调从宏观和全局的角度来规划和指挥战争，不仅关注军事斗争，还包括政治、经济、外交等多个方面的综合运用。持久战的战略意义在于通过持久的对抗，逐步消耗敌人的力量，积累自身的优势，最终实现力量的反转和胜利，这种胜利不是依靠一时的军事胜利或运气，而是通过长期的努力和战略布局来实现的。

3. 两者在目标设定、资源利用等方面的共性。在目标设定上，游击战和持久战都旨在战胜敌人，这是两者最根本的共同目标，无论是通过灵活的游击战术逐步削弱敌人，还是通过长期的坚持和战略布局改变力量对比，最终都是为了实现战争的胜利。在资源利用方面，二者都注重充分发挥自身的优势，合理利用有限的资源，这意味着要准确评估自身的实力和资源状况，避免盲目浪费和过度消耗。同时，要善于发现和利用敌人的弱点和漏洞，以最小的代价换取最大的成果。

4. 共性基础上的个性发挥与创新。在遵循共性原则的基础上，游击战和持久战都有各自的个性发挥和创新空间。游击战可以根据具体的战场环境和敌人特点不断创新战术，比如根据地形特点开发新的伏击方式，或者根据敌人的巡逻规律制订独特的突袭计划。同时，游击队还可以根据敌人的武器装备和作战习惯，调整自身的武器配备和作战方法。持久战则可以根据战争的发展动态调整战略重点，在战争的不同阶段，可能侧重于军事斗争、经济建设或者外交斡旋等不同方面，以适应不断变化的战争形势。例如在战争初期，可能更注重防御和保存实力；在战争后期，随着力量对比的变化，可以适时调整为进攻和反击的战略。

(三) 必然与偶然

1. 战争形势导致选择游击战或持久战的必然因素。在战争中，敌我力量对比悬殊以及战争资源差距过大等因素往往具有决定性作用，成为促使选择游击战或持久战的必然根源。当我方在军事力量、武器装备、后勤补给等方面明显弱于敌方时，直接进行大规模的正面交锋可能会导致迅速溃败，此时，采取游击战可以利用我方熟悉的地理环境和民众基础，以分散、灵活的方式对敌人进行袭扰和消耗，逐步积累力量。而当双方力量差距不大，但战争资源的获取和补给存在较大困难，难以在短期内迅速决出胜负时，持久战则成为一种必然的战略选择。通过长期的对抗和资源的持续投入，逐步改变力量平衡，最终实现胜利。

2. 特定历史事件或条件引发的偶然选择。特定的历史事件或条件常常会带来意想不到的影响，从而引发对作战方式的偶然选择，例如某次关键战役的胜负可能出乎预料，原本计划的战略部署因此被打乱，迫使决策者重新评估形势，选择原本未在计划内的游击战或持久战策略。外部势力的突然介入也是一种偶然因素，其带来的政治压力、军事援助或战略威胁可能改变战争双方的力量对比和战略态势，进而影响作战方式的选择。此外，国内政治局势的突变、领导人的更替等内部偶然因素也可能导致作战方针的调整。

3. 必然趋势中的偶然变数及应对。在战争的必然趋势中，偶然的变数随时可能出现。《道德经》曰："祸兮，福之所倚，福兮，祸之所伏。"例如，突发的自然灾害可能破坏我方的军事设施或补给线路，影响作战计划的实施；敌方关键人物的意外伤亡或内部的权力斗争可能导致敌方战略决策的混乱，为我方提供意想不到的机会。面对这些偶然变数，需要及时调整策略进行应对，这要求指挥者具备敏锐的洞察力和果断的决策能力，能够迅速分析变数带来的影响，并制定相应的新策略。同时，军队需要具备高度的灵活性和适应性，能够在短时间内按照新的指令改变作战行动。

4. 偶然事件对战争走向产生必然影响。某些看似偶然的决策或行动，实际上可能在很大程度上改变战争的进程和最终走向。正如叔本华在《论命运》中所说的："一切看起来偶然发生的事，其实都是必然的。"一个偶然的战术创新可能打破敌方的战略布局，取得关键战役的胜利，从而改变整个战争的力量对比和态势。同样，一个偶然的外交决策，如与某个原本中立的国家建立联盟，可能为我方带来急需的资源和支持，对战争的胜负产生决定性影响。这些偶然事件一旦发生，其效果会逐渐累积和放大，最终形成必然的结果，决定战争的最终走向。

（四）独行与协同

1. 游击战独行作战的能力和效果。中国俗语："牛羊成群，虎狼独行。"游击战具备强大的独立作战能力，能够在与大部队失去直接联系或缺乏外部大规模支援的情况下，依靠自身的灵活性和对当地环境的熟悉，有效地开展战斗行动。游击队通常由小规模的、高度机动的战斗单元组成，他们具备独立自主的决策能力，能够迅速适应战场的变化。在独立作战时，游击战可以通过出其不意的袭击，给敌人造成心理上的威慑和实际的人员、物资损失。例如，在敌人的后方进行破坏活动，切断补给线，袭击敌军的小股部队等，从而打乱敌人的部署和节奏。这种独立作战的效果不仅体现在军事上的直接打击，还在于对敌人战略计划的干扰和破坏，迫使敌人分散兵力进行应对，为正面战场减轻压力。

2. 持久战单独推进的战略规划。持久战若单独推进，需要有全面而细致的战略规划，这包括对自身资源的精确评估和合理分配，明确在不同阶段的主要任务和目标。例如，在战争初期，重点可能是保存实力，建立稳固的后方基地，发展军工产业；中期则是通过消耗敌人，逐步积累优势，扩大控制区域；后期则是准备大规模的反攻，实现最终的胜利。在这一过程中，需要考虑政治、经济、军事、外交等多方面的因素，制定相应的策略。同时，要充分预估可能出现的困难和挑战，提前做好应对准备，以确保战略的稳步推进。

3. 两者协同作战的模式和优势。游击战与持久战协同作战时，可以形成多种有效的模式。例如，游击战可以在持久战的战略框架下，对敌人的后方和侧翼进行骚扰和破坏，分散敌人的注意力和兵力，为持久战的正面战场创造有利条件，或者游击战为持久战提供情报支持，帮助大部队了解敌人的部署和动态。这种协同作战的优势在于能够充分发挥两种作战方式的长处，实现优势互补。游击战的灵活性和出其不意能够打破敌人的预期，而持久战的稳步推进和战略布局则能够为游击战提供战略方向和支持保障，两者相互配合，大大提高了战胜敌人的可能性。

4. 协同过程中的协调机制与难点。在游击战与持久战协同的过程中，建立有效的协调机制至关重要，这需要建立畅通的情报共享渠道，确保双方能够及时了解彼此的行动和需求。同时，需要有统一的指挥和决策机构，能够根据战场形势做出合理的部署和调整。然而，协同过程中也存在诸多难点，比如由于游击战和持久战的作战特点和规模不同，可能存在沟通不畅、行动不一致的问题。此外，资源分配的矛盾也可能出现，如何在保证持久战战略推进的同时，为游击战提供必要的支持，是一个需要平衡的难题。还有就是在协同作战中，如何确保两种作战方式在目标和策略上的一致性，避免出现各自为战的情况，也是需要解决的关键问题。

(五) 主动与被动

1. 主动采取游击战或持久战的战略考量。当决策者主动选择游击战或持久战的战略时，通常会基于多方面的深入考量。从战略层面来看，如果预计敌方在军事、经济等综合实力上具有明显优势，且短期内难以正面抗衡，选择游击战可以通过分散、灵活的袭击来逐步削弱敌方力量，积累自身经验和资源；持久战的主动选择可能源于对自身战争潜力和国家韧性的充分信心，坚信能够在长期的消耗中拖垮敌方。从战术角度分析，若战场地理环境复杂，有利于隐藏和突袭，游击战就成为主动出击的有效手段；而当需要整合国内资源、调整产业结构、培养军事人才以实现长期对抗时，持久战则是主动规划的战略方向。

2. 被动陷入游击战或持久战的应对策略。在战争中被动陷入游击战或持久战的局面时，需要迅速制定并执行相应的应对策略。如果被迫采取游击战，应尽快建立有效的情报网络，以便准确掌握敌方动态，寻找敌方防御的薄弱环节进行袭击。同时，要加强与当地民众的联系，获取他们的支持和掩护，保障后勤补给的稳定。对于被动陷入的持久战，首要任务是稳定国内局势，凝聚民心，确保资源的合理调配和生产的持续进行。此外，要积极寻求外部支持，通过外交手段争取国际援助和盟友支持，改变自身在战争中的孤立地位。

3. 如何在被动局面下争取主动。在被动的战争局面下，要想争取主动，关键在于准确分析形势，找到敌方的弱点和自身的优势。可以通过战术创新，打破敌方的预期和节奏，例如开发新的游击战术或改变持久战的战略重点；加强内部团结和组织建设，提高军队和民众的战斗意志和信心，形成强大的抵抗力量；善于利用敌方内部的矛盾和国际形势的变化，适时调整策略，为自身创造有利条件；积极开展舆论宣传，争取国际社会的同情和支持，增加自身的战略资源。

4. 主动与被动转换的条件和时机。主动与被动的状态在战争中并非一成不变，其转换通常取决于一系列条件和时机的成熟。当自身力量得到显著增强，如军事技术的突破、兵力的大规模扩充、资源的充足储备等，或者敌方出现重大失误、内部矛盾激化、战略资源枯竭等情况时，就有可能从被动转为主动。

反之，若自身出现战略失误、资源短缺、民心涣散，或者敌方获得强大的外部支援、取得关键战役的胜利等，可能会从主动陷入被动。准确判断这些转换的时机至关重要，需要综合考虑各种因素，及时调整战略，抓住有利时机实现战局的扭转。

（六）局部与全局

1. 游击战在局部地区的作用和影响。游击战在局部地区往往能够发挥至关重要的作用并产生深远的影响。在特定的局部区域，游击战能够有效地扰乱敌人的统治秩序，通过频繁的小规模袭击，破坏敌方的军事设施、交通线路和补给仓库等关键目标，使敌人在该地区的军事行动受到严重阻碍。同时，游击战能够激发当地民众的抵抗意识和爱国热情，增强他们对胜利的信心。民众积极参与情报收集、物资供应和人员掩护等工作，形成军民团结一心的抵抗力量。此外，游击战还能对敌人的心理造成巨大压力，使其时刻处于紧张和不安之中，消耗其精力和资源。

2. 持久战对全局局势的掌控和推动。持久战着眼于对全局局势的掌控和推动，它从宏观的战略角度出发，综合考虑政治、经济、军事、外交等多方面因素，制定长期的作战方针。政治上，通过坚定的抗战决心和有效的宣传动员，凝聚国内各方力量，形成统一的抗战意志。经济上，合理调配资源，保障战争物资的生产和供应，同时发展战时经济，增强国家的战争潜力。军事上，制定逐步消耗敌人、积蓄自身力量的战略部署，根据战争进程适时调整作战策略。外交上，积极争取国际社会的支持和援助，营造有利的国际环境。持久战通过对这些全局因素的统筹规划和有效掌控，推动战争朝着有利于我方的方向发展。

3. 局部胜利对持久战的积累和促进。局部地区的胜利对于持久战的推进具有重要的促进作用。毛泽东在《中国革命战争的战略问题》中指出："全局是由它的一切局部构成的。"①每一次局部的游击战胜利，都能够削弱敌人的有生力量，缴获武器装备和物资补给，为我方的持久战提供直接的物质支持。同时，局部胜利能够积累宝贵的作战经验，提升我方将士的战斗素质和战术水平，为后续的战

---

① 《毛泽东选集》第一卷，北京：人民出版社 1991 年版，第 175 页。

斗打下坚实基础。这些胜利还能够鼓舞士气，增强军民的信心和斗志，进一步巩固国内抗战统一战线。局部胜利在一定程度上也改变了战场态势，为扩大根据地、开辟新的战场创造了有利条件，从而推动持久战向更有利的方向发展。

4. 全局战略对游击战的指导和统筹。毛泽东在《中国革命战争的战略问题》中指出："懂得了全局性的东西，就更会使用局部性的东西，因为局部性的东西是隶属于全局性的东西的。"①全局战略为游击战提供了明确的指导和统筹，从宏观的角度确定了游击战的战略目标和任务，使其行动与整个战争的大局相协调；全局战略根据敌我双方的力量对比、战争形势的变化以及战略重点的转移，合理规划游击战的活动区域和作战时机；在资源分配上，全局战略确保游击战能够获得必要的物资支持和人员补充；通过有效的情报共享和指挥协调机制，将分散的游击战纳入统一的战略框架，避免各自为战，形成协同作战的合力，最大限度地发挥游击战在持久战中的作用。

（七）进攻与防御

1. 游击战中的进攻性策略与时机。在游击战中，进攻性策略的运用需要精心策划和准确把握时机。进攻性策略通常包括突袭、伏击和短促而猛烈的攻击等，突袭策略旨在出其不意地打击敌人的重要据点、补给线或小股部队，以造成敌方的混乱和损失；伏击则是利用熟悉的地形和环境，预先设下埋伏，等待敌人进入陷阱后给予致命一击；短促而猛烈的攻击则强调在短时间内集中力量，对敌人实施突然而有力的打击，然后迅速撤离。时机的选择至关重要，例如当敌人兵力分散、警惕性较低，或者在恶劣天气、夜间等敌方防御相对薄弱的时刻发动进攻，能够增加成功的概率。此外，当获取到准确的情报，了解敌方的行动路线和部署时，也是实施进攻的良好时机。

2. 持久战中的防御重点与方式。持久战中的防御具有重要地位，其重点在于保护关键的战略资源、工业基地、人口密集区以及交通枢纽等。防御方式包括构建坚固的防御工事、建立多层次的防御体系、实施战略撤退和转移等。构建防御工事时，会利用地形优势，设置壕沟、碉堡、障碍物等，以减缓敌人的进攻速

---

① 《毛泽东选集》第一卷，北京：人民出版社 1991 年版，第 175 页。

度；多层次的防御体系则包括前沿防线、纵深防线和后备防线，以逐步消耗敌人的力量；在面对敌人强大的进攻压力时，适时进行战略撤退和转移，保存有生力量，避免不必要的损失；同时，加强防空、反潜等防御措施，以应对敌方的空中和海上攻击。

3. 进攻与防御在两者中的平衡与转换。在游击战和持久战中，进攻与防御需要保持平衡，并根据战争形势灵活转换。毛泽东说："为了进攻而防御，为了前进而后退，为了向正面而向侧面，为了走直路而走弯路。"①在游击战中，虽然以灵活的进攻为主，但遇到敌人强大的反击时，也需要适时采取防御措施，保护游击队的有生力量。而在持久战中，防御是为了积蓄力量、等待时机，但也不能一味防守，当自身力量发展到一定程度，或者敌方出现弱点时，要果断发起进攻，以改变战争态势。平衡的关键在于根据敌我双方的力量对比、战场形势以及战略目标，合理分配资源和兵力。转换的时机则需要准确判断，通常当我方力量增强、敌方疲劳或出现战略漏洞时，由防御转向进攻；当敌方力量强大、我方遭遇挫折时，应由进攻转为防御。

4. 以攻为守与以守为攻的运用。以攻为守在游击战和持久战中是一种积极的策略，通过主动的进攻行动，打乱敌人的部署，使其不得不分散兵力进行防御，从而减轻我方防守的压力。

综上所述，游击战在持久战中扮演着极其关键的角色，它如同星星之火，在漫长的战争岁月中不断燃烧，以其独特的战斗方式为持久战注入了强大的生命力。没有游击战的广泛开展，持久战可能只是纸上谈兵；而没有持久战的战略引领，游击战也难以发挥最大的战略价值。在今后的战争与斗争中，我们应当深刻认识和把握游击战与持久战的关系，从中汲取智慧和力量，以应对各种复杂的挑战和困难。

二、游击战与持久战存在的必然性

在现代战争中，持久战与游击战体现在国家斗争或国际对抗的各领域和各层面。

---

① 《毛泽东选集》第一卷，北京：人民出版社1991年版，第196页。

（一）各领域

1. 政治方面

（1）国际政治格局中的长期博弈与灵活策略调整。在国际政治格局中，国家之间的关系往往是复杂的，涉及权力、利益、价值观等多方面的因素。长期博弈是常态，各国在追求自身利益和国际地位的过程中，需要制定长远的政治战略，这包括在国际组织中的影响力争夺、地缘政治的布局、盟友关系的维护与拓展等。同时，随着国际形势的不断变化，灵活的策略调整至关重要。例如，当新兴大国崛起改变了原有的力量平衡，或者突发的国际事件影响了地区稳定，各国需要迅速做出反应，调整外交政策、联盟关系和政治手段，以适应新的局势。

（2）内政治理中的长期稳定目标与应对突发政治事件的灵活手段。"治大国如烹小鲜。"一个国家的内部政治治理需要有长期稳定的目标，如维护社会秩序、保障公民权利、推动民主法治建设等，然而，在实现这些目标的过程中，不可避免地会遇到各种突发的政治事件，如社会动荡、政治丑闻、恐怖袭击等，这时就需要采取灵活的手段来应对，迅速平息事态，恢复社会稳定，同时通过这些事件反思和改进内政政策，以增强国家的政治韧性和应对能力。

（3）政治理念传播的长期坚持与特定时期的重点突破。每个国家都有其独特的政治理念和价值观，在国际舞台上传播这些理念是提升国家影响力的重要方式，这需要长期坚持不懈的努力，通过文化交流、媒体宣传、外交活动等多种途径进行传播。同时，在特定的历史时期或国际环境下，需要抓住关键时机，实现重点突破。比如，在国际社会对某一议题高度关注时，积极发声，推广本国的政治理念，争取更多的国际认同和支持。

2. 经济方面

（1）全球经济竞争中的长期产业布局与短期市场策略。在全球经济竞争的大舞台上，各国为了提升自身的经济实力和竞争力，需要进行长期的产业布局，这包括确定重点发展的战略性新兴产业、培育具有核心竞争力的企业、加强科技创新和人才培养等。同时，在短期的市场竞争中，也需要灵活运用各种策略，抓住市场的瞬息变化，迅速推出新产品、抢占市场份额，或者通过灵活的营销手段应对竞争对手的挑战。

（2）应对经济危机的长期政策规划与紧急救助措施。经济危机是各国经济发展过程中面临的重大挑战。为了有效应对，需要制定长期的政策规划，如加强金融监管、优化经济结构、建立风险防范机制等，以提高经济的抗风险能力。而在经济危机爆发的紧急时刻，则需要迅速采取救助措施，如向金融市场注入资金、实施财政刺激政策、救助关键产业和企业等，以稳定经济形势，防止危机的进一步恶化。正如习近平总书记指出的："推动世界经济，走出危机……主要发达国家要采取负责任的经济政策，把控好政策外溢效应，避免给发展中国家造成严重冲击。"[①]

（3）经济制裁与反制裁的持久较量和关键节点的反击。在国际经济关系中，经济制裁与反制裁是常见的手段。国家之间可能因为政治、经济、安全等原因相互实施经济制裁，这往往是一场持久的较量。被制裁方需要在长期内通过发展替代贸易伙伴、加强国内产业自给能力等方式减少制裁的影响。同时，要密切关注制裁方的经济弱点和国际形势的变化，在关键节点进行有力的反击，如采取对等的制裁措施或者联合其他国家共同应对，以打破制裁的枷锁，维护自身的经济利益。

3. 文化方面

（1）民族文化传承与发展的长期使命与特定文化现象的灵活推广。民族文化的传承与发展是一项肩负着历史责任和未来期望的长期使命，这意味着要持续保护和弘扬传统文化的核心价值、技艺、习俗等，将其作为民族精神的根基不断巩固和延续。同时，要在教育、社会活动和制度建设等多方面融入文化传承的元素，确保每一代都能承接和传递民族文化的火炬。然而，在特定的时代背景下，某些具有代表性的文化现象会涌现出来，此时就需要灵活地进行推广。比如，一部具有独特魅力的影视作品、一场引起广泛关注的文化活动或者一种新兴的文化潮流，应当迅速抓住这些机会，运用现代传媒和营销手段，将其推向更广泛的受

---

① 《习近平谈治国理政》第四卷，北京：外文出版社 2022 年版，第 485 页。

众，以增强民族文化在当代社会的影响力和吸引力。

（2）文化交流中的长期形象塑造与文化冲突中的应急处理。在文化交流的广阔舞台上，一个国家需要树立长期稳定且积极的文化形象，这包括展示自身文化的独特魅力、包容精神和创新活力，通过持续的文化输出和交流活动，让世界更好地了解和接纳本国文化。但文化交流并非一帆风顺，文化冲突时有发生，当面临冲突时，需要迅速做出应急处理，避免冲突升级和负面影响的扩散。这可能涉及及时的沟通、解释、妥协或者寻求第三方的调解，以维护文化交流的正常秩序，并在冲突解决后，总结经验教训，完善未来文化交流的策略和方式。

（3）文化创新的持续推动与热门文化产品的适时推出。文化创新是文化发展的内在动力，需要持续不断地投入资源和精力，这包括鼓励创作新的文学、艺术、音乐、影视等作品，探索新的表现形式和主题，培养创新型文化人才，营造有利于创新的文化环境。与此同时，在文化市场中，热门文化产品往往具有时效性和高关注度，对于这些产品，要采取游击式的营销策略，迅速抓住市场热点和消费者需求，以高效的营销和推广手段将其推向市场，获取最大的社会效益和经济效益。然后，利用这些成功案例，激发更多的创新活力，形成文化创新的良性循环。

4. 科技方面

（1）核心科技研发的长期投入与前沿科技突破的重点攻坚。在科技领域，核心科技的研发是国家竞争力的关键所在，需要长期稳定的投入，这包括资金、人才、政策等多方面的支持，以确保在关键领域如芯片制造、航空航天、生物医药等方面能够不断取得进展。同时，对于前沿科技的突破，要明确重点，集中优势力量进行攻坚。例如，在量子计算、人工智能、核聚变等具有变革性潜力的领域，通过设立专项研究项目、组建顶尖科研团队、建设先进的研究设施等方式，力求在关键技术上取得突破，占据科技制高点。

（2）科技应用的长期推广与新兴科技领域的快速切入。科技成果只有广泛应用于社会生产和生活中，才能真正发挥其价值。对于成熟的科技应用，需要进行长期的推广和普及，包括制定相关政策引导产业升级、加强科技教育培训提高公众应用能力、完善基础设施建设提供应用条件等。另外，新兴科技领域往往蕴含着巨大的发展机遇，需要敏锐地洞察并快速切入，这要求及时调整研究方向和资源配置，吸引相关人才和投资，建立合作联盟，迅速在新兴领域建立起一定的技术优势，抢占市场份额。

（3）应对科技封锁的长期准备与突破关键技术的集中攻关。在国际科技竞争中，科技封锁是一种常见的手段，为了应对这种情况，国家需要做好长期的准备，包括建立自主可控的科技产业体系、加强基础技术研究、培养具有自主创新能力的科研队伍等。当面临关键技术被封锁的紧迫局面时，要组织人员集中攻关，整合各方资源，打破技术瓶颈。习近平总书记指出："关键核心技术是要不来、买不来、讨不来的。只有把关键核心技术掌握在自己手中，才能从根本上保障国家经济安全、国防安全和其他安全。"①这可能需要跨部门、跨学科、跨企业的协同合作，充分发挥社会主义制度集中力量办大事的优势，以最快的速度实现关键技术的自主可控，保障国家科技安全和发展利益。

5. 金融方面

（1）金融体系稳定的长期建设与金融风险的灵活应对。金融体系的稳定是国家经济健康发展的基石，其长期建设需要从多个维度入手，这包括构建健全的金融法律法规框架，以规范金融市场的运作和交易行为；完善金融监管体制，加强对金融机构的审慎监管，确保其资本充足、风险可控；培育多元化、稳健的金融机构体系，提高金融服务的覆盖面和质量；发展多层次的资本市场，优化融资结构，提高直接融资比重。然而，金融市场充满不确定性，金融风险随时可能出现，面对风险，需要灵活应对，及时监测和评估风险的来源、规模和影响，采取针对性的措施，如调整货币政策、实施紧急救助计划、加强市场流动性管理等，以防止风险的扩散和蔓延，维护金融体系的稳定。

（2）国际金融市场的长期布局与短期金融波动的应对策略。在全球化的背景下，积极参与国际金融市场是提升国家金融竞争力和影响力的重要途径。长期布局包括加强与国际金融机构的合作，提升在国际金融规则制定中的话语权；推动本国货币的国际化进程，提高在国际贸易和投资中的使用比例；鼓励金融机构拓

---

① 《习近平谈治国理政》第三卷，北京：外文出版社 2020 年版，第 248 页。

展海外业务，优化全球资产配置。同时，国际金融市场波动频繁，短期金融波动可能对国内金融市场造成冲击，对此，需要制定有效的应对策略，如建立跨境资金流动监测体系，加强外汇储备管理，适时进行汇率干预，以及通过宏观审慎政策工具调整金融机构的杠杆率和风险偏好，以降低外部冲击的影响，保持国内金融市场的平稳运行。

（3）金融监管的持续加强与金融创新的适度引导。金融监管的持续加强是保障金融体系安全、防范系统性金融风险的必要手段。这需要不断更新监管理念和方法，适应金融业务的创新和发展，加强对金融机构的合规监管，严厉打击违法违规行为，维护市场秩序。同时，金融创新对于提高金融服务效率、满足多样化的金融需求具有重要意义，但金融创新也可能带来新的风险和挑战，因此需要适度引导，建立健全金融创新的风险评估和监测机制，在鼓励创新的同时，确保创新活动在可控的风险范围内进行，实现金融创新与金融监管的动态平衡。

6. 反腐方面

（1）反腐败制度建设的长期推进与特定腐败案件的快速查处。反腐败制度建设是预防和惩治腐败的根本保障，需要长期持续推进，这包括建立健全反腐败法律法规体系，明确腐败行为的界定和处罚标准，堵塞制度漏洞；完善权力运行监督制约机制，加强对权力集中、资金密集、资源富集部门和岗位的监督，实行权力清单制度，规范权力运行流程；推进政务公开和信息透明，保障公众的知情权、参与权和监督权，让权力在阳光下运行；对于特定的腐败案件，特别是社会关注度高、影响恶劣的案件，要迅速启动调查程序，集中力量快速查处，及时公布调查结果，回应社会关切，彰显反腐败的决心和力度。

（2）廉政文化培育的长期努力与关键岗位的重点监督。廉政文化的培育是从源头上预防腐败的重要举措，需要长期不懈的努力，通过开展廉政教育活动，弘扬廉洁价值观，营造风清气正的社会氛围；加强对公职人员的职业道德教育和廉政培训，提高其廉洁自律意识。同时，关键岗位由于掌握着重要的权力和资源，往往是腐败的高发区域，需要进行重点监督，建立关键岗位的廉政风险评估机制，加强对其履职行为的日常监督和审计，实行定期轮岗制度，降低腐败发生的风险。

（3）反腐国际合作的持续开展与跨境反腐的灵活行动。腐败问题日益呈现出国际化的趋势，因此反腐国际合作的持续开展至关重要，应加强与其他国家和国际组织在反腐败领域的信息交流、经验分享和执法协作，共同打击跨国腐败犯罪；积极参与国际反腐败公约的制定和执行，推动构建公平公正的国际反腐败治理体系；在跨境反腐行动中，要根据具体情况灵活应对，充分运用国际法律和司法协助机制，追逃追赃，切断腐败分子的外逃通道，让腐败行为无处遁形。

7. 禁毒方面

（1）禁毒工作的长期宣传教育与重点地区的集中整治。禁毒工作的宣传教育意义重大，通过多样化的渠道和形式，如学校教育、社区活动、媒体宣传等，持续向公众普及毒品的危害，传播禁毒的法律法规和政策，培养全民的禁毒意识，从思想根源上遏制毒品的蔓延。特别是针对青少年群体，要开展有针对性的教育活动，帮助他们树立正确的价值观和生活观念，远离毒品的诱惑。同时，由于地理、经济、社会等因素，某些地区可能成为毒品问题的重灾区，对于这些重点地区，需要集中力量进行整治，包括加强治安巡逻、加大执法力度、清查涉毒场所、帮扶涉毒人员等，以彻底改变这些地区的毒品泛滥状况。

（2）毒品打击的长期高压态势与贩毒新手段的灵活应对。"毒品一日不绝，禁毒一刻不止。"为了有效遏制毒品犯罪，必须保持长期的高压打击态势，这意味着不断加大对毒品制造、贩卖、运输、走私等各个环节的打击力度，严惩涉毒犯罪分子，形成强大的法律威慑。同时，随着科技的发展和社会的变化，贩毒手段也在不断更新和变化，例如利用互联网进行毒品交易、通过物流快递运输毒品等。面对这些新情况，禁毒工作需要灵活应对，如加强情报收集和分析能力，创新侦查手段和技术，建立跨部门、跨地区的协作机制，及时发现和打击新型贩毒活动，不给贩毒分子任何可乘之机。

（3）国际禁毒合作的长期坚持与跨境贩毒的精准打击。毒品问题是一个全球性的挑战，国际禁毒合作至关重要且需要长期坚持。各国之间应加强信息共享、执法协作、联合行动等方面的合作，共同打击跨国毒品犯罪网络。通过签署双边或多边禁毒协议，建立国际禁毒联络机制，加强在毒品监测、缉毒执法、戒毒康复等领域的经验交流与合作。对于跨境贩毒活动，要实施精准打击，利用先进的侦查技术和手段，追踪毒品的来源和流向，切断跨境贩毒的通道，摧毁跨境贩毒的组织和网络，维护国际社会的安全与稳定。

8. 扫黑方面

（1）扫黑除恶长效机制的建立与阶段性专项行动。建立扫黑除恶的长效机制是实现社会长治久安的根本保障，这包括完善法律法规，明确黑恶势力的认定标准和处罚措施，为扫黑除恶工作提供坚实的法律依据；建立健全常态化的线索排查、案件办理、监督考核等工作机制，确保扫黑除恶工作的持续推进；加强执法队伍建设，提高执法人员的专业素质和执法水平，保证扫黑除恶工作的公正、高效。同时，根据黑恶势力的发展态势，适时开展阶段性的专项行动，集中力量打击一批突出的黑恶势力犯罪，形成强大的震慑效应，巩固扫黑除恶的成果。

（2）社会治安综合治理的长期规划与对黑恶势力新形式的及时打击。社会治安综合治理是一项系统工程，需要有长期的规划和战略眼光。这包括加强社会治安防控体系建设，完善治安巡逻、视频监控、社区警务等工作机制，提高社会治安的整体防控能力；推进社会矛盾纠纷的排查化解，加强源头治理，预防和减少黑恶势力滋生的土壤；加强对重点人群的服务管理，如刑满释放人员、社区矫正人员、流浪乞讨人员等，防止其被黑恶势力拉拢利用。随着社会的发展，黑恶势力也在不断变换形式和手段，例如以公司化形式掩盖违法犯罪活动、利用网络进行非法敛财等，对此，需要保持高度的警惕，及时发现和打击这些新形式的黑恶势力，维护社会治安的稳定。

（3）基层治理中的长期建设与重点区域的扫黑突破。基层治理是扫黑除恶工作的基础和关键，通过加强基层党组织建设，提高基层党组织的凝聚力和战斗力，发挥其在扫黑除恶工作中的领导核心作用；完善基层民主制度，保障群众的知情权、参与权、监督权，发动群众积极参与扫黑除恶斗争；加强基层法治建设，提高群众的法治意识，营造良好的法治环境。同时，针对黑恶势力容易滋生和盘踞的重点区域，如城乡接合部、批发市场、娱乐场所等，要加大整治力度，开展专项治理行动，打破黑恶势力的利益链条，消除其生存空间，实现重点区域的扫黑突破，带动整体社会治安的改善。

9. 反恐方面

（1）反恐预防工作的长期开展与突发恐怖袭击的应急处置。反恐预防工作是一项需要长期坚持和不断深化的艰巨任务，这包括从多个层面进行全面布局，如加强对社会公众的反恐教育，提高全民的反恐意识和应对能力，让每个人都能成为反恐防线的一员。同时，建立健全情报收集与分析系统，整合公安、国安、外交等多部门的资源，对潜在的恐怖威胁进行持续监测和评估，提前发现并化解可能的风险。此外，强化对重点区域、重要设施以及人员密集场所的安保措施，完善安全检查制度，提升防护能力。然而，尽管做了充分的预防工作，突发恐怖袭击仍有可能发生。在这种紧急情况下，高效的应急处置机制就显得至关重要，这需要明确各部门在应急处置中的职责和任务，确保在第一时间迅速调动反恐力量，如特种部队、警察、医疗救援队伍等，协同作战，迅速控制局势，最大限度地减少人员伤亡和财产损失。同时，要建立及时、准确的信息发布机制，避免社会恐慌，稳定民心。

（2）国际反恐合作的长期推进与反恐策略的灵活调整。在全球化的背景下，恐怖主义活动已超越国界，国际反恐合作的长期推进成为必然选择。各国应加强在情报共享、执法协作、司法互助等方面的深度合作，共同打击跨国恐怖组织和恐怖分子的活动，通过建立常态化的国际反恐合作机制，如双边或多边的反恐协议、联合反恐行动指挥部等，形成强大的国际反恐合力。同时，由于恐怖主义的形式和特点不断变化，反恐策略也需要根据实际情况灵活调整，例如随着网络技术的发展，恐怖组织利用互联网进行招募、宣传和策划活动日益增多，反恐部门应及时加强网络反恐的力度，包括网络监控、信息过滤、打击网络恐怖融资等。此外，针对不同类型的恐怖组织和活动区域，应制定有针对性的反恐策略，采取军事打击、经济制裁、政治谈判等多种手段，实现最佳的反恐效果。

（3）反恐技术研发的持续投入与反恐手段的创新应用。为了有效应对日益复杂和多样化的恐怖威胁，反恐技术研发需要持续不断地投入，这涵盖了多个领域，如监控技术、侦查技术、防护装备、信息安全技术等。可加大对高清监控摄像头、人脸识别系统、无人机监测等先进监控技术的研发和应用，提高对公共场所和敏感区域的监控能力。在侦查技术方面，发展大数据分析、人工智能辅助侦查、生物识别技术等，提高对恐怖分子和恐怖活动的追踪和识别能力。同时，不断创新反恐手段，如利用社交媒体进行反恐宣传和情报收集，开展心理战以瓦解恐怖组织的意志，加强对恐怖分子的改造和教育等。此外，注重反恐技术的普及和应用培训，确保一线反恐人员能够熟练掌握和运用这些新技术、新手段，提高反恐工作的效率和准确性。

（二）各层面

1. 国家与社会

（1）国家安全战略的长期规划与社会稳定的日常维护。国家安全战略的长期规划是一个国家长治久安的重要保障，这需要从宏观层面出发，综合考虑政治、军事、经济、文化、生态等多个领域的安全需求，制定出具有前瞻性、系统性和综合性的战略蓝图，包括构建强大的国防力量，保障领土主权完整；发展独立自主的关键核心技术，确保经济安全；加强意识形态建设，维护文化安全等。同时，社会稳定是国家安全的基础，需要通过完善社会治安防控体系，加强公共安全管理，及时化解各类社会矛盾纠纷，打击违法犯罪活动，保障人民群众的生命财产安全，营造和谐稳定的社会环境。

（2）国家发展目标的长期追求与社会矛盾的灵活解决。国家发展目标的长期追求体现了国家的战略眼光和使命担当，涵盖了经济增长、社会进步、科技创新、环境保护等诸多方面。例如，制定长期的经济发展规划，推动产业升级，实现可持续发展；加大对教育、医疗、就业等民生领域的投入，提高人民生活水平。然而，在发展过程中不可避免会出现各种社会矛盾，如贫富差距、城乡发展不平衡、资源环境压力等，这就需要灵活运用各种政策工具和手段，因地制宜地解决这些矛盾，通过改革收入分配制度，促进社会公平正义；实施乡村振兴战略，推动城乡融合发展；加强生态文明建设，实现人与自然和谐共生。

（3）国家形象塑造的长期努力与社会舆论的及时引导。国家形象的塑造是一个长期而持续的过程，需要通过弘扬优秀传统文化，展示国家的发展成就，积极参与国际事务，传递和平友好的理念等方式，在国际社会中树立起良好的形象。同时，在国内，社会舆论的影响力日益增强，及时有效的引导至关重要，这需要建立健全舆论监测和分析机制，及时了解公众的关注点和诉求，通过权威发布、专家解读、公众参与等方式，引导社会舆论朝着积极健康的方向发展，增强社会共识，凝聚发展力量。

2. 国内与国际

（1）国内政策的长期稳定与国际形势变化的灵活应对。国内政策的长期稳定为国家的发展提供了明确的方向和稳定的预期，有利于激发市场活力，促进经济社会的可持续发展。例如，保持宏观经济政策的连续性和稳定性，推动产业政策的长期实施，加强社会政策的兜底保障作用。然而，国际形势风云变幻，如贸易摩擦、地缘政治冲突、全球公共卫生事件大爆发等，对国内发展产生了诸多不确定性，这就要求我们密切关注国际形势的变化，灵活调整政策，通过加强贸易多元化，拓展国际合作空间，提升应对外部冲击的能力，维护国家的利益和发展。

（2）国内市场的长期培育与国际市场的拓展竞争。国内市场的长期培育是构建国内大循环的关键，需要通过优化市场环境，激发消费潜力，加强基础设施建设，推动产业升级，提高国内市场的供给质量和需求规模来刺激消费。同时，积极参与国际市场的拓展竞争是实现经济全球化的必然要求。杰克·韦尔奇说过："全球化已经成为不可逆转的趋势，企业必须积极参与全球竞争，才能在未来的市场中立于不败之地。"这包括提高产品和服务的国际竞争力，加强品牌建设，拓展海外市场份额，参与国际规则制定，应对国际贸易壁垒，实现国内国际市场的良性互动和协同发展等。

（3）国内资源整合的长期推进与国际资源的灵活利用。国内资源整合的长期推进有助于优化资源配置，提高资源利用效率，促进区域协调发展，实现共同富裕。例如，推动东西部协作，加强城乡资源统筹，促进产业转移和承接等。在全球化背景下，国际资源的丰富性和多样性为国家发展提供了更多的机遇，应通过引进国外先进技术、人才、资金等资源，加强国际产能合作，实现资源的互补和共享。同时，要根据国内发展的需求和国际市场的变化，灵活选择和利用国际资源，防范资源依赖风险，保障国家经济安全。

3. 地面与太空

（1）地面基础设施建设的长期进行与太空领域的战略布局。一方面在地面上，基础设施建设是国家和社会发展的重要支撑，需要长期、持续且有规划地进行，这涵盖了交通网络的拓展与完善，包括公路、铁路、港口和机场的建设与升级；能源供应体系的构建与优化，如电力、石油和天然气的生产、传输与分配设施；通信基础设施的普及与提速，以实现高速宽带网络的全面覆盖。这种长期进行的基础设施建设不仅满足当下的需求，更是为了适应未来经济增长、社会变迁和技术进步的要求。另一方面在太空领域积极进行战略布局，这包括建立卫星通信网络，以实现全球范围内的高速数据传输和通信服务；发展卫星导航系统，为地面和空中的交通、测绘、农业等众多领域提供精准的定位和导航支持；开展太空探索任务，如月球和火星探测，为未来的资源开发和太空移民奠定基础；构建太空军事防御体系，保障国家在太空的资产和利益安全。太空领域的战略布局需要长期的规划和大量的资源投入，但其带来的潜在回报和战略优势是巨大的。

（2）地面军事防御的长期巩固与太空军事能力的逐步发展。一方面地面军事防御一直是国家安全的重要保障，其长期巩固涉及边境防线的建设与监控、防空和反导系统的部署与更新、军事基地的布局与强化等多个方面，通过不断提升地面军事防御的能力，可以有效地抵御来自陆地、海洋和空中的各种威胁，保障国家的领土主权和人民的生命财产安全。另一方面随着科技的飞速发展，太空逐渐成为军事竞争的新领域。太空军事能力的逐步发展意味着要研发和部署太空侦察卫星、通信卫星、导航卫星等军事卫星系统，以获取情报、保障通信和提高武器的精确打击能力；探索太空武器技术，如反卫星武器、轨道武器等，以增强在太空的威慑力和作战能力；建立太空军事指挥和控制体系，培养专业的太空军事人才，制定相关的战略和战术。太空军事能力的发展是一个渐进的过程，需要综合考虑技术、经济、政治和国际法律等多方面的因素。

（3）地面资源开发的长期规划与太空资源探索的适时推进。一方面，地面资源的开发利用对于满足人类的生产生活需求至关重要，因此需要制定长期规划，这包括对矿产资源的合理开采与保护，以确保资源的可持续供应；对土地资源的科学规划与利用，实现城市化与农业发展的平衡；对水资源的优化配置与节约，以应对水资源短缺的挑战；对生物资源的保护与开发，以维护生态平衡和生物多样性。另一方面，太空资源探索是人类未来发展的新方向，适时推进具有重要意义。太空中存在着丰富的资源，如稀有金属、氦-3等能源资源，以及微重力、高真空等特殊环境资源，适时推进太空资源探索，需要开展科学研究，了解太空资源的分布和特性；发展太空采矿技术和设备，实现资源的有效获取和利用；建立太空资源开发的国际合作机制，共同分享成果和应对挑战。太空资源探索的推进将为解决地球资源短缺问题提供新的途径，同时也为人类的未来发展开辟广阔的空间。

4. 物质与精神

（1）物质基础建设的长期投入与精神文明建设的持续推进。物质基础建设是社会发展的硬件支撑，涵盖了基础设施、工业生产、农业发展等众多领域。长期投入物质基础建设意味着不断加大对交通、通信、能源等基础设施的建设力度，提升其承载能力和服务水平；推动工业的转型升级，提高生产效率和产品质量，增强产业竞争力；加强农业现代化建设，保障粮食安全，促进农村经济发展。与此同时，精神文明建设作为社会发展的软件保障，同样需要持续推进，这包括弘扬社会主义核心价值观，培养公民的道德品质和社会责任感；丰富文化生活，推动文学、艺术、哲学等领域的繁荣发展，满足人们的精神文化需求；加强教育和科学普及，提高公民的文化素质和创新能力。物质基础建设和精神文明建设相辅相成，只有两者协调发展，才能实现社会的全面进步和人的全面发展。

（2）物质需求满足的长期努力与精神激励机制的灵活运用。满足人们的物质需求是社会发展的基本任务之一，这需要在长期内不断努力提高生产力水平，增加物质财富的供给，通过科技创新、管理创新和制度创新，推动经济持续增长，提高居民收入水平，改善生活质量。然而，仅仅满足物质需求是不够的，还需要灵活运用精神激励机制来激发人们的积极性和创造力，精神激励可以通过表彰先进、树立榜样、提供职业发展机会等方式，满足人们对尊重、自我实现等高层次的精神需求。在工作场所，建立公平合理的薪酬体系和晋升机制，同时营造积极向上的企业文化，激发员工的工作热情和创新精神；在社会层面，通过宣传英雄模范事迹，弘扬正能量，引导人们树立正确的价值取向和行为准则。物质需求的满足和精神激励机制的有效结合，能够充分调动人的主观能动性，促进社会和谐发展。

（3）物质文化遗产保护的长期工作与精神文化内涵的深度挖掘。物质文化遗产是人类历史和文明的重要见证，保护物质文化遗产是我们的责任和使命。长期的保护工作包括对历史建筑、文物古迹、传统村落等进行修缮、维护和管理，制定相关法律法规，加强监管力度，防止人为破坏和非法交易；同时要注重物质文化遗产周边环境的保护，保持其原真性和完整性。然而，保护不仅仅是物理层面的保存，更重要的是对其精神文化内涵的深度挖掘，通过历史研究、文化解读、艺术创作等方式，揭示物质文化遗产所蕴含的哲学思想、审美价值、社会制度等精神层面的内容，将这些精神文化内涵与当代社会相结合，能够为文化传承和创新提供丰富的素材和灵感，增强民族文化自信，促进文化的繁荣发展。

相关内容不仅仅限于此，这里仅列其大概。总之，不仅游击战与持久战会在各领域各层面交叉配合、灵活运用，而且各个领域各个层面也会相互联系、相互影响游击战与持久战的实施。在复杂多变的战争环境中，游击战与持久战并非孤立运作，它们与各个领域和层面都有着千丝万缕的联系。无论是军事战略的规划、政治局势的演变、经济资源的调配，还是社会心理的改变、情报信息的传递，都与游击战和持久战紧密交织，它们之间存在着极其紧密的互动关系，一方的细微变化和策略调整常常会引发另一方的连锁反应，共同构成了战争中复杂而动态的格局。

三、在现代战争中游击战与持久战发展的新趋势

这里仅从军事战争的角度来研究讨论，至于上述的其他领域或层面不再赘述。

（一）持久战会发展变成游击战

在现代战争的复杂环境下，持久战常常会展现出游击战的显著特点，当战争迈入长期的相持阶段，各方力量在持续的消耗与激烈的对抗中竭力寻求突破的契机，游击战这种独特的战斗策略便逐渐凸显成为一种至关重要的战略选择。在旷日持久的战争进程中，游击战凭借其灵活机动的战术布局，能够巧妙地规避敌人

的凌厉锋芒，最大限度地保存有生力量，并伺机寻找敌人的疏漏和薄弱环节，给予其出其不意的沉重打击。

比如在对称战争中，持久战是游击战。当双方军事实力大致相当，战争陷入僵局时，持久战往往向游击战的策略转变。在对称战争的持久阶段，游击战以其不确定性让敌人难以捉摸，通过分散兵力、突袭骚扰等方式，打乱敌人的战略部署，消耗其资源和士气。例如在某些地区性的军事冲突中，双方实力均衡，一方采取游击战术，不断对另一方的后勤补给线和关键据点进行突然袭击，使得胜利天平向游击战一方偏移。

又如在非对称战争中，持久战往往变成游击战。实力悬殊的情况下，弱小一方通常依靠游击战来拖延和消耗强大的敌人。《孙子兵法》云："凡战者，以正合，以奇胜。"游击战就是这种"奇"的体现，通过出其不意的攻击和隐蔽的行动，给强敌制造麻烦，使其难以速战速决。比如在一些反侵略战争中，弱势的一方凭借对本土的熟悉，采用游击战的方式，让敌军陷入人民战争的汪洋大海，无法实现其速胜的战略目标。

1. 形成原因

（1）力量对比悬殊。军事力量存在显著不均衡，这种不均衡涵盖了多个关键维度。一是量上，在兵力规模上，一方可能拥有庞大的常备军和后备役力量，而另一方则兵力相对稀少。兵种结构方面，一方可能具备齐全且现代化的兵种配置，包括装甲兵、航空兵、海军陆战队等，而另一方可能兵种单一，难以形成多兵种协同作战的有效体系。军事训练水平的差异也极为明显，一方可能拥有先进的训练理念、设施和实战化的训练模式，能培养出高素质、战斗经验丰富的军人，而另一方可能由于资源匮乏、训练方法陈旧，导致士兵的军事素养和战斗技能相对薄弱。二是质上，双方在兵力数量、兵种构成和训练质量上存在较大差距。兵力数量的不对等可能导致在战场部署和战略执行上的困难，数量少的一方难以进行大规模的正面作战。兵种构成的差异会影响作战的多样性和应对复杂战场环境的能力，例如缺乏现代化的防空力量可能在面对敌方空中打击时处于被动。训练质量的优劣则直接关系到士兵在战场上的反应速度、战术执行能力和生存几率，训练水平低的一方往往在战斗中更容易出现失误和混乱。

（2）经济实力的巨大差距。列宁曾说："战争是对每个民族全部经济力量和组织力量的考验。"①一是军费投入相差甚远，这直接影响到军队的装备更新、人员待遇和训练水平。经济实力强大的一方能够投入巨额资金用于研发新型武器装备、开展大规模军事演习和培养专业军事人才；经济薄弱的一方则可能因军费不足而导致武器老化、军人福利低下，进而影响士气和战斗力。二是军工产业基础强弱分明，强大的军工产业能够自主研发和生产先进的武器系统，满足战争中的各种需求，并且能够迅速进行大规模生产和装备更新。相反，薄弱的军工产业可能依赖进口或仿制，在战争中容易受到外部供应链中断和技术封锁的影响，导致武器装备的供应不足和性能落后。三是战争归根结底是由经济原因引起的，经济是战争的物质基础。军队的装备、编成、编制、战术和战略的发展变化首先依赖于经济，即当时的生产水平和交通状况。充足且高质量的物资储备，如弹药、燃料、食品和医疗用品等，能够支持军队进行长期作战，保障战斗力的持续发挥，而物资储备匮乏的一方可能在战争后期因物资短缺而陷入困境，无法维持正常的作战行动。

（3）技术差距与不对称性。武器装备存在代际差别，一方可能拥有最先进的主战坦克、战斗机、导弹系统等，而另一方可能仍在使用老旧的装备，这在作战效能、射程、精度和信息化程度等方面形成巨大差距。常规武器性能的参差不齐也会影响战场表现，例如一方的火炮射程更远、精度更高，就能够在战斗中占据主动。高科技武器的有无以及自主研发能力的高低也会影响战争进程，拥有先进的高科技武器，如卫星制导武器、无人机作战系统、网络战武器等，就能够在战争中实现精确打击，而缺乏这些武器并且自主研发能力不足的一方，在面对高科技战争时将处于被动防御的地位。

（4）复杂的地缘政治环境。在现代战争中，多方势力常常介入并相互激烈博弈，各方基于自身的政治、经济、军事和战略利益，在战争区域展开错综复杂的角逐。一方面，周边国家由于各自独特的国情和发展需求，有着截然不同且多样化的利益诉求，一些国家可能寻求地区主导权，通过支持某一方势力来扩大自身影响力；另一些国家可能更关注边境安全，担心战争蔓延影响自身稳定；还有些

---

① 《列宁全集》第 37 卷，北京：人民出版社 2017 年版，第 321 页。

国家可能侧重于经济利益，希望通过参与战后重建或资源开发获取实惠。这些不同的利益诉求相互交织、碰撞，使得战争局势更加扑朔迷离，增加了战争的不确定性和复杂性。另一方面，国际组织的干预也是现代战争中不可忽视的因素。一些国际组织可能基于人道主义原则，试图推动和平谈判、监督停火协议的执行，或者提供救援物资和医疗援助。然而，也有部分国际组织可能受到某些大国的影响，对战争的走向产生偏向性的干预。同时，地区联盟的形成与变动频繁发生，不同的联盟可能基于共同的安全威胁、经济利益或者政治目标而结成，但随着局势的变化，联盟内部的利益分歧可能导致其解体或重组。在战争中，战略要地、交通枢纽、资源产地和战略通道往往成为各方激烈争夺的焦点，控制战略要地可以占据地形优势，掌握战争的主动权；交通枢纽对于军队的调动和物资运输至关重要；资源产地能够为战争提供持续的能源和物资支持；战略通道则关系到军事行动的迅速展开和战略部署的实现。这种争夺不仅加剧了战争的激烈程度，也使得战争的影响范围不断扩大。

（5）军事理论与战略思想的影响。一是特定的军事学说对游击战在持久战中的作用给予了高度重视。这些学说深入研究了游击战的特点、规律和战略价值，为战争中的战略制定提供了坚实的理论依据。它们强调游击战的灵活性、群众性和隐蔽性，认为游击战能够在敌强我弱的情况下有效地消耗敌人、破坏敌人的作战体系、动摇敌人的意志，通过对游击战战略地位的明确阐述，军事学说为决策者提供了清晰的思路和指导，使他们能够在持久战中充分发挥游击战的优势，制定出符合实际情况的战略方针。二是历史上成功的游击战案例为当下的战争策略提供了宝贵的经验借鉴。通过对这些案例的深入研究和分析，可以汲取前人的智慧和教训，了解他们在兵力运用、战术选择、情报工作、民众动员等方面的成功做法，以及如何应对各种复杂的战场环境和敌人的反制措施。将这些经验与当前的战争形势相结合，能够更好地制定出适应现代战争条件的游击战策略，提高战争的胜算，同时，对历史案例的借鉴也有助于避免重复前人的错误，少走弯路，以更加高效和明智的方式进行战争。

（6）国际政治压力。国际社会的舆论压力如汹涌浪潮，使参与战争的一方在军事行动中不得不更加谨慎。在信息高度流通的当今时代，全球范围内的公众意见能够迅速形成强大的舆论场，任何过度使用武力的行为都可能引发国际社会的广泛谴责和批评，导致该国在国际舞台上的形象受损，外交关系紧张，因此，为了维护自身的国际声誉和形象，该国在军事行动中需要权衡利弊，遵循国际法和人道主义原则，避免引发国际社会的强烈反对。

2. 转换条件

（1）战争目标调整。在战争进程中，战争目标的调整往往具有重大的战略意义。一方面，从占领到消耗的转变可能成为一种关键的战略选择。当战争局势发生变化，直接占领难以实现或者成本过高时，通过打击敌方关键基础设施，如交通枢纽、能源设施、通信网络等，可以迅速削弱敌方的战争支撑能力。干扰资源供应链则能够阻断敌方获取物资的渠道，使其在人力、物力、财力等方面的资源储备逐渐枯竭。封锁围困战术更是能够从多方面拖垮敌方经济，不仅消耗敌方的战略储备，还能消磨民众的耐心，在长期的僵持中迫使敌方屈服或改变战略决策。另一方面，战略目标的重新评估是战争中的必然过程。如果最初设定的战争目标由于各种原因难以达成，比如敌方的抵抗超出预期、国际形势发生不利于本方的变化、自身军事力量损失过大等，战略决策层就必须对形势进行重新审视。此时，战略目标为以消耗敌方为主，通过持续的军事行动削弱敌方的实力、资源和意志，成为更为现实的选择，这不仅为未来的谈判创造了有利条件，也有助于实现国家的长远利益。在重新考量战争后果时，若出现大量平民伤亡、环境灾难、社会秩序崩溃等严重后果，这些后果不仅会带来人道主义危机，还可能引发国际社会的强烈谴责和制裁，使本国在政治、经济和道义上陷入被动，为了避免这些不可承受的后果，战略决策层需要果断转变作战方式，寻求更加温和、可持续的解决方案，以确保国家的长远利益和战略目标得以实现。

（2）政治因素影响。一是内外政治诉求转变。毛泽东同志说："只有会做政治工作的人才会打仗，不懂政治的人就不会打仗。"①一方面国内政治压力增大。在战争持续过程中，国内政治压力会逐渐增大，民众可能会对战争的高昂代价、人员伤亡和经济负担感到不满，从而形成强大的反战情绪；舆论的批评也会不断涌现，对政府的战争决策提出质疑；政治反对派可能会借机挑战现政府，以获取

---

① 《毛泽东军事文集》第 6 卷，北京：军事科学出版社 1993 年版，第 397 页。

政治利益。这些因素共同作用，迫使政府重新审视战争的目标和策略，以缓解国内的政治紧张局势。政府需要在满足国家利益的前提下，尽可能减少战争对民众生活的影响，平衡战争与国内稳定的关系。另一方面国际政治格局变动。国际政治格局的重大变动对战争的走向有着深远影响。新国际联盟的形成可能改变战争双方的力量对比，大国关系的调整可能使一方失去原有的外部支持，地区政治力量的崛起也可能给战争带来新的变数。这些变化会改变战争双方在国际舞台上的支持和反对力量对比，使一方不得不重新评估其战争目标和政治策略，以适应新的国际政治环境。例如，当新的国际联盟对某一方实施制裁时，该方可能需要调整战略，通过外交途径解决争端，或者寻找新的盟友以打破孤立局面。

二是内部政治局势发生转折。一方面是国内政治集团权力斗争。国内政治集团之间的权力斗争在战争时期往往会对战争决策产生复杂而深远的影响，不同政治集团可能基于自身的利益考量和政治目标，对战争的战略方向、资源分配、军事行动等方面持有不同的看法和主张。这种权力斗争可能导致决策过程的拖延和混乱，各方为了争夺话语权和控制权而相互掣肘，使战争决策无法得到制定和执行。同时，政治集团之间的争斗还可能引发内部的分裂和不稳定，削弱国家在战争中的团结和凝聚力。在这种情况下，政府需要采取措施协调各方利益，确保战争决策的统一性和有效性。另一方面是民众对战争的态度转变。民众对战争的态度转变是迫使政府调整战略的重要因素之一。随着战争的持续和影响的扩大，民众可能会从最初的支持转向反对，如果战争带来了巨大的人员伤亡、经济衰退、社会动荡等问题，民众可能会通过游行示威、舆论压力等方式表达他们的不满和诉求。政府为了维护社会稳定和自身的合法性，不得不重视民众的声音，重新评估战争的代价和收益，调整战略以回应民众的期望，避免因战争导致国内局势的失控。政府可以通过加强与民众的沟通、提高战争的透明度、展示战争的必要性等方式，争取民众的理解和支持。

（3）战场形势变化。一方面敌方战略战术、作战理念及战术创新调整迫使本方转变。在战争中，敌方的战略战术、作战理念及战术创新调整会给本方带来巨大的挑战。信息化精确打击、非对称作战等新的作战方式，能够充分发挥敌方的优势，给本方造成重大损失。新作战理念的出现，如网络中心战、空海一体战等，可能会颠覆传统的作战模式，使原有的战略战术失效。敌方在战术层面的创新，如改进火力配置、优化兵力部署等，也可能给另一方带来意想不到的挑战。为了应对这些挑战，本方必须及时调整战略战术，加强对敌方新作战方式和理念的研究，提高自身的信息化水平和作战能力，同时，要不断创新和改进自己的战术，以适应不断变化的战场形势。一方面战场空间拓展或收缩及多域作战需求出现导致作战区域转移变更。随着科技的发展，战争不再局限于传统的陆地和海洋，太空、网络和电磁空间等新兴领域也成为作战的重要场所，战场空间的拓展可能使战争的范围扩大，涉及更多的地区和领域，而战场空间的收缩则意味着战争重点的转移或作战规模的缩小；多域作战需求的出现要求参战方具备全方位的作战能力和协调能力，在这种情况下，参战方需要根据战场形势的变化及时调整作战区域，以实现战略和战术目标。例如，当太空领域成为战争的重要战场时，参战方需要加强太空作战能力的建设，制定相应的太空作战策略。同时，要加强不同领域作战力量的协调配合，形成一体化的作战体系，提高作战效能。

（4）资源保障问题。在战争中，资源保障是决定战争走向的关键因素之一，自身资源的短缺会对战争产生严重的制约。能源作为现代战争的动力源泉，其匮乏将带来一系列连锁反应，军事装备的运行依赖于充足的能源供应，一旦能源不足，坦克、飞机、军舰等重型装备将无法正常运转，极大地削弱了军队的作战能力；工业生产也会因能源短缺而停滞，无法为战争提供必要的物资支持，如武器弹药、装备零部件等；交通运输系统同样离不开能源，能源匮乏会导致物资运输不畅，影响军队的后勤保障和战略部署。粮食供应在战争中同样至关重要，粮食不足不仅会严重影响民众的生活质量，引发社会不稳定因素，还会直接影响军队的战斗力；士兵们在饥饿状态下难以保持良好的体能和战斗意志，战斗力会大幅下降；此外，粮食短缺还可能导致人心浮动，影响民众对战争的支持度。人力资源的匮乏也是一个重大问题，兵员补充困难会使军队规模难以维持，在长期战争中可能出现兵力不足的情况；专业技术人才的短缺则会影响军事科研和装备维护等关键工作，没有足够的科研人员，就难以研发出先进的武器装备和作战技术；装备维护人员不足则会导致军事装备的故障率增加，降低装备的可用性。与此同时，敌方的资源封锁会进一步加剧困境，海上封锁切断了重要的物资运输通道，阻碍了石油、矿产等战略资源的进口以及商品的出口，严重影响国家的经济运转和战争资源的获取。空中禁运会限制急需物资的快速运输，使战场支援和补给变得困难重重。经济制裁则在金融、贸易等多个领域对本国进行限制，导致资金短缺、技术引进受阻，进一步加剧了资源短缺的困境。面对这些挑战，国家需要采取多种措施来保障资源供应，如拓展资源进口渠道、加强国内资源开发、提高资源利用效率等。

（5）军事技术突破。军事技术的突破在战争中往往具有颠覆性的影响，新型武器的出现能够显著改变战场态势。例如，高效杀人武器的问世，可能具备更强的杀伤力、更远的射程以及更精准的打击能力，这种武器在短时间内可以造成大量人员伤亡，极大地增加了大规模作战的风险和不确定性。它打破了原有的攻防平衡，迫使作战双方重新调整战术和战略。一方可能需要加强防御措施，提高人员防护能力；另一方则需要思考如何更有效地运用这种武器，以取得战略优势。

侦察技术的发展也给战争带来了深刻的变革。先进的卫星侦察、无人机侦察、电子侦察等手段，能够实现对大范围区域的高精度、全天候监视，这对游击战的隐蔽性构成了严峻挑战。游击队依靠地形和民众掩护来保持隐蔽的传统方式，在现代侦察技术面前可能不再奏效，游击队需要不断创新和改进隐蔽策略，如利用复杂地形进行伪装、采用新型通信技术避免被电子侦察等，同时，正规军也需要针对侦察技术的发展调整作战策略，提高反侦察能力，保护自己的军事行动不被敌方察觉。

（6）经济承受能力。"大炮一响，黄金万两。"长期战争必然给国家带来沉重的经济负担，军事开支的急剧增加是其中的一个重要方面，武器采购、人员费用、后勤保障等方面的巨大投入，会使国家财政面临巨大压力。同时，战争可能破坏国内的生产设施，影响正常的经济活动，工厂、企业被炸毁，生产链中断，导致税收减少；财政赤字的不断扩大，会限制国家在军事领域的进一步投入；武器装备更新换代滞后、军事训练水平下降、军人待遇降低等问题，削弱了军队的战斗力和战争的可持续能力。战争对经济结构的破坏也是不可忽视的，关键产业可能在战争中遭受直接打击，如工业生产设施被炸毁、原材料供应中断、技术人才流失等，导致产业崩溃，这不仅影响国家的经济产出和就业，还会使国家失去支撑持久战所需的物资生产和技术研发能力。此外，战争还可能导致贸易中断、外资撤离、金融市场动荡等，贸易中断使国家无法获取必要的物资和资源，外资撤离会减少投资和技术引进，金融市场动荡则会影响国家的经济稳定。这些因素共同作用，使国家陷入经济困境，难以维持长期的战争消耗。为了缓解经济压力，国家需要采取一系列措施，如调整经济政策、发展战时经济、加强国际经济合作等。

（7）领导决策层变动。在战争期间，国家领导决策层的重大变动往往会给战争走向带来深刻影响，新的领导团队通常会带来不同的政治理念、战略眼光和决策风格。他们在审视战争局势时，可能基于对国家利益的全新考量，特别是随着国际形势的不断变化，新领导或许会对局势有着与前任不同的判断，从而调整战争目标和策略。一方面，新领导可能更倾向于通过外交谈判来解决争端。他们可能认识到战争带来的巨大损耗和不确定性，认为通过和平谈判可以更好地维护国家利益。在这种情况下，新领导会致力于减少军事行动的强度，积极推动外交渠道的沟通与协商，避免战争的进一步升级和扩大。另一方面，新领导也可能采取更为激进的军事策略以尽快取得决定性胜利。这可能是出于对国家面临的紧迫威胁的认识，或者是为了巩固自身的政治地位。在这种情况下，新领导会加大军事投入，调整作战部署，采取更具攻击性的战略，力求在短时间内打破战争僵局，实现国家的战略目标。然而，这种激进的策略也伴随着更高的风险和不确定性，需要谨慎权衡利弊。

（8）同盟关系变化。在战争中，同盟关系的稳定性对战争策略起着至关重要的作用，如果战争中的一方与同盟国之间的关系出现问题，必然会导致战争策略的转换。同盟国的态度变化可能源于多种因素，首先，自身利益的变化是一个重要原因。随着战争的发展，同盟国可能发现自己的利益与盟友不再完全一致，或者在战争中遭受了较大的损失，需要重新评估与盟友的关系。例如，同盟国可能发现继续支持战争会对自己的经济、政治或安全利益造成更大的损害，从而减少对盟友的支持力度。其次，国内政治压力也可能促使同盟国减少对盟友的支持。国内民众可能对战争的代价感到不满，要求政府减少参与战争的程度。政治反对派可能借机批评政府的外交政策，迫使政府重新考虑与盟友的关系。国际形势的变化也可能影响同盟国的决策，新的国际事件、大国关系的调整或者地区局势的变化，都可能使同盟国重新审视自己在战争中的立场。再次，当同盟国减少对盟友的支持力度甚至退出同盟时，原本依赖同盟支持的一方不得不重新评估自己的战争能力和战略选择。他们可能需要调整作战计划，更加注重独立作战能力的提升，这包括加强国内的军事建设、提高军队的战斗力、优化资源配置等。同时，他们也可能寻求新的同盟关系以弥补失去的支持，在寻找新盟友的过程中，需要考虑多方面因素，如新盟友的实力、信誉、利益诉求等，以确保新的同盟关系能够为自己带来实际的支持。

（9）文化与价值观因素。战争期间，国家的文化和价值观是影响战争走向的重要因素之一，国家的文化传统和价值观体系往往决定了民众对战争的态度和期望，也会影响政府的决策过程。一方面如果战争的进行与国家的核心价值观产生严重冲突，可能会引发社会的反思和反对。例如，国家可能一直强调和平、正义、人权等价值观，而战争中的某些行为可能违背了这些价值观，这会使民众对战争的合法性产生质疑，从而引发社会的不满和抗议。政府在这种情况下，需要考虑调整战争策略以符合国家的文化和价值观，这可能包括采取更加克制的军事行动、遵守国际人道法、保护平民权益等。另一方面民众对战争的道德性产生质疑也是一个重要问题。战争往往伴随着暴力和破坏，可能会导致大量的人员伤亡和财产损失，如果民众认为战争的手段和目的不道德，就会产生道德焦虑。政府需要采取措施缓解民众的道德焦虑，例如通过宣传手段强调战争的正义性和必要性；向民众解释战争的背景、目标和意义，说明自己的行动是为了维护国家利益和价值观；政府也可以通过展示自己在战争中的人道主义行动，如救助难民、保护文化遗产等，来增强民众对战争的认同感。

（10）意外事件的推动。战争中可能会发生一些意外事件，这些事件往往具有不可预测性和重大影响，可能会分散国家的战争资源，影响战争的进程和决策。重大的自然灾害是一种常见的意外事件，地震、洪水、飓风等自然灾害可能会给国家带来巨大的破坏和损失，需要投入大量的资源进行救灾和重建，在这种情况下，政府可能会减少对战争的投入，将部分军事资源用于救灾行动。这不仅是出于人道主义考虑，也是为了维护国内的稳定和民众的支持。恐怖袭击也是战争中可能发生的意外事件之一，恐怖组织可能利用战争的混乱局势发动袭击，给国家的安全和稳定带来严重威胁，政府需要投入资源进行反恐行动，加强国内的安全防范，这可能会影响战争的战略部署和资源分配。内部叛乱同样会对战争产生重大影响，战争可能会引发国内的不满和矛盾，导致内部叛乱的发生，政府需要优先处理内部问题，以确保国内的稳定和统一；在处理内部叛乱的过程中，政府需要平衡对外战争和内部稳定的关系，避免陷入两线作战的困境。

3. 应对策略

（1）及时调整战略战术思路。在现代战争中，当持久战转变为游击战的趋势出现时，及时调整战略战术思路至关重要，这要求指挥层具备敏锐的洞察力和果敢的决策力，能精准把握战争态势的微妙变化；需要重新审视作战目标，从大规模的正面交锋转向灵活多变的游击战目标设定；根据敌我力量的新对比，重新规划兵力的分布与运用，将集中优势兵力的方式转变为分散隐蔽的小股力量布局；作战方式也要从常规的阵地战、攻坚战向突袭、伏击等游击战术转变，以适应新的战争形态。

（2）情报侦察与精准打击。一方面构建高效全面的情报网络在这种战争形态的转变中极为关键。它应融合多种先进且互为补充的手段。卫星侦察与监视凭借其超广的覆盖范围和高清的成像能力，能对大范围区域进行实时且细致的监测，及时察觉敌方军事部署的变动和潜在的游击据点。人力情报收集依靠训练有素的特工深入敌后或在敌方势力范围内获取一手准确信息，包括敌方游击战术的规划、指挥链条等核心机密。网络情报获取则通过对敌方的网络通信、电子数据进行监控和解析，挖掘出有关敌方游击行动的关键线索。多手段协同构建的全方位、多层次、实时动态的情报体系，能为应对敌方行动提供精确且及时的情报支撑。另一方面使用精确制导武器是有效打击敌方力量的重要方式。导弹精确打击具备远程、高速、高精度的特性，可对敌方疑似的兵力集结地、武器藏匿点等重要目标实施精准摧毁。无人机定点清除能在复杂地形和环境中，对敌方关键人物、重要设施进行隐蔽且精确的暗杀与破坏。远程火炮借助先进的火控系统和制导炮弹，能够在远距离对敌方活动频繁的区域进行精确炮击，为遏制其军事行动提供强大的火力压制。

（3）加强区域控制与封锁。设立严格的军事禁区是掌控战场局势、保障自身安全的关键举措。在军事禁区内，实施极为严格的人员和物资管制，严禁无关人员涉足，严防敌方渗透获取情报或进行破坏活动。划定禁飞区能够有力限制敌方空中力量在特定区域的活动，守护本方空域安全，阻止敌方利用空中优势支援其军事行动。通过先进的防空系统和敏锐的预警机制，对违规闯入禁飞区的敌方飞行器予以坚决拦截和打击，确保空域的绝对掌控权。同样，建立海上封锁线对于切断敌方的补给线、破坏其交通枢纽意义重大。海上封锁线的成功建立依赖强大的海军实力、精准的情报支持以及高效的指挥协调，以保障封锁行动的成效和持久性。

（4）提升心理战和舆论战能力。在战争中，一是采取有效的心理战措施对于瓦解敌方斗志具有重要意义。二是积极争取国际舆论支持是现代战争中不可忽视的一环。要做好外交宣传与公关工作，向国际社会阐述我方的战争立场和目标，展示我方行动的合法性和正义性。加强与其他国家的外交沟通，争取他们的理解和支持。在国际舞台上，积极开展外交活动，与其他国家形成统一战线，共同谴责敌方的不当行为，为我方的军事行动创造有利的外部条件。

（5）建立情报共享联盟。在应对持久战转变为游击战的复杂局势时，与周边国家和国际组织建立紧密的情报合作关系至关重要。通过签订情报共享协议、建立定期的情报交流机制等方式，实现与合作伙伴之间的信息实时共享。这不仅能够扩大情报收集的范围和渠道，还能够借助各方的资源和优势，提高情报的准确性和完整性。

（6）进行战略伪装与隐蔽。在现代战争中，一方面使我方的军事部署和行动更具保密性是保障作战成功的重要前提，因此应加强对军事信息的管理和控制，限制敏感信息的传播范围，采用先进的加密技术保护通信内容，防止敌方获取我方的作战计划和兵力部署。在部队调动和行动中，采取隐蔽的行军路线和方式，利用地形、气候等自然条件进行掩护，减少被敌方侦察发现的风险。对军事设施和基地进行伪装和防护，使其在敌方的侦察中难以被准确识别和定位。另一方面巧妙利用假目标和虚假信息误导敌方是一种有效的战略手段。通过设置逼真的假军事设施、假装备和假部队部署，吸引敌方的注意力和火力，消耗其资源。通过精心策划的诱敌行动，将敌方引入预设的陷阱，利用伏击、包围等战术予以打击，从而有效地削弱敌方的军事力量，掌握战争的主动权。

（7）优化作战指挥体系。在现代战争中，建立灵活高效的指挥架构是应对持久战转变为游击战这一复杂局面的关键，这种灵活的指挥架构能够根据战场形势的变化快速调整作战部署，协调兵力和资源，确保整个作战体系的高效运转，避免出现各自为战、行动脱节的情况。

（8）开展电子战与网络战。一方面干扰敌方的通信和指挥系统，利用电子战设备，如电子干扰机、电磁脉冲武器等，对敌方的无线电通信、卫星通信、雷达系统等进行压制和破坏，使其信息传递受阻、指挥混乱；通过网络攻击手段，如病毒植入、数据窃取、系统瘫痪等，侵入敌方的指挥网络，扰乱其作战指令的下达和情报的传输，让敌方在作战中陷入"聋""哑""瞎"的困境，无法有效地组织和实施游击行动。另一方面保护本方的信息网络安全，建立严密的网络防护体系，包括防火墙、加密技术、入侵检测系统等，防止敌方的网络攻击和信息窃取。加强对关键信息基础设施的保护，定期进行安全评估和漏洞修复，确保指挥通信、情报处理等系统的稳定运行。培养专业的网络安全人才队伍，提高应对网络威胁的应急响应能力，及时发现并化解敌方的网络攻击，保障本方在电子战与网络战中的优势地位。

（9）发展特种作战力量。这些特种作战人员应经过严格的选拔和高强度的训练，具备出色的战斗技能、敏锐的洞察力、顽强的意志和良好的团队协作能力；他们能够在敌后执行侦察、破坏、暗杀等高危任务，深入敌后方获取关键情报，为战略决策提供准确依据；能够对敌方的重要目标进行精确打击，破坏敌方的组织架构和后勤保障体系。他们能够灵活运用各种战术手段，如空降突击、夜间袭击、特种装备运用等，以出其不意的方式打击敌方，迅速扭转战局。

（10）实施经济反制措施。在现代战争中，对敌方的经济来源实行精准而有力的打击是一项关键的战略举措。这意味着要全面分析敌方的经济架构，包括其主要的财政收入渠道，如重要的产业部门、贸易线路、金融体系等，通过军事行动，如空袭敌方的关键工业设施、破坏其能源供应基础设施，阻断其重要商品的进出口贸易通道，从根本上削弱敌方的经济造血能力。同时，利用金融手段，如实施经济制裁、冻结敌方的海外资产、限制其货币流通等，使其经济陷入困境，无法为战争提供充足的资金、物资和技术支持。

（11）强化军民融合。习近平总书记说："军民融合发展既是兴国之举，又是强军之策。"①一方面促进军事与民用领域的资源整合是提升国家整体战争应对能力的重要途径，这需要打破军事和民用之间的界限，实现资源的优化配置和高效

① 《习近平著作选读》第一卷，北京：人民出版社2023年版，第393页。

利用。另一方面民间力量参与后勤保障、情报收集等工作是军民融合的重要体现。在后勤保障方面，可以充分发挥民间企业的生产能力和物流配送优势，为军队提供物资供应、装备维修、医疗救护等服务。在情报收集方面，利用民间广泛的社会网络和信息渠道，收集与战争相关的情报信息，通过培训和指导，提高民众的情报意识和收集能力，建立起全民参与的情报收集体系，为军事决策提供更全面、更准确的情报支持。

（12）增强综合实力。在现代战争的复杂局势下，尽快增强综合实力是确保国家在持久战转变为游击战的过程中立于不败之地的根本保障，这需要在经济、科技、军事、文化等多个领域全面发力。在经济方面，加大对关键产业的投资和扶持，推动产业升级和创新，提高国家的经济韧性和自给自足能力；加强金融监管和风险防范，确保经济体系在战争时期的稳定运行。在科技领域，加大研发投入，培养高端科技人才，突破关键核心技术，提高自主创新能力，使国家在武器装备、信息技术、人工智能等方面保持领先地位。军事力量的提升是增强综合实力的关键环节，不仅要增加军事装备的数量和质量，更要注重军事理论的创新和军事人才的培养；优化军队的组织结构和指挥体系，提高军队的信息化作战能力和联合作战水平；加强军事训练，提高士兵的战斗素质和应对复杂战场环境的能力。同时，文化软实力的增强也不容忽视，应弘扬民族精神，增强民族凝聚力和向心力，培养国民的爱国情怀和卫国意志；通过文化宣传和教育，塑造国家的良好形象，争取国际社会的支持和认同。

（13）加强外交斡旋。"亲仁善邻，国之宝也。"在现代战争中，尤其是当持久战有转变为游击战的趋势时，积极通过外交途径寻求和平解决的途径成为至关重要的策略，这意味着应充分发挥外交部门的作用，主动与交战各方展开多层次、全方位的沟通和协商，派遣高级别的外交使节，参与国际多边会议和双边谈判，向世界阐述本国对于和平解决争端的真诚愿望和坚定立场。通过外交渠道，积极倾听各方的利益诉求和关切，寻找彼此能够接受的妥协点和解决方案。外交努力不仅要关注直接参与战争的各方，还要争取国际社会的广泛支持和理解，与中立国家和国际组织保持密切联系，借助其影响力和斡旋能力，为和平解决创造有利的外部环境。

（二）游击战会发展变成持久战

在现代战争的复杂态势下，游击战始终占据着不容忽视的重要地位，并持续发挥着关键作用。尽管科技日新月异，极大地改变了战争的外在形式和作战手段，然而游击战所具备的高度灵活性和强大适应性，使其能够在极为复杂且严苛的战争环境中顽强生存，并充分施展其独特效能。现代战争所涵盖的信息战、特种作战等崭新形式，在不少层面上都巧妙地借鉴了游击战的核心理念和行之有效的方法。例如，在虚拟的网络空间里，黑客组织所发起的分散式攻击，在策略和运作模式上与游击战的战术存在诸多相似之处。他们如同游击战士般，持续不断地探寻敌方的系统漏洞，并伺机发动突袭，给对方造成混乱和损失。正因如此，在某种程度上，游击战逐渐演变为持久战。

比如在对称战争中，游击战会是一种持久战。即使双方军事实力相对均衡，游击战也能通过打乱敌方节奏、消耗其资源，使其陷入长期的消耗和疲惫之中。

比如在非对称战争中，游击战会是一种持久战。实力较弱的一方往往依靠游击战来对抗强大的敌人。比如在伊拉克战争中，当地武装力量在面对美军的强大军事压力时，采用游击战的方式，不断给美军造成人员伤亡和物资损失，使美军难以迅速实现其战略目标。

在非军事战争中，游击战也是一种持久战。在经济、文化等领域的对抗中，游击战的策略同样适用。例如，一些发展中国家在面对发达国家的经济制裁和文化渗透时，采取各种灵活的应对措施，保护本国的经济和文化产业，逐步增强自身实力。朱可夫曾言："战争中没有什么东西比人的决心和勇气更有力量。"在非军事领域的对抗中，坚定的决心和灵活的策略如同游击战中的勇气与战术，是取得胜利的关键。当然，现代战争中的游击战也面临着新的挑战，如高科技侦察手段、精确打击武器等，这就要求游击战在战术运用、组织形式等方面不断创新和发展，以适应新的战争形势；加强情报收集和反侦察能力，提高人员素质和装备水平。

1. 形成原因

（1）民众支持与参与。民众内心怀有深沉的爱国情怀和强烈的民族认同感，这成为他们坚定保卫家园的强大精神支柱，对祖国的挚爱和对民族的自豪，使他们在面对外敌入侵或威胁时，毫不犹豫地挺身而出，这种情感不仅激发了民众参与战斗的勇气，更赋予他们坚韧不拔的毅力，无论面临多大的困难和压力，都矢志不渝地为捍卫家园而拼搏。

（2）灵活的战术运用。在战争中，采取化整为零与分散作战的策略是游击战的精髓所在，通过将大规模的部队分解为多个小规模的战斗单元，能够有效降低被敌方集中打击的风险。每个小组都能够根据具体的战场形势和自身的特点，灵活选择作战目标和方式，从而提高作战的效率和成功率。每个小组都具备独立行动的能力，使得游击战能够在广阔的地域内多点开花，让敌方防不胜防。

（3）游击队伍难以被彻底消灭。游击队伍展现出卓越的隐蔽性，其在战争中能够巧妙地躲避敌方的侦察和打击。同时，民众的支持也是游击队伍难以被彻底消灭的重要因素。

（4）外部势力的暗中支持。在现代战争中，其他国家为实现自身的战略利益，常常会向游击队提供大量的军事援助，这些援助包括先进的武器装备，如高性能的枪支、弹药、导弹系统等，显著提升了游击队的作战能力，还可能提供军事训练和战术指导，帮助游击队提高战斗素养和指挥水平，使其能够更加有效地对抗敌方。此外，国际非政府组织出于各种目的，通过秘密渠道为游击队输送物资和资金，这些物资涵盖了生活必需品、医疗用品、通信设备等，保障了游击队在艰苦环境下的基本生存和行动需求。资金的支持则为游击队的活动提供了经济基础，使其能够维持组织的运转、招募人员以及开展宣传活动。

（5）历史与宗教因素。长期的历史积怨在民众心中扎根，使他们对敌方的仇恨难以轻易消除。历史上的侵略、压迫、剥削等不公待遇，经过岁月的沉淀，转化为深刻的民族记忆和集体情感，这种仇恨成为民众抵抗敌方的强大动力，驱使他们在战争中坚定地站在反抗的一方，不惜一切代价捍卫自身的尊严和权益。宗教信仰在特殊时期往往成为凝聚民众抵抗意志的强大精神力量。圣雄甘地曾说："我相信上帝就像我相信真理一样坚定。真理就是上帝。"宗教所倡导的正义、勇敢、牺牲等价值观，与民众的抵抗行动相契合，赋予他们神圣的使命感。宗教仪式和教义的鼓舞，能够激发民众内心的勇气和信念，使他们在面对强大的敌方时毫不退缩，坚信自己的抵抗是正义和神圣的。

（6）地理环境的天然屏障。一是复杂的山地地形宛如一座天然的堡垒，为游击队提供了绝佳的藏匿和防御场所。二是广阔的森林和水域构成了游击队得天独厚的生存空间。茂密的森林为游击队提供了天然的掩护，使其能够在树木的遮蔽下悄然行动，不被敌军轻易发现，森林中的复杂生态环境也为游击队的后勤保障提供了一定的便利，如获取食物和水源等。而水域，无论是江河湖泊还是沼泽湿地，都有利于游击队的转移和躲避。

（7）社会结构的分散性。当地分散的部落或社区结构为游击队的组织和活动创造了有利条件。各个部落或社区之间相对独立，有着自己独特的文化和传统，这使得游击队能够更容易地融入其中，不引人注目。游击队可以在这些分散的群体中招募成员，获取物资支持，并且利用部落或社区之间的联系和通道进行情报传递和人员转移。

2. 转换条件

（1）作战范围扩大。在战争的发展过程中，作战范围可能会从最初的局部地区大幅拓展到更为广泛的区域，这意味着游击战不再局限于某个特定的狭小地带，而是蔓延至更大的地理空间，这种扩展带来了诸多组织与协调方面的严峻挑战。不同区域可能具有迥异的地理环境、社会文化背景和基础设施状况，这就要求游击队伍在后勤补给、情报收集、通信联络等方面做出全面而精细的调整。跨区域作战需要协调多个作战单元的行动，确保在不同地区的游击战能够相互配合、形成合力，避免出现各自为战、行动脱节的情况。同时，随着作战范围的扩大，还可能存在跨境作战的可能性，这就需要游击队伍争取邻国的支持与合作，与邻国建立良好的外交关系，获取物资援助、情报共享以及军事训练等方面的支持。

（2）敌方战略调整。一方面敌方的战略在战争进程中可能会发生重大转变，进攻重点的转移意味着其作战目标和资源投放方向的改变，原本作为重点攻击的区域可能被弱化，而新的关键地区则成为敌方集中力量进攻的目标。这种战略重心的变化通常是基于对战争形势的重新评估和整体战略规划的调整，可能是为了获取更重要的战略资源、控制关键的交通枢纽，或者是为了打破战场僵局、寻求新的突破点。另一方面敌方兵力部署的变动往往会带来一系列的影响。当敌方重新调整兵力时，可能会在某些区域出现防御漏洞，这为游击队伍提供了新的攻击机会，游击队伍可以敏锐地捕捉这些漏洞，迅速组织力量进行突袭，打乱敌方的部署，获取战略优势。

（3）国际形势变化。在现代战争中，国际援助的增减变化对游击战转变为持久战具有显著影响。首先，当国际社会增加对一方的援助，包括军事装备、物资补给、资金支持等，这无疑会增强其持续作战的能力和信心，使其能够在长期的游击战中坚持下去。反之，若国际援助减少，导致资源匮乏、装备短缺，就会给作战带来巨大困难。同时，国际舆论的压力也不容小觑，负面的国际舆论可能迫使一方调整战略，以改善自身形象；而积极的舆论支持则能鼓舞士气，为持久战提供精神动力。其次，国际人权组织对敌方行动的批评会给敌方带来沉重的道德压力。若敌方在战争中被指责存在侵犯人权、造成平民伤亡等行为，其国际形象将严重受损，遭受国际社会的进一步孤立和制裁，这种道德压力可能迫使其反思并调整军事行动策略，或者在一定程度上削弱其作战意志，这为游击战的长期进行创造了有利条件。最后，多个国家联合施压，要求敌方停止军事行动，寻求和平解决方案，这会对战争局势产生重大影响。这种联合施压可能包括经济制裁、外交孤立、军事威慑等手段，在多重压力下，敌方可能不得不重新考虑战争的持续必要性，从而为和平解决争端创造了可能，也使得游击战有更大的机会演变为持久战，以等待有利的和平谈判时机。

（4）敌方内部矛盾激化。一方面军队内部的派系斗争可能会在战略决策、兵力调配、物资分配等方面产生严重分歧，无法形成统一有效的指挥，这种混乱会极大地降低作战效率，使得军队难以迅速有效地应对游击队伍的袭击，为游击战的长期发展提供了可乘之机。另一方面政治领导层的意见分歧同样会严重影响战争决策的连贯性。这不仅会使军队在执行任务时感到迷茫和困惑，也会让整个战争策略缺乏稳定性和长远规划，从而难以有效地应对游击队伍的灵活战术，增加了战争长期化的可能性。

（5）自然灾害的影响。地震、洪水等不可抗拒的自然灾害可能会给敌方带来沉重的打击，大大削弱其作战能力和协同效率。灾害引发的社会危机更会极大地分散敌方的精力和资源，为了稳定社会秩序、恢复正常生产生活，敌方不得不将原本用于军事行动的资源转移到救灾和重建工作中，从而在一定程度上削弱了其在战场上的投入和作战能力。

（6）游击队自身战略调整。游击队在战争进程中可能会明智地改变战术，不再仅仅依赖单纯的军事对抗手段。他们可能认识到，单纯的武力冲突虽然能给敌方造成一定损失，但难以从根本上改变战局，因此，游击队开始将政治和外交手段与军事行动相结合，通过政治宣传来争取民众的支持，扩大自身的影响力，揭露敌方的罪行和弱点，从而在道义和舆论上占据优势。同时，积极开展外交活动，与国际社会建立联系，争取外部的支持和援助，为自身的斗争创造更有利的外部环境。此外，为了增强抵抗力量，游击队可能会加强与其他反对方的联合，这些反对方可能包括其他地区的游击队、反对派政治团体甚至是国际上的同情者和支持者，通过建立紧密的合作关系，各方可以共享情报、资源和作战经验，实现优势互补。联合后的力量能够在更大范围内开展行动，形成协同效应，对敌方形成更强大的压力和威胁。这种联合还能提高抵抗运动的合法性和代表性，在国际舞台上更有说服力，为最终实现斗争目标奠定坚实的基础。

3. 应对策略

（1）增强综合作战能力。在现代战争的复杂局势下，实现多兵种协同作战是提升战斗力的关键。陆军作为地面作战的主力，要具备强大的突击、防御和占领能力；海军要能够掌控海洋通道，实施战略投送和火力支援；空军则要掌握制空权，进行精确打击和战略侦察；特种部队作为精锐力量，应在关键时刻发挥出独特的作用，执行诸如敌后侦察、破坏敌方重要设施、解救人质等高难度任务。通过建立高效的指挥协调机制，确保陆军、海军、空军和特种部队在作战中能够密切配合，形成一个有机的整体，根据战场形势的变化，灵活调整各兵种的作战任务和行动顺序，实现优势互补，发挥出最大的作战效能。此外，还需注重各兵种之间的资源共享和信息互通，利用先进的信息技术，搭建起一个实时、准确、全面的战场信息网络，使各兵种能够及时了解战场态势，迅速做出决策。加强联合训练和演习，让各兵种在模拟实战的环境中磨合，提高协同作战的默契程度和应对突发情况的能力。只有实现多兵种的紧密协同，才能在游击战转变为持久战的复杂战争中掌握主动，取得胜利。

（2）提升武器装备现代化水平。为了适应现代战争的需求，积极引进先进武器是提升战斗力的重要途径之一。一方面通过引进国外先进的武器系统，可以在短时间内弥补自身装备的不足，获取先进的技术和作战理念。但引进不是目的，更重要的是在此基础上加大自主研发与创新的力度，投入更多的资源进行科研攻关，培养高素质的科研人才，建立健全的科研体系，鼓励创新思维和技术突破。另一方面在自主研发过程中，要注重结合实际作战需求，开发具有自主知识产权的高性能武器装备，不仅要在武器的性能、精度、射程等方面追求卓越，还要注重武器系统的信息化、智能化和一体化发展，通过自主研发，掌握核心技术，摆脱对外部的依赖，提高武器装备的可持续发展能力和适应性。同时，加强军民融合，促进民用科技向军事领域的转化，充分利用社会资源和创新力量，推动武器装备现代化水平的快速提升。

（3）建立有效的防御体系。构筑坚固的工事与防线是建立有效防御体系的基础。根据地理环境和战略需求，在关键地段修建坚固的防御工事，包括碉堡、战壕、掩体等，以抵御敌方的进攻；加强边境防线建设，部署先进的监控设备、预警系统和防御设施，防止敌方的渗透和突袭；完善战略要点的防御工事，如重要城市、交通枢纽、军事基地等，确保这些关键部位的安全。增强防空与反导能力是现代防御体系的重要组成部分，部署先进的防空导弹系统，形成多层次、全方位的防空火力网，有效拦截敌方的飞机、导弹等空中目标；建立反导预警系统，通过卫星监测、雷达探测等手段，提前发现敌方导弹的发射迹象，为拦截行动争取时间；加强防空与反导系统的信息化建设，实现各系统之间的互联互通和协同作战，提高整体防御效能。

（4）开展外交斡旋与合作。在现代战争中，开展积极有效的外交斡旋与合作至关重要。在外交斡旋的过程中，坚持以和平解决争端为目标，通过对话、协商和妥协，寻求双方都能接受的解决方案，最终实现战争的和平结束。

（5）加强法律手段。"法者，治之端也。"在应对游击战转变为持久战的复杂局面时，完善相关法律法规具有重要意义。根据游击队活动的性质、规模、危害程度等因素，制定详细且具有可操作性的法律条文，确保对其行为的准确认定和恰当处罚。"天下之事，不难于立法，而难于法之必行。"同时，要充分保障法律的公正性和透明度，避免出现滥用法律或选择性执法的情况。在审判过程中，要严格遵循法律程序，保障游击队成员的合法权益，包括辩护权、上诉权等。通过公正的审判，向社会传递明确的法律信号，维护社会秩序和法律权威，同时也为解决游击战争引发的法律问题提供有效的司法途径。

（6）建立情报反制体系。在现代战争中，加强网络安全防护是构建情报反制体系的重要一环。一方面随着信息技术的飞速发展，网络已成为各方传递情报的重要渠道，必须建立严密的网络防护机制，对关键的网络节点和信息系统进行全方位的保护。同时，加强网络监控和预警能力，及时发现并阻止可疑的网络活动，确保我方网络空间的安全和稳定。另一方面利用情报分析和破解技术，获取敌方的情报传递方式和加密规则，从而突破其情报防线。同时，采取技术干扰、病毒攻击等手段破坏敌方的情报网络，使其情报传递出现混乱和中断，削弱其指挥和协调能力。

（7）不断增强综合实力。在面临可能由游击战转变为持久战的局势时，不断增强综合实力是确保最终胜利的根本保障，这需要在经济、军事、科技、人力等多个领域持续投入和发展。通过全方位的努力，不断增强国家的综合实力，为可能的持久战做好充分的准备，以坚定的决心和强大的实力迎接挑战，最终实现战争的胜利和国家的安全与稳定。

事实上，形成原因、转换条件以及应对策略等方面必然还有许多值得继续深入探讨的地方，每项内部要素之间也并非孤立存在，而是相互交织、相互影响的，它们不是刻板固定不变的，而是处于动态变化之中，随各种因素的变化不断发展和演变，因此，我们需要以更加全面、系统的视角去审视和研究这些方面，以便更好地理解和应对相关问题。

综上所述，在现代战争中运用游击战开辟持久战新局面，需要在军事、政治、经济、社会和科技等多个领域和层面进行全面布局和协同作战，充分发挥游击战的灵活性和适应性，开辟持久战新局面，以实现最终的胜利。

第十二章　现代战争中游击战与总体战

在现代战争的风云变幻之中，游击战与总体战犹如两颗璀璨的星辰，各自散发着独特而耀眼的光芒。游击战，似灵动的星火，在战争的暗夜中闪烁着不屈的光芒，以其高度的灵活性、出其不意的策略和顽强的生存能力，在战争的缝隙间穿插、反击。它不拘泥于传统的作战模式，凭借对地形的熟悉、民众的支持以及灵活的战术安排，常常能给强大的敌人以意想不到的打击。总体战，则如浩瀚的星河，是一场全方位、大规模、深层次的战略对决。它调动国家的一切力量，包括政治、经济、军事、文化等各个层面，凝聚成一股无坚不摧的力量投入战斗。这两种战争形式在现代战争的宏大画卷中交相辉映，共同塑造着战争的走向与结局，展现着人类在战争中的智慧、勇气与坚韧。正如毛泽东同志所说："这样看来，长期而又广大的抗日战争，是军事、政治、经济、文化各方面犬牙交错的战争，这是战争史上的奇观，中华民族的壮举，惊天动地的伟业。"①

一、游击战与总体战的辩证关系

游击战，以其灵活机动、神出鬼没的特性，在战争的各个地带书写着顽强抗争的传奇。总体战，则以其宏大磅礴、全面覆盖的气势，展现着国家整体力量的雄浑伟力。总体战将国家的政治、经济、军事、文化等各个方面紧密结合，为实现国家战略目标而全力以赴。这两种看似不同的战争形式，实则有着千丝万缕的联系，它们的辩证关系深刻地影响着现代战争的走向与格局。

（一）相互依存性

1. 游击战作为总体战不可或缺的组成部分，通常会在敌人势力相对薄弱的

---

① 《毛泽东选集》第二卷，北京：人民出版社1991年版，第474页。

敌后、边缘地区或具有关键战略意义的节点发挥出独特且至关重要的作用。它凭借小规模、高度灵活机动且出其不意的作战方式，对敌人的补给线路、通信枢纽等重要设施展开精准袭击和破坏。这种持续性的干扰与破坏不仅能有效牵制敌人大量有生力量和宝贵资源，还能为正面战场减轻压力。例如，在敌占区展开的游击行动，通过频繁袭击敌军运输车队，使得敌军前线物资供应受阻，从而间接支援了正面战场的作战。这种在敌后的巧妙周旋和积极作战，为总体战的战略布局提供了强有力的补充和支持，促使正面战场能够集中精力应对主要威胁，实现战略层面的协同配合与优势互补。

2. 总体战为游击战提供了全面、系统且高瞻远瞩的战略规划。在战争尚未打响之际，高层指挥机构便会依据敌我双方的实力对比、复杂多变的地理环境、微妙的政治局势以及诸多其他相关因素，精心制定出涵盖游击战在内的整体性战略方案。这一方案明确界定了游击战的目标、任务、行动范围以及预期达成的战略效果。同时，总体战负责对战争资源进行科学合理的调配，根据游击战的实际需求和战场的具体情况，精准分配武器装备、充足的弹药、维持生存必需的粮食以及其他各类物资，确保游击队员在艰苦卓绝的环境中依然具备顽强的生存能力和持续的作战能力。此外，情报保障更是总体战为游击战提供的关键支撑，通过广泛而缜密的情报网络，全面收集和深入分析敌方的军事部署、详细的行动计划、最新的战略动向等重要信息，为游击战的高效开展提供准确无误的情报依据，从而在战略层面实现深度协同，大幅提高战争的整体胜算和最终效果。

(二) 相互制约性

1. 游击战的规模、行动范围以及作战强度并非能够随心所欲地决定，而是受到总体战的战略目标、资源分配策略以及瞬息万变的战场态势的严格限制和约束。在总体战这一宏观战略框架的统领下，游击战必须坚决服从整体的战略布局，不能因盲目追求局部的短暂胜利而破坏了整体的战略规划。举例来说，在资源极度稀缺的条件下，为了保障正面战场的关键作战行动，游击战可能不得不被限制规模，以确保将更多宝贵的资源优先投入到决定战争走向的正面战场。同时，战场态势的急剧变化也会对游击战的行动产生直接影响，倘若敌方在某一特定区域突然加强了兵力部署，形成压倒性优势，游击战或许就需要审时度势，暂时收缩战线或者灵活调整行动方向，以规避可能遭受的重大损失。

2. 总体战在进行资源分配、战略重心调整以及作战优先级确定等一系列关键决策时，需要全面、深入且细致地权衡游击战的实际需求和潜在影响。假如在资源分配过程中过度向正面战场倾斜，可能导致敌后游击战因缺乏必要的支持而陷入困境，无法有效牵制敌人，甚至有可能被敌人逐个击破，从而使总体战失去后方的战略缓冲和支援。反之，如果在战略决策中忽视了正面战场的核心需求，过度投入资源于游击战，也可能引发总体战的战略失衡，导致在决定性的战役中错失良机，无法实现战略目标。故而，总体战的决策者必须在综合考量各种复杂因素的基础上，精心寻找一个微妙的平衡点，既要确保正面战场的主导地位得以稳固确立，又要充分挖掘游击战的辅助潜力，实现战略层面的整体协调、平衡发展与稳定推进。

（三）相互转化性

1. 在特定的战争形势和极端复杂的条件下，游击战拥有发展壮大并成功转化为正规大规模作战的巨大潜力和可能性。当游击战在漫长而艰苦的斗争历程中不断积累丰富的战斗经验、持续扩充兵员数量、广泛获取先进的武器装备，并逐步掌控了一定规模的区域和关键资源时，其作战能力和影响力将会发生质的飞跃，在这种有利的形势下，游击战可能会依据总体战的战略需求，对分散的力量进行高效整合，组建起更具规模、组织更加严密的正规作战部队，进而承担起更为艰巨和重要的作战任务，实现从敌后灵活骚扰到正面攻坚的重大战略角色转变。这一转变的实现不仅需要游击队伍自身在战斗中不断成长和壮大，还需要总体战在战略指导、全方位的资源支持以及紧密的协同配合等多个方面提供坚实有力的保障，以确保转化过程平稳顺畅且战斗力能够得到充分有效的发挥。

2. 总体战在局部地区或特殊的作战阶段，可能由于遭遇强敌或恶劣环境，而被迫采取具有鲜明游击战特点的灵活战术。比如，在城市巷战的残酷环境中，面对敌方强大的精确制导武器和压倒性的空中优势，正规部队为了保存实力、有效消耗敌人，可能会化整为零，采用灵活机动的小分队分散作战方式，充分利用城市中错综复杂的地形和坚固的建筑物进行巧妙隐蔽、出其不意的突袭以及精心策划的伏击，从而达到最大限度地消耗敌人有生力量、有效保存自身实力的战略目的。这种在局部战场根据实际情况灵活采取的游击战术，是总体战根据瞬息万变的战场实际情况进行主动适应和灵活调整的生动体现，能够巧妙应对特殊的作战环境和敌人的战术优势，始终保持作战的主动性和有效性，为最终的胜利创造有利条件。

(四) 动态协同性

1. 在整个战争的不同阶段以及变化万千的战场环境中，游击战与总体战之间的关系并非一成不变、僵化固定，而是会根据敌我双方力量对比情况、不断调整的战略目标以及风云变幻的战场形势进行及时、敏锐且精准的调整。在战争的初始阶段，当敌方力量占据明显优势时，总体战可能会侧重于战略防御和持久相持，此时游击战的核心作用在于深入敌后进行扰乱破坏，逐步削弱敌方的战争潜力。随着战争进程的不断推进，当我方力量逐渐发展壮大并具备一定优势时，总体战可能会适时转向战略反攻，此时游击战需要与正面战场实现紧密无间的配合，进一步加大攻击力度，有效牵制敌方兵力，为正面战场的突破创造有利条件。在战争接近尾声、胜利曙光在望之时，游击战可能会积极协助总体战进行最后的清剿和全面占领，确保实现彻底的全面胜利。通过这种灵活多变、因势利导的调整，实现两者之间关系的最优化配置，从而达到最为理想的战争效果，实现最终的战略目标。

2. 为了成功保持游击战与总体战之间的动态平衡，达成两者在战略、战术和实际行动层面的紧密协同，建立高效顺畅的指挥协调机制、实现全面及时的信息共享以及进行科学合理的资源优化配置显得至关重要。设立一个权威统一的指挥机构，能够对游击战和总体战进行集中统一的指挥和精准调度，确保双方在行动上保持高度的一致性和协调性。构建一个功能强大、覆盖广泛且安全可靠的信息共享平台，使得游击战和总体战的各级指挥部门能够在第一时间获取准确、详尽且具有时效性的情报信息，为科学决策提供坚实可靠的依据。通过资源的优化配置，灵活机动地调配人力、物力和财力等关键资源，确保在不同的战争阶段和复杂多变的战场环境中，游击战和总体战都能够获得充分、及时且有效的支持和保障，共同推动战争朝着有利于我方的方向稳步发展，直至最终取得全面胜利。

总之，游击战与总体战在现代战争中相互依存、相互影响。游击战为总体战提供了局部的突破与干扰，游击战在局部战场的积极行动，为总体战的推进创造有利条件。总体战则为游击战创造了战略环境，总体战以其强大的国家实力和战略布局，为游击战提供坚实保障。它们共同构成了现代战争的复杂体系，提醒我们在思考战争策略时，在充分认识到两者的辩证关系，以更加灵活、全面的视角去应对战争的挑战，努力避免战争带来的巨大破坏与伤痛。

二、游击战对总体战的影响

游击战是总体战的开路先锋，在总体战的宏大战略布局中，游击战就如同那照亮前行道路的火炬，是冲锋在前的勇敢开路先锋。它以小规模、分散式的战斗形式，在敌人的后方和侧翼展开袭扰，让敌人陷入顾此失彼的困境，从而为大规模的正面作战创造有利条件。游击战不仅能够在军事上对敌人造成直接的打击，还能够在政治、经济和心理等多个层面产生深远的影响，通过激发民众的抵抗意识，增强本方的战斗信心，为总体战的全面展开奠定坚实的基础。游击战在总体战中扮演着至关重要的角色，其勇往直前、敢于突破的精神，为总体战的最终胜利开辟了道路，是推动战争走向胜利的关键力量之一。

（一）战略层面的影响

1. 通过在敌后开展广泛的游击活动，分散敌人的注意力和军事力量。在战争中，游击队员如同幽灵般出没于敌后，频繁袭击敌军的据点、仓库、补给线等关键部位，使得敌人始终处于高度紧张和不安的状态，不得不将大量的兵力和资源分散用于防范和应对来自后方的威胁。例如，在抗日战争时期，中国共产党领导的八路军和新四军在广大的华北和华中地区开展了艰苦卓绝的游击战争，他们在山区、平原、湖泊等地，利用地形的优势，不断破坏日军的铁路、公路和通信线路，袭击日军的据点和巡逻队，使得日军不得不从正面战场抽调兵力来维持后方的"治安"，从而打乱了日军的战略部署和作战计划，为总体战创造了有利的战略态势和作战时机，使得正面战场能够有更多的机会进行战略调整和准备，为最终的胜利奠定了基础。

2. 为总体战提供战略纵深和缓冲空间。游击战的存在使得敌人在推进过程中不得不小心翼翼，因为他们随时可能受到来自侧翼和后方的攻击。游击队可以在敌后建立起一个个根据地，这些根据地就像一颗颗钉子，深深嵌入敌人的占领区。在苏联卫国战争初期，德军长驱直入，但苏联的游击队在德军后方展开了顽强的抵抗，他们破坏德军的补给线，袭击德军的小股部队，使得德军的进攻速度不得不放缓。同时，游击队的存在也为苏联军队争取了宝贵的时间，使其能够重新组织防御，积蓄力量进行反攻。这种战略纵深和缓冲空间的提供，为总体战的战略决策提供了更多的选择和时间，使得战争的进程能够朝着有利于本方的方向发展。

3. 影响敌人的战略决策和心理状态。持续的游击活动让敌人对局势产生误判，无法准确判断我方的真实战略意图和主要作战方向，不敢全力推进或投入全部资源。同时，长期面临游击袭击会让敌人的心理产生恐惧和疲惫，士气低落，厌战情绪严重。

4. 为总体战提供情报支持。游击队在敌后活动，能够更接近敌人的核心区域，获取关于敌军部署、行动计划、武器装备等重要情报，这些情报可以为总体战的制定和调整提供关键依据，使我方能够做出更精准的决策。

5. 增强民众对战争的信心和支持。敌后游击战的成功开展能够激发民众的爱国热情和抵抗意志，让民众看到胜利的希望，从而更加坚定地支持总体战。

6. 改变战争的地缘政治格局。有效的游击战能够在一定程度上影响地区甚至全球的政治平衡，它可能导致敌方联盟的内部矛盾加剧，或者吸引其他国家对我方的支持和介入，从而改变整个战争的地缘政治态势。例如，在中东地区的一些冲突中，游击队的活动引发了国际社会的关注和干预，进而改变了当地的政治格局。

7. 消耗敌方的战争资源。游击战不断地对敌方进行袭扰和破坏，迫使敌方投入大量的人力、物力和财力来应对，无论是增加兵力部署、加强防御工事建设，还是加大物资补给和装备损耗，都在无形之中消耗了敌方宝贵的战争资源，削弱了其长期作战的能力。比如在南斯拉夫抗击纳粹德国的战争中，游击队的持续抵抗使得德军不得不持续投入资源来维持对占领区的控制，从而影响了其在其他战场的资源分配。

8. 推动总体战的多元化发展。游击战的存在促使总体战不再局限于传统的大规模正面作战，结合游击战的特点和优势，总体战能够更加灵活地应对复杂多变的战争形势，实现战略手段的丰富和创新。

（二）战术层面的影响

1. 以出其不意的袭击、灵活多变的战术和巧妙的伪装，为总体战创造有利战机。游击战的精髓在于灵活多变，不拘泥于传统的作战模式。游击队员可能会伪装成平民，混入敌军之中，然后在关键时刻发动袭击；可以利用恶劣的天气条件，如大雾、暴雨等，对敌军进行突袭，这种出其不意的战术常常让敌军措手不及。在解放战争中，解放军的游击队经常采用声东击西、围点打援等战术，有效地牵制了国民党军队的兵力，为正面战场的主力部队创造了有利的战机。

2. 丰富总体战的战术选择，如伏击战、突击战、破袭战等，这些独特的战术手段为总体战增添了丰富多样的作战方式。例如，在抗日战争中，八路军频繁组织对日军铁路线的破袭战，其中著名的"百团大战"给日军带来沉重打击，八路军战士们以无畏的勇气和顽强的斗志，冲向日军严密防守的铁路线，有效破坏了日军的交通运输，打乱了日军的作战部署。这一壮举不仅彰显了中国军民的英勇不屈，也为总体战的胜利开辟了更多可能。这些独特战术的运用，极大地丰富了总体战的战术体系，使敌军在面对多样化的攻击时难以有效应对。

3. 培养和锻炼了大量具备实战经验和创新思维的军事人才。游击战争的复杂环境与高度不确定性，对参战者提出了极高要求，他们必须具备独立思考、果断决策和迅速行动的能力。例如，以色列在建国初期的游击战争中培养出许多优秀指挥官，这些指挥官在后来的正规战争中，充分发挥其在游击战争中的经验，有力推动了以色列军事战术的不断创新与发展。

4. 对敌军的战术产生反制和干扰作用。游击战的存在，如同战场上的不确定因素，迫使敌军不得不改变原有的战术部署和行动方式。游击战正是巧妙利用这种不确定性，对敌军战术进行干扰，敌军为应对游击战，可能需要投入更多资源用于侦察、巡逻和防护，从而分散了用于进攻的力量。

5. 促进战术的融合与创新。游击战的战术与总体战的战术相互借鉴、融合，催生出新的战术组合和作战模式，这种融合创新不仅丰富了作战手段，也为战争的胜利带来了更多可能性。

6. 提升战术的适应性和应变能力。在战争的舞台上，适应变化并及时调整战术乃是取胜的关键要素。游击战因其面临的环境与敌情变化多端，参与其中的部队必须具备快速适应不同战场条件和敌情变化的卓越能力，这种能力的培养和锻炼，能够为总体战中的部队提供无比宝贵的经验。

7. 激发战术的灵活性和创造性思维。灵活性和创造性思维正是智慧的生动体现，游击战打破了传统战术的固有模式和思维定式，为作战人员提供了一个发挥主观能动性的广阔空间。在游击战中，没有既定的作战规则可循，作战人员必须根据实际情况，创造独特的战术方法。他们可能利用地形的优势，设下巧妙的陷阱；采用声东击西的策略，迷惑敌人。这种思维方式的培养能够渗透到总体战中，推动战术的不断创新和发展。在总体战中，面对各种复杂的挑战，具备创造性思维的军队能够迅速找到有效的应对策略，他们不会被敌人的传统战术所束缚，而是能够以创新的思维，制定出出人意料的作战方案，为战争的胜利增添砝码。

（三）心理层面的影响

1. 对敌方军民造成持续的心理压力和恐惧。游击战以其不确定性和无处不在的特性，如同无形的阴影笼罩在敌方军民的心头，引发社会恐慌和内部矛盾，民众可能会对政府的战争决策产生质疑和不满，认为政府无法保障他们的安全。这种质疑和不满会进一步削弱敌方政府的战争决策能力和民众的支持度，使战争局势更加不利于敌方。

2. 增强本方军民的抵抗意志和胜利信念。"一人投命，足惧百夫。"游击队员在极端困难的条件下坚持战斗，他们以顽强的意志和无畏的勇气，不断向敌人发起挑战，即使在面对强大的敌人时，他们也毫不退缩，用自己的行动诠释着爱国精神和战斗意志。游击队员们不断取得的小胜利，如同星星之火，迅速传播开来，激发起广大民众的爱国热情和战斗精神，民众看到了希望，他们相信自己的国家和军队有能力抵抗外敌的侵略。例如，在二战期间，南斯拉夫铁托领导的游击队在极其艰苦的条件下与纳粹德军进行战斗，他们的英勇事迹传遍全国，成为南斯拉夫人民心中的英雄榜样。这些英雄事迹激发了南斯拉夫人民的抵抗意志，他们团结一心，共同为国家的解放而奋斗。这种全民皆兵、同仇敌忾的战争氛围，为总体战提供了强大的精神动力和社会支持，整个国家仿佛一个紧密团结的战斗集体，每一个人都为了共同的目标而努力，使国家能够在战争的艰难时刻屹立不倒，共同抵御外敌。

3. 对军事决策者造成心理焦虑或困惑，从而改变战争形态。游击战的非传统性和难以捉摸的特点，常常使敌方的军事决策者陷入焦虑和困惑之中，他们习惯了传统的战争模式，面对游击战这种新型的战争形式，往往感到无从下手。他们无法准确预测和掌控局势的发展，不知道游击队下一步行动会是什么，也不知道该如何有效地打击游击队，这种不确定性让军事决策者在制定战略和战术时犹豫不决，甚至可能出台错误的决策。

4. 对其他参与国造成不同程度的心理冲击。当一场战争中存在游击战这种形式时，会对其他参与国产生多方面的心理影响，一方面，其他参与国可能会对战争的复杂性和不确定性有更深刻的认识，这种认识会让他们重新审视自身的参与程度和利益得失，在军事援助、外交支持等方面变得更加谨慎。另一方面，游击战中展现出的顽强抵抗精神和民众力量，可能会激发其他参与国的同情或敬意，这种同情或敬意可能会改变他们对战争中各方的态度和立场，使他们在外交斡旋、人道主义援助等方面更加倾向于支持游击战一方。

（四）社会层面的影响

1. 动员民间力量广泛参与战争，形成全民皆兵的态势。游击战通常与当地民众有着紧密的联系和深厚的依赖关系，民众成为游击队不可或缺的支持力量。在抗日战争中，广大民众以各种方式积极支援游击队，他们通过挖地道来创造隐蔽空间，与日军巧妙周旋；不辞辛劳地送情报，为游击队的作战决策提供依据；尽心尽力地运输物资，保障游击队的后勤供应。比如在华北地区，老百姓发挥聪明才智挖地道，构建了复杂的地道网络，为游击队提供了安全的隐蔽和转移通道。这种全民皆兵的强大态势，极大地巩固和拓展了总体战的社会基础，充分释放了战争潜力，让敌人深陷人民战争的汪洋大海之中，难以招架。

2. 对敌方社会秩序和战争持续能力造成冲击。游击队除在军事上给敌人带来直接威胁外，也会在社会层面发动袭击，致使敌方社会的正常运转秩序遭受严重干扰。这种冲击极大地破坏了敌方的战争动员能力，使其后方难以保持稳定，进而削弱了敌方的战争持续能力和综合国力，为总体战的胜利创造了有利条件。

3. 推动社会文化和价值观的转变。游击战作为一种特殊的战争形式，往往能够激发当地民众内心深处强烈的民族主义和爱国主义情感，从而深刻地影响社会的文化和价值观。例如，在一些经历过长期游击战的地区，人们对国家主权和民族尊严的重视程度会大幅提高，对和平的渴望也更加强烈。这种社会文化和价值观的重大转变，不仅在战争期间能够凝聚人心，为战争的最终胜利提供强大的精神支持，而且在战后也会对社会的重建和未来发展产生深远且持久的影响。它可能促使社会更加注重公平正义、团结互助，也可能促使民众更加珍惜来之不易的和平环境，积极投身于国家的建设和发展。

（五）经济层面的影响

1. 通过破坏敌方的经济设施、交通线和资源供应链，干扰敌方的经济运行，这无疑大幅增加了敌方的战争成本，加重了其经济负担，使其经济陷入困境，无法维持长期的战争消耗。

2. 改变当地社会的经济结构和发展模式。游击战的长期存在会对当地社会的经济结构和发展模式产生深远且复杂的影响，为了给游击队伍提供持续的支持，原本有序的农业、工业和商业等正常经济活动可能会被迫进行大幅度的调整或转型。例如，一些地区可能会大幅增加对军工生产的资源投入，以确保游击战争所需的武器和装备供应，这在一定程度上会挤压其他民用产业的发展空间；农业生产的布局和结构可能会发生变化，更倾向于种植能够长期储存和易于运输的作物，以满足游击队和民众在战时的粮食需求，然而这种单一化的种植模式可能会破坏农业生态的多样性，影响农业的可持续发展；商业活动为了躲避战乱和敌方的封锁，可能会变得更加隐蔽和分散，交易方式也可能更加原始和低效。同时，由于战争带来的巨大破坏以及资源在不同群体之间的重新分配，社会的贫富差距可能会进一步加大，引发诸如社会不公、治安恶化等新的社会问题。

3. 为总体战争取国际社会的同情和支持，创造有利的国际经济环境。游击战中展现出的顽强抵抗精神，彰显了一个国家或地区人民捍卫自身权益的坚定决心，极易引起国际社会的高度关注和深切同情。国际社会基于人道主义原则和对正义的追求，可能会向进行游击战的一方提供多方面的支持，经济援助如资金、物资的输送，能够直接增强其战争实力；军事支持包括武器装备的供应和军事技术的指导，有助于提升其作战能力；在外交上对敌方施加压力，如经济制裁、外交谴责等，迫使敌方调整策略。

（六）政治层面的影响

1. 游击战可以增强本国政府在国内的政治合法性和权威性。在战争的艰难时期，政府领导下的游击斗争成为凝聚民众爱国情感和民族凝聚力的强大纽带，这种英勇无畏的抵抗行动，激发了民众内心深处对国家和民族的深厚热爱与忠诚，使他们在战火纷飞中更加紧密地团结在政府周围。例如，在二战期间，面对纳粹德国的狂轰滥炸，英国政府坚定地领导抵抗运动，无论是在城市的废墟中，还是在乡间的秘密据点，游击队的身影都让民众感受到了政府不屈的战斗意志，这不仅增强了民众对政府的信心，使他们坚信在政府的领导下能够战胜强敌，更巩固了政府在国内的政治地位，为战后英国的重建和发展奠定了坚实的政治基础。

2. 在国际政治舞台上，成功的游击战能够显著提升本国的政治影响力。其他国家会对本国展现出的坚定抵抗意志和卓越作战能力有全新的认识和评估，这种认识的转变不仅体现在对本国军事实力的重新审视上，更体现在对本国政治决策能力和战略智慧的高度尊重上。在外交和政治谈判中，成功的游击战经历会使本国获得更多的尊重和关注，从而在国际事务中拥有更强的话语权。例如，古巴革命期间，卡斯特罗领导的游击队在与强大敌人的长期斗争中最终取得胜利。这一壮举让世界看到了古巴人民的勇气和决心，使古巴在国际政治舞台上迅速获得了更高的地位和更大的影响力，古巴在国际合作、地区事务等方面的主张和声音得到了更多人的倾听和重视，为其国家的发展创造了更为有利的国际政治环境。

3. 游击战有可能重塑交战国国内政治生态，从而影响总体战的走向。游击战的存在和发展可能对交战国的国内政治生态产生深远且全方位的影响，进而左右总体战的发展方向。一些军事将领或强硬派可能因在应对游击战中的表现而获得更多的权力和影响力，而原本的温和派或主张和平解决的力量可能被削弱，这种权力结构的变化可能使政府在战争决策上更倾向于采取强硬和激进的策略。社会阶层方面，游击战可能加剧社会的贫富分化和阶层对立，战争带来的经济负担和资源短缺可能使底层民众生活更加艰难，而一些特权阶层可能借机谋取私利，进一步激化社会矛盾。此外，游击战所引发的国际压力和舆论谴责也可能迫使交战国政府调整国内政策，以改善其国际形象，这同样会对国内政治生态产生重大影响。综上所述，游击战具有重塑交战国国内政治生态的潜力，这种变化会通过一系列复杂的机制影响总体战的战略决策、资源调配和民众支持等关键因素，最终改变总体战的走向。

（七）外交层面的影响

1. 为总体战创造有利的外交环境。游击战的顽强抵抗往往能够展现出一个国家或民族捍卫自身权益的坚定决心和不屈精神，这种英勇表现很可能引起其他国家的深切同情和广泛支持。游击战通过持续的抵抗行动，向国际社会揭示战争的残酷和不公，促使国际舆论倾向于支持抵抗一方。

2. 影响敌方的外交策略和国际形象。敌方在面对游击战这种难以捉摸和无法遏制的作战形式时，可能因为应对不力而在国际上受到严厉指责，而长期的战争消耗和民众伤亡会引发国际社会对其战争行为的质疑和批评。例如，美国在越南战争中，尽管拥有强大的军事力量，但却无法有效应对越共的游击战，越共的游击战策略使得美军陷入了战争泥潭，造成了大量的人员伤亡和资源消耗。美国的战争行为在国际社会引发了广泛的反战浪潮，导致其国际形象严重受损，外交压力急剧增大，许多国家对美国的越南政策表示不满，要求其停止战争并寻求和平解决途径。

3. 影响其他国家的国内政策调整，从而影响交战国的总体战态势。游击战的持续开展及其所带来的复杂局势，往往能够对其他国家的国内政策产生显著的影响，进而间接作用于交战国的总体战态势。在政治方面，其他国家可能会因为游击战所引发的地区动荡和不稳定局势，调整其外交政策的侧重点。例如，原本与交战国保持紧密合作的国家，可能会因为担心自身利益受损而减少对其支持，或者改变在相关国际事务中的立场。在经济领域方面，其他国家可能会因游击战所导致的市场波动和资源供应变化，调整贸易政策和经济援助策略。比如，减少与交战国的贸易往来，或者对其实施经济制裁，这将直接影响交战国的物资供应和经济实力，从而对总体战的持续进行造成阻碍。在军事方面，其他国家可能会因为游击战的影响，重新评估自身的军事战略和军备部署，如果认为战火可能蔓延或威胁到自身安全，可能会增加军事投入，加强边境防御，或者参与到相关的军事行动中，这无疑会改变交战国在总体战中的军事力量对比。在社会政策方面，其他国家可能会因游击战引发的难民潮和人道主义危机，调整移民政策和社会福利政策。例如，加强对难民的接纳和安置措施，或者增加在人道主义救援方面的投入，这在一定程度上会分散这些国家的资源和精力，间接影响其对交战国的态度和支持力度。总之，其他国家国内政策的调整，无论是直接的还是间接的，都可能给交战国的总体战带来诸多变数和挑战。

三、总体战对游击战的影响

总体战是游击战的坚强后盾。总体战作为一种全方位、综合性的战争形态，涵盖了军事、政治、经济、社会等多个领域的协同作战，在这种宏大的战争格局中，总体战为游击战提供了坚实且强大的后盾支持。比如军事方面，总体战能够集中优势兵力，实施大规模的战略部署和战役行动，吸引和牵制敌军的主力，从而为游击战创造出有利的作战空间和时机。情报体系、后勤保障系统等也能为游击战提供关键的情报支持和物资补给。政治方面，总体战通过统一的战略指导和坚定的政治决心，为游击战赋予了明确的目标和使命，使游击战成为整个战争策略中不可或缺的一部分。经济方面，总体战统筹国家的经济资源，保障战争所需的物资生产和供应，为游击战提供持续的装备、武器和生活必需品。强大的经济后盾使游击战能够在艰苦的环境中坚持下去，并不断发展壮大。社会方面，总体战凝聚全社会的力量，形成团结一心、共御外敌的氛围，这种全社会的支持和协作，为游击战士提供了精神上的鼓舞和安慰，让他们坚信自己的战斗是有价值的，背后有整个国家和民族的力量作为支撑。总体战以其全方位的强大实力和资源整合能力，成为游击战得以有效开展和持续发展的坚强后盾，两者相互配合，共同为实现战争的最终胜利发挥重要作用。

(一)军事力量的支持

1. 武器装备与后勤保障。提供全方位、先进的武器装备体系，涵盖各类高性能枪械，从精准狙击步枪到高射速冲锋枪，满足不同作战距离和任务需求。爆破器材应具备强大的破坏力和精确的控制性能，可用于摧毁敌军重要设施和障碍物；特种作战工具如攀爬设备、潜水装备等，能让游击队员在复杂地形和特殊环境中执行任务；配备的先进通信设备，确保在各种恶劣条件下实现稳定、高效的信息传输，满足游击队员在不同作战场景下的多样化需求。配备专业的医疗团队，包括外科医生、护士和急救人员等，他们具备丰富的战场救治经验和专业技能；引入先进的医疗设备，如便携式 X 光机、手术器械等，为受伤的游击队员提供及时有效的救治；设立专门的医疗营地，具备良好的卫生条件和医疗设施，大幅提高伤员的生存几率。强大的后勤支持不仅包括食物、衣物等基本生活物资的充足供应，还包括交通工具、工程设备等辅助设施的保障，从而全方位提高游击队的战斗力和生存能力。

2. 情报信息网络。构建覆盖广泛、高效运转的情报信息网络，融合卫星监测、电子侦察、人力情报、网络情报等多种先进手段，实现情报的快速收集、全面分析与实时共享。

3. 军事培训机制。为游击队员提供定期的军事理论学习和实战技能演练，邀请经验丰富的军事专家进行授课，传授最新的作战理念和战术技巧。军事理论学习包括游击战的战略战术、敌军的作战特点、地形地貌的利用等方面，通过课堂教学、案例分析等方式，让游击队员深入了解游击战的本质和规律，掌握有效的作战方法。组织模拟实战训练，让游击队员在逼真的战场环境中锻炼应对各种复杂情况的能力。

4. 军事防御工程建设。加强军事防御工程的建设，为游击队提供安全的营地和隐藏据点，这些防御工事应具备良好的隐蔽性、坚固性和防御能力，利用自然地形，如山脉、森林、河流等，进行巧妙的伪装和布局，使敌军难以发现，防御工事的建设应采用坚固的材料，如钢筋混凝土、石块等，能够抵御敌军的突然袭击。同时配备完善的预警系统，以提前察觉敌军的行动。

(二)战略方向的引导

1. 精准定位与明确任务。依据总体战的宏观战略目标和全面布局，精确界定游击战的重点打击对象。敌军的指挥中心是其作战行动的大脑，对其进行打击能够扰乱敌军的决策和指挥体系，使其陷入混乱；重要补给线则是敌军维持战斗力的生命线，破坏补给线可以削弱敌军的持续作战能力；战略储备仓库储存着敌军的物资和装备，袭击战略储备仓库能够减少敌军的资源储备，给其造成重大损失。明确作战区域时，要充分考虑敌我双方的力量分布，在敌军力量薄弱的地区开展游击战，可以减少游击队员的伤亡，提高作战成功率。

2. 统一协调与协同作战。建立统一权威的协调机构，对各游击区域之间的行动进行全面统筹规划，这个协调机构应由经验丰富、具有战略眼光的军事领导人和专家组成，他们能够根据总体战的战略需求，制订出科学合理的协同作战计划。协同作战计划应明确各区域游击队的任务分工和配合方式，不同区域的游击队可以根据自身的特点和优势，承担不同的任务。例如，有的游击队可以负责破坏敌军的补给线，有的游击队可以进行袭扰作战，有的游击队则可以为其他游击队提供情报支持。在配合方式上，可以通过预先约定的信号、通信渠道等进行联络和协调，确保在作战过程中能够相互配合、相互支援。通过有效的协调，实现游击战的无缝协同作战，使各区域的游击队能够形成一个有机整体，发挥出整体的最大效能。

3. 灵活应变与战略调整。根据战争形势的变化和总体战略的调整，及时为游击战制定灵活的战略指导方针。战争形势是不断变化的，总体战略也可能根据实际情况进行调整。游击战必须具备高度的灵活性，能够迅速适应这些变化。

4. 战略研讨与经验交流。定期组织战略研讨和经验交流会议，让各游击区域的指挥员能够分享经验、交流心得。在战争中，不同区域的游击队会面临不同的情况和挑战，通过交流和分享，可以学习到其他游击队的成功经验和做法，避免犯同样的错误。

(三) 组织与训练的重构

1. 完善组织架构与指挥体系。为游击战精心搭建统一、条理清晰的组织架构，这是确保游击战高效运作的关键基础。明确划分各级指挥员的职责与权力范围，从最高指挥官到基层小队领导，每一个层级都应有清晰界定的责任范畴。例如，高级指挥员负责制定战略规划、协调各方资源，中级指挥员负责具体战役的指挥和部署，基层指挥员则负责带领队员执行战斗任务。避免职责不清导致的指挥混乱，确保在复杂的战争环境中，每一个决策都能迅速、准确地得到传达和执行。

2. 全面提升训练水平与综合素质。开展具有针对性和系统性的训练课程，全面涵盖各种军事技能。精准的射击技巧是游击队员必备的基本技能，通过严格的射击训练，提高队员的命中率和射击速度；实用的格斗术能够让队员在近距离战斗中占据优势，包括擒拿、搏击等技巧的训练；巧妙的伪装方法可以帮助队员在敌后隐藏行踪，如利用自然环境进行伪装、使用伪装道具等；高效的爆破技术则在破坏敌军设施、开辟道路等方面发挥重要作用。注重战术素养的全方位提升，涵盖伏击战术、突袭战术、撤退战术和防御战术等。伏击战术需要精心策划，选择合适的地点、时机，布置火力点，确保能够给敌军以沉重打击；突袭战术要求迅猛执行，以出其不意的方式迅速攻击敌军的薄弱环节；撤退战术要做到安全有序，避免被敌军追击和包围；防御战术则要稳固坚守，利用地形和防御工事抵御敌军的进攻。

3. 严格队员选拔与考核机制。建立严格、科学的队员选拔机制，高标准选拔具备坚定意志、良好身体素质和一定军事素养的优秀人员加入游击队，在选拔过程中，通过体能测试、心理评估、军事技能考核等多方面综合评估候选人的能力。定期对游击队员进行全面、细致的考核，对于表现卓越的队员，给予及时的表彰和合理的晋升，激励其继续发挥模范带头作用，为其他队员树立榜样；对于未达标的队员，根据具体情况进行有针对性的再培训，帮助他们提高能力水平；如果经过再培训仍无法达到要求，则果断淘汰，以确保游击队始终保持高水准的整体素质和强大的战斗力。

4. 重视团队建设。通过丰富多彩的团队活动和思想教育，培养游击队员之间的深厚信任、紧密团结和默契协作精神。打造具有鲜明特色和强大凝聚力的游击队文化，深入挖掘和弘扬游击队的光荣历史和优良传统，激发队员的强烈荣誉感、使命感和责任感。通过这种方式，不断增强队伍的凝聚力和战斗力，使游击队在面对各种艰难险阻时能够团结一心、奋勇向前，为实现战争目标不懈努力。

（四）经济资源的保障

1. 稳定财政支持与资源高效利用。务必确保为游击战提供稳定且充裕的财政支持，这是游击战得以持续开展的重要保障。资金应精准投入到关键领域，发挥其最大效能，购置先进且适配的武器装备是首要任务，从高性能的轻武器到具有战略威慑力的爆破装置，都要根据游击作战的特点进行精心挑选。合理设定队员的薪酬福利至关重要，给予游击队员与其付出相匹配的薪酬，不仅是对他们英勇作战的物质奖励，更是激励他们保持高昂斗志的有效方式，同时，提供良好的福利保障，如医疗保障、家属关怀等，让队员无后顾之忧，全身心地投入到战斗中。在经济资源的分配过程中，遵循科学合理的原则，通过精细的规划和管理，避免出现浪费和滥用的情况，建立严格的财务管理制度，对资金的使用进行全程监督；对物资的采购、存储和分配进行合理规划，提高资源的利用效率和效益，确保每一分投入都能发挥最大的作战效能，为游击战的胜利提供坚实的经济基础。

2. 构建灵活经济供应链与促进地方经济发展。构建健全且灵活的经济供应链，这是保障游击战物资需求的基石。根据游击战的需求，有针对性地发展武器制造、食品加工、药品生产等产业。确保所需物资能够及时生产，满足游击战的持续需求。在运输过程中，要保障安全，建立安全可靠的运输网络，采用多种运输方式相结合，如陆路运输、水路运输和空中运输等，以应对不同的地形和作战环境。积极促进当地经济的可持续发展，通过政策引导和激励措施，鼓励民众广泛参与物资生产和供应工作，制定优惠政策，吸引企业和个人投资相关产业，提高物资生产能力；加强对民众的宣传教育，提高他们的爱国意识和战争责任感，让他们积极参与到游击战的物资保障工作中来。充分调动民间的生产力量，为游击战提供源源不断的资源支持。

3. 施行经济管制与资源调配政策。施行有效的经济管制和资源调配政策，在资源有限的情况下，优先保障游击战的关键需求，对于稀缺资源，依据战争形势和战略需要进行精准分配；建立资源分配机制，根据战斗任务的重要性和紧急程度，合理分配资源，确保稀缺资源用在刀刃上，发挥最大的作战效能。采取严密的防范措施，避免资源被敌方获取或破坏，同时加强物资的监管和保护工作，建立严格的物资管理制度，对重要物资进行专人管理和保护。经济手段的运用可以与军事行动相结合，形成全方位的打击力量，在打击敌方经济的同时，也要注意保护我方的经济基础，确保游击战的可持续发展。

4. 开展经济情报工作。积极开展深入全面的经济情报工作，建立专业的情报收集和分析团队，广泛收集敌方的经济状况信息，包括财政收支、产业结构、贸易往来等方面的数据。详细分析敌方的资源分布情况，如能源储备、矿产资源位置、粮食生产区域等，了解敌方的经济弱点和关键资源，为制定经济作战策略提供依据。以此为依据，精心制定经济作战策略，根据敌方的经济状况和资源分布，制定针对性的经济打击方案，可以采取经济封锁、贸易制裁、资源掠夺等手段，削弱敌方的经济实力和战争潜力，从经济层面为战争的胜利奠定坚实基础。

（五）舆论环境的营造

1. 激发国内民众精神力量。拿破仑说："精神力量比物质力量更强大。"积极的舆论宣传的确能激发民众的精神力量，进而形成强大的合力，应采用全方位、多层次的宣传手段，深入阐释总体战的正义性和必要性，通过举办专题讲座、发行宣传手册、制作纪录片等方式，从历史、法律、道德等多个角度剖析战争的本质，让民众清晰地认识到我方进行的是一场捍卫国家主权、民族尊严和人民幸福的正义之战。例如，讲述一位普通农民如何冒着生命危险为游击队员送粮食，一位教师如何在敌人的威胁下坚持为孩子们传授爱国知识，一位医生如何不顾自身安危救治受伤的游击队员等，这些真实的故事能够让民众感受到战争的残酷和人性的光辉，从而更加坚定地支持游击战。

2. 争取国际支持与塑造国际形象。在国际舞台上主动出击，积极宣传游击战的合法性和正当性，以无可辩驳的事实和证据，揭露敌方的侵略本质和令人发指的战争罪行，收集敌方在战争中犯下的屠杀平民、破坏文化遗产、使用化学武器等罪行的证据，通过国际新闻媒体、社交平台等渠道广泛传播，让国际社会看清敌方的真正面目，阐述我方的立场和诉求，争取国际社会的理解和同情，为游击战争取更多的国际支持和合作机会。

3. 应对舆论挑战。充分利用各种媒体渠道，包括传统的报纸、广播、电视以及新兴的网络媒体和社交媒体平台，传统媒体具有权威性和公信力，可通过深度报道、专题节目等形式，全面展示游击战争的进程和成果；网络媒体和社交媒体平台具有传播速度快、互动性强的特点，可通过短视频、直播等方式，生动讲述游击队员的英勇事迹和辉煌战斗成果。树立具有代表性和感染力的英雄榜样，以他们的事迹激励更多的人为战争胜利贡献自己的力量。建立快速高效的舆论应对机制，及时回应社会各界的关切和质疑，设立专门的舆论监测团队，实时关注国内外舆论动态，对可能出现的负面舆论进行预警；当出现负面舆论时，运用事实和真相消除负面舆论的影响，为游击战创造良好的舆论环境和社会氛围。

（六）科学技术的支撑

1. 先进通信技术保障联络畅通。为游击战提供世界领先的通信技术，搭建安全、稳定、高效的通信网络，这是确保游击作战顺利进行的关键要素。在现代战争中，通信安全面临着严峻的挑战，敌方可能会采取各种手段进行监听和干扰，因此，必须采用高强度的加密算法，确保通信内容不被窃取和破解。同时，运用抗干扰技术，如频率跳变、扩频通信等，提高通信系统在复杂电磁环境下的抗干扰能力，确保通信的可靠性和安全性。大力研发新型的通信设备，如小巧便携的微型卫星通信终端、高度加密的无线电台等，这些新型通信设备应具备体积小、重量轻、便于携带的特点，使游击队员能够在复杂恶劣的环境下依然保持通信畅通。在游击战中，通信技术不仅是指挥协调的重要手段，更是实现政治目标的关键支撑，通过高效的通信网络，指挥中心可以及时了解战场态势，制定正确的战略决策，引导游击队员在正确的时间、地点采取正确的行动，为实现战争的政治目标奠定坚实基础。

2. 特种装备与前沿技术提升战斗力。加大研发力度，开发适用于游击战的特种装备和前沿技术。游击战的特点决定了其对装备的特殊需求，既要有轻便灵活、便于携带的特点，又要具备卓越的性能和可靠性。例如，轻便灵活且防护性能卓越的个人装备，可以为游击队员提供有效的防护，同时不影响其行动的灵活性；高效便携且续航能力强的能源供应设备，可以为通信设备、侦察工具等提供持续的电力支持；智能化程度高且精准度强的侦察工具，可以帮助游击队员及时了解敌方的动态，为作战决策提供准确的情报。通过不断创新和应用前沿科技成果，使装备更加适应游击战的特殊需求和复杂环境。

3. 快速响应机制确保科技与实战贴合。在战争中，战场形势瞬息万变，敌方的战术和装备也在不断变化，因此，必须建立快速响应机制，及时了解战场需求，调整研发方向，确保技术和装备始终与实战需求紧密贴合。加强科研单位与游击队之间的密切沟通与深度合作，科研单位应深入了解游击作战的特点和需求，为游击队提供专业的技术支持和解决方案，游击队则应及时反馈战场使用情况和实际需求，为科研单位的研发工作提供参考。通过建立常态化的信息反馈渠道，实现科研单位与游击队之间的良性互动，共同推动技术和装备的不断进步。

4. 培养科技素养与促进创新应用。注重培养和选拔具有较高科技素养的游击队员。在现代战争中，科技的作用日益凸显，游击队员不仅要有勇敢顽强的战斗精神，还要具备较高的科技素养。通过专业培训和实战锻炼，提高他们对新技术、新装备的掌握和运用能力，培训内容可以包括通信技术、侦察技术、武器装备操作等方面。建立激励机制，鼓励游击队员积极探索和创新科技在游击战中的应用。巴顿将军指出："战争是人类创造的最壮观的竞赛！在竞赛中，人可以为所欲为。在战斗中，强者胜，弱者亡。"掌握先进科技的游击队员在战争中更有机会成为强者。通过培养科技素养、开展科技培训和建立激励机制，提高游击队员的科技水平和创新能力，使他们在战争中具备更强的竞争力，为取得战争的胜利奠定坚实基础。

（七）国际力量的争取

1. 积极争取国际盟友支持与援助。通过灵活多样且富有成效的外交手段，积极主动地争取国际盟友在军事、经济、情报等多个关键领域对游击战的实质性支持和援助。在军事方面，积极与友好国家进行沟通协调，争取武器装备的及时供应。这些武器装备不仅包括先进的枪械、火炮等常规武器，还应涵盖特种作战装备、防空武器等，以满足游击队员在不同作战场景下的需求。在经济方面，通过与国际金融机构、友好国家等进行合作，争取资金支持，为游击战提供充足的资金保障。在情报方面，获取准确及时的情报支持，与国际情报机构、友好国家的情报部门等进行合作，共享情报资源，增强对敌方的了解和战略预判。通过这些努力，增强游击战的实力和资源，提升其在战争中的竞争力和战斗力。

2. 推动国际组织施压。积极推动国际组织对敌方采取强有力的施压和制裁措施，包括全面的贸易禁运，限制敌方的物资供应和经济发展；严格的金融限制，冻结敌方的资产和资金流动；坚决的外交孤立，削弱敌方的国际影响力。通过国际组织的权威性和影响力，削弱敌方对游击战的打击能力，为游击战创造有利的外部环境。

3. 建立国际统一战线。"只有团结一致，才能把伟大的事业推向前进。"国际统一战线的建立正是团结一致对抗侵略的体现，应努力建立广泛的国际统一战线，联合其他国家和国际组织共同反对敌方的侵略行为。同时，建立资源共享机制，共同应对敌方的打击。通过共同的努力和协作，形成全球范围内的反侵略网络，对敌方形成全方位的制约，使其在国际上陷入孤立无援的境地，为游击队最终的胜利创造有利条件，同时也为战后的和平与稳定奠定基础。

四、未来战争中游击战与总体战的发展趋势

在战争的风云不断变幻的未来，游击战与总体战如同两条不断演进的脉络，交织出战争形态的复杂图景。随着科技的飞速发展、全球政治格局的动态调整以及社会形态的深刻变化，这两种战争形式正站在新的历史起点上，面临着前所未有的机遇与挑战。它们的发展趋势不仅将重塑战争的面貌，更将对国家的安全战略、军事理论以及国际秩序产生深远的影响。

（一）技术变革对两者的影响

1. 人工智能、大数据、云计算等新兴技术在情报分析、指挥决策、作战行动和战场评估等方面的深度应用，将极大地提高战争的智能化水平，改变游击战和总体战的作战方式和决策模式。如今，海量的数据在战争中不断产生，通过大数据技术能够对这些数据进行快速整合与分析，精准勾勒出敌方的行动模式、兵力部署以及战略意图。例如，在阿富汗战争中，美军利用大数据分析来追踪塔利班武装的活动规律，而人工智能则可以基于这些分析结果，为指挥官提供智能化的决策建议，迅速制定出适应复杂战场环境的作战方案。对于游击战而言，借助人工智能的精准预测，能够更巧妙地选择袭击目标和时机，以最小的代价获取最大的战果。在总体战中，云计算能够实现对大规模作战资源的高效调配，使各参战部队之间的协同更加紧密。

2. 无人作战系统如无人机群、无人舰艇、无人战车和机器人部队的普及，将使作战人员与武器装备的分离更加彻底，在降低人员伤亡风险的同时，也对游击战和总体战的战术运用和战略布局产生深远影响。无人作战系统凭借高效、精准和不惧危险的特点，正在重塑战争的形态。在游击战中，小巧灵活的无人机可以悄无声息地潜入敌方区域进行侦察，为游击队员提供实时且准确的情报，或者

携带少量爆炸物，对敌方的关键设施或人员进行突然袭击，然后迅速撤离，让敌方难以防范。对于总体战而言，大规模的无人机群可以执行饱和式攻击，突破敌方的防空体系；无人舰艇能够在广阔的海域执行巡逻和封锁任务。然而，无人作战系统也面临着诸多挑战，如通信链路的脆弱性可能导致系统被敌方干扰或劫持，技术故障可能导致误判和误击，以及伦理和法律方面对于无人系统自主决策的争议等。

3. 量子通信、生物技术、新能源技术和新材料技术等前沿科技的突破，为战争带来全新的作战手段和战略威慑方式，为游击战和总体战创造新的机遇和挑战。量子通信的出现，以其无条件的安全性保障了军事通信的绝对机密性，使指挥指令和情报传递不再担忧被敌方窃取或篡改。生物技术的发展，例如基因编辑技术，有可能被开发成新型的生物武器，其潜在的杀伤力和影响力难以估量。新能源技术如可控核聚变的突破，将为军事装备提供几乎无限的能源供应，极大地增强了武器系统的持续作战能力。新材料技术，如高强度、耐高温、隐身材料的研发，将使武器装备具备更出色的性能。但这些新技术在带来优势的同时，也引发了一系列问题，例如，基因武器的使用可能引发全球性的人道灾难，新能源技术的发展可能加剧资源争夺，新材料的研发可能导致新一轮的军备竞赛。

(二) 国际政治格局变化对两者的影响

1. 多极化趋势下，新兴大国的崛起和国际力量对比的变化将影响战争的起因、规模和持续时间，各国在战争中的战略选择和行动策略将更加复杂多变。随着新兴大国经济和军事实力的快速增长，全球的权力格局逐渐从单极或两极向多极转变，这种变化使得各国在考虑发动战争时更加谨慎，因为战争的结果不再是一方对另一方的绝对压制，而是涉及多个大国的利益平衡和博弈。例如，在边境海域争端中，多个大国的利益交织，使得相关国家在采取军事行动时必须充分权衡各方的反应。新兴大国的崛起也改变了战争的规模和持续时间，过去，强国可能凭借绝对优势迅速结束一场战争，但在多极化的格局下，各方力量相对均衡，战争可能陷入长期的僵持和消耗。在这种情况下，游击战和总体战的战略选择更加关键，需要综合考虑政治、经济、军事等多方面的因素，以实现国家的战略目标。

2. 地区冲突的根源和形式将更加多样化，涉及民族矛盾、宗教冲突、资源争夺、地缘政治等多个方面，导致游击战与总体战的形式和手段更加灵活多样，难以预测。中东地区就是一个典型的例子，这里民族众多、宗教复杂，加之丰富的石油资源和重要的地缘战略位置，使得冲突不断。在这样的环境中，游击战可能与宗教极端势力相结合，采取自杀式袭击等极端手段；总体战则可能涉及多个国家的军事联盟和外交博弈。在非洲一些地区，由资源争夺引发的冲突中，游击战可能表现为部落武装对资源产地的控制和争夺，而总体战则可能是国际社会为了维护地区稳定而进行的维和行动与军事干预。此外，随着全球化的深入发展，地区冲突不再局限于当地，而是容易引发国际连锁反应，使得战争的形式和手段更加复杂多变，难以预测。

3. 非国家行为体如恐怖组织、跨国犯罪集团、网络黑客组织等在战争中的作用日益凸显，其与国家力量之间的互动和博弈将改变传统的战争模式和战争规则。跨国犯罪集团通过走私武器、贩卖人口等非法活动获取资金，支持一些地区的武装冲突；网络黑客组织可以对国家的关键基础设施发动网络攻击，造成严重的社会混乱。这些非国家行为体的行动方式灵活多变，不受传统战争规则的约束，使得国家在应对时面临巨大挑战。在游击战中，这些非国家行为体可能提供资金、武器和情报支持，使游击战更加复杂和难以遏制；在总体战中，国家不仅要应对敌方的正规军事力量，还要防范非国家行为体的暗中破坏和干扰，这就需要综合运用军事、外交、经济和情报等多种手段来维护国家安全。

(三)未来战争中两者协同作战的可能模式

1. 跨域作战中的无缝衔接与协同配合将实现空天海地网一体化作战，游击战和总体战在不同作战域之间的快速转换和协同行动将成为常态，形成全方位、多层次的打击力量。在未来的战争中，太空将成为新的战略制高点，卫星不仅用于侦察和通信，还可能搭载武器系统，对敌方的地面、海上和空中目标进行打击。海洋作为重要的战略通道，无人舰艇和潜艇将与空中力量、太空力量紧密配合，实施封锁、反潜和对地攻击等任务。在陆地战场上，游击战可以利用城市的复杂地形和地下设施，与总体战的正规部队协同作战，对敌方进行袭扰和破坏。网络空间则贯穿于各个作战域，通过网络攻击瘫痪敌方的指挥系统、金融系统和能源供应系统，为实体作战创造有利条件。例如，在一次针对敌方军事目标的打击行动中，太空卫星首先进行侦察和定位，将情报传递给指挥中心；空中力量随后发动首轮空袭，摧毁敌方的防空设施；海军舰艇在海上实施封锁，阻止敌方增援；地面的游击队员则在敌后进行破坏和袭扰，干扰敌方的补给线；网络部队同时对敌方的网络系统进行攻击，使其指挥系统陷入瘫痪。

2. 全球作战体系中，游击战与总体战在不同地域和领域的精准定位与高效互动将基于全球卫星导航、高速通信网络和智能指挥控制平台，实现实时的战略协同和资源调配。全球卫星导航系统能够为作战部队提供精确的位置信息，使游击战和总体战的行动更加精准。高速通信网络确保了信息的实时传输，使不同地区的作战部队能够及时了解战场态势。智能指挥控制平台则能够对海量的信息进行快速处理和分析，做出科学的决策。例如，在一场全球性的反恐战争中，位于不同国家和地区的作战部队可以通过这些技术手段实现信息共享和协同作战，当某地的游击队发现恐怖分子的重要据点时，能够迅速将信息传递给其他地区的总体战部队，共同制订作战计划，调配资源，对恐怖分子实施联合打击。

3. 基于智能化指挥系统的快速决策和灵活调整能力，将能够根据战场形势的变化迅速优化游击战与总体战的协同策略，适应瞬息万变的战场环境，提高作战效能。智能化指挥系统能够实时收集和分析来自各个作战单元的信息，快速评估战场形势，自动生成多种作战方案，并根据实际情况进行灵活调整。例如，在一场城市作战中，当敌方突然加强了某一区域的防御，智能化指挥系统可以迅速调整游击战和总体战的兵力部署和作战任务，使游击队从侧翼进行袭扰，吸引敌方注意力，同时总体战部队从正面发动强攻，突破敌方防线，这种快速决策和灵活调整的能力将大大提高作战的效率和成功率。

（四）潜在风险与应对策略

1. 在未来战争中，游击战与总体战协同可能面临技术风险、信息安全风险和伦理道德风险等。技术风险方面，新技术的应用可能存在不可靠性和未知的漏洞。例如，人工智能系统可能出现错误判断，导致作战决策失误，无人作战系统可能受到电子干扰而失控。信息安全风险则更加严峻，敌方可能通过网络攻击窃取我方的作战计划和情报，或者对指挥控制系统进行破坏。此外，游击战与总体战协同过程中还可能面临伦理道德风险，如对平民的误伤、过度使用武力等。为了应对这些风险，我们需要加强技术研发和测试，提高系统的稳定性和可靠性；建立强大的信息安全防护体系，加强网络防御和数据加密；制定明确的作战规则和伦理准则，约束作战行为，确保战争在合法和道德的框架内进行。

2. 在国际法和人道主义原则的框架内，应合理运用游击战与总体战的协同策略，避免战争的过度残酷和对人类社会造成不可逆转的损害。在未来战争中，必须严格遵守国际法和人道主义原则，禁止使用大规模杀伤性武器，保护平民和非战斗人员的生命安全，尊重人权。同时，要加强国际合作，共同打击违反国际法的战争行为。在制定作战策略时，要充分考虑战争的后果和影响，尽量减少对环境和社会基础设施的破坏。对于可能出现的战争罪行，要建立有效的监督和问责机制，确保责任人受到应有的惩处。此外，要加强对公众的宣传教育，提高对国际法和人道主义原则的认识和尊重，形成反对战争暴行的社会舆论。

3. 合理运用游击战与总体战的协同策略，避免战争的过度或者失控对国内各方面造成的严重损害。在战争中，合理协调游击战与总体战的关系至关重要，需要深入研究并制定科学的协同策略，以确保在实现战争目标的同时，最大限度地减少对国内的负面影响。在制定战略时充分考虑国内的承受能力和实际情况，建立有效的资源调配机制和社会稳定保障措施，同时，加强与民众的沟通，使民众理解战争的必要性和战略安排，增强国内的团结和民众的支持。

上述仅作简单展望，下一章将对此作详细探讨。正如拿破仑所说："战争的艺术就是在某一点上集中最大优势兵力。"未来战争中游击战与总体战将在不断的变革与适应中持续发展，它们的发展趋势既反映了战争本质的不断演进，也凸显了人类在战争与和平之间的艰难探索，深入研究游击战与总体战的未来发展趋势，将为我们更好地应对战争威胁、维护世界和平提供重要的理论支持与实践指导。

总之，在现代战争的复杂舞台上，游击战与总体战相辅相成，共同构成了战争的多元面貌。游击战以其坚韧不拔的生命力在局部战场持续抗争，如同星星之火，为总体战的胜利奠定坚实基础；而总体战则以其宏大的战略布局和强大的国家力量，为战争的最终走向定下基调，似璀璨星河照亮胜利之路。无论是在硝烟弥漫的生死战场，还是在暗流涌动的战略博弈中，这两种战争形式都将继续发挥重要作用，见证着人类在战争中的智慧与勇气，也时刻提醒着我们和平的珍贵与来之不易。

第十三章　游击战在未来战争中的展望

在充满无尽变数的未来时空，随着人类和机器"超思维""超能量"的爆发，战争出现由"多域战"到"全域战"、"超限战"到"无限战"的极速演化，游击战必然于人与人、人与机器、机器与机器以及人类与外星人之间那错综复杂、变幻莫测的战争格局中绽放独有的光芒，彰显非凡的作用。它或将与前沿科技水乳交融，从容应对愈发智能化、激烈程度超乎想象的战争态势。伴随着战争形式和对手的不断演进，游击战极有可能在战略战术的筹谋、技术运用的精妙、人机素质的提升等方面实现创新与突破，进而成为在艰难困厄局势下奋勇争取主动、以弱胜强的关键力量，为守护和平与正义开辟出前所未有的通途大道。

一、人与人战争中的游击战

在人类社会的时空长河中，人与人之间的战争不会停止。战争是永恒的，和平是短暂的，但即便如此，我们仍应心怀对和平的坚定信念，不懈努力，让和平的时光得以延长，让战争的苦痛尽量减少。

（一）太空领土争端战争

随着人类对太空的探索和开发不断深入，太空领土的归属可能引发争端和战争。在太空环境中，游击战可能表现为利用小行星带、行星、卫星等隐蔽地点进行突袭和伏击。游击队伍可以通过小型灵活的太空飞行器，对敌方的大型太空设施进行快速攻击，然后迅速转移，避免被敌方反击。

基本对策：一是强化装备研发。集结顶尖科研力量，打造跨学科团队开展武器装备研发。诚如达尔文所言"物竞天择，适者生存"，这类装备需能依据小行星、卫星表面环境自适应调整，借助特殊材料与涂层隐匿踪迹，关键时刻发动突袭，打乱敌方战略部署。二是深化作战训练。为游击队员制订全面太空生存与作战训练计划，涵盖太空行走、微重力战斗、轨道战略运用等内容。通过模拟实战场景开展高强度训练，让游击队员能在太空隐秘角落发动伏击。三是优化干扰技术。组织电子工程师与信号处理专家开发先进电子干扰装置。该装置可发射复杂电磁信号，制造虚假目标，干扰敌方太空监测设备，降低其监测准确性。

（二）生物科技战争

生物技术的飞速发展可能导致生物武器的出现和滥用，在这种战争中，游击战可以用于破坏敌方的生物实验室和生产设施，阻止生物武器的研发和扩散，同时，游击队员可以在敌方区域散布虚假情报，误导敌方对生物威胁的判断，从而打乱其防御部署。

基本对策：一是研发便携式检测中和设备。集结生物学家、工程师和人工智能专家，融合人工智能算法与生物传感器技术，打造轻便高效、能精准识别并中和生物武器的设备，保障游击队员敌后行动安全。"工欲善其事，必先利其器"，拥有这样的先进设备，才能在复杂危险的环境中掌握主动权。二是布局真假实验室。设立多个假生物实验室，通过网络情报泄露吸引敌方侦察力量，趁其注意力分散，组织精锐游击力量对其核心真实实验室发动致命袭击，削弱其生物武器研发能力。三是开展舆论宣传。组织宣传团队，借助新闻、社交媒体等渠道，向国际社会揭露敌方生物科技战争的危害。"谣言止于智者，真相胜于雄辩"，以真实详尽的证据，引发国际社会的关注与谴责，以舆论和外交压力，迫使其放弃不人道的生物战争手段。

（三）网络信息战争

未来的战争可能高度依赖网络和信息系统，游击战在网络空间中可以表现为黑客攻击、信息窃取和破坏。游击队伍可以通过渗透敌方的网络防线，获取关键信息，扰乱敌方的指挥系统，制造虚假信息来误导敌方决策。

基本对策：一是组建精锐攻击团队。从网络技术人才中选拔编程、算法、漏洞挖掘方面天赋出众者，进行系统特训，通过模拟实战和红蓝对抗，提升队员突破敌方网络防护的能力。二是巧用暗网开展信息战。借助暗网，结合加密通信与匿名发布技术，传播经精心设计的利好信息，操纵数据误导敌方决策。同时，在社交媒体等平台引导舆论，干扰敌方舆论走向，为本方争取战略优势。三是构建监控预警系统。整合先进监测技术与智能算法，对敌方网络攻击进行实时全方位监测。运用大数据分析和人工智能预测攻击意图，提前做好防范与反击准备，筑牢网络防线，捍卫网络主权与信息安全。

（四）基因定制战争

科技发展使得基因编辑技术成熟，某些势力可能会定制具有特定优势基因的人类战士，从而引发全球性的基因定制战争。在这场战争中，游击战可能体现为对敌方基因改造实验室和相关研究人员的秘密暗杀。游击队员还能混入敌方，获取基因改造的核心机密，破坏其基因库，打乱敌方的基因定制计划。

基本对策：首先，对游击队员开展深入且全面的基因科学知识培训以及严格的特工技能训练，邀请基因科学领域权威专家和资深特工教练，为游击队员量身定制系统培训课程。通过长时间学习实践，让队员掌握基因的结构、功能、遗传规律等深厚理论知识，同时熟练掌握伪装、潜入、情报收集与破坏等特工技能。凭借专业知识与精湛演技，游击队员能巧妙伪装成基因研究人员，潜入敌方实验室，运用高科技工具，有针对性地破坏关键基因样本，删除或篡改重要实验数据，摧毁研究成果，给敌方基因定制研发进程予以沉重打击。其次，借助全球广泛的媒体资源和社交网络平台，发起舆论宣传攻势。马克·吐温说过，"当真理还在穿鞋时，谎言已走遍半个世界"，所以我们必须主动出击。组织专业宣传团队，收集敌方基因定制研发的详实证据资料，制作新闻报道、深度分析文章、震撼视频短片，在全球主流媒体和热门社交平台上广泛传播。以真实客观内容揭露其不人道本质与潜在危害，引发国际社会关注和谴责，激发全球民众的道德良知，形成舆论压力，使敌方在国际舞台上陷入孤立，为我方争取国际支持与合作机会。最后，联合国际上的反基因战争组织以及权威科研机构，共同制定应对基因定制战争的国际法规和伦理准则。"没有规矩，不成方圆"，召集法律专家、伦理学者等召开国际会议研讨，明确规定基因定制战争中禁止和限制的行为，以及违规后果。从法律和道德双重层面约束规范敌方，确保基因技术用于人类福祉与和平，而非战争破坏。

（五）意识控制战争

假如出现能够直接控制人类意识的技术，战争可能演变成对意识的争夺和控制，游击战的作用可能在于建立抵抗意识控制的小型庇护所，保护未被控制的人群。游击队员还可以利用特殊设备干扰敌方的意识控制信号，或者潜入敌方控制中心，释放被控制的人员，从内部瓦解敌方的意识控制网络。

基本对策：首先融合前沿科技，打造思维护盾。汇聚全球顶尖科研力量，投入大量资源，融合量子加密、神经干扰技术，研发意识控制信号屏蔽装备。其次开展心理干预，唤醒自主意识。组建心理战专家团队，结合神经科学、心理学成果，研究意识控制影响机制，开发心理疏导与解放技术。借助深度催眠、认知重建，帮助被控制人员消除控制指令，重建思维与价值观，恢复自主意识。最后构建监测网络，捍卫心灵净土。建立覆盖广泛的意识控制监测网络，运用信号监测设备和大数据分析技术，实时追踪敌方意识控制信号，提供精准情报，切断敌方意识控制链条，捍卫心灵自由。

（六）虚拟世界主权战争

随着虚拟现实和数字世界的高度发展，虚拟世界的主权和资源可能成为争夺的焦点。在虚拟世界的战争中，游击战表现为在数字空间中隐藏、伪装和发动突然袭击。游击队员可以利用代码漏洞和病毒，破坏敌方在虚拟世界的基础设施和经济系统，干扰其正常运行。

基本对策：一是投入研发资源，集结量子计算、人工智能领域顶尖人才，开发虚拟身份变换与形态伪装技术。融合量子计算与人工智能技术，助力游击队员在虚拟世界快速且无痕切换身份外观。二是借助分布式网络和区块链技术，在虚拟世界隐秘节点搭建去中心化秘密基地。利用抗干扰和自我修复技术，保障基地稳定运行。三是组织技术精英研发超级病毒和漏洞利用程序，突破虚拟世界规则。精准攻击敌方虚拟世界的基础设施与经济系统，干扰其秩序，瘫痪其运行，为我方赢得战略优势。

(七) 太空移民冲突战争

人类大规模向其他星球移民后，不同星球的人类群体可能因为资源分配、政治理念等问题发生战争。在星际战争中，游击战可能是利用小行星、彗星等天体作为掩护，对敌方的星际运输线进行突袭。游击队员还能在敌方星球上建立秘密据点，开展破坏和情报收集活动。

基本对策：一是借助纳米技术与材料科学成果，研发超小型无人飞行器。运用纳米级制造工艺，配备高性能炸药与自毁装置，并搭载智能导航与群体协同系统。该飞行器能在星际空间精准航行，对敌方星际运输线发动自杀式袭击，破坏敌方后勤体系，削弱其作战和战略部署能力。二是向敌方星球派遣特工，结合文化交流开展群众动员工作。了解民众诉求，传播我方理念，争取民众支持，秘密组建地下抵抗力量，对其进行军事训练。这股力量与游击队员里应外合，破坏敌方基础设施与供应链，从内部瓦解敌方统治和战斗意志。三是集合顶尖物理学家与电子工程师，开发电磁脉冲武器。该武器发射高强度电磁脉冲波，干扰电磁波传输，破坏敌方星球通信网络与指挥系统，切断作战单位间的信息联络，造成指挥混乱。借此，我方游击行动能出其不意，夺取战斗主动权，赢得胜利。

(八) 跨物种融合战争

人类与其他物种通过基因融合或技术手段实现融合，不同的融合群体之间可能因为利益和理念的差异发生战争。游击队员是融合了特殊能力的游击战士，利用自身独特的技能，在敌方防线中穿插，进行暗杀、破坏关键设施等行动。

基本对策：一是成立跨物种作战研究小组。汇聚生物学、物理学等多学科专家，组建跨学科团队。专家们剖析融合物种生理结构与能力特点，研发精准打击其弱点的武器，制定适配战术，从而在复杂战场中掌握主动权，显著提升战斗效率。二是开展全方位外交活动。"单丝不成线，独木不成林"，积极与中立融合群体建立战略联盟。各方秉持"合作共赢"的理念，共享资源、交流技术、互通情报，凝聚强大合力。这不仅能有效抵御敌方侵略，打造牢不可破的统一战线，更彰显出各方合作抗敌的坚定决心。三是借助基因编辑和生物改造技术，对游击队员进行适度、审慎的强化优化。在确保安全与合理的前提下，调整队员基因序列，增强其身体机能、感知力与战斗反应速度。让游击队员凭借强大的适应能力和卓越的战斗实力，成为捍卫和平正义的坚实力量。

(九) 空间折叠通道战争

如果人类掌握了空间折叠通道的创建和控制技术，各方势力可能为了争夺这些通道的控制权而战，游击队伍可以利用空间折叠通道的不稳定性，对敌方的重要据点进行突袭，或者在通道中设置陷阱，阻碍敌方的兵力和资源运输。

基本对策：一是召集全球顶尖物理学家与工程师，组建精英研究团队。融合量子力学与相对论知识，探究空间折叠通道物理规律和不稳定因素，开发利用通道特性的技术与装置，设置空间陷阱，对敌方实施伏击围堵。二是选拔具备空间作战能力和勇气的特种游击队员，开展高强度专业训练，培养复杂空间环境下的应对能力。为队员配备高爆炸药和空间定位装置，爆破敌方关键通道节点，切断敌方空间联系，从而获取战略优势。三是构建空间折叠通道监测预警网络，整合引力波探测和时空曲率分析技术，捕捉空间细微变化，掌握敌方行动动态。该网络为游击作战提供情报与决策支持，助力我方在空间战场灵活调整策略，掌控战局。

随着时代的不断演进和科技的飞速发展，未来可能会出现比我们目前所能想象到的更为复杂多样的战争形式。这些潜在的战争形态或许会因各种新兴技术的突破、社会结构的变革以及不同物种间更为复杂的交互关系而产生，每一种新的战争类型都将伴随着独特的挑战，需要我们制定相应的详细且具有针对性的应对策略。比如上述所提及的跨物种融合战争应对策略，仅仅是基于当前的认知和假设所进行的初步探讨。实际上，在面对真实且复杂多变的战争局势时，我们需要更加深入地研究和分析各种可能出现的情况，以便能够迅速而有效地做出反应。我们不能仅仅满足于现有的简单设想，而应保持敏锐的洞察力和前瞻性思维，不断探索和完善应对各种潜在战争威胁的方法和策略。只有这样，我们才能在未来可能面临的各种未知挑战中，更好地保护自己和我们所珍视的一切。

二、人与机器战争中的游击战

在未来的岁月长河中，人与机器的战争或许无可规避，其实已经开始，在这纵横交错的战争画卷里，游击战必将直面崭新的挑战，肩负起非凡的使命。

（一）智能化与自主武器战争

在未来的战争场景中，人工智能和自主武器系统将占据主导地位。无人机群（包括各种飞行器）能够如蜂群般或者单独进行或密集或松散攻击，无人战车（包括民用汽车、火车等）可在陆地疾驰冲锋，无人潜艇（包括改装的普通轮船等）能在深海悄无声息地执行任务。这些无人作战装备具备高度的自主性，能够独立执行复杂而精确的任务，还能通过先进的通信和算法实现无缝协同作战，并且能够根据战场的实时变化迅速调整策略和行动。

基本对策：在这样的战争形势下，游击战可以凭借其独特的灵活性发挥关键作用。人类可以操控少量但高度智能化的小型装备，比如手机、电脑、遥控器、自行车等生产生活用品，采取分散且隐蔽的遥控或自控攻击方式。这些小型智能装备可以隐藏在城市的废墟、密集的人群、山区的密林或者海洋中的暗礁等复杂环境中，出其不意地对敌方智能作战系统发起攻击，打乱其原本紧密有序的作战部署。首先，可以组织顶尖的技术团队，深入剖析敌方智能武器的算法逻辑，精准定位其中的漏洞和薄弱环节，比如精心设计病毒程序或强大的干扰信号，巧妙地植入敌方系统，使敌方智能武器的运算出现错误，从而导致其失去正常的作战效能，甚至陷入混乱和失控状态。其次，充分利用地球上多样的地形条件，如山地、峡谷、丛林等复杂环境，以及人工制造的电磁干扰场，这些复杂的地形和电磁环境可以有效地屏蔽或折射敌方智能武器的通信信号，干扰其指挥系统的正常运作，让敌方的无人作战装备之间无法及时有效地协同，无法形成统一的作战力量。再次，各国各个武装力量要独立开发应用自己的产品装备或者可靠企业生产的产品装备用于武装自己的军队，包括游击队伍和部分民众。当前的巴以冲突已经证明本人在 2018 年的预判："兵民和武器能够随机变换角色并一体化运作，战时为军，休战时为民，战时为器，休战时为帛。武器不仅具有军事功能，亦有生产生活功能，反之亦然。"最后，集中科研力量和资源，大力发展成本相对较低但效率极高的反智能武器装备，如研发具有强大破坏力的电磁脉冲武器，这种武器在使用时能够释放出强烈的电磁脉冲，瞬间覆盖大面积区域，对敌方的智能武器造成硬件损伤和软件故障，使其陷入大面积瘫痪，为我方争取宝贵的作战空间和时间。

（二）信息与认知战

在未来的战争中，除了实体武器的激烈对抗，信息战和认知战的地位将愈发凸显。随着量子计算、脑机接口等前沿技术的不断发展和应用，战争双方能够借此对敌方的信息系统发起更为猛烈的攻击，比如通过入侵关键信息网络，篡改数据，瘫痪敌方的指挥和通信体系；利用脑机接口技术直接干扰敌方决策人员的思维，影响其认知判断，从而达到打乱敌方战略部署和作战节奏的目的。

基本对策：在这种情况下，游击战可以利用其灵活高效的信息获取和传递方式，来突破敌方强大的信息封锁，争取在局部战场上获取关键的信息优势。比如，利用分散的情报收集点，广泛收集各种情报信息，然后迅速整合分析，为游击战的决策提供有力支持。首先，大力培养顶尖的黑客和密码专家团队，这些专家不仅要具备卓越的计算机技术和编程能力，还要精通密码学和网络安全知识，他们能够巧妙地突破敌方精心构建的信息封锁和复杂的加密系统，从中挖掘出对我方具有重要价值的关键情报，为我方的战略决策和战术行动提供准确的依据。其次，巧妙地传播精心炮制的虚假信息，通过各种渠道，包括网络、媒体等，将这些虚假信息传递给敌方，让敌方在海量的信息中难以分辨真伪，从而误导其决策过程，使其在认知上出现严重的偏差，做出错误的判断和决策，为我方的作战行动创造有利条件。最后，构建多个相互独立且具备高度安全性的信息传递渠道，这些渠道可以采用先进的加密技术和隐蔽的传输方式，如量子加密通信、地下光缆等，确保游击战的指令能够在复杂的信息战场环境中准确、迅速且安全地传达，避免被敌方截获和干扰。

（三）微观与纳米技术战争

在未来的战争舞台上，纳米技术将扮演至关重要的角色，纳米机器人凭借其微小而精密的结构，被广泛应用于战争领域。它们能够在微观层面悄无声息地执行一系列关键任务，例如对敌方的关键设备进行精准而隐蔽的破坏，神不知鬼不觉地侦察敌方的机密情报，出其不意地对敌方目标发起致命攻击，甚至能够深入人体内部进行修复或破坏等复杂操作。

基本对策：在这种战争形态中，游击战所具备的隐蔽突袭特性可以巧妙地转化为纳米机器人的作战策略，纳米机器人能够以秘密潜入的方式，悄无声息地渗透进敌方的核心区域，然后在关键时刻突然发动攻击，造成难以察觉的巨大破坏。这种攻击方式不仅让敌方难以防范，而且在攻击发生后，敌方也难以迅速确定攻击来源和方式，从而陷入被动。首先，集中科研力量全力研发纳米级别的防护装置，这种防护装置需要具备高度的敏感性和精确性，能够在纳米机器人试图入侵时迅速做出反应，形成一道坚不可摧的防线，有效阻止纳米机器人的进入和攻击，确保我方关键设备和系统的安全。其次，积极探索利用特殊的磁场或电场技术，通过精心设计和调整磁场或电场的参数，创造出一种能够对敌方纳米机器人产生强大吸引力或破坏力的环境，从而实现对其高效捕捉和彻底摧毁，大大降低敌方纳米武器的威胁。最后，加大对微观领域的监测投入，运用先进的微观监测技术和设备，如高分辨率的电子显微镜、纳米传感器等，构建一个全方位、多层次的微观监测网络，实时、精准地发现敌方纳米武器的部署和行动轨迹，为我方的防御和反击提供及时准确的情报支持。

（四）生物与基因编辑战争

随着生物技术的迅猛发展，战争的形式也发生了深刻的变革。基因编辑技术通过对基因的精准编辑，可以显著改变士兵的体能、智力以及身体的恢复能力，使其成为战场上的超级战士。此外，还能制造出专门针对特定人群的生物武器，这种武器具有高度的针对性和杀伤力，能够对特定的种族、群体造成巨大的威胁。

基本对策：类似于游击战善于利用环境优势来获取胜利，基因编辑技术也可以为特定人群创造适应特殊战场环境的能力。比如，为士兵编辑出能够在极端气候、高辐射或特殊地形条件下生存和作战的基因，从而在局部战场上取得压倒性的优势。首先，建立一个全方位、多层次、高度灵敏的生物监测网络，这个网络要涵盖大气、水体、土壤等各种环境介质，以及动植物和人体等生物样本的监测，通过先进的基因检测技术和生物传感器，能够实时、准确地发现敌方基因武器的投放和传播迹象，为及时采取应对措施提供关键的早期预警。其次，投入大量资源开发针对基因编辑武器的反制方法，组织跨学科的科研团队，包括基因科学家、免疫学家、药理学家等，共同研究基因编辑武器的作用机制，然后有针对性地研发能够中和或逆转其有害影响的解药和治疗方案，确保在遭受攻击后能够迅速救治伤员，减少伤亡和损失。最后，采取严格的保密和安全措施，隐藏和保护本方具有特殊基因优势的人员，建立专门的安保体系，对这些人员的身份、基因信息进行高度加密和保护，避免其被敌方发现遭受攻击。同时，为他们提供特殊的训练和防护装备，确保在战场上能够充分发挥其基因优势，保障其生命安全。

（五）太空、极地与特殊环境战争

随着人类对太空的深入探索以及极地资源的不断开发，这些原本充满未知和挑战的领域逐渐成为新的战争舞台。在太空，围绕空间站、卫星网络等关键设施，各方势力展开激烈争夺；在极地，对于极地基地的控制权以及相关资源的获取成为战争的焦点。在这些特殊环境中，常规的作战方式往往受到极大限制，而游击战分散、灵活转移的特点则能够得到充分发挥，小股力量可以巧妙地利用太空的真空、辐射环境以及极地的严寒、暴风雪等特殊地理条件，对敌方进行出其不意的突袭，或者迅速建立防御工事，抵御敌方的进攻。

基本对策：首先，可以充分利用太空和极地的恶劣环境作为天然掩护。例如，在太空的小行星带中隐藏军事力量，利用小行星的轨道和遮挡来躲避敌方的侦察和攻击，然后在合适的时机突然出击；在极地，利用暴风雪的掩护进行秘密行军和部署，让敌方难以察觉我方的行动意图。其次，加大研发力度，开发适应特殊环境的游击装备。针对极地的极度寒冷，研制具有超强保暖和防护性能的极地防寒服，配备高效的加热和能源供应系统；为了在太空进行游击作战，研发先进的太空行走装备，包括轻便灵活的推进器、可折叠的武器系统以及能够适应太空辐射的防护装置。最后，集中力量破坏敌方在特殊环境中的基础设施和补给线。对于太空作战，可以攻击敌方的卫星通信节点、能源供应站等，使其太空设施陷入瘫痪；在极地，炸毁敌方的资源运输通道、能源储备仓库等，严重削弱其在极地的作战能力和持续作战的可能性。

（六）虚拟与现实融合战争

随着虚拟现实和混合现实技术的飞速发展，这些技术被广泛应用于军事训练和实际作战当中，使得战争的形式变得更加多样和复杂。在虚拟与现实相互交融的战场上，信息的传递和作战的方式都发生了根本性的改变，传统的游击战战术需要进行大幅度的调整和创新，以适应这种全新的战争环境。

基本对策：首先，大力培养精通虚拟现实技术的专业作战人员，这些作战人员不仅要熟悉虚拟现实的操作和应用，还要具备敏锐的观察力和快速的反应能力，能够在虚拟环境中准确识别敌方的攻击模式和战术意图，并迅速做出有效的应对措施。其次，集中科研力量开发针对虚拟现实系统的高效干扰和破坏程序，通过植入病毒、发送恶意代码或者利用系统漏洞等手段，使敌方的虚拟现实系统出现故障、瘫痪或者数据泄露，从而使其无法正常运行，打乱敌方的作战计划和指挥系统。最后，巧妙地在虚实结合的环境中，充分利用现实世界中的物理环境来干扰敌方在虚拟世界中的感知和判断，例如通过控制光线、声音、温度等物理因素，对敌方在虚拟世界中的传感器和感知设备造成干扰，影响其对战场态势的判断和决策。

（七）时间与时空维度战争

随着人类对时间本质的理解不断深入以及相关技术的重大突破，人类与机器之间的战争延伸到了时间维度，机器可能凭借其先进的技术穿越时间，试图改变历史中的关键节点，从而影响战争的走向和结局。面对这种情况，人类需要运用自身的智慧和灵活的游击策略进行积极的干预和破坏。同时，双方还可能利用时空隧道进行兵力的快速投放和资源的掠夺，这使得战争的不确定性和复杂性大大增加。在这种情况下，人类可以采用游击战术，在时空隧道中设置陷阱、进行干扰，以打乱敌方的战略部署。

基本对策：其一，建立全方位、高精度的时间监测系统。利用先进的量子物理和时间测量技术，实时监测时间线的变化，及时发现敌方的时间篡改行为，一旦监测到异常，立即启动相应的反制措施，如回溯时间、修复历史节点等，以维护时间线的稳定和正常。其二，对游击队员进行严格的时间穿越技能训练，让他们熟悉时间穿越的原理和操作方法，掌握在不同时间点进行有效干扰和破坏的技巧。同时，培养他们在时间旅行中的应变能力和战略眼光，能够根据不同的历史背景和战争形势做出正确的决策。其三，组织顶尖的科学家和战略家深入研究时间悖论和时间漏洞，通过对时间理论的深入探索，找出能够利用的时间规律和漏洞，制定出针对性的战略和战术，对敌方的时间行动造成混乱和阻碍，从而为我方争取更多的战略优势。

（八）物理与特殊技术战争

在未来的战争格局中，随着科技的突破性进展，人类对物理世界的深入探索和理解，使得战争进入了全新的物理层面。当人类掌握了引力操控、反物质、暗物质、暗能量等先进技术的利用方法时，战争的形式将发生翻天覆地的变化。机器可能会利用这些前沿技术制造出威力无比强大的武器，而人类则可能采取游击式的策略来破坏相关设施，以削弱敌方的战斗力。

能量场操控战争：在能量场操控的战争形态中，各方都在全力研发先进的探测和干扰设备，通过这些设备，能够精确地掌握能量场的变化规律，从而在战斗中有效地利用自然能量场的波动来实现作战目标。同时，开发强大的能量场护盾，以抵御敌方的能量攻击，保障自身的安全。

声波武器战争：声波武器因其独特的攻击方式和难以防范的特性，成为战争中的新威胁。为了应对这一挑战，需要研制专门的防护和干扰装备，以减少声波武器对我方人员和设备的损害；建立全面的监测网络，实时捕捉声波武器的发射源和传播路径，提前做出预警；对作战队员进行严格的训练，提高他们应对声波武器攻击的能力和心理素质。

磁场战争：在磁场战争中，重点在于研发能够偏转敌方磁场攻击、提供有效防护以及充分利用磁场优势的装置，通过这些装置，改变磁场的作用方向，降低敌方磁场武器的效果，并将磁场能转化为我方的作战优势。同时，培养作战队员对磁场的感知能力，使其能够敏锐地察觉到磁场的变化，从而更好地适应战场环境。

光学迷彩战争：随着光学迷彩技术的发展，敌方的伪装能力大幅提升。为了应对这一情况，需要开发先进的反光学迷彩探测和破解技术，使我方能够准确识别敌方的光学迷彩伪装，通过训练队员的观察能力和战术素养，让他们能够在复杂的战场环境中迅速发现并应对隐藏在光学迷彩背后的威胁。

意识投影战争：意识投影作为一种新兴的战争手段，能够对敌方的思维和意识产生干扰和影响。为了抵御这种威胁，需要建立完善的防御和干扰系统，阻止敌方意识投影的侵入。同时，通过训练队员的专注力和意志力，增强他们抵御意识投影攻击的能力，保持清醒的头脑和战斗意志。

物质重组战争：在物质重组的战争场景中，研发稳定物质重组过程、准确识别物质重组变化以及有效利用物质重组技术的装置至关重要，通过这些装置，掌握物质重组的规律，将其转化为我方的战略优势。此外对作战队员进行全面的训练，使他们能够熟练应对战场上瞬息万变的物质重组现象，保障作战任务的顺利完成。

量子隐形战争：面对量子隐形这一难以捉摸的技术，构建全面的探测网络是关键，通过先进的传感器和量子检测技术，及时发现量子隐形的目标；大力开发破解量子隐形的技术，打破敌方的隐形优势；加强对作战队员的培训，提高他们在面对量子隐形威胁时的应对能力和反应速度。

通过对这些物理与特殊技术战争形态的深入研究和有效应对，人类能够在未来的战争中更好地保卫自身的安全和利益。其基本对策是：

对于能量场操控战争：深入研究能量场的本质和运行机制，掌握其核心原理，从而研发出能量场的反向操控技术。通过这一技术，能够精准地对敌方的能量场武器所产生的能量波进行干扰和抵消，使其无法正常发挥作用。此外，建立能量场监测系统，实时获取敌方能量场武器的运作频率和强度等关键信息，为我方的反向操控提供准确的数据支持，实现有针对性的干扰和防御。

对于声波武器战争：全力投入制造高性能的声波吸收和反射装置，这些装置采用先进的声学材料和结构设计，能够有效地吸收敌方声波武器发射的有害声波，将其能量转化为热能或其他无害形式。同时，装置的反射功能可以将声波按照特定的方向反射回去，降低声波武器对我方的伤害，并且积极开发反制声波的设备，通过精确的声波频率调制和强大的功率输出，对敌方的声波武器系统进行干扰，使其失去准头甚至瘫痪，从而保护我方人员和设备的安全。

对于磁场战争：充分利用超导材料的优异特性，制造出高效的磁场屏蔽装备。这些装备能够在周围形成稳定的零磁场区域，确保本方人员和关键设备不受敌方磁场攻击的影响。同时，集中科研力量研发能够改变磁场方向和强度的新型武器，这种武器可以在战场上灵活调整磁场参数，对敌方的电子设备、通信系统以及武器制导系统造成严重干扰，打乱敌方的作战部署和行动节奏。

对于光学迷彩战争：集中顶尖科学家和工程师的智慧，开发能够识破光学迷彩的特殊眼镜或传感器。这些装备运用先进的光谱分析、图像处理和人工智能算法，能够敏锐地捕捉到光学迷彩与周围环境之间细微的差异，从而大大提高对隐藏在光学迷彩背后敌方目标的发现能力。此外，巧妙地利用环境光的自然变化，例如日出日落、云层遮挡等造成的光线强度和角度的改变，来暴露光学迷彩所隐藏的目标，通过对环境光变化的精准预测和利用，让敌方的光学迷彩伪装在特定时刻失去效果。

对于意识投影战争：构建强大的意识防护盾技术体系，通过神经科学、心理学和物理学的跨学科研究，利用电磁场、生物电波等手段建立起一道坚固的精神屏障，有效阻挡敌方的意识投影入侵。同时，对游击队员进行系统而严格的精神意志力训练，包括冥想、专注力训练、心理抗压训练等，不断增强他们的内心力量和精神韧性，使其在面对敌方意识投影攻击时能够保持清醒的头脑和坚定的意志，增强对意识投影攻击的抵抗力，确保战斗意志不受干扰。

对于物质重组战争：组织跨学科的科研团队，深入研究物质重组的内在规律和物理原理。通过大量的实验和模拟，开发出能够阻止敌方物质重组进程的技术手段，例如干扰物质重组所需的能量供应、破坏重组的关键化学键等。同时，巧妙地利用物质重组过程中固有的不确定性和复杂性，采取策略性的行动来对敌方造成混乱，例如诱导敌方在关键装备或设施的物质重组中出现错误，从而使其失去功能或产生反效果。

对于量子隐形战争：大力推动量子物理学和工程技术的融合，发展先进的量子隐形探测技术。通过研发高度灵敏的量子传感器和探测器，结合复杂的量子算法和数据分析方法，显著提高发现量子隐形目标的几率。积极研制量子隐形干扰设备，利用量子纠缠、量子噪声等原理，对敌方的量子隐形效果进行干扰和破坏，使其隐形效果失效，让敌方在战场上无处遁形，为我方的作战行动提供清晰的目标信息和战略优势。

（九）跨维度与能量体战争

随着科技的飞速发展，机器可能突破维度的限制发动攻击，这给人类带来了前所未有的挑战。在这种战争形态下，人类需要借助先进的技术和灵活的游击策略，寻找敌方的弱点进行突袭。同时，人类和机器可能会转化为能量体的形式进行战斗，而游击战则可以利用能量波动来隐藏自身，并在关键时刻爆发强大的攻击能力。

基本对策：其一，组织顶尖的科学家和研究团队，深入研究跨维度的通道和规律，通过对维度空间的物理特性、能量流动和时空结构的探索，找出敌方在跨维度攻击中的弱点和破绽，然后，利用这些发现制定精确的攻击策略，以实现对敌方的有效打击。其二，集中力量开发高效的能量体防护装备，这种装备采用特殊的材料和能量吸收、转化技术，能够在能量体攻击来临时，有效地吸收和分散攻击能量，减少其对本方人员和设备的伤害，同时，具备能量反馈和护盾增强的功能，提升我方在能量体战斗中的防御能力。其三，对游击队员进行严格而全面的训练，使其掌握在能量体状态下的战斗技巧和生存能力，包括能量感知、能量操控、能量护盾的运用以及在高能量环境中的机动和战术配合等方面的训练，通过模拟实战和高强度的训练，让游击队员能够熟练应对能量体战争中的各种复杂情况，提高战斗效率。

需要着重指出的是，上文所阐述的关于多种战争形态及相应应对策略的内容，仅仅是依据当下科技发展的潮流和方向所进行的一种推测性分析，在现实世界中，诸多因素会对这些潜在的战争情况产生强有力的制约和深远的影响。国际政治格局的动态演变，各国之间复杂的利益纠葛和权力制衡关系，往往会对战争的发生与否以及战争的规模和走向起到关键的调节作用。伦理道德观念作为人类社会共同遵循的价值准则，会在很大程度上约束科技的应用方向以及战争手段的选择，确保人类的行为不违背基本的道德底线。完善的法律规范体系也为维护世界和平与稳定提供了坚实的保障，明确界定了战争行为的合法性边界，限制了战争的肆意爆发。更为重要的是，人类内心深处对和平合作的不懈追求，始终是抑制战争发生的一股强大力量，这种追求促使各国通过和平谈判、外交斡旋等方式解决争端，倡导通过合作与交流实现共同发展，而不是轻易诉诸武力。因此，尽管科技的发展可能带来新的战争风险，但在国际政治、伦理道德、法律规范以及人类对和平合作的坚定信念等多方面因素的共同作用下，我们有理由相信，未来的世界依然会朝着和平与稳定的方向发展。

三、机器与机器战争中的游击战

在未来机器与机器激烈交锋的战争局势里，游击战展现出前所未有的全新特质，可以预想，智能机器或许会自行设计并策划一场场惊心动魄、震撼人心的战争，而人类在这场科技对决中，可能只能充当"吃瓜群众"般的旁观者角色。

（一）量子纠缠通信与瞬时决策战争

机器间可能利用量子纠缠实现超光速通信，从而在瞬间做出全局最优的战术决策，这使得战争节奏快到超乎想象，每一个瞬间都可能决定胜负。而在这种情况下，游击策略可能体现在干扰对方的量子纠缠信号，或是利用量子不确定性制造局部的信息迷雾，打乱对方的瞬时决策。

基本应对策略：一是全力研发先进量子干扰设备。凭借量子算法与物理干预，让设备具备强大屏蔽功能，阻断敌方量子纠缠通信。赋予设备信号扭曲误导能力，就像"雾里看花"般，让敌方接收的信息充满错误与混乱，使敌方决策系统陷入迷茫，从而让我方抢占先机。二是精心设计量子诱饵系统。"兵者，诡道也"，在战场布置多个假量子信号源，精准模拟真实量子通信特征，这些假信号源如同"草船借箭"中的草人，使量子纠缠在信号迷宫中如"盲人骑瞎马"般迷失。三是培养量子游击战专家团队。团队成员需精通量子物理与通信技术，凭借对前沿知识的深刻理解，敏锐捕捉战场变化，灵活调整量子干扰策略，确保我方在量子通信战场始终掌握主动权，为最终胜利筑牢根基。

（二）意识共享与分布式指挥战争

未来的机器可能发展出意识共享的能力，使整个机器群体如同一个拥有无数思维节点的超级大脑，这将导致出现高度统一且高效的指挥体系。然而，游击战可针对这种高度集中的意识共享进行破解，通过特殊的电磁脉冲或代码病毒，暂时切断部分机器的意识连接，造成指挥混乱。

基本应对策略：一是电磁脉冲武器攻坚。加大超强电磁脉冲武器研发投入，集结物理学家、工程师等专业人才，凭借坚定的决心攻克技术难题。通过扩大武器作用范围，增强脉冲强度，力求像一记重锤，精准切断敌方机器意识连接，瘫痪其指挥系统。二是病毒程序布局。精心设计隐蔽复杂的病毒程序，融入先进智能技术与加密算法，赋予其自我进化与深度潜伏能力。让程序如同潜藏在暗处的猎手，长期蛰伏于敌方意识共享网络。待关键时刻，果断出击，对关键节点发动致命攻击，引发系统崩溃，打乱敌方作战节奏。三是与情报部门协同。成立反意识共享情报部门，汇聚情报分析师、网络安全专家等精英力量，借助先进监测技术与工具，实时监控敌方意识共享网络动态。通过对海量数据的深度挖掘，发现其潜在漏洞，为电磁脉冲攻击和病毒植入提供精准目标指引。这恰似为作战行动装上"导航仪"，精准打击敌方要害，大幅削弱其分布式指挥能力，助力我方在这场较量中稳操胜券。

（三）维度折叠与超空间突袭战争

机器掌握维度折叠技术，能够在不同维度之间穿梭并发动突袭，在高维空间对低维空间的对手进行出其不意的攻击。此时，游击战需要寻找维度转换的规律，利用低维空间的隐蔽性，在高维空间敌人出现时进行伏击。

基本应对策略：一是构建监测网络，抢占先机。将先进传感器与高效算法有机整合，这些传感器宛如敏锐的耳目，捕捉维度转换时细微的能量波动和空间扭曲迹象。而算法就像智慧的大脑，实时分析海量数据。通过超灵敏检测与预警，我们能及时洞察高维袭击迹象，争取宝贵的反应时间，灵活调整防御和作战策略。二是研发隐藏技术，筑牢防线。通过钻研能量场调制原理与物质编码方式，研发维度隐藏技术。构建起独特的防护机制，从多维物理层面降低自身可探测性，恰似老子所说"大音希声，大象无形"，让本方在高维探测下近乎隐形，为战略行动披上安全的"隐形衣"，为我方的战略布局提供坚实的隐蔽保障。三是组建特种部队，决胜战场。组建维度作战特种部队，并对队员开展全方位、高强度的维度作战训练，使其熟练掌握维度穿插技巧，能在不同维度间自如往来；具备多维环境作战与极端维度环境生存能力。面对高维敌人，特种部队凭借"迅雷不及掩耳之势"迅速反击、巧妙设伏，成为捍卫多维空间安全的坚固壁垒。

（四）能量虹吸与反能量战争

机器开发出的能量虹吸装置能够瞬间抽取对方的能量供应，而游击战策略是研发出反能量虹吸的护盾，或者通过隐藏能量核心，甚至制造虚假的能量信号来迷惑敌人。

基本应对策略：一是打造多层级能量防护体系。在能量储备环节，借助先进伪装技术，将能量储备库巧妙伪装成普通建筑，隐匿真实功能，躲避敌方侦察。传输环节中，智能调整传输路径、加密信号，构建起坚不可摧的传输防线，阻断敌方能量虹吸图谋，有效保障能量安全。二是开发智能能量伪装装置。科技浪潮中，融合前沿传感器、人工智能及信号模拟技术，开发智能能量伪装装置。此装置如同战场"变色龙"，实时感知战场环境，模拟逼真虚假能量信号。正如"虚则实之，实则虚之"，这些信号误导敌方能量虹吸装置，让其如坠迷雾，掩护真实能量来源，为我方能量供应筑牢防护网。三是设立能量战略研究小组。由领域专家、分析师和情报人员组成的能量战略研究小组，深入分析敌方能量虹吸技术发展趋势，精准预测攻击手段。基于此，制定针对性反制策略与保障方案，从技术与战略层面双管齐下，确保我方能量供应稳定，牢牢掌握战争主动权。

(五)代码生命与虚拟寄生战争

机器代码可能进化成为具有自我意识的"代码生命"，它们能够在数字世界中寄生、复制和进化，在这种战争中，游击战术是开发出针对代码生命的查杀工具，或者将自身代码伪装成无害的部分，潜入对方系统进行破坏。

基本应对策略：一是建立常态化研发机制。"穷则变，变则通，通则久"，建立查杀工具研发的常态化机制，将算法专家、程序员、安全研究人员凝聚起来，持续推动查杀工具的进化，让其算法能迅速适应新型代码生命周期的变化，使其拥有强大的解析能力，在复杂的数字世界中，及时消除系统隐患。二是实施代码深度伪装。借助先进加密与编码技术，融合前沿密码学理论和编程技巧，为本方代码披上伪装的外衣，并巧妙融入敌方代码环境，从而在虚拟战场赢得主动权。三是组建全球防御联盟。联合全球技术力量，打破地域与组织的隔阂，构建合作共同体。搭建信息共享平台，做到"互通有无"，交流最新情报与应对经验。整合全球智慧资源，研发先进攻防手段，打造坚不可摧的全球防御网络。各节点协同配合，就像紧密咬合的齿轮，共同抵御代码生命的威胁，维护数字世界的安全稳定。

(六)暗物质能源与引力场操纵战争

机器可利用暗物质作为能源,同时操纵引力场来构建强大的防御和攻击体系。游击作战则是在暗物质能源传输的薄弱环节进行袭击,或者利用引力场的波动来隐藏自身并发动突袭。

基本应对策略:一是推进暗物质探测技术研发。秉持整合创新理念,将粒子加速器与天文观测设备有机融合,优化探测器性能,使其拥有"明察秋毫"的本领,高精度探测暗物质能源传输路径,捕捉微弱信号并预警,再基于此精准分析暗物质能源流向,为打击行动"锁定靶心"。二是开发引力场中和装置。"以子之矛,攻子之盾",投入大量资源开发引力场中和装置。融合反引力技术与能量吸收原理,当敌方发动引力场攻击时,装置迅速产生反向作用力,大幅削弱攻击效果。三是设立研究试验室。汇聚全球顶尖科学家,打破地域和机构限制,携手探索暗物质和引力场的深层奥秘,开展理论与应用研究,让我方在科技战争中"会当凌绝顶,一览众山小",始终保持领先,牢牢掌握战争主动权。

(七)微生物机器与基因编辑战争

利用基因编辑技术可创造出具有特定功能的微生物机器,这些微生物机器可以在战场上执行各种任务,如破坏敌方机器的关键部件、干扰其电子系统或传播病毒等,防守方则需要研发相应的反制手段,例如能够识别和消灭这些微生物机器的防御系统,这类似于在复杂的战场环境中进行微观层面的游击战与反游击战。

基本应对策略:一是构建微生物机器防御系统。构建微生物机器防御系统时,融合人工智能与机器学习技术,组织跨学科团队开展研发。通过大量数据采集分析以及算法训练,让系统拥有"见微知著"的能力,快速识别微生物机器的复杂变异和攻击模式。系统能依据战场态势自适应调整,生成反击策略,像坚固的堡垒一样筑牢本方防线,时刻捍卫安全。二是借助基因编辑技术优化本方微生物机器。运用各种前沿技术,集结全球基因编辑专家和生物工程师,对微生物机器基因序列进行优化。经过此番优化,增强微生物机器的抗侦察、反破坏和自我修复能力,极大提升其作战效能,让其在战场上成为克敌制胜的"神兵利器"。

三是建立国际微生物机器与基因编辑战略联盟。"积力之所举，则无不胜也；众智之所为，则无不成也"，积极推动各国合作，打破地域限制，汇聚全球优势资源与顶尖人才。搭建技术研发平台，实现研究成果共享，攻克技术难题。同时，建立情报共享机制，协同战略行动，如此一来，便能有效应对全球性威胁，守护全人类的和平与安全。

(八) 量子纠缠与超距干扰战争

深入研究量子纠缠现象，利用其特性进行超距的信息传输和干扰，机器之间可以在远距离上实现瞬间的通信和协同作战，同时也能对敌方的量子通信进行干扰和破解。在这种情况下，游击作战可能体现为利用量子不确定性来隐藏自身的行动和意图，或者通过突然的量子干扰打乱敌方的部署。

基本应对策略：一是研究量子噪声技术。深入且全面地研究量子噪声技术，是在量子领域赢得先机的关键。集结量子物理学者、通信技术专家等精英，通过理论分析与实验验证，开发能产生高强度、宽频谱量子噪声的设备，对敌方量子通信和干扰信号进行全面压制，削弱其信息传递与指挥协调能力，为本方争取战略优势。二是构建量子加密通信系统。保障通信安全，需要建立一套量子加密通信的动态密钥更新和分布式存储系统。采用去中心化密钥管理，结合量子随机数生成器，实现动态密钥更新与分布式存储，增强通信安全性和抗干扰性，防止通信内容被破解，确保信息传递准确无误。三是成立作战实验室。"才之用，国之栋梁也。"成立专门的量子通信与干扰作战实验室，汇聚多领域顶尖人才，围绕量子纠缠与超距干扰技术开展研究和实战应用探索。搭建实验平台、模拟作战场景，培养量子作战专业人才，为打赢量子战争提供技术和人才保障。

(九) 暗能量武器与宇宙维度战争

科学家开发出利用暗能量的强大武器，其威力足以影响宇宙的维度和结构，战争的规模可能扩展至整个宇宙，机器需要在不同的维度和宇宙空间中展开战斗，而游击战将涉及在多维宇宙中穿插，寻找敌方的弱点并进行出其不意的攻击，同时要防范来自高维度的打击。

基本应对策略：一是研发超高灵敏度暗能量探测器。面对未知的宇宙威胁，研发超高灵敏度暗能量探测器迫在眉睫。可集结物理学家、工程师和天文观测专家，融合引力波观测、高能粒子探测技术，打造能在宇宙中远距离、高精度捕捉暗能量武器的探测器，为防御和反击争取时间。二是开发先进维度穿梭设备。"兵贵胜，不贵久"，全力投入到先进的维度穿梭设备的研发工作之中，组织宇宙学专家等精英团队，探索虫洞理论，破解负能量稳定难题，研制可在不同宇宙维度间安全、快速穿梭的设备。突破三维空间作战限制，主动打击高维度据点，掌握战场主动权，给予敌人出其不意的打击，彻底改变战争格局。三是构建宇宙维度作战联盟。"能用众力，则无敌于天下矣；能用众智，则无畏于圣人矣"，构建宇宙维度作战联盟是应对共同威胁的关键之举。倡导各星系文明团结，跨越差异建立统一战线，搭建信息交流和技术共享平台，分享暗能量研究与作战成果、情报。面对共同威胁，协同作战，维护宇宙的和平与稳定。

（十）自我复制与进化机器战争

机器拥有自我复制和进化的能力，它们可以在战场上快速繁殖并根据战斗情况不断进化自身的性能和功能，这将导致战争的动态性和不确定性大大增加，防御方难以预测敌方机器的发展方向，游击策略可能需要不断改变和创新，以应对敌方机器的快速进化和变化多样的攻击方式。

基本应对策略：一是搭建快速响应情报收集系统。整合大数据分析与人工智能预测技术，集结数据科学家等专业人才，如同组建一支精锐的侦察部队。这个系统将在海量数据中抽丝剥茧，实时监测敌方机器变化，利用算法模型深度挖掘、预测数据，为战略决策提供精准且具前瞻性的情报，助力我们制定出克敌制胜的策略，牢牢把握战场主动权。二是开发自适应病毒程序。组织软件工程师等精英团队，开发具有高度自适应性和针对性的病毒程序。深入研究敌方机器复制进化的逻辑与弱点，设计出能智能植入破坏代码的病毒，在关键节点给予致命一击，打乱敌方作战部署。三是成立机器战争研究中心。成立汇聚全球顶尖科学家和工程师的机器战争研究中心，是我们赢得长远胜利的根本保障。

随着科技的日新月异，未来很可能会衍生出比上述所提及的更多样化、更复杂的战争形态。这些潜在的战争形式或许会因科技的突破而催生，每一种独特的战争类型都必将伴随着一系列特殊的情况和挑战，这就需要我们为其量身定制相应的、详尽且具有高度针对性的应对策略。然而，必须明确的是上述所列举的应对策略，仅仅是基于当前科技发展趋势所进行的一种初步且简略的设想，在实际情况中，战争的发生与否以及其具体形态受到众多因素的综合影响。尽管科技的迅猛发展或许会促使机器在战争中扮演更为关键的角色，但人类依然需要审慎对待并严格管理这种发展趋势，以全力规避潜在的不可控风险和冲突的无序扩大。国际社会也有必要积极深入地探讨相关的规则和准则，以保证科技在战争中的应用切实符合人类的根本利益和核心价值观，坚决捍卫和平与稳定。

结　　语

　　游击战已经经历了深刻的变革，由过去的传统游击战逐步演变为现代游击战到未来的新型游击战、超级游击战，从而成为一种具备显著特征的特殊作战形式，这种特殊游击战现呈现出正规化、持久化、智能化和总体化的鲜明特点。所谓正规化，意味着现代游击战不再是零散、无序的战斗方式，而是拥有了规范的组织架构、明确的指挥体系和严格的作战纪律，使其行动更加协调一致，作战效能得以大幅提升。持久化则体现为现代游击战不再追求短期的速战速决，而是作好了长期斗争的准备，队员具备坚韧的耐力和持续作战的能力，能够在漫长的时间跨度中与对手周旋。智能化是现代游击战的关键特征之一，它充分利用先进的信息技术、智能武器装备和精确的情报系统，使作战决策更加科学准确，作战行动更加高效灵活。总体化表明现代游击战不再局限于军事领域的对抗，而是将政治、经济、社会等多个方面进行综合考量，形成全方位、多层次的作战格局，以实现最终的战略目标。现代游击战已经发展成为一种正规化、持久化、智能化和总体化的新型作战形式，对战争的形态和走向产生了深远的影响。可以肯定，游击战极有可能成为现代战争的主要形式，它无论是在弱小对抗强大、弱小与弱小对抗，还是强大与强大对抗中，都是十分有效的手段，能够在错综复杂的局势下，凭借灵活的战术和坚韧不拔的斗争，逐步消耗敌人的力量，为最终的胜利创造有利条件，甚至起决定性作用。

　　当然，在未来浩渺无垠的战争星河中，游击战将会绽放出智慧型、秒变型、万能型、星际型等不同战法，仿若超时空能量般具备智能、异能、超能的神秘特质，这般特质不单在英勇的队员身上熠熠生辉，在强大的武器和奇妙的战法之中同样得以尽情显现。智慧型游击战：无论是无畏的队员，还是凌厉的武器和精妙的战法，都将依托于那仿佛来自宇宙深渊的强大智能核心与超越想象的数据分析场能，队员凭借洞悉一切的敏锐思维和分毫不差的精准判断，哪怕敌人在遥远星际的阴影中稍有异动，也能被瞬间洞察。武器装载了能跨越时空感知的智能瞄准与攻击系统，如同有了自我意识般自主且精确地识别并死死锁定目标。战法通过宇宙大数据的深度模拟和星际深度学习算法的精妙运用，精心绘制出仿佛来自未来的作战蓝图，用微乎其微的代价赢取震撼宇宙的胜利荣耀。秒变型游击战：对队员提出近似宇宙法则般严苛的要求，必须拥有在瞬间应对一切变化的超凡能力，能够于星际风暴般的紧急关头迅速做出明智决策。武器能够在比光子闪烁还短暂的瞬间切换攻击模式和性能参数，如同变形金刚般完美适应各种超乎想象的战斗场景。战法更是能够在时间都仿佛停止的须臾之间做出如同星云变幻般的灵活调整，让敌人仿佛置身于宇宙迷宫之中，难以捉摸其真实意图。万能型游击战：队员需要像探索多元宇宙般广泛涉猎多领域的知识和技能，从而进化为能跨越时空的全能战士。武器具备如同宇宙魔方般神奇多样的功能，足以应对各类复杂的环境和艰巨的任务需求。战法巧妙融合了众多如同宇宙密码般的战术策略，不论是在广袤如宇宙边际的陆地、波涛汹涌如星际能量潮的海洋、辽阔得好似无尽星云的空中，还是在无形如暗物质的网络空间，都能够释放出足以撕裂时空的强大战斗力。星际型游击战：队员必须适应那充满未知暗物质和神秘能量场的宇宙环境，具备在如同梦幻般的太空展开作战的惊世能力。武器配备了能穿越虫洞的星际航行和超远距离攻击的震撼性能。战法充分考虑到星球的如同魔法般的引力、磁场等独特因素，巧妙利用星际空间那如梦如幻的奇妙特点，展开出其不意的攻击和防御，将游击战的领域拓展到更为浩瀚的宇宙战场。未来的游击战，将以这些超乎想象的特质和能力，成为宇宙战争中璀璨夺目的战斗模式，为捍卫和平与正义开辟全新的战略篇章。

诚然，游击战的兴起绝非意味着它是一种轻松惬意或毫无风险的作战方式，国家、社会乃至团队、个人、机器、战法，不仅要直面极度恶劣的战斗环境与巨大的生存压力，还务必要把握现代战争特别是未来战争的特殊运行规律特质、拥有超凡的统筹协调能力以及卓越非凡的战斗素养。惟其如此，在战争这残酷的考验之中，方能充分施展自身的作用，应对各类复杂多变、波谲云诡的局面，展现出坚忍不拔的意志和顽强不屈的战斗力，为最终的胜利添砖加瓦、贡献力量，即便是在机器人等武装的智能化战争时代，亦会有相同的或者类似的严苛要求。在现代乃至未来战争的宏大舞台上，游击战正以其独树一帜的魅力和无坚不摧的战斗力，逐步成为一种举足轻重的战略性主流作战形式。

纵览世界乃至宇宙的风云变幻与斗争局势，无论何人、何时、何地，皆须使自身强大，大到国家，中至组织，小至个人，唯有自身坚如磐石，方为真正牢不可破的铜墙铁壁，拥有自我保护的强大能力，才是真正的庇护，其余的多为辅助，甚至可能毫无裨益。审视战争、研究战争、总结战争、遏制战争，"以战止战"实为真理，学好并善于运用游击战，便是此真理的重要体现之一。

游击战在人类历史上书写过辉煌，还必将书写辉煌！

参 考 文 献

[1]中国人民解放军军事科学院. 马克思恩格斯军事文集(第一、二、三、四、五卷)[M]. 北京：战士出版社，1981.

[2]毛泽东军事文集(第一、二、三、四、五、六卷)[M]. 北京：军事科学出版社，中央文献出版社，1993.

[3]中共中央文献研究室，中国人民解放军军事科学院. 建国以来毛泽东军事文稿(上、中、下)[M]. 北京：军事科学出版社，中央文献出版社，2010.

[4]孙宝义，周军，邹桂兰. 毛泽东兵法战策[M]. 北京：解放军出版社，2013.

[5]吴明曦. 智能化战争：AI 军事畅想[M]. 北京：国防工业出版社，2021.

[6]江新凤，等. 当代外国军事思想教程[M]. 北京：军事科学出版社，2013.

[7][德]鲁登道夫. 总体战[M]. 魏止戈，译. 武汉：华中科技大学出版社，2016.

[8]韩占杰，寇均锋. 白话鬼谷子[M]. 西安：三秦出版社，1997.

[9]毛元佑. 白话诸葛亮兵法[M]. 长沙：岳麓书社，1995.

[10]乔杰. 战役学教程(第 2 版)[M]. 北京：军事科学出版社，2012.

[11]邵杰. 战术学教程(第 2 版)[M]. 北京：军事科学出版社，2013.

[12]肖天亮. 战略学[M]. 北京：国防大学出版社，2015.

[13]骈宇骞，等. 武经七书：插图版[M]. 北京：中华书局，2020.

[14]解放军报社. 智胜未来：智能化战争面面观[M]. 北京：人民出版社，2023.

[15][古罗马]弗龙蒂努斯. 谋略[M]. 魏止戈，译. 武汉：华中科技大学出

版社，2016.

[16] [法]若米尼. 战争艺术概论 [M]. 唐恭权，译. 武汉：华中科技大学出版社，2016.

[17] [美]罗伯特·沃克，等. 20YY：机器人时代的战争 [M]. 邹辉，等，译. 北京：国防工业出版社，2016.

[18] 邰舟，李莹军. 未来战争形态研究 [M]. 北京：兵器工业出版社，2019.

[19] 王飞跃. X5.0：平行时代的平行智能体系 [EB/OL]. （2015-04-04）[2018-04-03]. http://blog.sciencenet.cn/u/王飞跃.

[20] 王飞跃，等. 军事区块链：从不对称的战争到对称的和平 [J]. 指挥控制学报，2018，4(3).

[21] 中国电子科技集团发展战略研究中心. 信息系统领域科技发展报告 [M]. 北京：国防工业出版社，2017.

[22] 中国兵器工业集团 210 所. 美国推进定向能武器实战部署 [J]. 国外兵器参考，2018(7).

[23] [美]Franklin D Kramer，等. 赛博力量与国家安全 [M]. 赵刚，等，译. 北京：国防工业出版社，2017.

[24] [美]Aditya K Sood，Richard Enbody. 定向网络攻击 [M]. 孙宇军，等，译. 北京：国防工业出版社，2016.

[25] 中国兵器工业集团 210 所. 俄罗斯在叙利亚参战地面装备相关情况分析 [J]. 国外兵器参考，2018(6).

[26] [法]理查德·A. 克拉克，罗伯特·K. 内克. 网络战 [M]. 吕晶华，成高帅，译. 北京：军事科学出版社，2013.

[27] 朱志文. 一文看懂区块链架构设计 [EB/OL]. （2016-10-12）[2018-01-25]. https://www.8bte.com/article/106022.

[28] 乔良，王湘穗. 超限战 [M]. 北京：解放军文艺出版社，1999.

[29] 戴旭. 盛世狼烟：一个空军上校的国防沉思录 [M]. 北京：新华出版社，2009.

[30] 吴明曦，杨建. 脑机技术应用研究报告 [R]. 中国兵器科学研究院，2013.

[31]刘慈欣. 三体 II[M]. 重庆：重庆出版社，2008.

[32]岁月看客. 军武使命[M]. 南京：江苏文艺出版社，2017.

[33]中国科学院国家空间科学中心，EasyNight. 中国空间科学卫星之书：寻找暗物质的"悟空号"[M]. 长沙：湖南科技出版社，2023.

[34]中国科学院国家空间科学中心，中国科学院紫金山天文台，新华社对外部中国特稿社. 寻找暗物质：打开认识宇宙的另一扇门[M]. 北京：科学出版社，2016.

[35]李剑龙. 新科技驾到——孩子看得懂的前沿科学漫画[M]. 北京：北京理工大学出版社，2016.

[36][美]史蒂芬·卢奇，[美]萨尔汗·M. 穆萨. 人工智能(第 3 版)[M]. 王斌，等，译. 北京：人民邮电出版社，2023.

[37][美]迈克斯·泰格马克. 穿越平行宇宙[M]. 汪婕舒，译. 杭州：浙江人民出版社，2017.

[38][美]马克斯·布特. 隐形军队：游击战的历史[M]. 赵国星，张金勇，译. 北京：社会科学文献出版社，2016.

[39]明凡. 游击战教程[M]. 北京：生活·读书·新知三联书店，2014.

[40]张宏志. 中国抗日游击战争史[M]. 西安：陕西人民出版社，1995.

[41]陶剑青. 游击战术纲要[M]. 北京：生活·读书·新知三联书店，2014.

[42]最终永恒. 深空之下[EB/OL]. （2017-09-01）[2024-09-01]. https://www.qidian.com/book/1010475081/?source＝m_jump.

[43]虚伪王庭. 希泊尼战纪[EB/OL]. （2018-09-06）[2024-11-01]. https://www.qidian.com/book/1013026103/.

[44]七十二编. 冒牌大英雄[EB/OL]. （2007-07-11）[2024-09-01]. https://www.qidian.com/book/131957/.

后　记

　　作为一名业余军事理论爱好者，我深知自身水平有限。在撰写过程中，对于书中部分文献的采用，可能存在不够恰当的情况；有些文章的引用，由于我的疏忽，可能未清晰标注出处。在此，特恳请广大读者以及相关作者能够不吝批评指正。若有任何问题，欢迎随时与我沟通，我将虚心接受并努力改进。同时，我也向大家致以最诚挚的歉意与谢意，感谢你们的关注与支持，你们的意见对我而言无比重要，将帮助我在军事理论学习与研究的道路上不断成长与进步。

作　者

2024 年 10 月